国家耕地质量长期定位监测评价报告

（2019年度）

农业农村部耕地质量监测保护中心　编著

中国农业出版社
北京

编　委　会

前 言

为掌握我国耕地质量状况和变化规律，20 世纪 80 年代起，农业部组织开展了耕地质量长期定位监测与评价工作。经历起步（1988—1997 年）、规范发展（1998—2003 年）、完善提升（2004—2015 年）、稳步推进（2016 年至今）4 个阶段。经过了 30 多年的实践完善，构建了国家耕地质量监测网络，建立了国家耕地质量监测技术标准体系，建立了年度监测评价制度，全面推动了我国耕地质量建设和保护工作，为国家粮食安全和重要农产品供应提供了基础保障和安全环境。

《国家耕地质量长期定位监测评价报告》（2019 年度）是基于 1 344 个国家级耕地质量长期定位监测点和 20 多万个全国耕地质量等级调查评价数据编制完成的。报告共分五章：第一章概述。介绍了耕地有关概念，国内外监测工作发展历程和现状，监测点布局、监测内容和技术方法。第二章全国耕地质量监测评价情况。分析了全国土壤耕层厚度、容重、有机质、pH、全氮、有效磷、速效钾、缓效钾现状及演变趋势。第三章农业区耕地质量监测评价结果。阐述了东北区、内蒙古及长城沿线区、黄淮海区、黄土高原区、长江中下游区、西南区、华南区、甘新区和青藏区九大农区土壤主要养分指标现状与演变趋势、肥料投入与养分利用、区域土壤突出问题和培肥改良对策。第四章主要土壤类型耕地质量监测结果。阐述了水稻土、潮土、红壤、黑土主要养分指标现状及演变趋势。第五章全国主要农作物产量、肥料投入分析与评价。

与往年相比，2019 年度监测评价报告有 3 个方面变化：一是进一步扩大了监测点位数据。在 2018 年 1 060 个国家监测点的基础上，2019 年扩大到 1 344 个，分布于 31 个省（自治区、直辖市）896 个县（区），涵盖 38 个主要耕地土类，为科学、准确评价奠定了基础。二是丰富了报告内容。第一次结合全国耕地质量等级调查评价数据编制监测评价报告，以监测数据为主，调查评价数据为辅，通过监测看趋势，评价看现状，综合运用《全国九大农区耕地质量监测指标分级标准》和《全国耕地质量等级评价指标体系》，科学评价耕地质量及主要性状现状，有针对性地提出耕地质量提升建议。三是强化数据分析。聚焦现状数据与历史数据的对比分析，了解耕地质量主要性状变化情况；聚焦基础地力和养分平衡状况的分析，重点分析耕地质量变化原因；聚焦耕地质量等级评价，摸清耕地生产障碍因素，提出耕地土壤培肥改良的对策措施；聚焦肥料投入与养分利用变化分析，提出节肥增效有效途径。

国家耕地质量长期定位监测工作得到了农业农村部农田建设管理司、种植业管理司、计划财务司以及各省（自治区、直辖市）耕地质量监测保护部门的大力支持与积极配合，在此表示衷心感谢！中国农业科学院农业资源与农业区划研究所卢昌艾研究员、张淑香研究员，中国农业科学院衡阳红壤实验站蔡泽江副研究员，中国农业大学资源与环境学院崔振岭教授、营浩博士后，北京市土肥工作站王胜涛高级农艺师、山西省土壤肥料工作站王瑞农艺师、内蒙古自治区呼伦贝尔市农业技术推广中心王璐高级农艺师、辽宁省绿色农业技术中心宋丹推广研究员、吉林省土壤肥料总站王秋彬高级农艺师、江苏省耕地质量与农业生态环境总站王绪奎推广研究员、江苏省扬州市耕地质量保护站龚鑫鑫高级农艺师、山东省土壤肥料总站董艳红农艺师、中国热带农业科学院南亚热带作物研究所刘亚男助理研究员、四川省成都土壤肥料测试中心苟曦高级农艺师、甘肃省耕地质量建设管理总站贾蕊鸿农艺师等参与了监测数据会商与报告编写工作，在此一并表示感谢！

编　者

2020年12月

目　录

第一章 概 述

耕地质量监测是《农业法》和《基本农田保护条例》赋予农业农村部门的重要职责之一，是贯彻落实《耕地质量调查监测与评价办法》的重要抓手，也是农业农村部门的一项基础性、公益性和长期性工作。机构改革完成后，国务院“三定”方案明确规定农业农村部负责耕地及永久基本农田质量保护工作。

近年来，国家对耕地质量保护工作高度重视。党的十八大以来，一系列中央会议多次强调耕地红线一定要守住，千万不能突破，也不能变通突破，红线包括数量也包括质量。习近平总书记在2013年的中央农村工作会议上指出“保护耕地要像保护文物那样来做，甚至像保护大熊猫那样来做”。李克强总理2014年12月明确批示，“要坚持数量与质量并重，严格划定永久基本农田，严格实施特殊保护，扎紧耕地保护的‘篱笆’，筑牢国家粮食安全的基石”。2019年中央1号文件指出“严守18亿亩①耕地红线，全面落实永久基本农田特殊保护制度，确保永久基本农田保持在15.46亿亩以上。”民为国基，谷为民命；悠悠万事，吃饭为大。粮食安全是关系国运民生的压舱石，是维护国家安全的重要基础。对于中国这样一个有14亿人口的发展中大国，粮食安全更是治国理政的头等大事，保障国家粮食安全这根弦任何时候都不能松懈。2019年政府工作报告指出“抓好农业特别是粮食生产，近14亿中国人的饭碗，必须牢牢端在自己手上。”2020年，受新冠肺炎疫情影响，粮食生产面临着严峻的考验，使我们充分认识到“手中有粮、心中不慌在任何时候都是真理”。粮食生产在“六保”任务中处于基础性、前提性地位，保障粮食安全是确保完成决战决胜脱贫攻坚目标任务、全面建成小康社会的重要举措。而耕地质量的好坏决定了粮食产能的高低和农产品质量的优劣。国内外多年实践表明，开展耕地质量长期定位监测和研究，是发展和建立耕地保护理论与制度、指导农业生产的重要基础和依据，对揭示耕地质量变化规律、切实保护耕地、促进农业可持续发展具有十分重要的意义。

只有落实最严格的耕地保护制度，加强耕地质量调查监测与评价，摸清耕地质量家底，才能保障国家需要时我们的粮食产得出、供得上，真正实现中国人的饭碗里装“中国粮”，为解决世界粮食问题提供中国方案。

第一节 耕地质量监测工作概况

一、我国耕地质量长期定位监测网络建设现状

根据我国有关法律和《耕地质量调查监测与评价办法》有关规定，要以农业农村部耕地质量监测机构和地方耕地质量监测机构为主体，以相关科研教学单位的耕地质量监测点为补

① 亩为非法定计量单位，1亩=1/15hm²≈667m²。——编者注

充，构建覆盖面广、代表性强、功能完备的国家耕地质量监测网络。国家耕地质量长期定位监测工作始于 20 世纪 80 年代中期，是第二次全国土壤普查的后续工作。历经起步探索（1988—1997 年）、规范发展（1998—2003 年）、完善提升（2004—2015 年）、稳步推进（2016 年至今）4 个阶段。2017 年 6 月，牵头编制《国家耕地质量监测体系建设规划》（以下简称《规划》），确定了以国家耕地质量监测中心为核心、以区域分中心为纽带、以区域监测站为骨干、以耕地质量综合监测点为基础的耕地质量监测网络总体建设方案。2020 年，组织进一步完善《规划》，形成相对成熟的《国家耕地质量监测评价网络建设方案》，旨在强化 1 个国家耕地质量监测中心、9 个耕地质量区域分中心、221 个耕地质量区域监测站、2.21 万个国家耕地质量长期定位监测点和 20 万个以上耕地质量调查评价样点为基础的耕地质量监测评价网络建设，构建耕地质量监测保护机构与科研教学单位密切配合的技术体系，为全面监测耕地质量演变趋势，评价耕地质量等级情况，定期发布耕地质量信息，为制定耕地质量保护与粮食安全政策提供决策支持，为因地制宜开展耕地质量建设提供数据支撑。

2019 年，国家级耕地质量长期定位监测点从年初的 1 060 个扩大到年底的 1 344 个，其中含黑土地监测点 222 个。现今，全国各级农业部门分层次建立了一批耕地质量长期定位监测点。据不完全统计，全国长期坚持的省、市、县级监测点约 1.8 万余个，初步构建了全国耕地质量监测网络。此外，结合耕地质量保护与提升项目、东北黑土地保护利用试点、耕地轮作休耕制度试点累计建设耕地质量专项监测点 6 800 余个，定点监测耕地质量保护提升、东北黑土地保护、轮作休耕制度试点项目区域耕地质量变化情况。

二、耕地质量监测技术标准制定情况

（1）制定农业行业标准《耕地质量监测技术规程》（NY/T 1119—2006），为适应耕地质量监测工作发展需要，2018 年重新修订标准，发布《国家耕地质量监测技术规程》（NY/T 1119—2019）。

（2）启动果菜土壤质量监测技术标准的研究，2020 年组织制定农业行业标准《果园土壤质量监测技术规程》，同时形成《菜地土壤质量监测技术规程》初稿。

（3）农业行业标准《耕地质量长期定位监测点布设与运行规范建设标准》发布实施。

（4）首次建立《全国及九大区耕地质量主要性状指标分级标准》，在全国九大农区和 31 个省（自治区、直辖市）试行实施。

（5）部分省份制定了相应的地方标准，例如北京市土肥工作站制定并执行《京郊耕地质量监测技术手册》。

三、国家长期定位监测成果提炼与应用

国家耕地质量监测工作开展 30 多年来，共获得各类监测数据 50 余万个，积累了大量的数据资料，动态监测和掌握了我国主要耕地土壤类型的质量状况和变化规律，编写出版了一大批监测技术资料，监测结果在政府开展耕地质量建设与改良、制定农作物优势区域布局与农业发展规划、指导农民科学施肥、推进生态文明建设等方面发挥了重要的基础支撑作用。一是编写发布全国耕地质量监测报告。从 2005 年起，基于国家级耕地质量监测点获取的监测数据，连续 16 年发布国家耕地质量长期定位监测评价年度报告，及时报送有关部门，为

国家制定耕地质量保护和粮食安全政策提供了重要依据。二是编写重点项目专项监测评价报告。汇总整理东北黑土地保护、轮作休耕制度试点专项监测点3年监测数据，编制《东北黑土地保护利用试点项目区耕地质量监测报告（2015—2017年）》、《轮作休耕试点区域耕地质量监测评价报告（2016—2018年）》，针对区域突出的耕地质量问题，集成推广了一批土壤培肥改良技术模式，针对区域突出的耕地质量问题，提出项目政策制定、实施的相关建议。三是编辑出版《30年耕地质量演变规律》书稿，并在此基础上提炼发布《我国耕地质量主要性状30年变化情况报告》，揭示我国耕地质量主要性状指标30年演变趋势，分析区域耕地质量存在的主要问题，介绍破解问题的主推技术模式，为科学利用耕地、保护提升耕地质量提供基础支撑。四是纳入耕地保护相关考核。耕地质量保护与提升、耕地质量调查监测网络建设、耕地质量调查监测与评价开展情况、耕地质量等级情况已分别列入粮食安全省长责任制考核、省级政府耕地保护责任目标考核，健全了约束机制，为切实保护耕地增加“护身符”。

第二节 国家耕地质量长期定位监测点布局

一、按分布主要区域划分

截至2019年底，共有国家耕地质量长期定位监测点1 344个，分布于全国31个省（自治区、直辖市）896个县（区）中，平均约10万 hm^2 耕地设置1个监测点。2019年，222个黑土地保护监测点升级为国家级监测点，但因五常市受到自然灾害等不可抗力影响，为保证数据分析过程科学准确，五常市10个监测点数据不纳入本次报告分析。由于黑土地保护监测点占比较大，在数据分析过程中，为避免黑土地监测点指标监测结果对全国范围内监测点指标分析造成影响，在具体分析时将新增加的黑土地监测点单独放置在东北区做专题分析。1 344个国家级长期定位监测点中，上报有效监测数据监测点1 293个。其中，东北区国家耕地质量监测点385个，占监测点总数的29.8%；内蒙古及长城沿线区72个，占5.6%；黄淮海区179个，占13.8%；黄土高原区100个，占7.7%；长江中下游区301个，占23.3%；西南区125个，占9.7%；华南区66个，占5.1%；甘新区53个，占4.1%；青藏区12个，占0.9%（图1-1）。

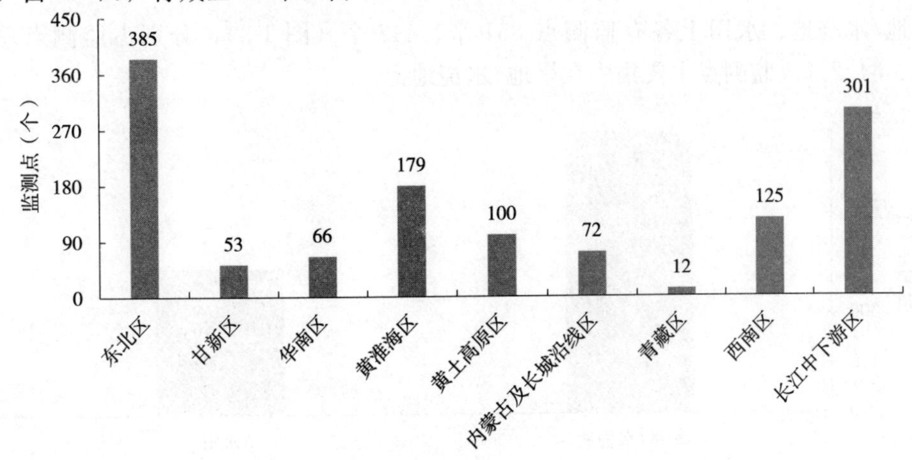

图1-1 国家耕地质量监测点在各区上的分布

二、按主要土壤类型划分

国家耕地质量长期定位监测点涵盖 38 个主要土类（图 1-2），占土壤类型总数（60 个）的 63.3%，基本覆盖了全国主要耕作土类，主要分布在水稻土、潮土、黑土、褐土、草甸土上。其中，水稻土上布设监测点 355 个，占监测点总数的 27.5%。我国水稻土面积约 0.3 亿 hm^2，平均 8.4 万 hm^2 设置 1 个监测点。潮土上布设监测点 151 个，占监测点总数的 11.7%。我国潮土面积约 0.25 亿 hm^2，平均 16.7 万 hm^2 设置 1 个监测点。黑土上布设监测点 140 个，占监测点总数的 10.8%。我国黑土面积约 733.3 万 hm^2，平均 5.2 万 hm^2 设置 1 个监测点。褐土上布设监测点 108 个，占监测点总数的 8.4%。我国褐土面积约 0.25 亿 hm^2，平均 23.4 万 hm^2 设置 1 个监测点。此外，草甸土、白浆土、黑钙土、灌淤土、红壤、栗钙土、暗棕壤上各设有监测点 83 个、47 个、35 个、33 个、32 个、32 个、31 个，分别占监测点总数的 6.4%、3.6%、2.7%、2.6%、2.5%、2.5%、2.3%，监测点总数小于 30 个的其他土类监测点占监测点总数的 18.9%。

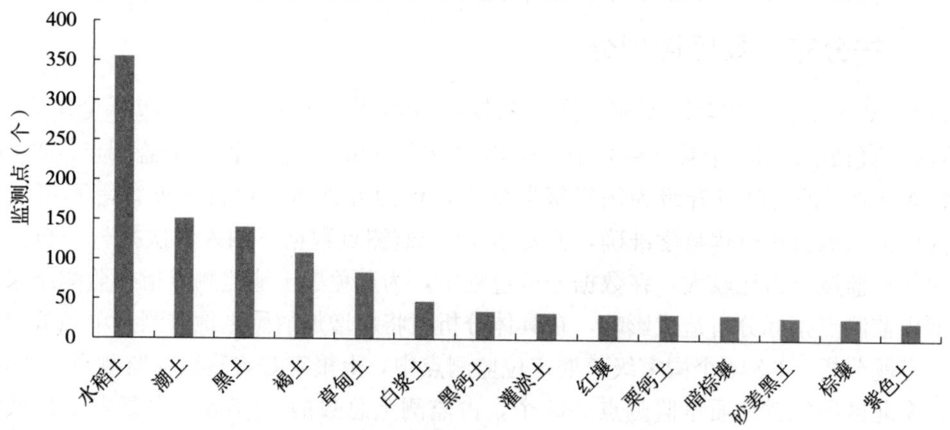

图 1-2　国家耕地质量监测点在主要土壤类型上的分布

三、按土地利用方式划分

旱地/水浇地、水田上各有监测点 851 个、442 个（图 1-3），分别占监测点总数的 65.8%、34.2%。监测点主要集中在旱地/水浇地上。

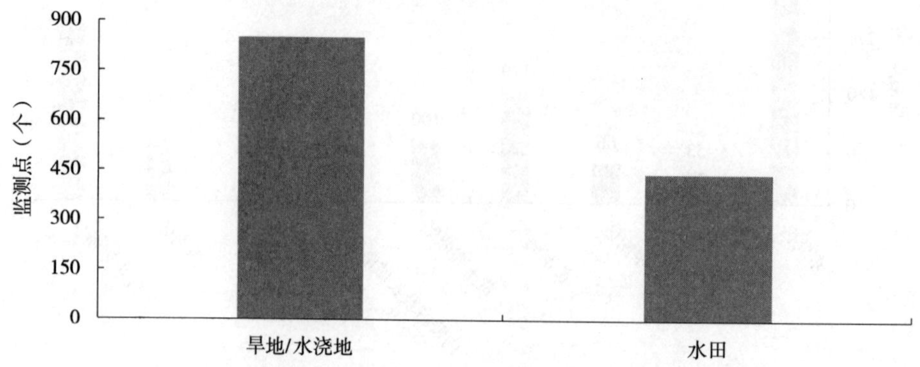

图 1-3　国家耕地质量监测点在不同土地利用方式上的分布

四、按种植制度划分

2019年国家级耕地质量监测点包括一年一熟或一年两熟等种植制度，覆盖多种作物，主要包括粮食作物（玉米、小麦、水稻、马铃薯等）、经济作物（棉花、油菜、花生、薯类、豆类、麻类、烤烟等）、果菜茶类（蔬菜、水果、茶叶等）。其中粮食作物上布设监测点957个，占监测点总数的74.0%；经济作物上布设185个监测点，占监测点总数的14.3%；果菜茶作物上布设监测点60个，占监测点总数的4.6%，其他混合种植模式上布设监测点87个，占监测点总数的7.1%（图1-4）。

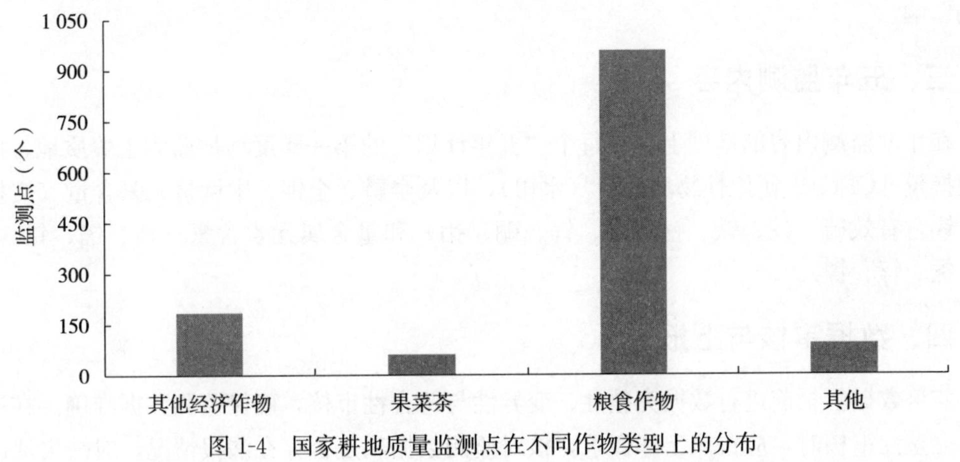

图1-4　国家耕地质量监测点在不同作物类型上的分布

第三节　国家耕地质量长期定位监测内容

根据《国家耕地质量监测技术规程》（NY/T 1119—2019）要求，国家耕地质量长期定位监测点主要监测耕地土壤理化性状、环境质量、作物种类、作物产量、施肥量等有关参数。

一、建点时的基础监测内容

建立监测点时，应调查如下内容：一是立地条件、自然属性和农业生产概况，主要包括监测点的常年降水量、常年有效积温、常年无霜期、成土母质、土壤类型、地形部位、田块坡度、潜水埋深、障碍层类型、障碍层深度、障碍层厚度、灌溉能力、灌溉方式、水源类型、排水能力、农田林网化程度、典型种植制度、常年施肥量和产量水平等。二是土壤剖面理化性状，包括监测点发生层次、深度、颜色、结构、紧实度、容重、新生体、植物根系、机械组成、化学性状（包括有机质、全氮、全磷、全钾、pH、碳酸钙、阳离子交换量，土壤含盐量、盐渍化程度，土壤全量铬、镉、铅、汞、砷、铜、锌、镍）等。

二、年度监测内容

年度监测内容主要包括田间作业情况、作物产量、施肥情况和土壤理化性状。田间作业情况记载年度内每季作物的名称、品种、播种期、播种方式、收获期、耕作情况、灌排、病虫害防治、自然灾害发生的时间、强度以及对作物产量的影响，及其他对监测地块有影响的自然、人为因素。作物产量情况是对每季作物分别进行果实产量（风干基）与茎叶（秸秆）产量（风干基）的监测。施肥情况记录每一季作物的施肥明细情况（施肥时期、肥料品种、施肥次数、养分含量、施用实物量、施用折纯量）。土壤理化性状监测包括耕层厚度、土壤容重、紧实度、水稳性大团聚体、土壤 pH、有机质、全氮、有效磷、速效钾、缓效钾、土壤含盐量（盐碱地）。土壤生物性状监测包括耕层土壤微生物的生物量碳、氮等。有条件的新建或升级改建监测点根据实际情况监测培肥和改良措施对耕地质量的影响。

三、五年监测内容

在年度监测内容的基础上，在每个“五年计划”的第一年度增加监测土壤质地、阳离子交换量（CEC）、还原性物质总量（水田），以及全磷、全钾、中微量元素含量（交换性钙、镁，有效硫、硅、铁、锰、铜、锌、硼、钼）和重金属元素含量（铬、镉、铅、汞、砷、铜、锌、镍）。

四、数据审核与上报

监测数据上报前进行数据完整性、变异性与符合性审核，确保监测数据准确。在进行数据完整性审核时，应按照工作要求，核对监测数据项是否存在漏报情况，对缺失遗漏项目要及时催报、补充完整。在进行数据变异性审核时，应重点对耕地质量主要性状、肥料投入与产量等近3年数据情况进行变异性分析，检查是否存在数据变异过大情况。如变异过大，应检查数据是否能真实客观地反映当地实际情况，如出现异常，及时找出原因，核实数据；同时要分析肥料投入、土壤养分含量和作物产量三者的相关性，检查是否出现异常。数据审查应由分管耕地质量监测工作的站长（主任）负责。审查结束后，审查人签字确认，并盖单位公章，按要求及时上报。

五、养分利用效率

偏生产力（PFP）：肥料偏生产力是反映当地土壤基础养分水平和化肥施用量综合效应的重要指标，是指施用某一特定肥料下的作物产量与施肥量的比值。

计算公式：$PFP=Y/F$

式中：PFP 是指肥料偏生产力；Y 是指施用某一特定肥料作物的产量；F 是指特定肥料纯养分（N、P_2O_5和 K_2O）的投入量。

六、耕地土壤基础地力

耕地土壤基础地力是土壤支撑农作物生产以及提供多种生态服务功能的能力，是土壤物理性质、化学性质和生物特性的综合反映，通常用不施肥条件下的作物产量来评价土壤基础地力状况。基础地力与水肥效应和田间管理共同决定了土壤生产能力的高低。

第四节　全国耕地质量等级评价指标体系

从2002年开始，原农业部在全国范围内启动了耕地地力调查和质量评价工作。以《耕地地力调查与质量评价技术规程》（NY/T 1634—2008）和《全国耕地类型区、耕地地力等级划分》（NY/T 309—1996）为依据，以耕地土壤图、土地利用现状图、行政区划图叠加形成的图斑为评价单元，从立地条件、耕层理化性状、土壤管理、障碍因素和土壤剖面性状等方面综合评价耕地质量水平。2013—2014年，原农业部组织力量对全国耕地地力调查与质量评价结果进行汇总分析，将各县（区、市、旗、团、场）耕地地力水平归入全国统一的耕地质量等级体系，并发布《全国耕地质量等级情况公报》。

在总结原有县域耕地质量评价工作经验的基础上，2015年，原农业部发布了农业行业标准《耕地质量划分规范》（NY/T 2872—2015），经过进一步细化完善，2016年12月，联合国家质检总局、国家标准委，共同发布了国家标准《耕地质量等级》（GB/T 33469—2016）。该标准将全国耕地划分为东北区、内蒙古及长城沿线区、黄淮海区、黄土高原区、长江中下游区、西南区、华南区、甘新区、青藏区9个一级农业区、38个二级农业区，建立了全国耕地质量评价“N+X”指标体系。其中，“N”为基础性指标，包括地形部位、有效土层厚度、有机质含量、耕层质地、土壤容重、质地构型、土壤养分状况、生物多样性、清洁程度、障碍因素、灌溉能力、排水能力和农田林网化率等13个指标；“X”为区域补充性指标，包括耕层厚度、田面坡度、盐渍化程度、地下水埋深、酸碱度和海拔高度6个指标。应用层次分析法确定各指标权重，应用隶属函数法确定各指标隶属度，应用综合指数法计算耕地质量综合指数，并应用等距离法将耕地质量划分为10个等级。一等地耕地质量最高，十等地耕地质量最低。2019年，以农业农村部公告的形式第二次发布《全国耕地质量等级情况公报》。

第二章 全国耕地质量监测评价情况

第一节 耕地质量等级与耕地质量监测

2019 年，农业农村部依据《耕地质量调查监测与评价办法》（农业部令 2016 年第 2 号）和《耕地质量等级》（GB/T 33469—2016）国家标准，组织完成了全国耕地质量等级调查评价工作。通过以县域为单位的大样本调查，从耕地的立地条件、剖面性状、耕层理化性状、养分状况、土壤健康状况和土壤管理等对耕地质量有着重大影响的几个方面，采用"综合指数法"对我国耕地质量进行了综合评价，完成了全国耕地质量等级划分，制定了全国耕地质量指标的分级标准，提出了耕地质量提升的主攻方向。由于我国地域辽阔，立地条件分异明显，农业种植方式千差万别，土壤类型繁多，影响耕地质量的主导因素差异很大，为此将全国划分为东北区、黄淮海区、长江中下游区、内蒙古及长城沿线区、黄土高原区、华南区、甘新区、西南区和青藏区九大农业区，并根据不同农业区的特点对我国耕地质量进行了分区分析，提出改良利用方式和方法（详见第三章）。全国耕地为 20.23 亿亩，2019 年耕地质量等级评价将耕地质量由高到低依次划分为一至十等（详见表 2-1），平均等级为 4.76 等，较 2014 年提升了 0.35 个等级。其中评价为一至三等级的耕地面积为 6.32 亿亩，占耕地总面积的 31.2%，这部分耕地基础地力较高，基本不存在障碍因素，应按照用养结合方式开展农业生产，确保耕地质量稳中有升；四至六等级的耕地面积为 9.47 亿亩，占耕地总面积的 46.8%，这部分耕地所处环境气候条件基本适宜，农田基础设施条件相对较好，障碍因素不明显，是今后粮食增产的重点区域和重要突破口；七至十等级的耕地面积为 4.44 亿亩，占耕地总面积的 22.0%，这部分耕地基础地力相对较差，生产障碍因素突出，短时间内较难得到根本改善，应持续开展农田基础设施建设和耕地内在质量建设。

表 2-1 全国耕地质量等级面积比例及主要分布区域

耕地质量等级	面积（亿亩）	比例（%）	主要分布区域
一等地	1.38	6.82	东北区、长江中下游区、西南区、黄淮海区
二等地	2.01	9.94	东北区、黄淮海区、长江中下游区、西南区
三等地	2.93	14.48	东北区、黄淮海区、长江中下游区、西南区
四等地	3.50	17.30	东北区、黄淮海区、长江中下游区、西南区
五等地	3.41	16.86	长江中下游区、东北区、西南区、黄淮海区
六等地	2.56	12.65	长江中下游区、西南区、东北区、黄淮海区、内蒙古及长城沿线区

（续）

耕地质量等级	面积（亿亩）	比例（%）	主要分布区域
七等地	1.82	9.00	西南区、长江中下游区、黄土高原区、内蒙古及长城沿线区、华南区、甘新区
八等地	1.31	6.48	黄土高原区、长江中下游区、内蒙古及长城沿线区、西南区、华南区
九等地	0.70	3.46	黄土高原区、内蒙古及长城沿线区、长江中下游区、西南区、华南区
十等地	0.61	3.01	黄土高原区、黄淮海区、内蒙古及长城沿线区、华南区、西南区

土壤养分状况和耕层理化性状是耕地质量重要的属性指标，开展以耕地养分和理化性状为重点的全国耕地质量长期定位监测，可以了解和掌握耕地质量的时间和空间变化规律，与全国耕地质量调查评价结果互为补充，能为耕地质量保护提供基础支撑。通过对全国耕地质量监测评价数据的汇总分析，为我国耕地质量调控和提升提供科学理论依据。

第二节　耕层厚度

耕层是自然土壤经过人为耕作活动形成的可供作物生长的重要基质，是作物根系活动的重要区域。研究表明，作物根系的70%集中在耕作层，因此它也是作物根际营养的重要场所，对作物施肥有着重要的意义。耕层厚度是耕层的容量指标，它直接影响土壤蓄水保墒、养分储存释放、土壤气体交换及作物根系生长发育等。培育一个肥沃而深厚的耕作层是当前作物高产稳产的重要基础。

1. 全国　2019 年，1 011 个全国耕地质量长期定位监测数据分析结果表明（图 2-1），全国耕层厚度平均为 21.1 cm，变化范围 10.0～42.0cm。主要集中在（18.0～20.0］cm 区间，数量为 443 个，所占比例 43.8%；≤15cm 的点 68 个，占总数的 6.7%；在（15.0～18.0］cm 范围内的点 170 个，占 16.8%；处于（20.0～25.0］cm 区间的点 211 个，占 20.9%；（25.0～30.0］cm 的 99 个，占 9.8%；>30cm 区间的点 20 个，占 2.0%。

221 982 个全国耕地质量等级调查评价数据分析结果表明，耕层厚度平均为 20.5cm，变化范围 5.0～40.0cm。调查点的耕层厚度主要集中在（18.0～20.0］cm 区间，有 90 437 个，占总数的 40.7%；≤15.0cm 的点 29 527 个，占 13.3%；处于（15.0～18.0］cm 区间的点 39 710 个，占 17.9%；在（20.0～25.0］cm 范围内的点35 115个，占 15.8%；处于（25.0～30.0］cm 区间的点 24 713 个，占 11.1%；>30.0cm 的点 2 480 个，占 1.1%。

通过对监测和调查评价两组数据的比较分析，全国耕层厚度平均在 20.0～21.0cm，耕层厚度的等级分布呈正态分布，主要集中在（18.0～20.0］cm 区间。

2. 水田　2019 年，全国 370 个水田监测点耕层厚度平均为 19.7cm，变化范围 10.0～36.0cm。如图 2-2 所示，水田监测点耕层厚度主要集中在（18.0～20.0］cm 区

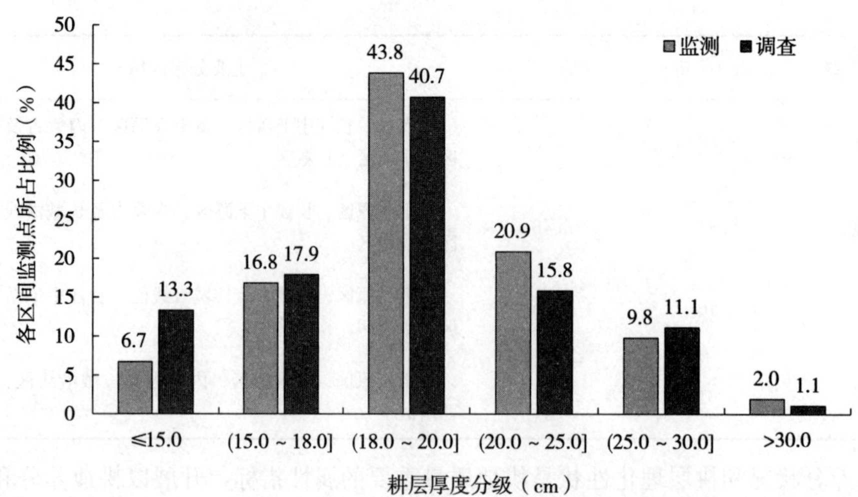

图 2-1　2019 年全国耕地土壤耕层厚度各区间所占比例

间，点数 156 个，占水田监测点总数的 42.2%，该区间内监测点耕层厚度平均值为 19.9cm；≤15.0cm 的监测点有 41 个，占 11.1%，该区间内点的平均值为 14.0cm；处于（15.0～18.0］cm 区间的点 88 个，占 23.8%；在（20.0～25.0］cm 范围内的点 66 个，占 17.8%；（25.0～30.0］cm 的点 17 个，占 4.6%；＞30.0cm 的点仅有 2 个，占 0.5%，平均值为 34.0cm。

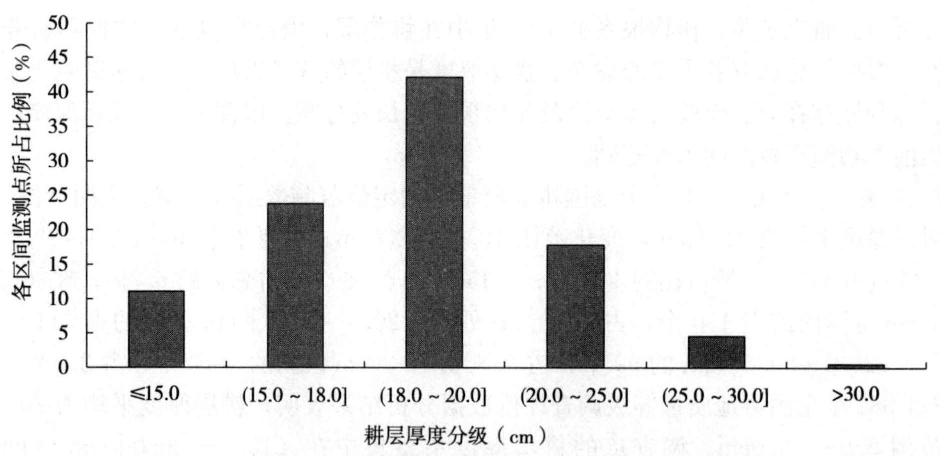

图 2-2　2019 年水田耕层厚度各区间所占比例

3. 旱地/水浇地　2019 年，全国 641 个旱地/水浇地监测点耕层厚度平均为 21.9cm，变化范围 10.0～42.0cm。如图 2-3 所示，旱地/水浇地监测点耕层厚度主要集中在（18.0～20.0］cm 区间，点数 287 个，占旱地/水浇地监测点总数的 44.8%，该区间内监测点耕层厚度平均值为 20.0cm；≤15.0cm 的点 27 个，占 4.2%；在（15.0～18.0］cm 范围内的点 82 个，占 12.8%；处于（20.0～25.0］cm 区间的点 145 个，占 22.6%；在（25.0～30.0］cm 区间有 82 个点，占 12.8%；＞30.0cm 的点 18 个，占 2.8%，平均值为 37.9cm。

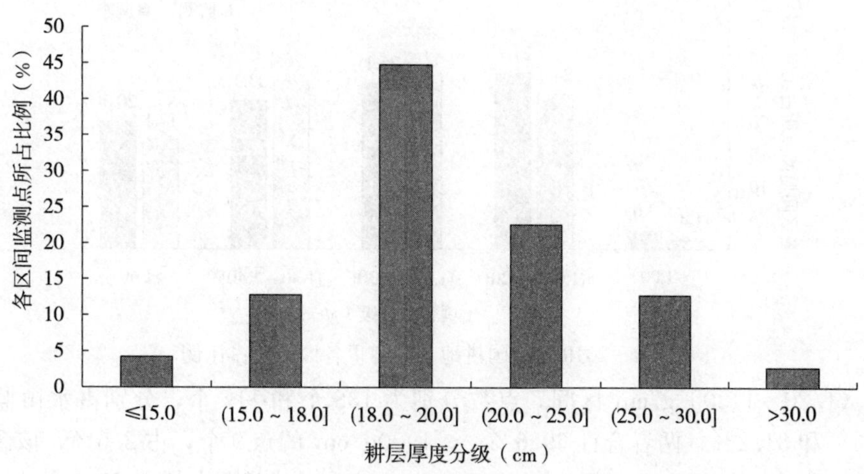

图 2-3 2019 年旱地/水浇地耕层厚度各区间所占比例

第三节 耕层土壤容重

耕层土壤容重是评价耕地质量的重要指标，它的大小反映土壤的通透性，直接影响土壤的通气、透水性能和温度状况。适宜的土壤容重有利于作物生长发育，耕层一般为 1.10～1.20g/cm³。土壤容重过轻，孔隙度大，漏水漏肥，作物生长“发小苗”，后期易脱肥；容重过重，则土壤黏重，耕性差，不利于作物根系的下扎，土壤水分大、温度低，影响土壤养分的前期释放，作物生长“发老苗”。耕层容重的大小与土壤质地、结构、有机质含量、土壤紧实度、耕作措施等有关。

1. 全国 2019 年，977 个全国耕地质量长期定位监测数据分析结果表明（图 2-4），耕层土壤容重平均为 1.29g/cm³，变化范围 0.83～1.74g/cm³，主要集中在（1.00～1.20］g/cm³、（1.20～1.30］g/cm³ 和（1.30～1.40］g/cm³ 区间内，监测点数分别为 258 个、300 个和 238 个，分别占监测点总数的 24.4%、30.7%和 26.4%，三者合计占 81.5%；≤1.00g/cm³ 的点 14 个，占 1.4%，该区间内监测点耕层土壤容重平均 0.94 g/cm³；＞1.40g/cm³ 的点 167 个，占 17.1%，平均值 1.50g/cm³。

209 576 个全国耕地质量等级调查评价数据分析结果表明，耕层土壤容重平均值 1.28g/cm³，变化范围 0.90～1.71g/cm³，均匀分布在（1.00～1.20］g/cm³、（1.20～1.30］g/cm³、（1.30～1.40］g/cm³ 和＞1.40g/cm³ 区间，调查点数分别为 58 024 个、54 688 个、48 736 个和 41 905 个，分别占调查点总数的 27.7%、26.1%、23.3%和 20.0%，合计占 97.0%；≤1.00g/cm³ 的点 6 223 个，占 3.0%。

从监测和调查评价两组数据比较分析结果看，全国土壤容重平均值基本吻合，在 1.28～1.29g/cm³，耕层容重偏大，分布在（1.00～1.20］g/cm³ 区间的适宜样本只占 24.4%～27.7% 。

2. 水田 2019 年，全国 359 个水田监测点土壤容重平均为 1.24g/cm³，变化范围 0.83～1.71g/cm³。如图 2-5 所示，水田监测点土壤容重主要集中在（1.00～1.20］

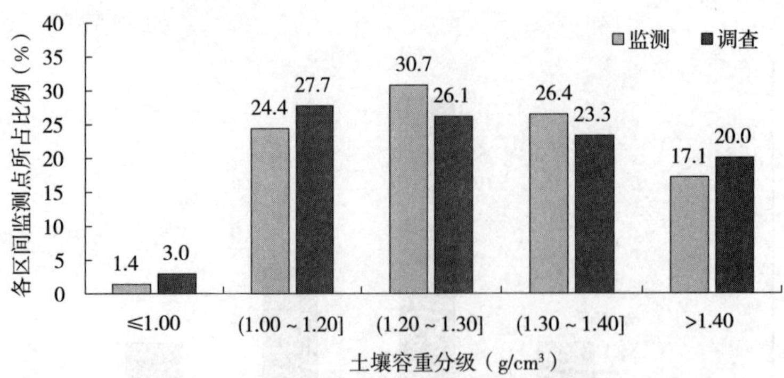

图 2-4　2019 年全国耕地土壤容重各区间所占比例

g/cm³和（1.20～1.30］g/cm³区间，点数分别为 138 个和 112 个，分别占水田监测点总数的 38.4%和 31.2%，两者合计 69.6%；≤1.00g/cm³的点 9 个，占 2.6%，该区间内监测点土壤容重平均为 0.93g/cm³；在（1.30～1.40］g/cm³范围内的点 66 个，占 18.4%；>1.40g/cm³的点 34 个，占 9.5%，平均值为 1.48g/cm³。

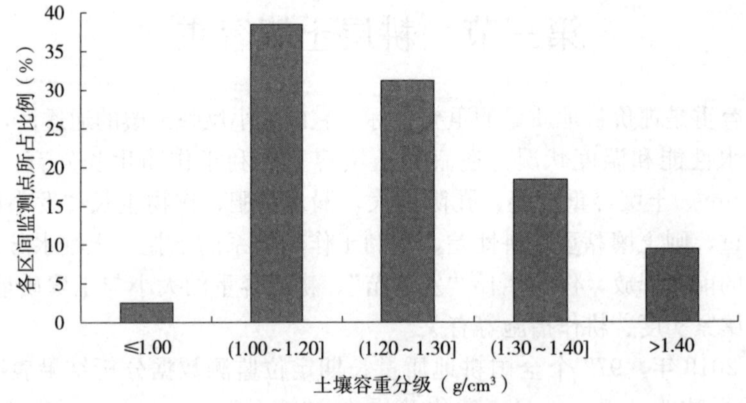

图 2-5　2019 年水田土壤容重各区间所占比例

3. 旱地/水浇地　2019 年，全国 618 个旱地/水浇地监测点土壤容重平均为 1.32 g/cm³，变化范围 0.88～1.74g/cm³。如图 2-6 所示，旱地/水浇地监测点土壤容重主要集

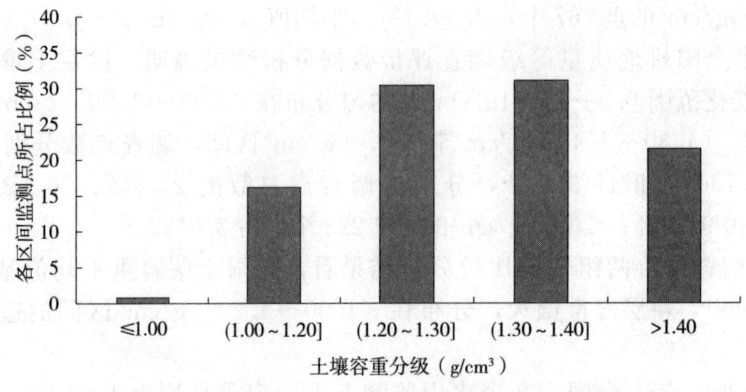

图 2-6　2019 年旱地/水浇地土壤容重各区间所占比例

中在（1.20～1.30］g/cm³ 和（1.30～1.40］g/cm³ 区间，监测点数量分别为 188 个和 192 个，分别占旱地/水浇地监测点总数的 30.4％和 31.1％，两者合计 61.5％；≤1.00 g/cm³的点仅 5 个，占 0.8％，该区间内监测点土壤容重平均值为 0.95g/cm³；在（1.00～1.20］g/cm³ 范围内的点 100 个，占 16.2％；＞1.40g/cm³ 的点 133 个，占 21.5％，平均值为 1.50g/cm³。

第四节 耕层土壤有机质

土壤有机质与耕地质量有着密切的关系。土壤有机质不但含有植物生长所需要的各种营养元素，而且可以增加土壤团聚体数量，改善土壤耕性、透气性和透水性，促进作物对土壤养分的协调需求，提高耕地的生产能力。同时，土壤有机质对土壤重金属、农药等各种有机、无机污染物有络合和固定等作用，可以降低土壤污染的风险，提高农产品质量；与土壤矿质颗粒形成团聚体后可增强土壤的抗风蚀和水蚀能力，对保护耕地质量和绿色农业的发展都有着积极的作用。

一、土壤有机质现状

1. 全国 2019 年，1 067 个全国耕地质量长期定位监测数据分析结果表明（图 2-7），全国耕层土壤有机质平均含量 24.9g/kg，变化范围 3.2～91.0g/kg。监测点主要集中在（10.0～20.0］g/kg 和（20.0～30.0］g/kg 区间，点数分别为 392 个和 338 个，占监测点总数的比例分别为 36.7％和 31.7％，两者合计 68.4％；≤10.0g/kg 的点 46 个，占 4.3％，该区间监测点土壤有机质平均值 8.2g/kg；在（30.0～40.0］g/kg 范围内的点 190 个，占 17.8％；＞40.0g/kg 的点 101 个，占 9.5％，平均值 51.4g/kg。

218 912 个全国耕地质量等级调查评价结果表明（图 2-7），耕层土壤有机质平均含量 24.9g/kg，变化范围 2.4～79.7g/kg。调查点土壤有机质含量主要集中在（10.0～20.0］g/kg 和（20.0～30.0］g/kg 区间，点数分别为 78 472 个和 64 757 个，分别占总点数的

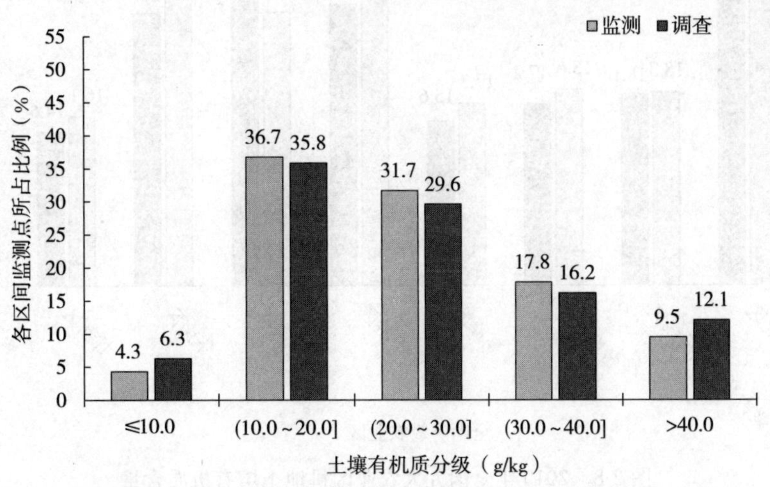

图 2-7 2019 年全国土壤有机质各含量区间所占比例

35.8%和 29.6%，两者合计 65.4%；≤10.0g/kg 的点 13 751 个，占 6.3%；在（30.0～40.0］g/kg 范围内的点 35 418 个，占 16.2%；>40.0g/kg 的点 26 514 个，占 12.1%。

从土壤有机质平均值来看，全国土壤有机质平均值监测与调查评价结果一致，均为 24.9g/kg，样本分布情况也大致相同，均主要集中在（10.0～30.0］g/kg 区间内，土壤有机质≤10.0g/kg 的点很少，所占比例分别为 4.3%和 6.3%，>40.0g/kg 的比例在 10%左右。

分析全国九大农业区耕层土壤有机质含量情况，从全国耕地质量长期定位监测数据分析结果来看（图 2-8），甘新区土壤有机质含量水平最低，平均为 16.1g/kg；东北区最高，平均值达 35.8g/kg；长江中下游区土壤有机质含量较为丰富，平均含量为 30.0 g/kg；西南区、青藏区和华南区与其他农业区相比处于中等水平，平均在 26.6g/kg 左右；黄土高原区、内蒙古及长城沿线区和黄淮海区土壤有机质平均含量分别为 17.3 g/kg、18.3g/kg 和 18.6g/kg，在九大农业区中处于较低水平。

从全国耕地质量等级调查评价结果来看（图 2-8），甘新区有机质含量水平最低，平均值为 14.6g/kg；东北区最高，平均达 34.0g/kg；青藏区较高，平均达 30.0g/kg；华南区、长江中下游区和西南区有机质含量在 26.6g/kg 左右，与其他农业区相比处于中上等水平；黄土高原区、黄淮海区和内蒙古及长城沿线区有机质含量在九大农业区中处于较低水平，平均值分别为 15.6g/kg、17.2g/kg 和 18.1g/kg。

比较九大农业区耕地土壤有机质的监测和调查评价数据，除东北区、青藏区、长江中下游区两组数据略有差异，其他农业区两者基本吻合。全国只有东北区土壤有机质平均值均在 30.0g/kg 以上；甘新区、黄土高原区和黄淮海区以及内蒙古及长城沿线区均在 20.0g/kg 以下。

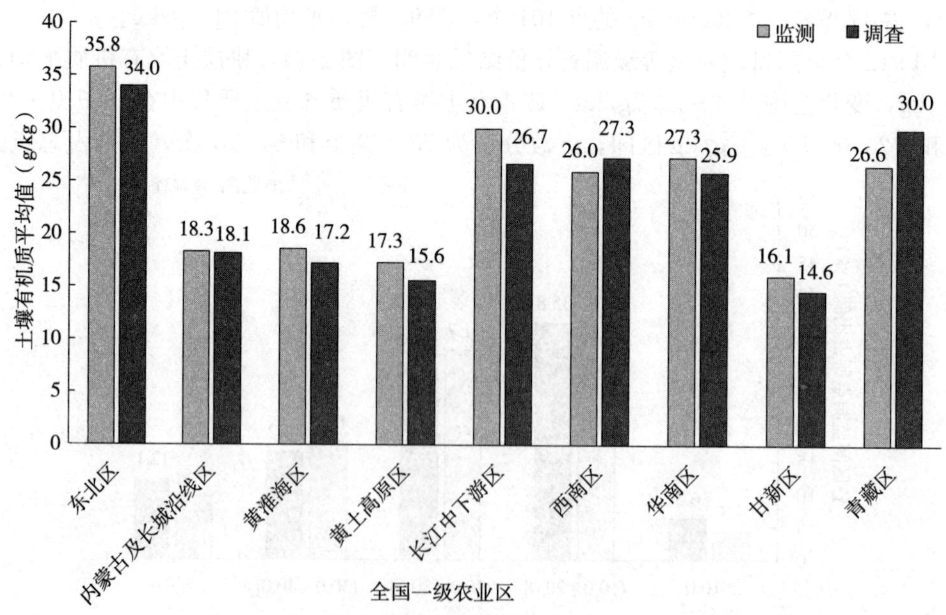

图 2-8　2019 年全国九大农业区耕地土壤有机质含量

2. 水田　2019 年，全国 402 个水田监测点土壤有机质平均含量为 30.8g/kg，变化范围 5.6～91.0g/kg。如图 2-9 所示，土壤有机质含量主要集中在（20.0～30.0］g/kg 和（30.0～40.0］g/kg 区间，点数分别为 145 个和 127 个，分别占水田监测点总数的 36.1% 和 31.6%，两者合计 67.7%；≤10.0g/kg 的点 6 个，占 1.5%，该区间内监测点土壤有机质平均值为 8.2g/kg；（10.0～20.0］g/kg 的点 56 个，占 13.9%；>40.0g/kg 的点 68 个，占 16.9%，平均值为 49.7g/kg。

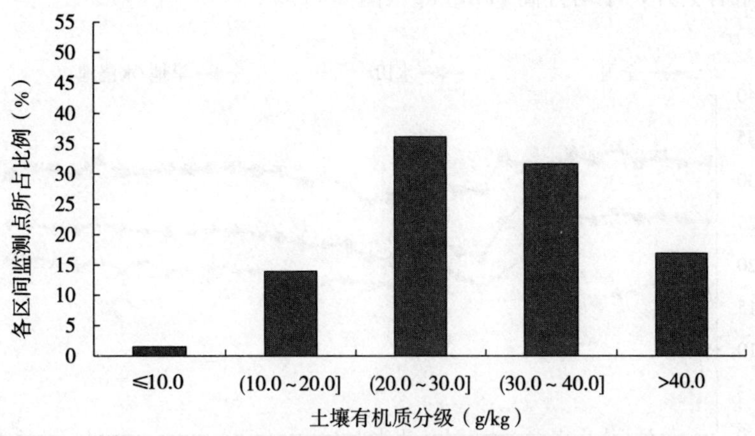

图 2-9　2019 年水田土壤有机质各含量区间所占比例

3. 旱地/水浇地　2019 年，全国 665 个旱地/水浇地监测点土壤有机质平均含量为 21.3g/kg，变化范围 3.2～81.5g/kg。如图 2-10 所示，土壤有机质含量主要集中在（10.0～20.0］g/kg 和（20.0～30.0］g/kg 区间，点数分别为 336 个和 193 个，分别占旱地/水浇地监测点总数的 50.5% 和 29.0%，两者合计 79.5%；≤10.0g/kg 的点 40 个，占 6.0%，该区间内监测点土壤有机质平均值为 8.2g/kg；在（30.0～40.0］g/kg 范围的点 63 个，占 9.5%；>40 .0g/kg 的点 33 个，占 5.0%，平均值为 54.8g/kg。

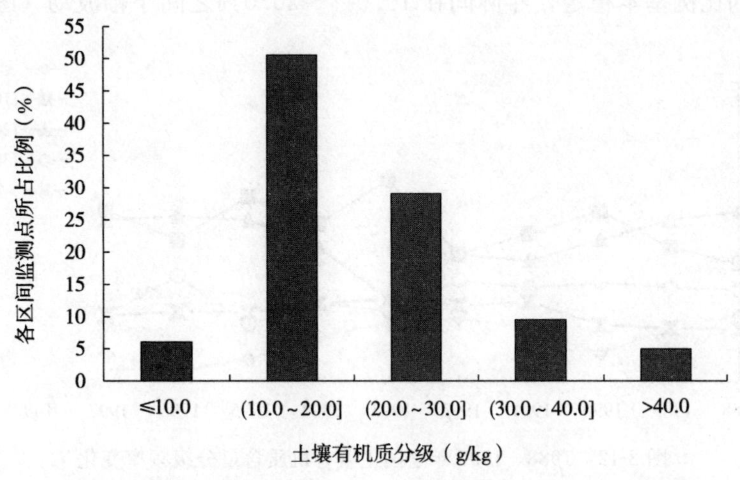

图 2-10　2019 年旱地/水浇地土壤有机质各含量区间所占比例

二、土壤有机质演变趋势

由于全国耕地质量长期定位监测点数量的调整变化，为保证样本的一致性，将监测情况分 1988—1997 年、1998—2003 年、2004—2015 年、2016—2019 年 4 个时段分析。总体来看，全国监测点耕层土壤有机质含量整体呈稳中有升的变化趋势，其中水田除在 1998—2003 年略有降低、在 2004—2015 年略有升高，其他时段未表现出明显变化趋势；旱地/水浇地略有上升，年均升高 0.2g/kg（图 2-11）。

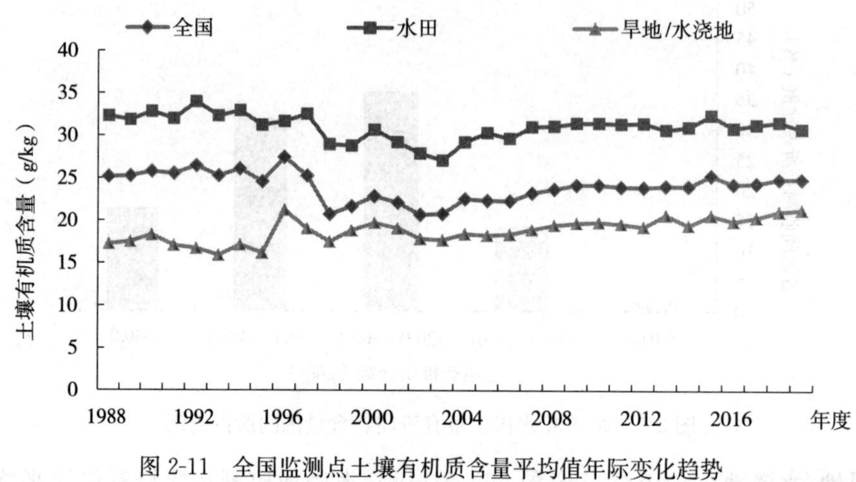

图 2-11　全国监测点土壤有机质含量平均值年际变化趋势

1. 全国　1988—1997 年，土壤有机质含量平均为 25.7g/kg，稳中略有升高，年均增加 0.1g/kg（图 2-11）。土壤有机质含量主要集中在（10.0～20.0］g/kg 和（20.0～30.0］g/kg 区间，合计占比达 60.0%左右，其中（10.0～20.0］g/kg 的比例整体略有上升，1997 年比 1988 年上升了 10.9%，上升幅度为 46.0%；≤10.0g/kg 的比例一直处于较低水平，整体略有下降，下降了 7.4%，降幅为 56.1%；（30.0～40.0］g/kg 和＞40.0g/kg 的比例基本稳定，年际间在 10.0%～20.0%之间小幅波动（图 2-12）。

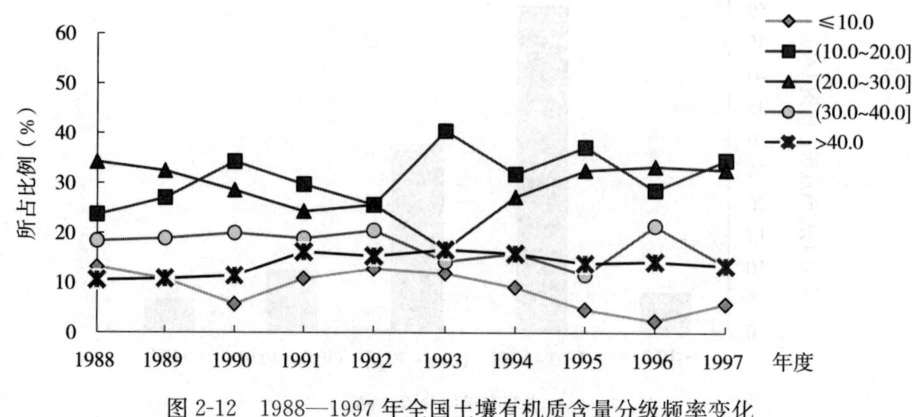

图 2-12　1988—1997 年全国土壤有机质含量分级频率变化

1998—2003 年，土壤有机质含量平均为 21.6g/kg，年际变化呈先升高再下降的趋势，2003 年为 20.8g/kg，与 1998 年基本持平（图 2-11）。土壤有机质含量主要集中在（10.0～20.0］g/kg，所占比例基本稳定在 50.0％左右，年际间有小幅波动；（20.0～30.0］g/kg 和（30.0～40.0］g/kg 的比例处于中等水平，在 20.0％左右波动；≤10.0 g/kg和＞40.0g/kg 的比例均在 10.0％以下，年际间变化不大（图 2-13）

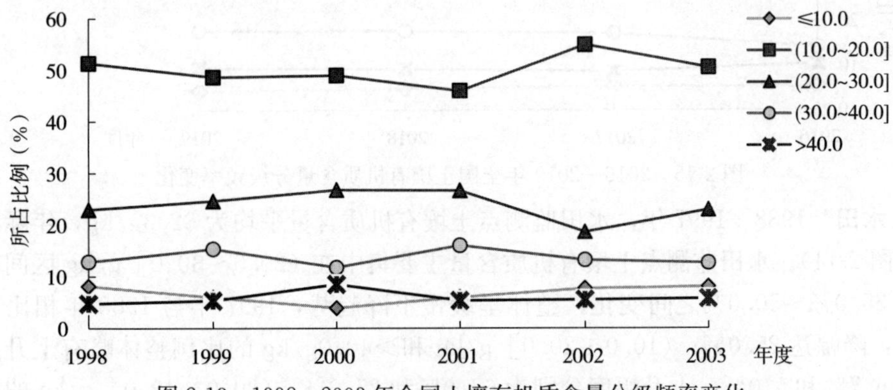

图 2-13　1998—2003 年全国土壤有机质含量分级频率变化

2004—2015 年，土壤有机质含量平均值 23.7g/kg，整体呈稳中有升的变化趋势，从 2004 年的 22.5g/kg 上升至 2015 年的 24.7g/kg，提高了 2.2g/kg，上升幅度 9.8％，年均升高 0.2g/kg（图 2-11）。土壤有机质含量主要集中在（10.0～20.0］g/kg 和（20.0～30.0］g/kg 区间，两者合计 70.0％左右，其中（10.0～20.0］g/kg 所占比例整体略呈下降趋势，2004 年与 2015 年相比下降了 9.3％，降幅为 20.7％，年均下降 0.8％；（20.0～30.0］g/kg 略呈上升趋势，上升了 8.8％，上升幅度为 37.1％，年均升高 0.9％。（30.0～40.0］g/kg 的比例处于中等水平，年际间在 14.9％～21.4％之间小幅波动；≤10.0g/kg和＞40.0g/kg 的比例均在 10％以下，年际变化不大（图 2-14）。

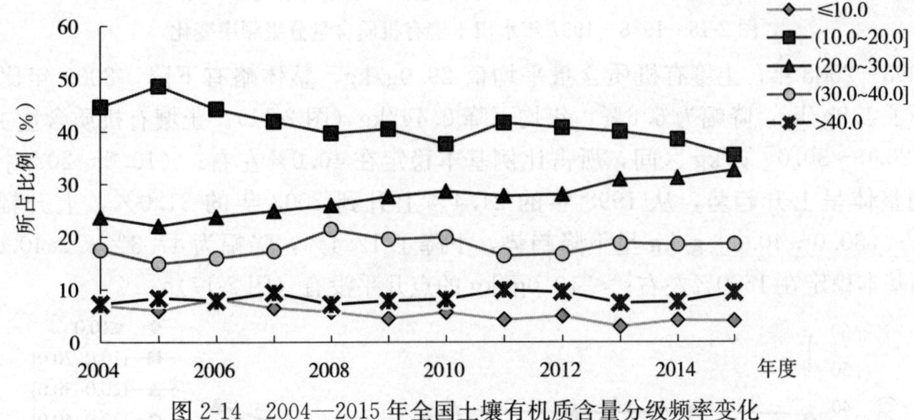

图 2-14　2004—2015 年全国土壤有机质含量分级频率变化

2016—2019 年，土壤有机质含量平均为 24.6g/kg，整体变化趋势不明显，2016 年为 24.3g/kg，与 2019 年基本持平（图 2-11）。土壤有机质在各含量区间的比例年际间变化趋势不明显，主要集中在（10.0～20.0］g/kg 和（20.0～30.0］g/kg 区间，两者合计达 70.0％左右；（30.0～40.0］g/kg 的比例在 18.0％左右；≤10.0g/kg 的比例稳定在 5.0％左右；＞40.0g/kg 的比例在 8.8％～10.4％之间窄幅波动（图 2-15）。

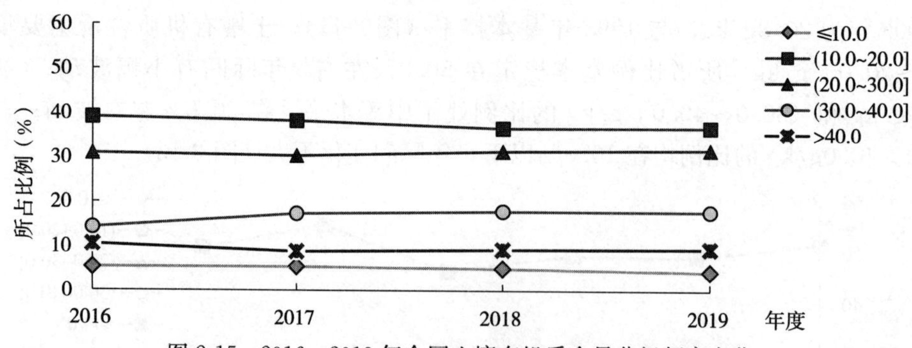

图 2-15　2016—2019 年全国土壤有机质含量分级频率变化

2. 水田　1988—1997 年，水田监测点土壤有机质含量平均为 32.3g/kg，年际间变化不大（图 2-11）。水田监测点土壤有机质含量主要集中在（20.0～30.0］g/kg 区间，所占比例在 25.0%～50.0%之间变化，整体呈缓慢下降趋势，1997 年与 1988 年相比下降了 12.5%，降幅达 25.0%；（10.0～20.0］g/kg 和>40.0g/kg 的比例整体略有上升，分别上升了 6.7%和 5.0%，上升幅度分别为 67.0%和 25.0%；（30.0～40.0］g/kg 的比例在 20.0%左右波动，变幅较窄；没有≤10.0g/kg 的监测点（图 2-16）。

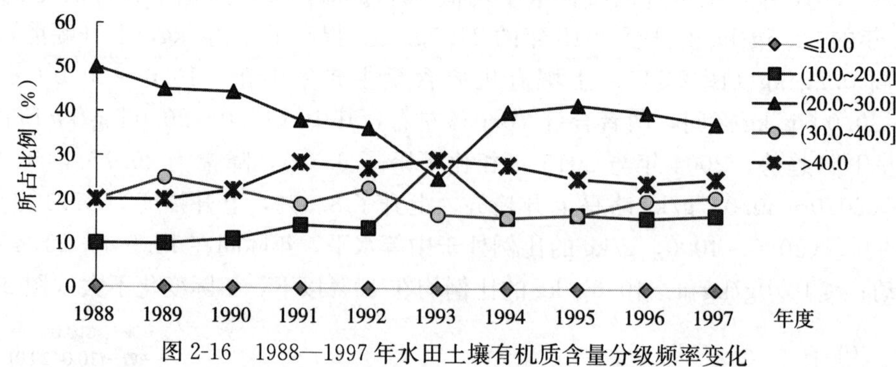

图 2-16　1988—1997 年水田土壤有机质含量分级频率变化

1998—2003 年，土壤有机质含量平均值 29.0g/kg，整体略有下降，2003 年比 1998 年下降了 1.9g/kg，降幅为 6.6%，年均下降 0.4g/kg（图 2-11）。土壤有机质含量主要集中在（20.0～30.0］g/kg 区间，所占比例基本稳定在 40.0%左右；（10.0～20.0］g/kg 的比例整体呈上升趋势，从 1998 年的 21.4%上升到 2003 年的 31.0%，上升幅度达 44.9%；（30.0～40.0］g/kg 呈下降趋势，下降了 12.4%，降幅为 47.3%；>40.0g/kg 的比例基本稳定在 15.0%左右；≤10.0g/kg 的点几乎没有（图 2-17）。

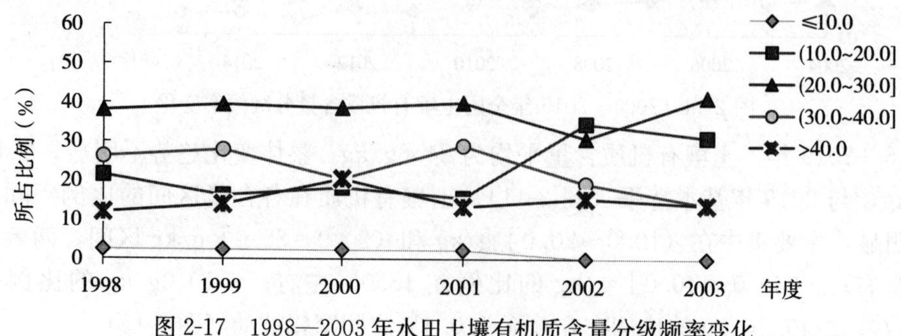

图 2-17　1998—2003 年水田土壤有机质含量分级频率变化

2004—2015 年，土壤有机质含量平均为 31.0g/kg，整体呈稳中有升的变化趋势，从 29.2g/kg 上升至 32.4g/kg，增加了 3.2g/kg，上升幅度 9.9%（图 2-11）。土壤有机质含量主要集中在（20.0～30.0］g/kg 和（30.0～40.0］g/kg 区间，两者合计达 60.0%以上，其中（20.0～30.0］g/kg 的比例略呈上升趋势，2015 年比 2004 年上升了 6.4%，上升幅度为 19.0%；（30.0～40.0］g/kg 的变化趋势不明显。（10.0～20.0］g/kg 和＞40.0 g/kg 的比例处中等水平，在 10.0%～20.0%之间变化，其中（10.0～20.0］g/kg 略呈降低趋势，降低了 7.6%，降幅为 37.1%；＞40.0g/kg 的比例变化趋势不明显。≤10.0 g/kg的点极少（图 2-18）。

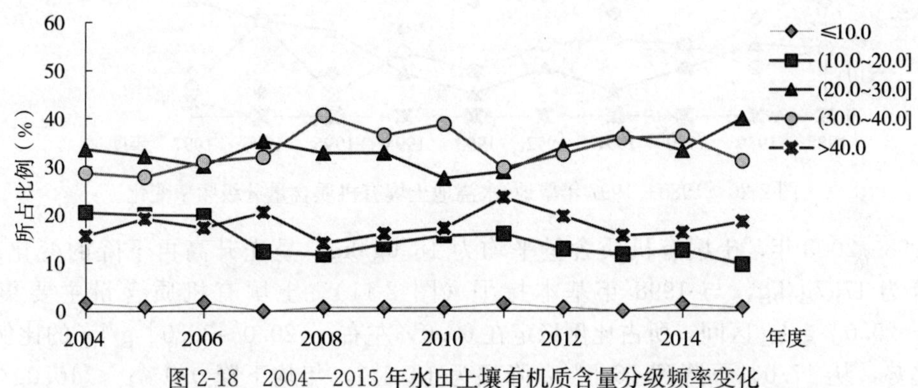

图 2-18　2004—2015 年水田土壤有机质含量分级频率变化

2016—2019 年，土壤有机质含量平均值为 31.2g/kg，整体变化趋势不明显，2016 年为 30.9g/kg，与 2019 年基本持平（图 2-11）。土壤有机质在各含量区间的比例年际间变化趋势不明显，主要集中在（20.0～30.0］g/kg 和（30.0～40.0］g/kg 区间，分别在 35.8%～37.4%和 25.2%～31.6%之间变化，合计 60.0%以上；（10.0～20.0］g/kg 和＞40.0g/kg 的比例在 18.0%左右；≤10.0g/kg 的点几乎没有（图 2-19）。

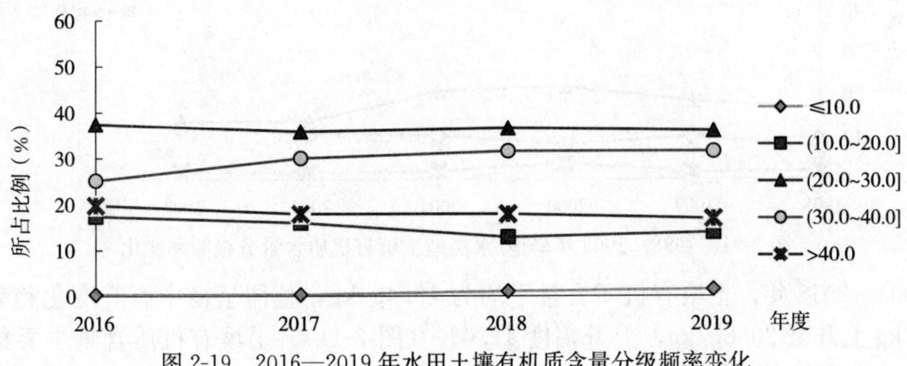

图 2-19　2016—2019 年水田土壤有机质含量分级频率变化

3. 旱地/水浇地　1988—1997 年，旱地/水浇地监测点土壤有机质含量平均为 17.7 g/kg，整体呈稳中有升的变化趋势，从 17.2g/kg 上升到 19.0g/kg，上升幅度 10.5%，年均升高 0.2g/kg（图 2-11）。土壤有机质含量主要集中在（10.0～20.0］g/kg 区间，所占比例在 38.9%～63.2%之间变化，整体略有上升，1997 年比 1988 年高 11.1%，上升幅度 28.5%；（20.0～30.0］g/kg 呈先略有下降再上升的变化趋势，从 16.7%上升到

28.6%，上升幅度 71.3%；≤10.0g/kg 整体呈明显下降趋势，下降了 17.1%，降幅达 61.5%；(30.0～40.0] g/kg 的比例在 5.3%～23.5%之间波动，整体变化趋势不明显；>40.0g/kg 的点基本没有（图 2-20）。

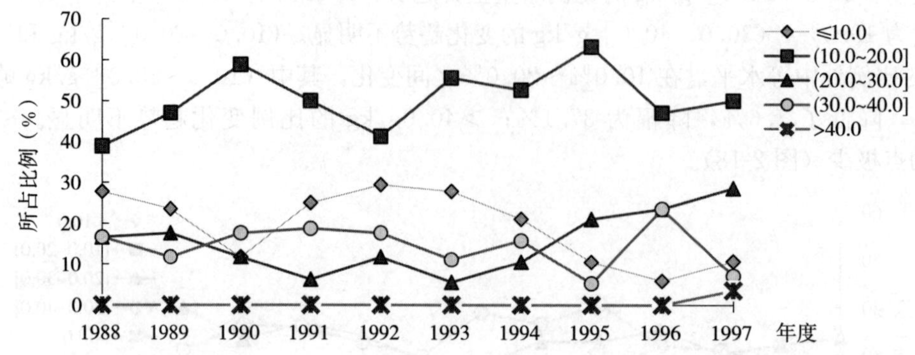

图 2-20 1988—1997 年旱地/水浇地土壤有机质含量分级频率变化

1998—2003 年，土壤有机质含量平均为 18.6g/kg，呈先升高再下降的变化趋势，2003 年为 17.7g/kg，与 1998 年基本持平（图 2-11）。土壤有机质含量主要集中在 (10.0～20.0] g/kg 区间，所占比例稳定在 60.0%左右；(20.0～30.0] g/kg 的比例略呈下降趋势，从 17.0%下降到 16.8%，降幅为 18.8%，年均下降 0.9%；≤10.0g/kg 和 (30.0～40.0] g/kg 的比例处于较低水平，在 10.0%左右，整体略有上升趋势，年均分别升高 0.6%和 0.8%；>40.0g/kg 的比例很低，在 1.5%～3.7%间窄幅波动（图 2-21）。

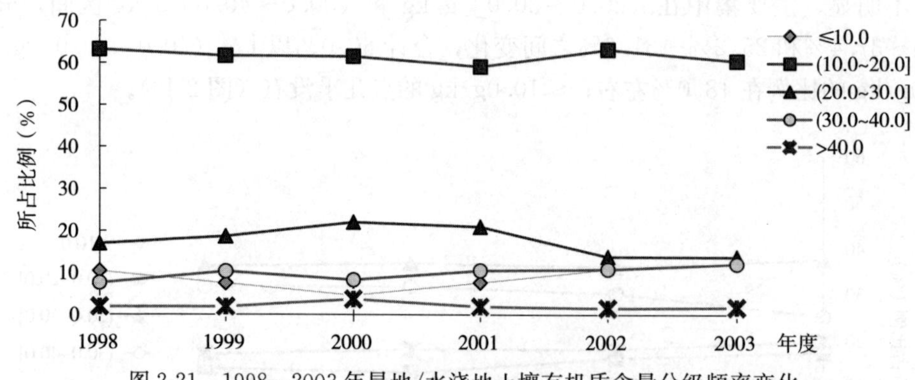

图 2-21 1998—2003 年旱地/水浇地土壤有机质含量分级频率变化

2004—2015 年，土壤有机质含量平均为 19.4g/kg，整体呈稳中有升变化趋势，从 18.4g/kg 上升至 20.6g/kg，上升幅度 12.0%（图 2-11）。土壤有机质含量主要集中在 (10.0～20.0] g/kg 区间，所占比例在 50.4%～63.6%之间变化，整体略呈下降趋势，下降了 9.5%，降幅达 15.9%；与之相对的，(20.0～30.0] g/kg 的比例呈上升趋势，从 2004 年的 17.7%上升至 2015 年的 27.9%，上升了 10.2 个百分点，上升幅度达 57.6%；≤10.0g/kg 的比例从 10.1%下降到 6.0%，下降了 4.0%，降幅为 40.6%；(30.0～40.0] g/kg 的比例在 10.0%左右变化，变幅较窄；>40.0g/kg 的点很少，所占比例在 1.8%～3.7%之间小幅波动（图 2-22）。

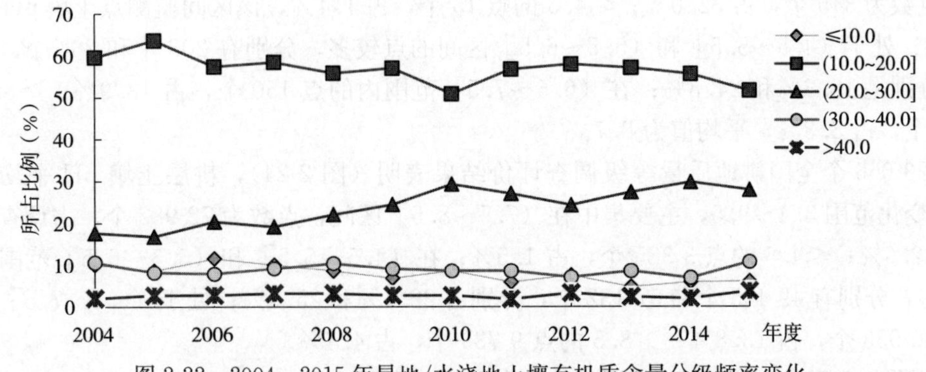

图 2-22　2004—2015 年旱地/水浇地土壤有机质含量分级频率变化

2016—2019 年，土壤有机质含量平均为 20.7g/kg，整体略呈上升趋势，2019 年比 2016 年高 1.4g/kg，上升幅度为 7.0%，年均上升 0.5g/kg（图 2-11）。土壤有机质含量主要集中在（10.0～20.0］g/kg 区间，所占比例 50.0%左右；（20.0～30.0］g/kg 的比例年际间在 25.0%～30.0%波动，略有上升趋势，2019 年比 2016 年升高了 2.4%，上升幅度 9.0%；≤10.0g/kg 的比例在 6.0%～8.7%之间变化，略有下降趋势，下降了 2.7%，降幅 31.0%；（30.0～40.0］g/kg 的比例稳定在 10.0%左右；>40.0g/kg 的点较少，比例在 3.6%～5.0%之间波动（图 2-23）。

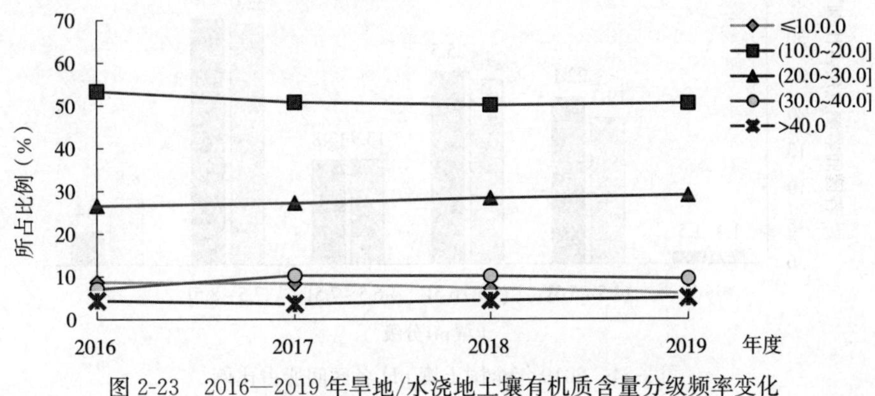

图 2-23　2016—2019 年旱地/水浇地土壤有机质含量分级频率变化

第五节　耕层土壤 pH

受母质、生物、气候条件以及人为活动的影响，不同农业区域、种植方式和土壤类型的土壤 pH 不同。不当的施肥、种植等活动会加速土壤酸化进程，促进土壤重金属活化，影响农产品品质。土壤 pH 过高（pH>9.0）或过低（pH≤4.5）都严重影响作物生长和发育，对土壤的其他性质也有着广泛而深远的影响。

一、土壤 pH 现状

1. 全国　2019 年，1 077 个全国耕地质量长期定位监测数据分析结果表明（图 2-24），全国耕层土壤 pH 平均值为 6.9，变化范围 3.5～9.4，主要集中在（7.5～8.5］区间，点数为 345 个，占 32.0%；≤4.5 的点 15 个，占 1.4%，该区间监测点土壤 pH 平均值 4.3；处于（4.5～5.5］和（5.5～6.5］区间的点较多，分别有 208 个和 264 个，所占比例分别是 19.3%和 24.5%；在（6.5～7.5］范围内的点 150 个，占 13.9%；>8.5 的点 95 个，占 8.8%，平均值为 8.7。

223 666 个全国耕地质量等级调查评价结果表明（图 2-24），耕层土壤 pH 平均值为 6.7，变化范围 3.4～9.5，主要集中在（7.5～8.5］区间，点数为 72 982 个，占调查点总数的 32.6%；≤4.5 的点 3 385 个，占 1.5%；在（4.5～5.5］和（5.5～6.5］范围内的点较多，分别有 49 475 个和 57 132 个，分别占 22.1%和 25.5%；处于（6.5～7.5］区间的点 30 953 个，占 13.8%；>8.5 的点 9 739 个，占 4.4%。

有研究表明，全国 886 个地带性土种剖面的表层土壤 pH 主要集中在 4.5～9.0 范围内（占总剖面数的 97.1%），全国典型地带性土壤表层 pH 平均值为 6.8，监测和调查评价结果与之基本一致。监测点和调查点的土壤 pH 在各区间分布情况大致相同，在（7.5～8.5］区间的比例最高，达 32.0%以上；≤4.5 的点很少，比例不足 2.0%（图 2-24）。

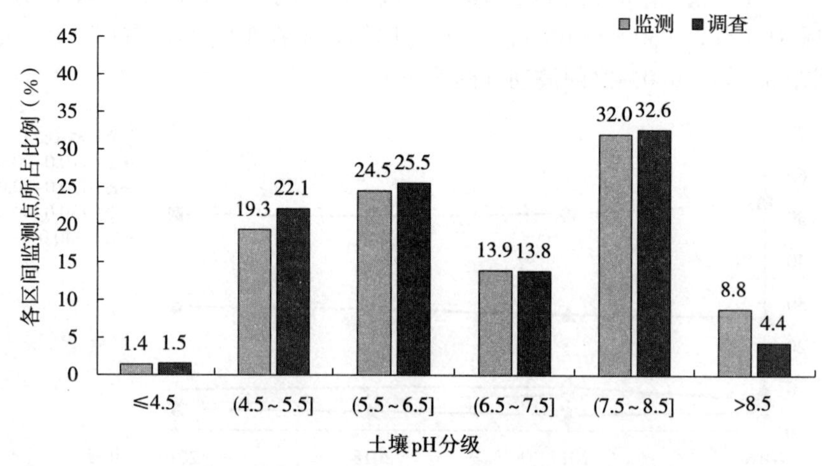

图 2-24　2019 年全国土壤 pH 各区间所占比例

分析全国九大农业区耕层土壤 pH 情况，从全国耕地质量长期定位监测数据分析结果来看（2-25），华南区土壤 pH 水平最低，平均值为 5.9；黄土高原区和甘新区土壤 pH 最高，平均值均为 8.4；青藏区和内蒙古及长城沿线区监测点土壤 pH 平均值分别为 8.3 和 8.2；黄淮海区和西南区土壤 pH 平均值分别为 7.6 和 6.5；东北区和长江中下游区土壤 pH 平均值分别为 6.2 和 6.1。

从全国耕地质量等级调查评价结果来看（图 2-25），华南区土壤 pH 水平最低，平均为 5.7；黄土高原区、甘新区、内蒙古及长城沿线区和青藏区土壤 pH 平均值较高，分别为 8.2、8.2、8.1 和 7.8；黄淮海区和西南区土壤 pH 平均值分别为 7.4 和 6.4；东北区和长江中下游区土壤 pH 平均值分别为 6.3 和 6.2。

从全国九大农业区耕地监测和评价数据来看，除青藏区监测数据高于调查数据 0.5，差异较大，其他农业区两组数据基本吻合；其中华南区两组数据的土壤 pH 平均值都在

6.0 以下；黄土高原区、甘新区和内蒙古及长城沿线区土壤 pH 平均值都在 8.0 以上。两组数据显示，我国土壤 pH 总体情况具有明显的区域性特点，基本符合全国土壤“南酸北碱，沿海偏酸，内陆偏碱”的地理分布。

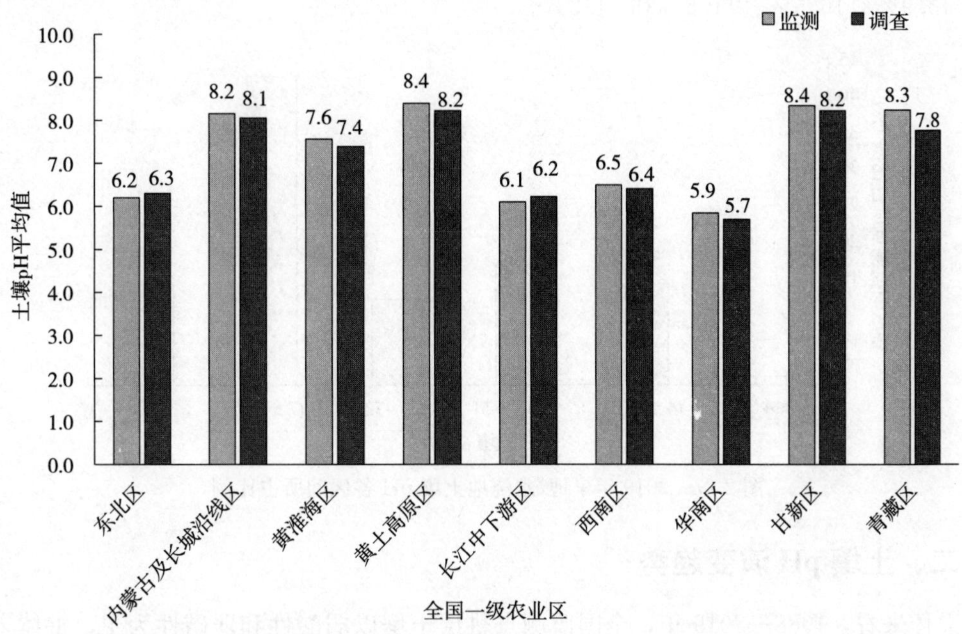

图 2-25　2019 年全国九大农业区耕地土壤 pH

2. 水田　2019 年，全国 406 个水田监测点土壤 pH 平均值为 6.2，变化范围 3.5～8.4。如图 2-26 所示，土壤 pH 主要集中在（4.5～5.5］和（5.5～6.5］区间，分别占水田监测点总数的 28.3%和 37.7%，合计 66.0%；≤4.5 的点 7 个，占 1.7%；（6.5～7.5］的点 71 个，占 17.5%；在（7.5～8.5］范围内的点 60 个，占 14.8%；没有>8.5 的监测点。

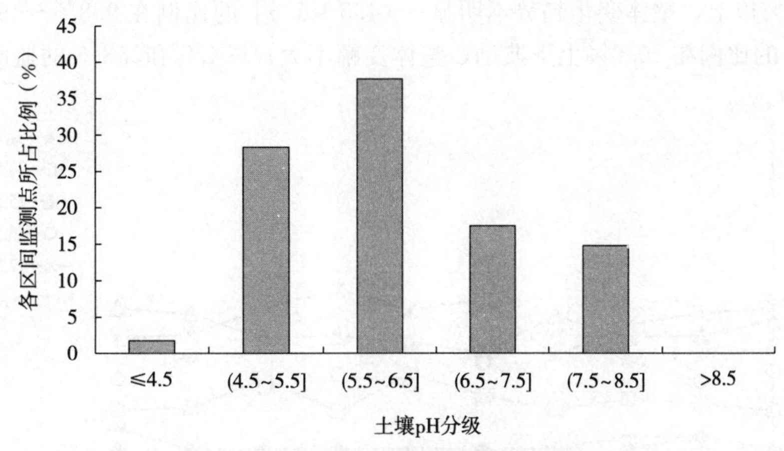

图 2-26　2019 年水田土壤 pH 各区间所占比例

3. 旱地/水浇地　2019 年，全国 671 个旱地/水浇地监测点土壤 pH 平均值为 7.3，变化范围 3.9～9.4。如图 2-27 所示，土壤 pH 主要集中在（7.5～8.5］区间，285 个点占旱地/水浇地监测点总数的 42.5%；≤4.5 的点仅有 8 个，占 1.2%；在（4.5～5.5］、（5.5～6.5］、（6.5～7.5］和>8.5 范围内的点分别有 93 个、111 个、79 个和 95 个，分别占 13.9%、16.5%、11.8%和 14.2%。

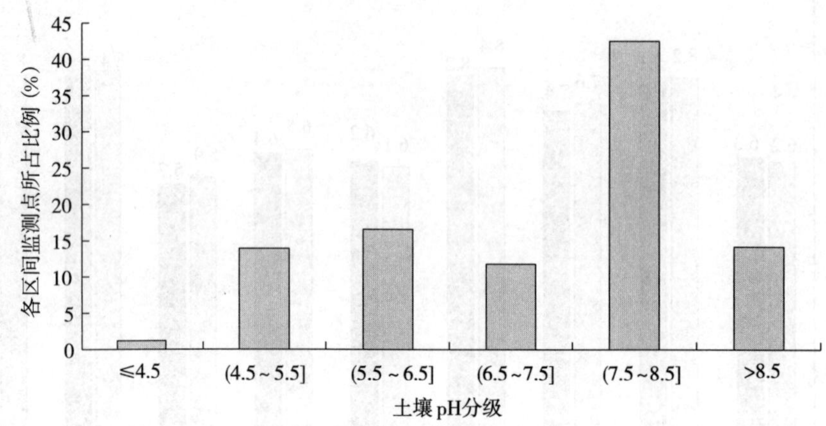

图 2-27　2019 年旱地/水浇地土壤 pH 各区间所占比例

二、土壤 pH 演变趋势

总体来看，1988—2019 年，全国监测点耕层土壤以弱酸性和弱碱性为主，整体未表现出显著性提升或下降。2004—2019 年，全国九大农业区中东北区土壤 pH 表现出降低趋势、黄淮海区有升高趋势，其余农业区的土壤 pH 未表现出显著的升高或降低趋势。多年来，监测点土壤 pH 变化范围不断拓宽，2019 年最低至 3.5、最高达 9.4，其中水田主要集中在（5.5～6.5］区间，旱地/水浇地主要集中在（7.5～8.5］区间。

1. 全国　1988—1997 年，全国监测点土壤 pH 平均值为 6.8，变化范围 4.4～9.0。土壤 pH 在各区间分布年际间基本稳定，主要集中在（5.5～6.5］和（7.5～8.5］区间，合计达 60.0%以上，整体变化趋势不明显；（4.5～5.5］的比例在 9.8%～19.4%之间；（6.5～7.5］的比例在 20.0%上下波动，整体变幅不大；≤4.5 和>8.5 的监测点几乎没有（图 2-28）。

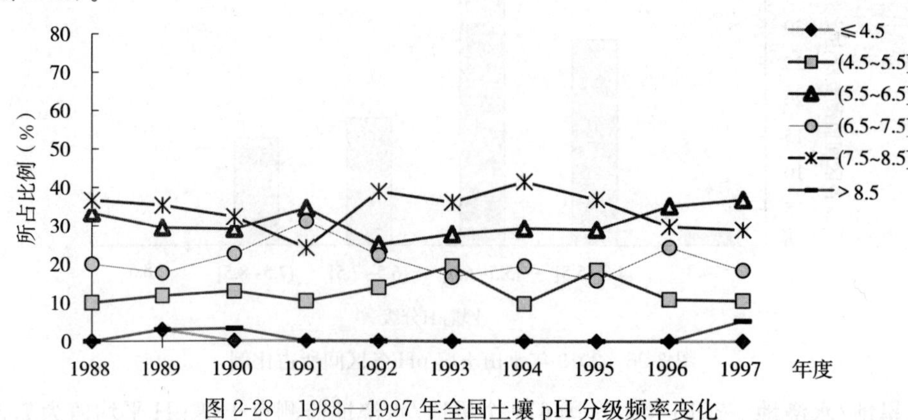

图 2-28　1988—1997 年全国土壤 pH 分级频率变化

1998—2003 年，土壤 pH 平均值为 7.0，变化范围 4.1～9.5。监测点土壤 pH 在（7.5～8.5］区间所占比例最高，在 40.0%左右，整体变化趋势不明显；（4.5～5.5］的比例整体呈升高趋势，2003 年与 1998 年相比升高了 9.7%，升高幅度达 94.2%；与之相对的，＞8.5 的比例整体呈下降趋势；（5.5～6.5］在 14.1%～28.0%之间波动，整体变化趋势不明显；（6.5～7.5］的比例在 7.7%～18.8%之间，整体变化趋势不明显；≤4.5 的点几乎没有（图 2-29）。

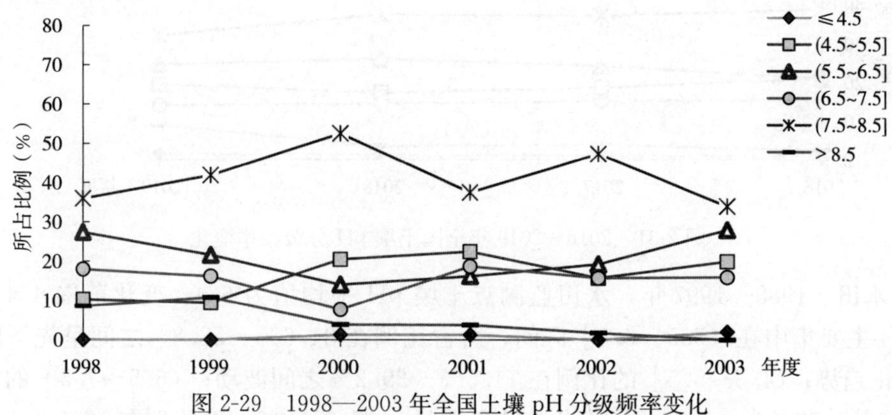

图 2-29　1998—2003 年全国土壤 pH 分级频率变化

2004—2015 年，土壤 pH 平均值为 6.7，变化范围 3.4～9.4。监测点土壤 pH 在各区间的分布均未表现出明显的变化趋势，主要集中在（5.5～6.5］和（7.5～8.5］区间，所占比例均在 30.0%左右小幅波动；（4.5～5.5］和（6.5～7.5］的比例处于中等水平，均在 20.0%左右波动，变幅较窄；≤4.5 和＞8.5 所占比例分别在 0.3%～3.2%和 0.9%～5.2%之间小幅波动（图 2-30）。

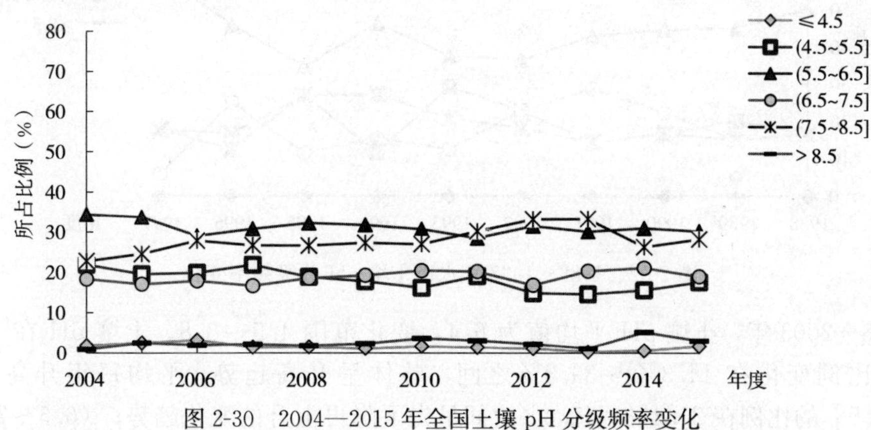

图 2-30　2004—2015 年全国土壤 pH 分级频率变化

2016—2019 年，土壤 pH 平均值为 6.9，变化范围 3.3～9.7。土壤 pH 主要集中在（7.5～8.5］区间，所占比例 40.0%左右，整体呈下降趋势，年均下降 2.1%；＞8.5 的比例整体呈升高趋势，年均升高 1.9%。（5.5～6.5］和（4.5～5.5］的比例处于中等水平，分别在 21.0%～26.0%和 17.2%～21.1%之间波动，其中（5.5～6.5］整体呈上升趋势，年均升高 1.2 个百分点；与之相对的，（4.5～5.5］的比例呈下降趋势，年均降低 0.7 个百分点。（6.5～7.5］和≤4.5 的比例基本稳定，其中（6.5～7.5］在 13.9%～

15.5%之间波动，变幅较窄；≤4.5点极少，在1.0%左右（图2-31）。

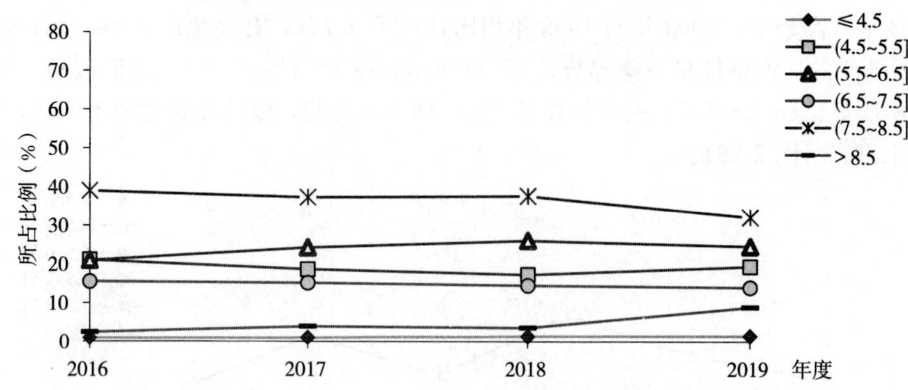

图2-31　2016—2019年全国土壤pH分级频率变化

2. 水田　1988—1997年，水田监测点土壤pH平均值为6.4，变化范围4.4～8.4。土壤pH主要集中在（5.5～6.5］区间，所占比例在34.6%～58.8%之间呈先下降再上升的变化趋势；（4.5～5.5］的比例在11.5%～29.2%之间波动；（6.5～7.5］的比例变化在5.9%～28.6%之间，年际变化趋势不明显；（7.5～8.5］的比例在12.5%～26.9%之间，基本稳定；≤4.5和>8.5的点几乎没有（图2-32）。

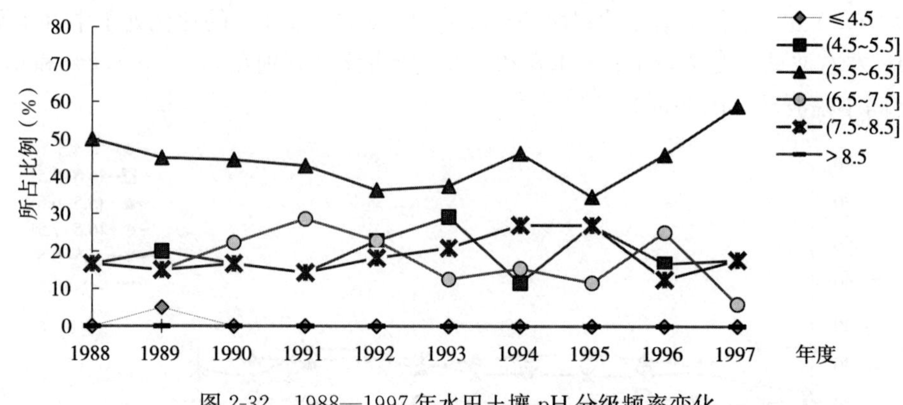

图2-32　1988—1997年水田土壤pH分级频率变化

1998—2003年，土壤pH平均值为6.4，变化范围4.5～8.8。土壤pH在（4.5～5.5］的比例变化在14.3%～39.3%之间，整体呈升高趋势，平均每年升高2.5%；（5.5～6.5］的比例在21.4%～45.0%之间呈先下降再上升的变化趋势；（6.5～7.5］在8.0%～19.4%之间波动，整体呈降低趋势，年均下降1.1个百分点；（7.5～8.5］在16.7%～32.0%之间变化，整体变化趋势不明显；>8.5的比例整体呈下降趋势，年均下降0.9%；没有≤4.5的点（图2-33）。

2004—2015年，土壤pH平均值为6.2，变化范围4.2～9.0。土壤pH主要集中在（4.5～5.5］和（5.5～6.5］区间，比例变化范围分别为19.3%～34.8%和33.6%～48.9%，两者年际间此消彼长，整体变化趋势不明显；在（6.5～7.5］和（7.5～8.5］的

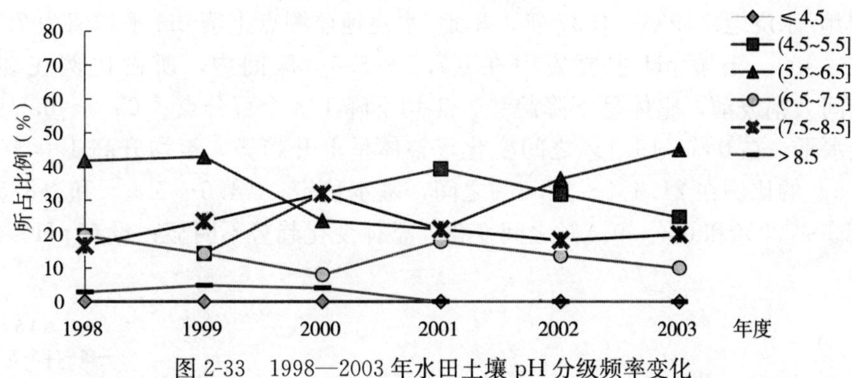

图 2-33　1998—2003 年水田土壤 pH 分级频率变化

比例基本稳定，年际间分别在 13.9%～20.7%和 10.0%～13.6%之间变化，变幅较窄；≤4.5 和>8.5 的点极少，所占比例几乎为 0（图 2-34）。

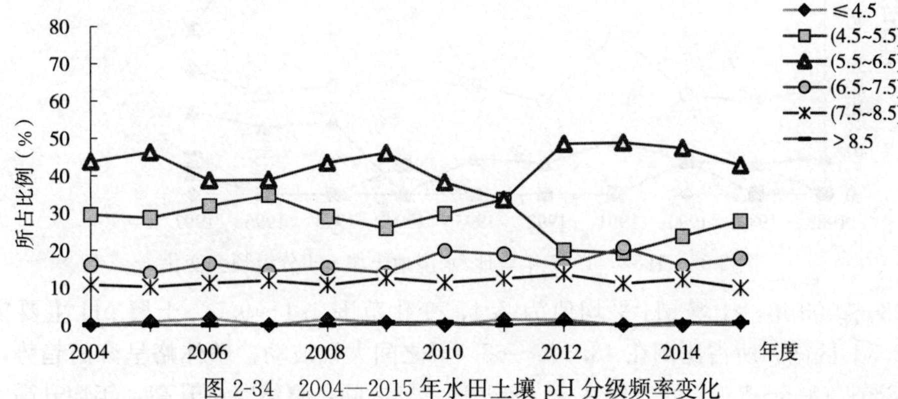

图 2-34　2004—2015 年水田土壤 pH 分级频率变化

2016—2019 年，土壤 pH 平均值为 6.2，变化范围 3.5～8.8。土壤 pH 主要集中在（4.5～5.5］和（5.5～6.5］区间，两者所占比例年际间此消彼长，合计近 70.0%，整体变化趋势不明显；（6.5～7.5］和（7.5～8.5］的比例处于中等水平，分别在 14.3%～17.5%和 13.7%～15.0%之间波动，变幅较窄；≤4.5 和>8.5 的点极少，所占比例在 2.0%以下（图 2-35）。

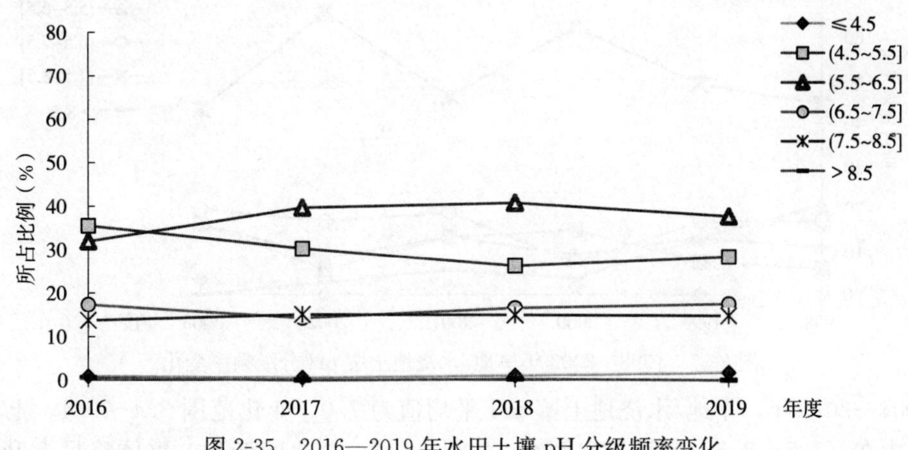

图 2-35　2016—2019 年水田土壤 pH 分级频率变化

3. 旱地/水浇地 1988—1997年，旱地/水浇地监测点土壤pH平均值为7.5，变化范围5.0～9.0。土壤pH主要集中在（7.5～8.5］区间内，所占比例在38.1%～71.4%之间大幅波动，整体呈下降趋势，年均下降1.3个百分点；（5.5～6.5］的比例处于较低水平，在0%～19.1%之间变化，整体呈上升趋势，年均升高1.0个百分点；（6.5～7.5］的比例在21.4%～37.5%之间，基本稳定；（4.5～5.5］和>8.5的比例分别在0%～7.7%和0%～9.5%之间变化，整体变化趋势不明显；没有pH≤4.5的点（图2-36）。

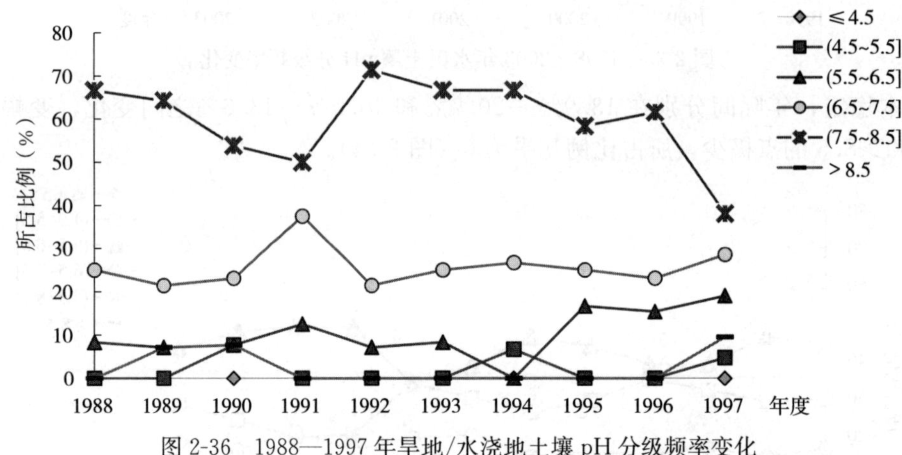

图2-36 1988—1997年旱地/水浇地土壤pH分级频率变化

1998—2003年，土壤pH平均值为7.4，变化范围4.1～9.5。土壤pH主要集中在（7.5～8.5］区间，所占比例在43.3%～65.7%之间大幅波动，整体略呈升高趋势，年均升高0.8%；（4.5～5.5］的比例在5.7%～16.7%之间，整体略有升高，年均升高1.3个百分点；（5.5～6.5］的比例整体略呈下降趋势，年均降低0.9%；（6.5～7.5］的比例在7.5%～20.0%之间波动，整体无明显变化趋势；>8.5的比例呈下降趋势，年均降低2.4%；≤4.5的点极少，比例在0%～3.3%波动（图2-37）。

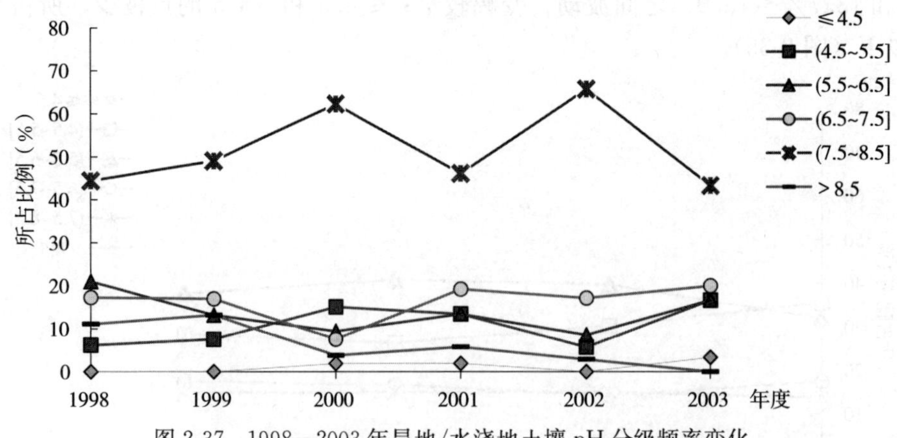

图2-37 1998—2003年旱地/水浇地土壤pH分级频率变化

2004—2015年，旱地/水浇地土壤pH平均值为7.0，变化范围3.4～9.4。土壤pH主要集中在（7.5～8.5］区间，比例在34.8%～47.4%之间变化，整体略呈上升趋势，

2015 年比 2004 年上升了 5.8%，上升幅度为 16.7%；(5.5～6.5] 和 (6.5～7.5] 的比例处于中等水平，年际间围绕 20.0%窄幅波动，其中 (5.5～6.5] 整体略有下降，降幅为 10.3%，(6.5～7.5] 整体变化趋势不明显；(4.5～5.5] 的比例在 7.1%～14.3%之间，整体变化趋势不明显；≤4.5 和>8.5 的比例均较低，在 5.0%左右，其中≤4.5 略呈下降趋势，降低了 2.6%（图 2-38）。

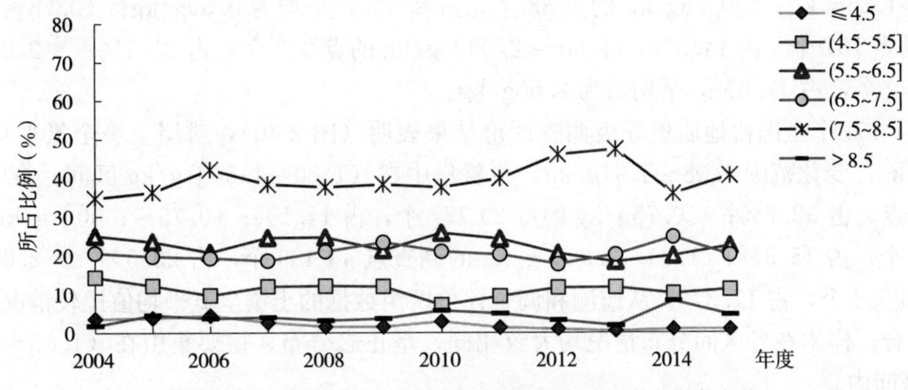

图 2-38 2004—2015 年旱地/水浇地土壤 pH 分级频率变化

2016—2019 年，土壤 pH 平均值为 7.2，变化范围 3.3～9.7。土壤 pH 主要集中在 (7.5～8.5] 区间，所占比例在 42.5%～55.6%之间变化，整体呈下降趋势，年均下降 3.9%；与之相对的，>8.5 的比例整体呈上升趋势，年均升高 3.1%。(4.5～5.5]、(5.5～6.5] 和 (6.5～7.5] 的比例处于中等水平，其中 (4.5～5.5] 在 12.0%～13.9%之间窄幅波动；(5.5～6.5] 略呈升高趋势，年均上升 1.0%；(6.5～7.5] 略呈下降趋势，年均降低 1.0%。≤4.5 的点极少，所占比例在 1.0%左右（图 2-39）。

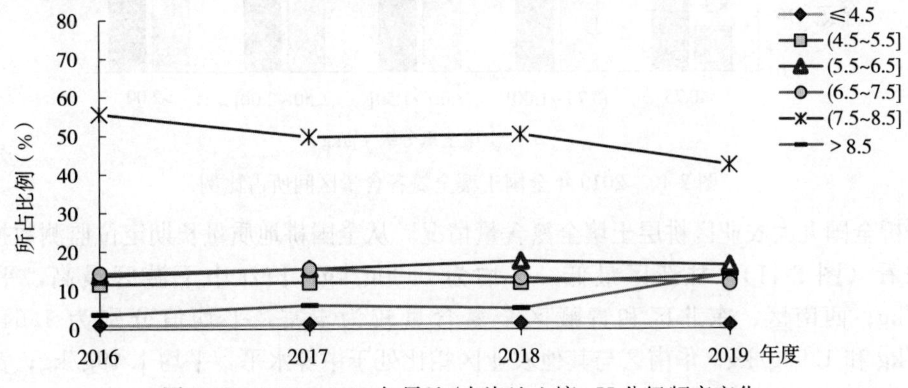

图 2-39 2016—2019 年旱地/水浇地土壤 pH 分级频率变化

第六节 耕层土壤全氮

氮素是作物营养的重要因子，一般作物氮素营养来自于土壤的占 40%～50%，土壤供氮不足易引起作物营养不良，植株矮小，影响作物产量和农产品品质。土壤全氮是耕地质量的重要指标，包括有机和无机氮素，是土壤供氮能力的容量因素。

一、土壤全氮现状

1. 全国 2019年，1 059个全国耕地质量长期定位监测数据分析结果表明（图2-40），全国耕层土壤全氮含量平均为1.47g/kg，变化范围0.12～4.84g/kg。样本主要集中在（1.00～1.50］g/kg区间，点数为408个，占38.5%，该区间内监测点全氮含量平均值为1.25g/kg；≤0.75g/kg的点88个，占8.3%，平均为0.59g/kg；（0.75～1.00］g/kg的点151个，占14.3%；（1.50～2.00］g/kg的点223个，占21.1%；>2.00g/kg的点189个，占17.8%，平均值为2.50g/kg。

211 265个全国耕地质量等级调查评价结果表明（图2-40），耕层土壤全氮平均含量1.40g/kg，变化范围0.08～3.91g/kg，主要集中在（1.00～1.50］g/kg区间，有69 137个调查点，占32.7%；≤0.75g/kg的点29 777个，占14.1%；（0.75～1.00］g/kg的点32 354个，占15.3%；（1.50～2.00］g/kg的调查点43 489个，占20.6%；>2.00g/kg的点36 508个，占17.3%。从监测和调查评价两组数据的土壤全氮平均值比较情况来看，基本吻合；样本在各区间分布情况均大致相同，呈正态分布，主要集中在（1.00～1.50］g/kg区间内。

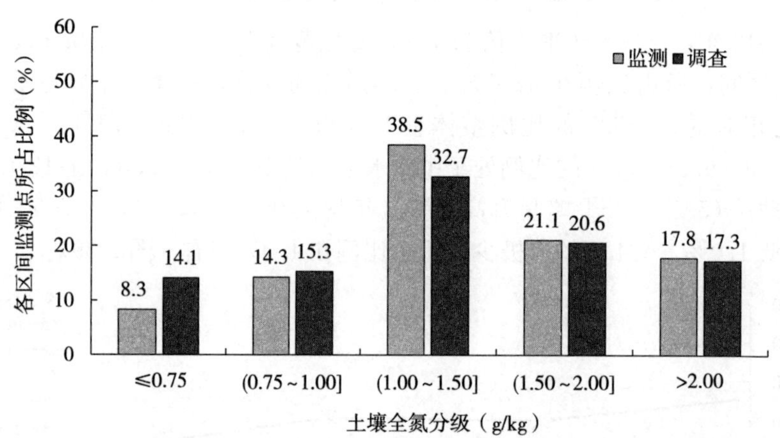

图2-40 2019年全国土壤全氮各含量区间所占比例

分析全国九大农业区耕层土壤全氮含量情况，从全国耕地质量长期定位监测数据分析结果来看（图2-41），甘新区最低，平均为0.90g/kg；长江中下游区最高，平均值1.81g/kg；西南区、东北区和青藏区全氮含量较为丰富，平均值分别为1.64g/kg、1.86g/kg和1.90g/kg；华南区与其他农业区相比处于中等水平，平均1.49g/kg；黄淮海区、内蒙古及长城沿线区和黄土高原区处于较低水平，平均含量分别为1.20g/kg、1.07g/kg和1.05g/kg。

全国耕地质量等级调查评价结果表明（图2-41），甘新区全氮含量水平最低，平均值为0.80g/kg；东北区和青藏区与其他农业区相比较高，平均含量分别为1.71g/kg和1.70g/kg；长江中下游区、西南区和华南区处于中等水平，平均值分别为1.56g/kg、1.55g/kg和1.39g/kg；黄淮海区、内蒙古及长城沿线区和黄土高原区处于较低水平，平均含量分别为1.08g/kg、1.08g/kg和0.96g/kg。

从监测和调查评价两组数据分析结果来看，除长江中下游区差异较大，其他农业区两组数据基本吻合，这与土壤有机质情况基本一致；东北区和青藏区的含量水平高，均在1.70g/kg以上；甘新区最低，在1.00g/kg以下。

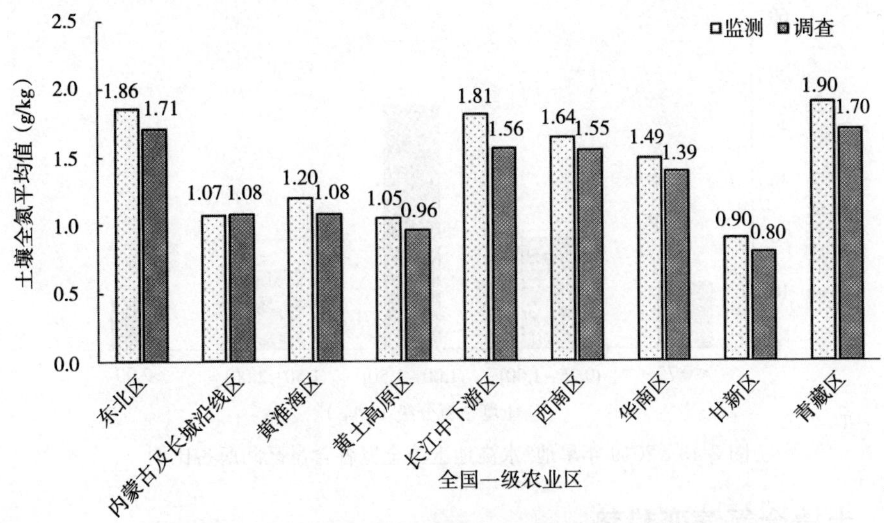

图2-41 2019年全国九大农业区耕地土壤全氮含量

2. 水田 2019年，全国398个水田监测点土壤全氮平均含量为1.80g/kg，变化范围0.39～4.84g/kg。如图2-42所示，土壤全氮含量主要集中在（1.00～1.50］g/kg、（1.50～2.00］g/kg和>2.00g/kg区间，其中在（1.00～1.50］g/kg范围内的点116个，占29.1%；（1.50～2.00］g/kg的点128个，占水田监测点总数的32.2%；>2.00g/kg的点127个，占31.9%，该区间内监测点全氮含量平均值为2.51g/kg。处于（0.75～1.00］g/kg区间的点18个，占4.5%；≤0.75g/kg的点仅有9个，占2.3%，平均值为0.56g/kg。

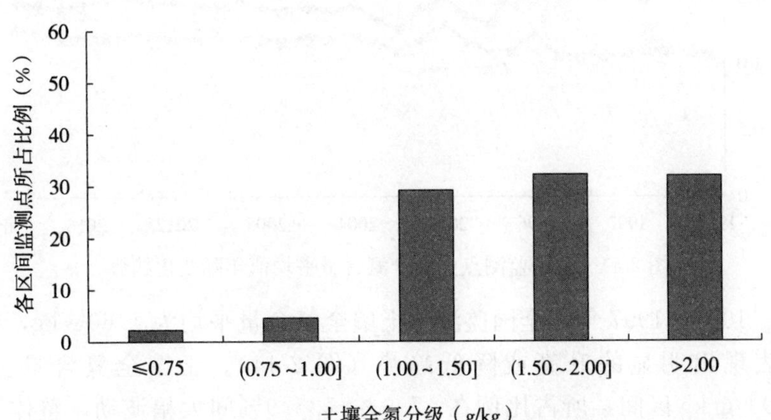

图2-42 2019年水田土壤全氮各含量区间所占比例

3. 旱地/水浇地 2019年，全国661个旱地/水浇地土壤全氮平均含量为1.27g/kg，变化范围0.12～3.82g/kg。土壤全氮含量在各区间呈正态分布，主要集中在（1.00～1.50］g/kg区间，点数292个，占旱地/水浇地监测点总数的44.2%；≤0.75g/kg的点

79个，占12.0%，该区间内监测点全氮含量平均值为0.59g/kg；(0.75～1.00] g/kg的点133个，占20.1%；(1.50～2.00] g/kg的点95个，占14.4%；>2.00g/kg的点62个，占9.4%，平均值2.47g/kg（图2-43）。

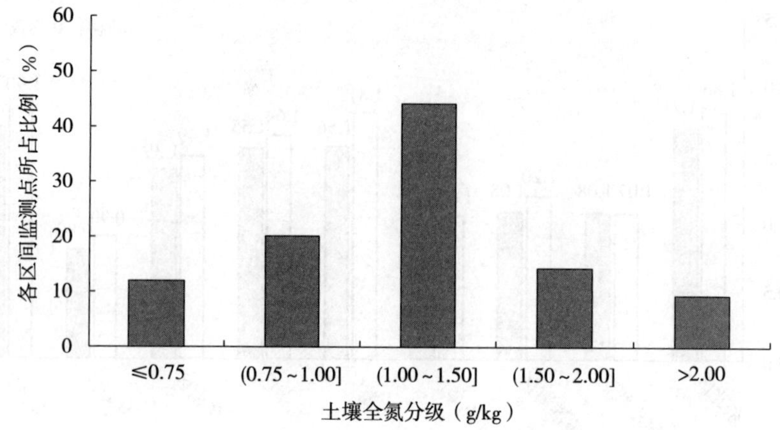

图2-43 2019年旱地/水浇地土壤全氮各含量区间所占比例

二、土壤全氮演变趋势

总体来看，1988—2019年，全国监测点耕层土壤全氮含量整体未表现出显著的升高或下降趋势，2004年以来呈稳中略有升高的变化趋势（图2-44）。

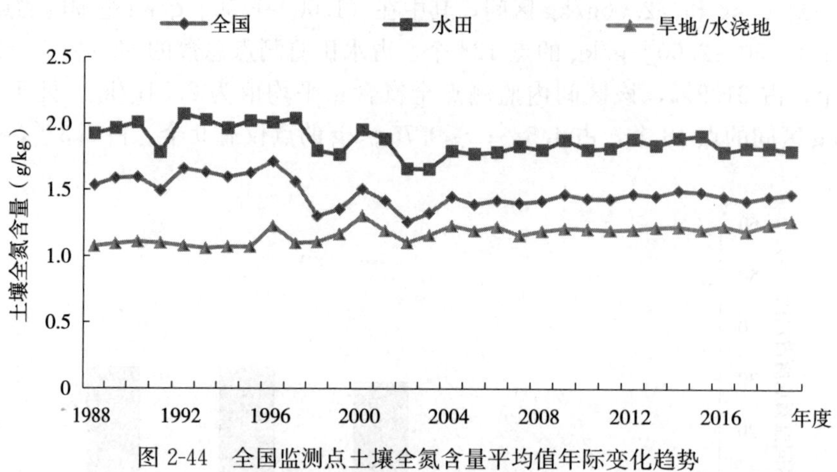

图2-44 全国监测点土壤全氮含量平均值年际变化趋势

1. 全国 1988—1997年，全国监测点土壤全氮含量平均为1.60g/kg，整体基本保持稳定，未表现出明显的升高或降低趋势（图2-44）。土壤全氮含量主要集中在(1.00～1.50] g/kg区间，所占比例在17.9%～35.9%间大幅波动，整体变化趋势不明显；>2.00g/kg的比例在17.9%～31.8%之间变化，整体略有上升；≤0.75g/kg的比例整体略有下降；(1.50～2.00] g/kg的比例在11.4%～35.9%之间波动，整体变化趋势不明显；(0.75～1.00] g/kg的比例在9.8%～23.6%之间波动，无明显变化趋势（图2-45）。

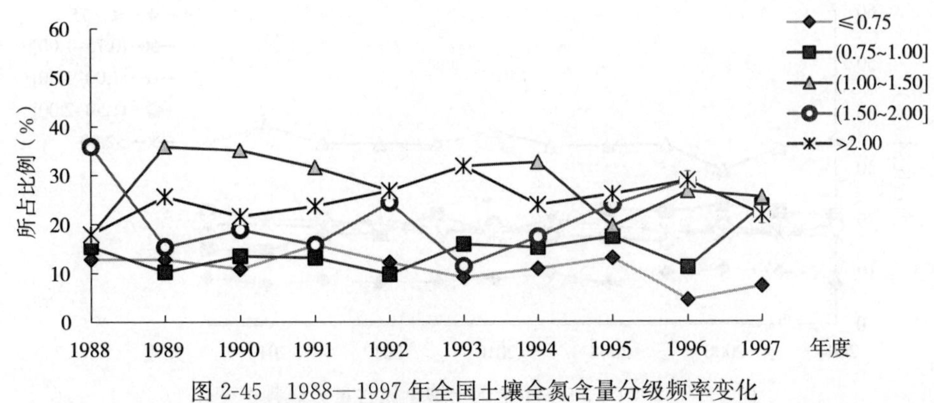

图 2-45　1988—1997 年全国土壤全氮含量分级频率变化

1998—2003 年，土壤全氮含量平均值为 1.37g/kg，呈先升高再降低的变化趋势，2003 年为 1.33g/kg，与 1998 年基本持平（图 2-44）。土壤全氮含量主要集中在（1.00～1.50］g/kg，所占比例基本稳定在 30.5%～35.9%；（0.75～1.00］g/kg 的比例变化在 21.4%～31.1%之间，整体略有上升，2003 年比 1998 年上升了 5.00g/kg，上升幅度为 23.4%，年均上升 1.3%；≤0.75g/kg 整体略有下降，下降了 7.60g/kg，降幅为 52.4%，年均下降了 0.8%；（1.50～2.00］g/kg 的比例在 15.6%～22.5%之间变化，整体略有下降，年均下降了 0.3%；>2.00g/kg 的比例在 8.3%～20.3%之间变化，呈先升高再降低的变化趋势（图 2-46）。

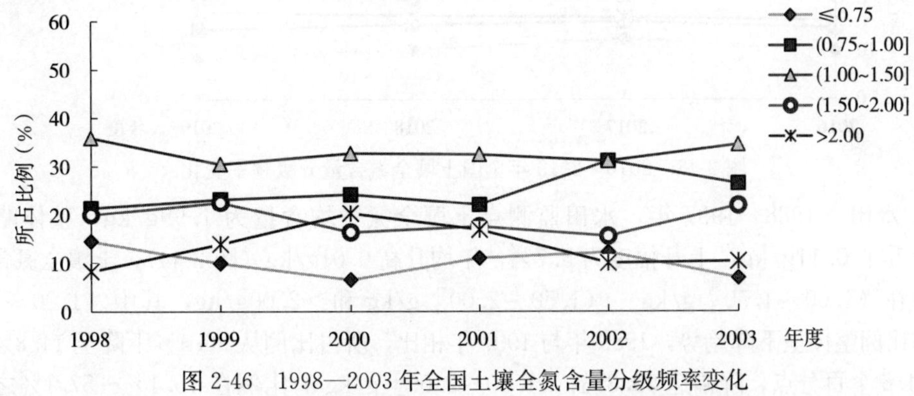

图 2-46　1998—2003 年全国土壤全氮含量分级频率变化

2004—2015 年，土壤全氮平均含量为 1.44g/kg，整体基本保持稳定（图 2-44）。土壤全氮含量主要集中在（1.00～1.50］g/kg，比例变化在 29.6%～38.3%之间，整体略有升高，平均每年上升 0.3%；（0.75～1.00］g/kg 的比例在 14.2%～23.0%之间变化，整体呈下降趋势，平均每年下降 0.7%；（1.50～2.00］g/kg 的比例在 15.8%～21.9%之间变化，整体略有升高，平均每年上升 0.3%；>2.00g/kg 的比例在 16.9%～20.3%之间变化，比较稳定；≤0.75g/kg 的比例处于较低水平，在 7.7%～10.8%之间变化，年际变化不大（图 2-47）。

2016—2019 年，土壤全氮含量平均为 1.45g/kg，2016 年为 1.45g/kg，与 2019 年基本持平（图 2-44）。土壤全氮含量主要集中在（1.00～1.50］g/kg 区间，所占比例近 40.0%，整体呈升高趋势，年均上升 4.7%；（1.50～2.00］g/kg 的比例在 20.6%～

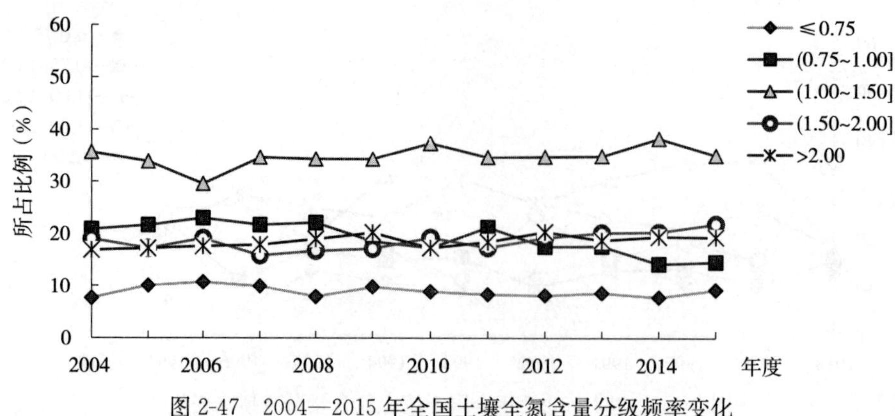

图 2-47　2004—2015 年全国土壤全氮含量分级频率变化

35.6%变化，呈下降趋势，年均降低 4.4 个百分点；≤0.75g/kg 的比例在 10.0%左右，略有下降，年均降低 0.7%；>2.00g/kg 的比例在 15%～20%变化，年均上升 0.6%；(0.75～1.00] g/kg 的比例在 20.6%～35.6%间，变化趋势不明显（图 2-48）。

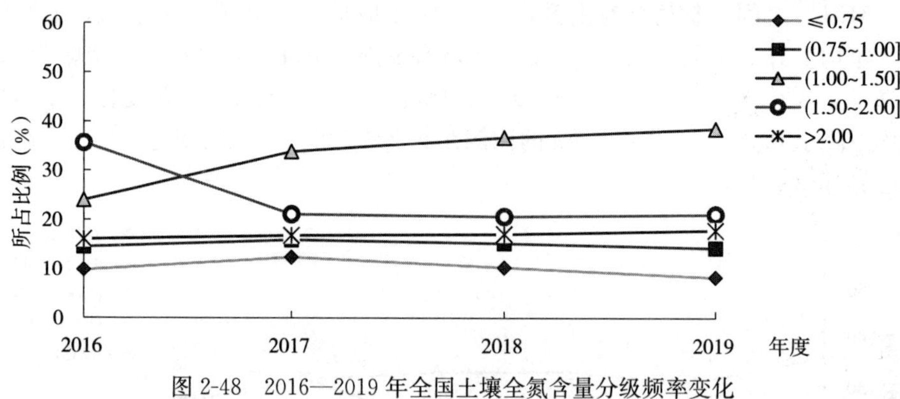

图 2-48　2016—2019 年全国土壤全氮含量分级频率变化

2. 水田　1988—1997 年，水田监测点土壤全氮平均含量为 1.99g/kg，整体略有上升，上升了 0.11g/kg，上升幅度为 5.7%，年均升高 0.01g/kg（图 2-44）。土壤全氮含量主要集中在（1.00～1.50] g/kg、（1.50～2.00] g/kg 和>2.00g/kg，其中（1.00～1.50] g/kg的比例整体呈下降趋势，1989 年与 1997 年相比，所占比例从 36.4%下降至 14.8%，降低了 21.6 个百分点，降幅达 59.3%；（1.50～2.00] g/kg 的比例在 15.4%～57.1%之间变化，变幅较大，整体变化趋势不明显；>2.00g/kg 的比例呈上升趋势，从 23.8%上升至 37.0%，上升了 13.2 个百分点，上升幅度达 55.5%。在（0.75～1.00] g/kg 区间的比例处于较低水平，在 0%～11.1%之间变化，整体变化趋势不明显；≤0.75g/kg 的监测点几乎没有（图 2-49）。

1998—2003 年，土壤全氮平均含量为 1.81g/kg，呈先升高再降低的变化趋势，整体来看，年均降低 0.04g/kg（图 2-44）。土壤全氮含量主要集中在（1.00～1.50] g/kg、（1.50～2.00] g/kg 和>2.00g/kg，比例变化范围分别在 23.4%～39.0%、20.0%～38.3%和 20.7%～36.2%，其中（1.50～2.00] g/kg 的比例整体呈下降趋势，年均下降 0.3%；>2.00g/kg 的比例呈先升高后下降的变化趋势，2003 年与 1998 年基本持平；（1.00～1.50] g/kg 整体变化趋势不明显。在≤0.75g/kg 、（0.75～1.00] g/kg 区间的

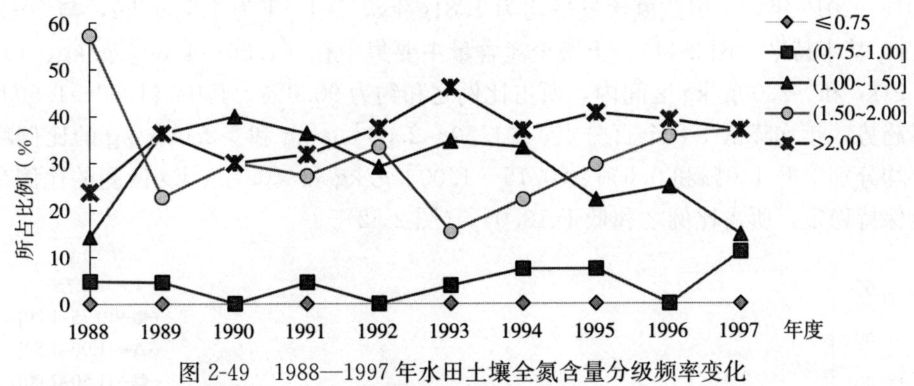

图 2-49 1988—1997 年水田土壤全氮含量分级频率变化

比例均处于较低水平，其中≤0.75g/kg 的比例年均下降 0.8%；(0.75～1.00] g/kg 的比例年均升高 1.3%（图 2-50）。

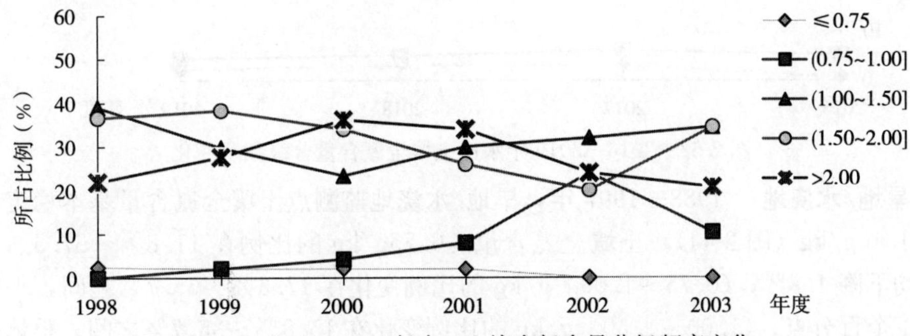

图 2-50 1998—2003 年水田土壤全氮含量分级频率变化

2004—2015 年，土壤全氮平均含量为 1.84g/kg，整体基本保持稳定，未表现出明显的升高或降低趋势（图 2-44）。土壤全氮含量主要集中在（1.00～1.50] g/kg、(1.50～2.00] g/kg 和>2.00g/kg 区间内，所占比例之和近 90.0%，其中（1.00～1.50] g/kg 的比例从 35.2%下降至 27.9%，降低了 7.3 个百分点；(1.50～2.00] g/kg 的比例基本稳定在 30.0%左右；>2.00g/kg 的比例整体略有上升，从 28.8%上升至 37.1%，上升了 8.3%。≤0.75g/kg 和（0.75～1.00] g/kg 的比例在较低水平上保持稳定，所占比例之和低于 10.0%（图 2-51）。

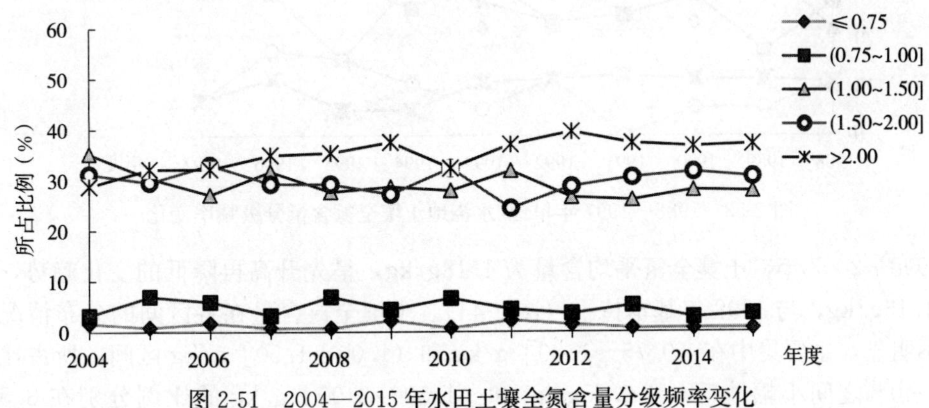

图 2-51 2004—2015 年水田土壤全氮含量分级频率变化

2016—2019年，土壤全氮含量平均为1.81g/kg，2016年为1.79g/kg，与2019年的1.80g/kg基本持平（图2-44）。土壤全氮含量主要集中在（1.00～1.50］g/kg、（1.50～2.00］g/kg和＞2.00g/kg区间内，所占比例之和约为90.0%，其中（1.00～1.50］g/kg有下降趋势，年均降低1.8个百分点；（1.50～2.00］g/kg和＞2.00g/kg的比例略有升高，年均分别上升1.0%和0.6%。（0.75～1.00］g/kg和≤0.75g/kg区间的比例在较低水平上保持稳定，所占比例之和低于10.0%（图2-52）。

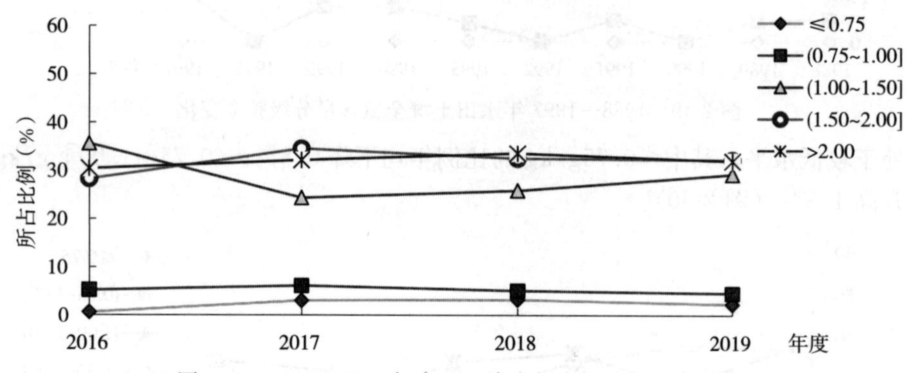

图2-52　2016—2019年水田土壤全氮含量分级频率变化

3. 旱地/水浇地　1988—1997年，旱地/水浇地监测点土壤全氮含量基本稳定，平均含量为1.10g/kg（图2-44）。土壤全氮含量≤0.75g/kg的比例在11.8%～37.5%之间波动，年均下降1.8%；（0.75～1.00］g/kg的比例变化在17.6%～35.7%之间，平均每年升高1.1个百分点；（1.00～1.50］g/kg的比例变化在15.8%～35.7%之间，整体基本稳定；（1.50～2.00］g/kg的比例变化在0.0%～17.6%之间，整体略有上升趋势，年均升高0.7%；＞2.00g/kg的比例在5.3%～12.5%之间波动，略有下降趋势，年均下降0.5个百分点（图2-53）。

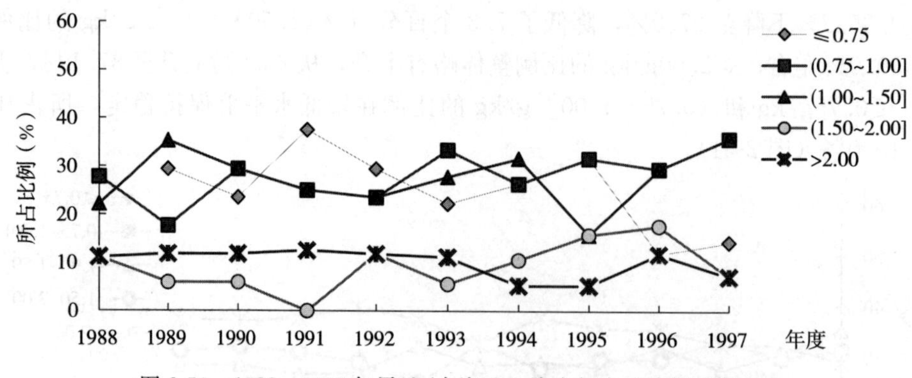

图2-53　1988—1997年旱地/水浇地土壤全氮含量分级频率变化

1998—2003年，土壤全氮平均含量为1.18g/kg，呈先升高再降低的变化趋势，2003年为1.16g/kg，与1998年基本持平（图2-44）。土壤全氮含量在各区间的分布情况整体变化不明显，主要集中在（0.75～1.00］g/kg和（1.00～1.50］g/kg区间，所占比例在30%～40%之间小幅波动；≤0.75g/kg和（1.50～2.00］g/kg的比例分别在8.5%～

19.2%之间和8.5%～15.5%之间变化；>2g/kg的比例在2.9%～13.2%之间波动（图2-54）。

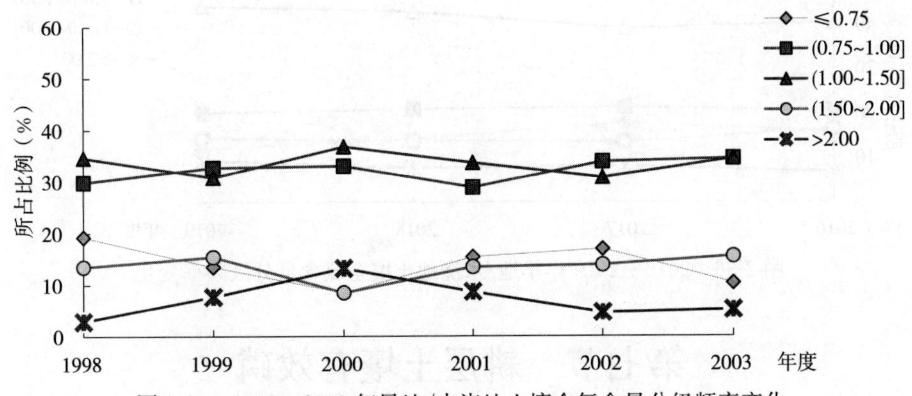

图2-54　1998—2003年旱地/水浇地土壤全氮含量分级频率变化

2004—2015年，土壤全氮含量平均值为1.20g/kg，整体变化趋势不明显，基本保持稳定（图2-44）。土壤全氮含量主要集中在（0.75～1.00］g/kg和（1.00～1.50］g/kg区间，其中（0.75～1.00］g/kg的比例呈下降趋势，年均下降0.9%；（1.00～1.50］g/kg的比例呈上升趋势，年均上升0.7%。≤0.75g/kg的比例基本稳定在15.0%左右，整体变化趋势不明显。（1.50～2.00］g/kg和>2.00g/kg的比例均处于较低水平，其中（1.50～2.00］g/kg的比例略呈上升趋势，年均上升0.4%；>2.00g/kg的比例整体略有下降趋势，年均下降0.2%（图2-55）。从2004—2015年监测点土壤全氮含量在各区间分布情况来看，样本在>2.00g/kg区间所占比例逐渐降低，（1.50～2.00］g/kg的比例有所升高；（0.75～1.00］g/kg的比例逐渐下降，（1.00～1.50］g/kg的比例逐渐升高。

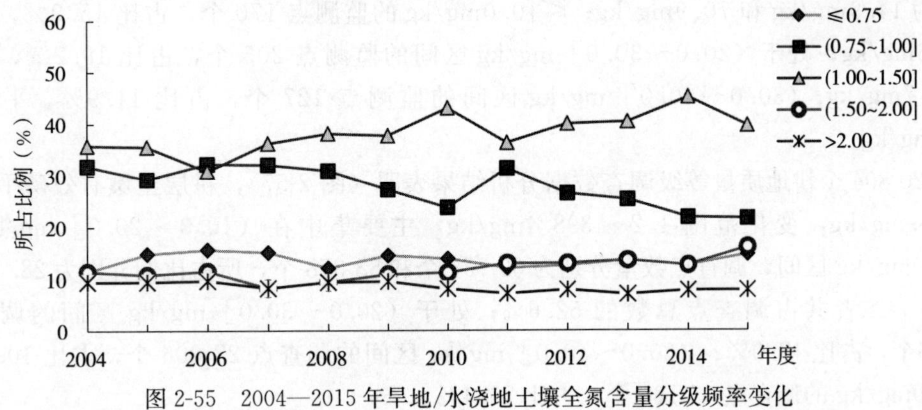

图2-55　2004—2015年旱地/水浇地土壤全氮含量分级频率变化

2016—2019年，土壤全氮含量平均为1.23g/kg，整体略呈上升趋势，年均升高0.02g/kg（图2-44）。土壤全氮含量主要集中在（1.00～1.50］g/kg区间，所占比例达40.0%左右，整体略呈上升趋势，年均上升1.5%；≤0.75g/kg的比例略呈下降趋势，年均下降1.5%；（0.75～1.00］g/kg的比例稳定在20.0%左右；（1.50～2.00］g/kg的比例在15.0%左右，年均下降0.6%；>2.00g/kg的点较少，比例在6.7%～9.4%之间，略呈上升趋势，年均上升0.8%（图2-56）。

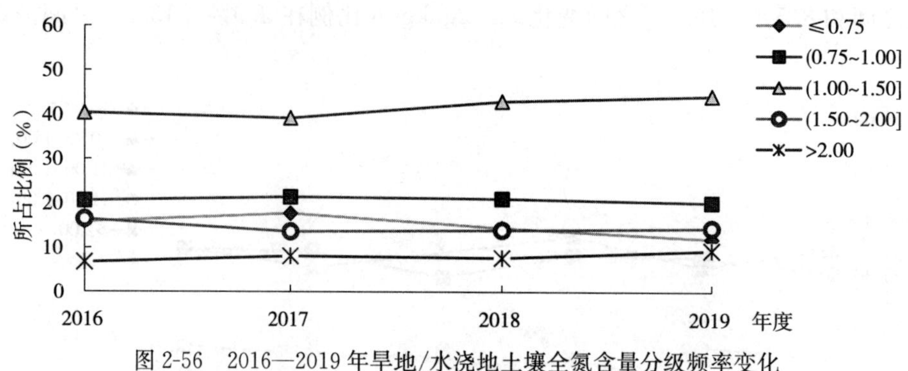

图 2-56　2016—2019 年旱地/水浇地土壤全氮含量分级频率变化

第七节　耕层土壤有效磷

磷是植物生长发育必需的三大营养元素之一，它对作物生长发育具有多方面的作用，特别是对增强作物抗逆性、促进作物成熟和提高作物产量有明显作用。土壤中能够被植物所利用的磷称为有效磷，根据土壤有效磷含量合理施用磷肥十分必要。

一、土壤有效磷现状

1. 全国　2019 年，1 069 个国家耕地质量长期定位监测数据分析结果表明（图 2-57），全国耕层土壤有效磷平均含量为 30.2mg/kg，变化范围 0.4～244.8mg/kg，主要集中在（10.0～20.0］mg/kg 和＞40.0mg/kg 区间，监测点数量分别为 330 个和 237 个，所占比例分别为 30.9%和 22.2%，二者共占监测点总数的 53.1%，其平均值分别为 14.9mg/kg 和 70.9mg/kg；≤10.0mg/kg 的监测点 170 个，占比 15.9%，平均值 6.6mg/kg；处于（20.0～30.0］mg/kg 区间的监测点 205 个，占比 19.2%，平均值 24.7mg/kg；（30.0～40.0］mg/kg 区间的监测点 127 个，占比 11.9%，平均值 34.7mg/kg。

220 804 个耕地质量等级调查数据分析结果表明（图 2-57），耕层土壤有效磷平均含量 28.9mg/kg，变化范围 1.2～398.4mg/kg，主要集中在（10.0～20.0］mg/kg 和≤10.0mg/kg 区间，调查点数量分别为 62 756 个和 53 378 个，所占比例分别为 28.4%和 24.2%，二者共占调查点总数的 52.6%；处于（20.0～30.0］mg/kg 区间的调查点 37 526个，占比 17.0%；（30.0～40.0］mg/kg 区间的调查点 22 006 个，占比 10.0%；＞40.0mg/kg 的调查点 45 138 个，占比 20.4%。

监测和调查评价两组数据均表明，我国耕层土壤有效磷含量主要集中在（10.0～20.0］mg/kg 区间，＞40.0mg/kg 和（20.0～30.0］mg/kg 区间的点数所占比例居中，（30.0～40.0］mg/kg 区间的点数占比较小。土壤有效磷含量≤10.0mg/kg 的监测点和调查点所占比例差异较大，与样本数量及其分布有一定关系。

分析全国九大农业区耕层土壤有效磷含量情况，从全国耕地质量长期定位监测数据分析结果来看（图 2-58），黄土高原区有效磷含量水平较低，平均含量在 18.0mg/kg；

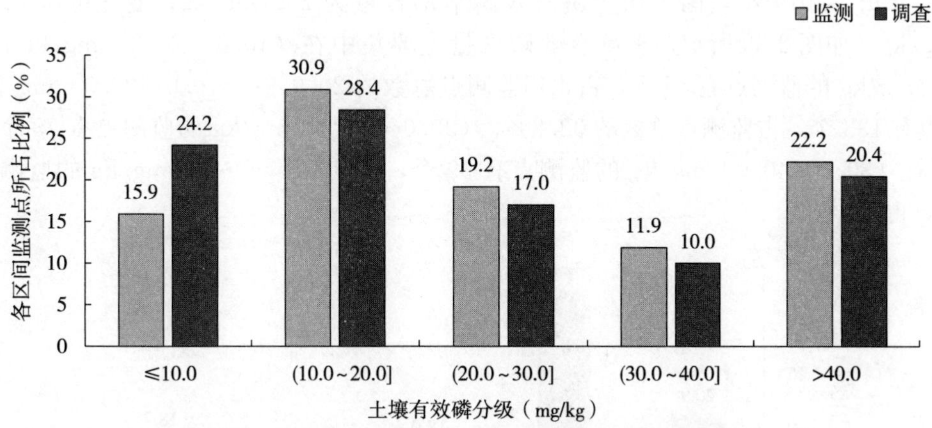

图 2-57　2019 年耕地土壤有效磷各含量区间所占比例

华南区、东北区和青藏区有效磷含量较为丰富，分别为 45.8mg/kg、39.6mg/kg 和 41.0 mg/kg；黄淮海区有效磷含量较高，为 35.7mg/kg，西南区、内蒙古及长城沿线区、长江中下游区和甘新区有效磷含量处于（20.0～30.0］mg/kg 区间。

从全国耕地质量等级调查评价结果来看（图 2-58），甘新区和内蒙古及长城沿线区有效磷含量水平较低，平均含量在 16.0～17.0mg/kg；东北区有效磷含量较为丰富，平均值为 43.8mg/kg；黄淮海区有效磷含量较高，平均值为 33.3mg/kg；华南区、长江中下游区、青藏区和西南区有效磷含量与其他农业区相比处于中等水平，含量在 25.0mg/kg 左右。

从监测和调查评价两组数据分析结果来看，西南区、长江中下游区、黄淮海区和黄土高原区有效磷含量监测数据和调查数据比较一致；华南区、甘新区和青藏区的土壤有效磷含量监测数据和调查数据差异较大。

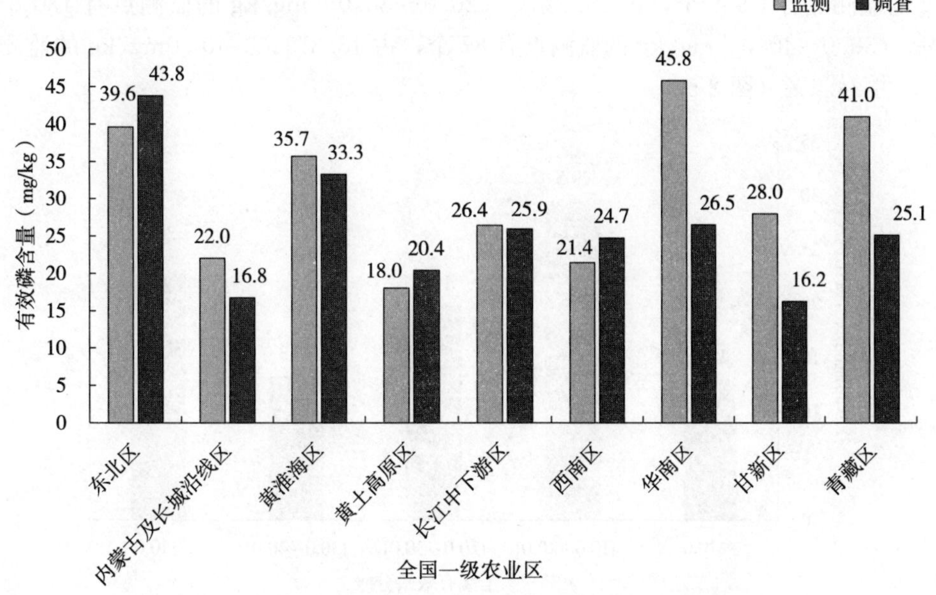

图 2-58　2019 年全国九大农业区耕地土壤有效磷含量

2. 水田 2019 年全国水田土壤有效磷平均含量为 25.7mg/kg，变化范围 0.40～153mg/kg。如图 2-59 所示，土壤有效磷含量主要集中在（10.0～20.0］mg/kg 区间。≤10.0mg/kg 的监测点有 85 个，占水田监测点总数的 20.9%；（10.0～20.0］mg/kg 的监测点有 133 个，占监测点总数的 32.8%；（20.0～30.0］mg/kg 的监测点有 73 个，占 18.0%；（30.0～40.0］mg/kg 的监测点有 39 个，占 9.6%；＞40.0mg/kg 的监测点有 76 个，占 18.7%。

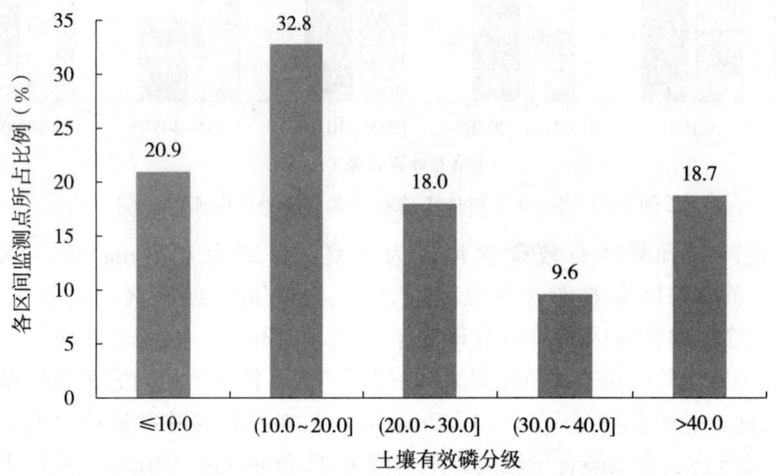

图 2-59 2019 年水田土壤有效磷各含量区间所占比例

3. 旱地/水浇地 2019 年全国旱地/水浇地土壤有效磷平均含量为 33.0mg/kg，变化范围 2.4～244.8mg/kg。土壤有效磷含量主要集中在（10.0～20.0］mg/kg 区间。≤10.0mg/kg 的监测点有 85 个，占旱地/水浇地监测点总数的 13.0%；（10.0～20.0］mg/kg 的监测点有 1 936 个，占 29.5%；（20.0～30.0］mg/kg 的监测点有 130 个，占 19.8%；（30.0～40.0］mg/kg 的监测点有 87 个，占 13.3%；＞40 .0mg/kg 的监测点有 160 个，占 24.4%（图 2-60）。

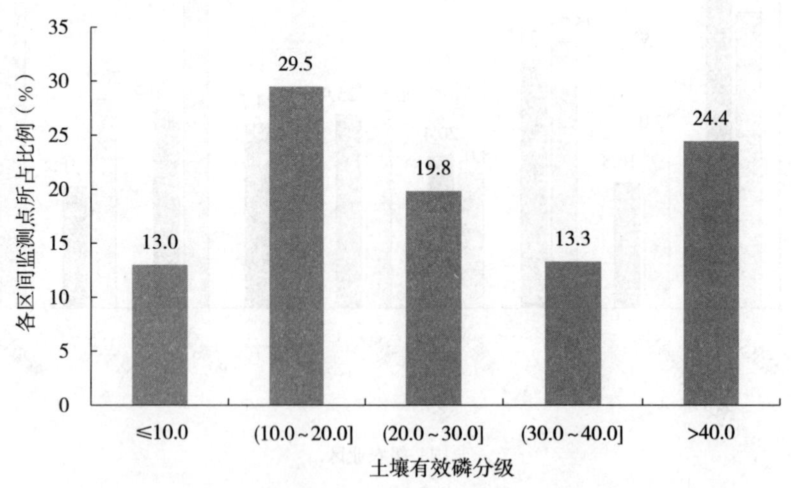

图 2-60 2019 年旱地/水浇地土壤有效磷各含量区间所占比例

二、土壤有效磷演变趋势

总体来看，1988—2019 年全国耕层土壤有效磷含量呈上升趋势，其中 1998 年之后旱地/水浇地土壤有效磷含量水平高于水田，耕层土壤有效磷含量出现富集现象（图 2-61）。

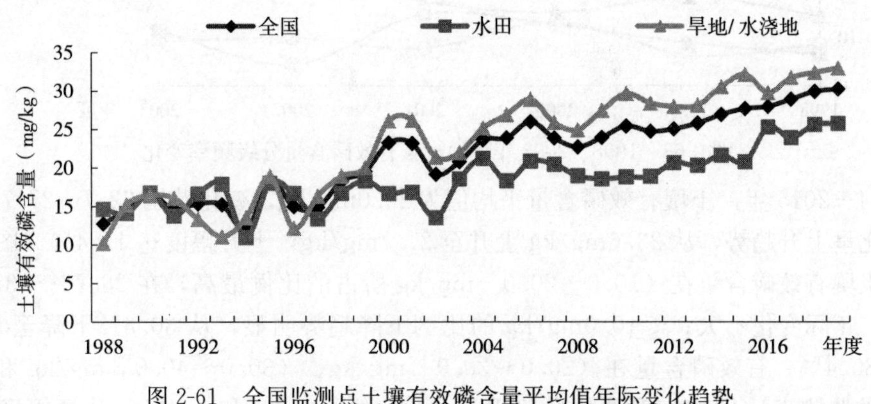

图 2-61　全国监测点土壤有效磷含量平均值年际变化趋势

1. 全国

1988—1997 年，全国监测点土壤有效磷含量平均为 14.9mg/kg，变化范围 12.0～18.4mg/kg，年际变化趋势不明显（图 2-61）。土壤有效磷含量主要集中在≤10.0mg/kg 和（10.0～20.0］mg/kg 区间，所占比例分别在 33.3%～54.3%之间和 19.6%～43.9%之间波动；（20.0～30.0］mg/kg 的比例处于中等水平，在 10.9%～23.9%之间波动；（30.0～40.0］mg/kg 和>40.0mg/kg 的比例均处于较低水平，且年际变化趋势不明显，分别在 0.0%～6.8%之间和 2.2%～8.7%之间变化（图 2-62）。

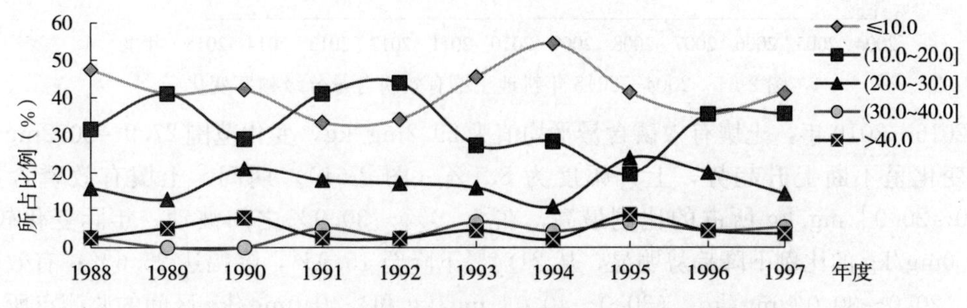

图 2-62　1988—1997 年耕地土壤有效磷含量分级频率变化

1998—2003 年，土壤有效磷平均含量为 20.8mg/kg，变化范围 18.3 ～23.2mg/kg，年际变化波动较大，整体呈上升趋势，从 18.3mg/kg 上升到 20.8mg/kg，上升幅度为 13.7%（图 2-61）。土壤有效磷含量在（10.0～20.0］mg/kg 所占的比例最高，年际变化呈下降趋势，从 38.4%下降至 26.1%，降幅达 32.0%；（20.0～30.0］mg/kg 所占的比例呈上升趋势，上升了 13.8 个百分点，上升幅度达 94.5%；≤10.0mg/kg 的比例在 20.9%～31.8%之间波动，年际变化趋势不明显；（30.0～40.0］mg/kg 和>40.0mg/kg 的比例在较低水平基本保持稳定，分别在 8.6%～13.3%和 6.6%～14.8%之间波动变化（图 2-63）。

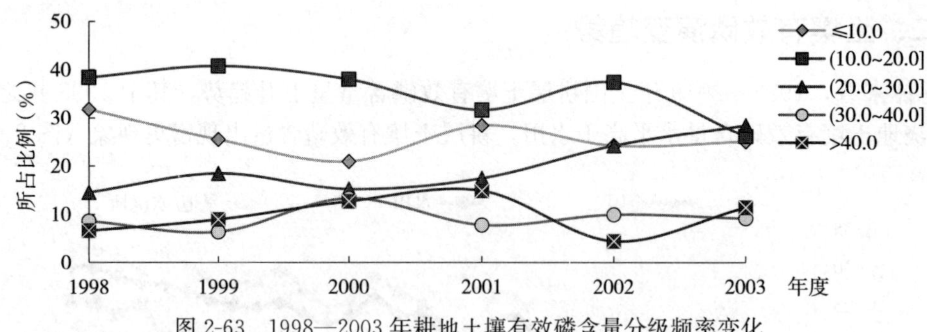

图 2-63　1998—2003 年耕地土壤有效磷含量分级频率变化

2004—2015 年，土壤有效磷含量平均值为 25.0mg/kg，变化范围 22.7～27.7mg/kg，年际变化呈上升趋势，从 23.6mg/kg 上升至 27.7mg/kg，上升幅度达 17.4%（图 2-61）。期间，土壤有效磷含量在（10.0～20.0］mg/kg 所占的比例最高，在 28.7%～37.2%之间波动，年际变化不大；≤10.0mg/kg 的比例下降趋势明显，从 30.6%下降至 21.3%，降幅达 30.4%；有效磷含量在（20.0～30.0］mg/kg、（30.0～40.0］mg/kg 和＞40.0 mg/kg 的监测点比例均有升高，分别升高了 1.1%、2.8%和 1.4%，升高幅度分别为 6.5%、38.2%和 8.5%（图 2-64）。

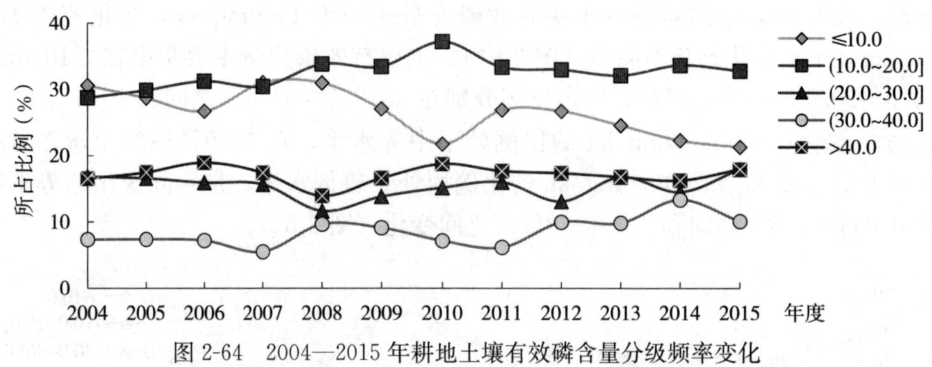

图 2-64　2004—2015 年耕地土壤有效磷含量分级频率变化

2016—2019 年，土壤有效磷含量平均值为 29.2mg/kg，变化范围 27.9～30.2mg/kg，年际变化呈不断上升趋势，上升幅度为 8.1%（图 2-61）。期间，土壤有效磷含量在（10.0～20.0］mg/kg 所占的比例最高，在 30.0%～30.9%之间波动，年际变化较小；≤10.0mg/kg 的比例下降趋势明显，从 21.4%下降至 15.9%，降幅达 25.6%；有效磷含量在（20.0～30.0］mg/kg、（30.0～40.0］mg/kg 和＞40.0mg/kg 区间的监测点所占比例年际之间均略有波动，2019 年相比 2016 年分别升高了 0.8%、1.4%和 2.4%，升高幅度分别为 4.4%、13.1%和 12.0%（图 2-65）。

2. 水田　1988—1997 年，水田监测点土壤有效磷含量平均为 15.3mg/kg，整体变化不大，变化范围 13.6～18.6mg/kg（图 2-61）。土壤有效磷含量主要集中在≤10.0mg/kg 和（10.0～20.0］mg/kg 区间，所占比例分别在 28.6%～53.6%之间和 17.9%～50.0%之间波动，波动幅度较大；（20.0～30.0］mg/kg 的比例处于中等水平，在 10.7%～28.6%之间波动；（30.0～40.0］mg/kg 和＞40.0mg/kg 的比例均处于较低水平，且年际变化趋势不明显，分别在 0.0%～11.1%和 0.0%～9.5%之间变化（图 2-66）。

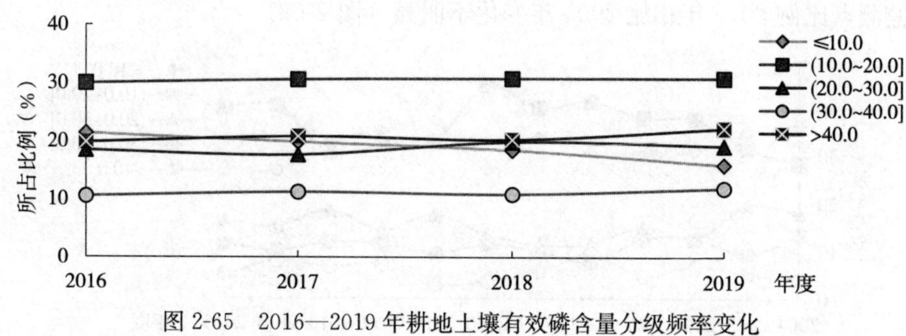

图 2-65 2016—2019 年耕地土壤有效磷含量分级频率变化

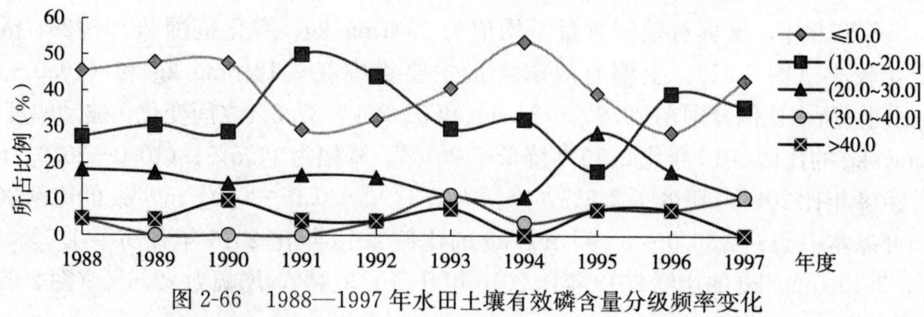

图 2-66 1988—1997 年水田土壤有效磷含量分级频率变化

1998—2003 年，土壤有效磷平均含量为 16.9mg/kg，年际变化波动较大，变化范围 13.6～18.6mg/kg（图 2-61）。土壤有效磷含量在（10.0～20.0］mg/kg 所占的比例最高，在 26.7%～46.2%之间变化；≤10.0mg/kg 的比例在 24.5%～38.5%之间变化；（20.0～30.0］mg/kg 的比例处于中等水平，在 15.4%～33.3%之间变化；（30.0～40.0］mg/kg 和>40.0mg/kg 的比例在较低水平基本保持稳定，比例分别在 0.0%～13.3%和 0.0%～8.2%之间变化（图 2-67）。

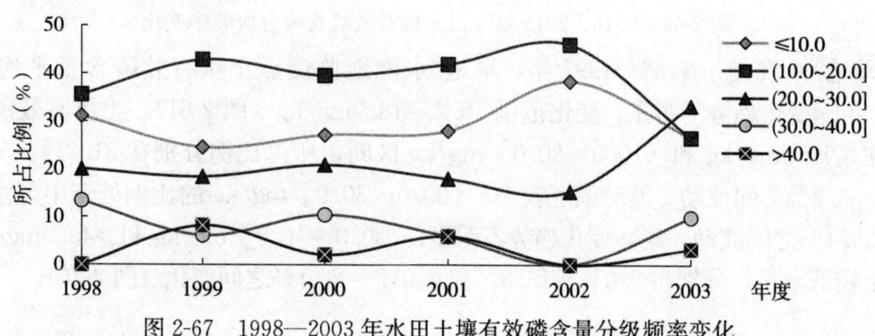

图 2-67 1998—2003 年水田土壤有效磷含量分级频率变化

2004—2015 年，土壤有效磷含量平均值为 20.1mg/kg，变化范围 18.3～21.6mg/kg，年际变化趋势不明显，2015 年比 2004 年降低了 0.4mg/kg（图 2-61）。土壤有效磷含量主要集中在≤10.0mg/kg 和（10.0～20.0］mg/kg 区间，所占比例分别在 26.6%～37.2%和 28.3%～44.7%之间变化，波动幅度较大；≤10.0mg/kg 的比例 2015 年比 2004 年降低了 9.1%，降幅达 25.1%；（10.0～20.0］mg/kg 的比例 2015 年比 2004 年升高了 11.6%，增幅达 41.1%；（20.0～30.0］mg/kg、（30.0～40.0］mg/kg 和>40.0mg/kg

区间的监测点比例 2015 年相比 2004 年变化不明显（图 2-68）。

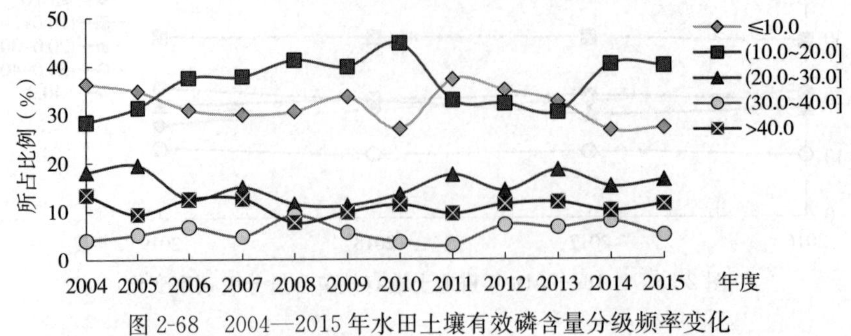

图 2-68　2004—2015 年水田土壤有效磷含量分级频率变化

2016—2019 年，土壤有效磷含量平均值为 25.1mg/kg，变化范围 23.9～25.7mg/kg，年际变化较小（图 2-61）。土壤有效磷含量主要集中在≤10.0mg/kg 和（10.0～20.0］mg/kg区间，所占比例分别在 20.9%～25.6%和 32.8%～35.3%之间变化，波动幅度较小。≤10.0mg/kg 的比例 2019 年比 2016 年降低了 2.7%，降幅为 11.5%；（10.0～20.0］mg/kg 的比例 2019 年比 2016 年降低了 2.6%，降幅为 7.3%；（20.0～30.0］mg/kg 的比例 2019 年与 2016 年基本一致；（30.0～40.0］mg/kg 的比例 2019 年比 2016 年升高了 1.5%，增幅 18.8%；>40.0mg/kg 的比例 2019 年比 2016 年升高了 3.4%，增幅为 22.6%（图 2-69）。

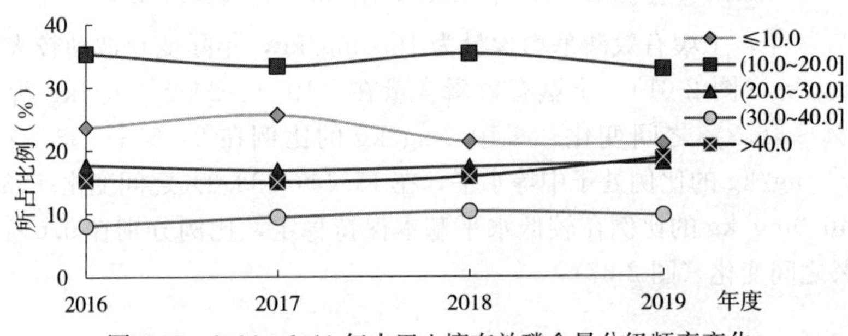

图 2-69　2016—2019 年水田土壤有效磷含量分级频率变化

3. 旱地/水浇地　1988—1997 年，旱地/水浇地监测点土壤有效磷含量平均为 14.5 mg/kg，年际变化趋势不明显，变化范围 10.2～18.9mg/kg（图 2-61）。土壤有效磷含量主要集中在≤10.0mg/kg 和（10.0～20.0］mg/kg 区间，所占比例分别在 31.2%～55.6%和 22.2%～56.2%之间波动，波动幅度较大；（20.0～30.0］mg/kg 的比例处于中等水平，在 6.2%～29.4%之间波动，年际变化趋势不明显；（30.0～40.0］mg/kg 和>40.0mg/kg 的比例均处于较低水平，分别在 0.0%～13.3%和 0.0%～11.1%之间变化（图 2-70）。

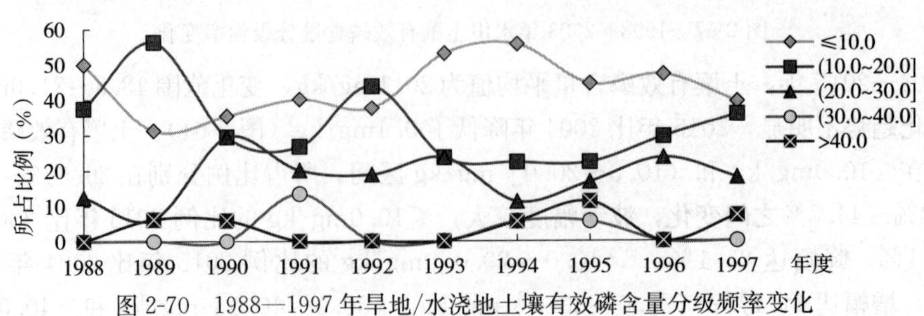

图 2-70　1988—1997 年旱地/水浇地土壤有效磷含量分级频率变化

1998—2003 年，土壤有效磷平均含量为 22.6mg/kg，变化范围 18.9～26.2mg/kg，年际变化波动较大，整体呈上升趋势，从 18.9mg/kg 上升到 21.9mg/kg，上升幅度为 15.9%（图 2-61）。土壤有效磷含量在（10.0～20.0］mg/kg 区间所占的比例最高，年际变化呈下降趋势，从 39.6%下降至 25.9%，降幅达 34.6%；（20.0～30.0］mg/kg 的比例呈上升趋势，上升了 13.6 个百分点，上升幅度达 111.0%；≤10.0mg/kg 的比例年际变化不大，基本稳定在 25.0%左右；（30.0～40.0］mg/kg 和>40.0mg/kg 的比例在较低水平基本保持稳定，分别在 6.6%～14.5%和 6.2%～19.0%之间波动变化（图 2-71）。

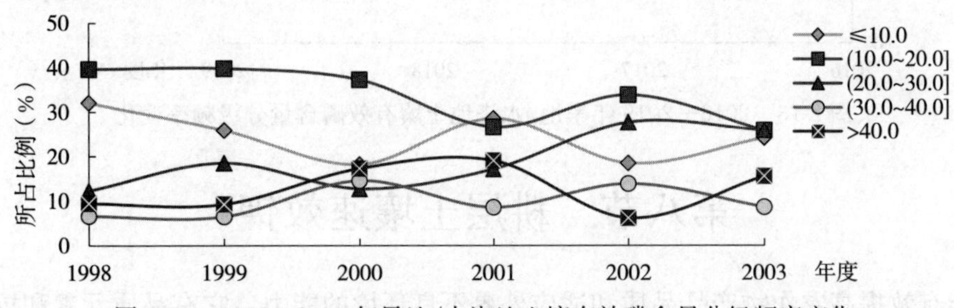

图 2-71 1998—2003 年旱地/水浇地土壤有效磷含量分级频率变化

2004—2015 年，土壤有效磷含量平均值为 28.1mg/kg，变化范围 24.9～32.1mg/kg，年际变化呈上升趋势，从 25.2mg/kg 上升至 32.1mg/kg，上升幅度达 27.4%（图 2-61）。期间，土壤有效磷含量在（10.0～20.0］mg/kg 所占的比例最高，年际变化不大，基本稳定在 30.0%左右；土壤有效磷含量≤10.0mg/kg 的比例呈下降趋势，从 27.0%下降至 17.5%，下降了 9.5 个百分点，下降幅度达 35.1%；（10.0～20.0］mg/kg 的比例在 30%附近有小幅波动；（20.0～30.0］mg/kg 的比例有所上升，2015 年为 18.9%，比 2004 年升高 2.9 个百分点，上升幅度为 18.1%；（30.0～40.0］mg/kg 的比例呈波动变化，2004 年为 9.5%，2015 年为 13.4%，增幅为 40.7%；>40.0mg/kg 的比例在波动中略有上升，从 18.5%上升至 22.1%，上升了 3.6%，增幅为 19.6%（图 2-72）。

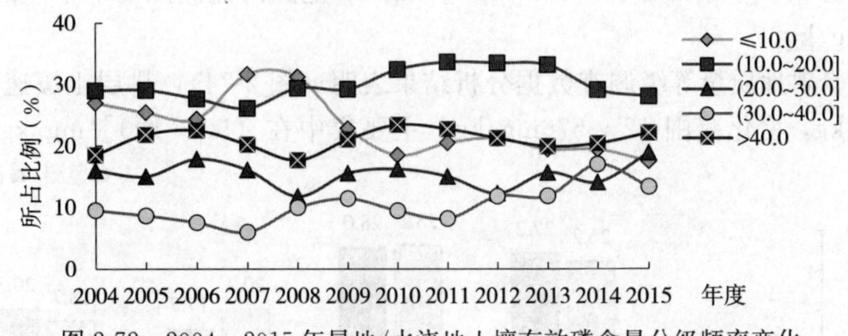

图 2-72 2004—2015 年旱地/水浇地土壤有效磷含量分级频率变化

2016—2019 年，土壤有效磷含量平均值为 31.7mg/kg，变化范围 29.7～33.0mg/kg，年际变化呈不断上升趋势，上升幅度为 10.9%（图 2-61）。土壤有效磷含量在（10.0～20.0］mg/kg 区间所占的比例最高，年际变化不大，波动范围为 26.4%～29.5%；有效磷含量≤10.0mg/kg 的比例呈不断下降趋势，从 19.8%下降至 13.0%，下降幅度达 34.6%；［10.0～20.0］mg/kg 的比例从 26.4%升高至 29.5%，增幅为 11.7%；（20.0～30.0］mg/kg 的比例呈波动变化，年际间变化较小，2019 年比 2016 年升高 1.0%；

(30.0～40.0] mg/kg 的比例呈上升趋势，增幅为 9.7%；>40.0mg/kg 的比例也比较稳定，在 22.8%～24.4%之间波动变化（图 2-73）。

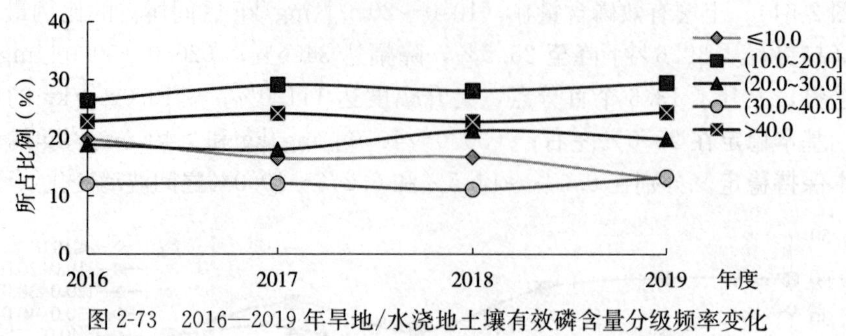

图 2-73　2016—2019 年旱地/水浇地土壤有效磷含量分级频率变化

第八节　耕层土壤速效钾

钾能有效提高农作物产品品质和适应外界不良环境的能力，它有品质元素和抗逆元素之称。土壤中的钾可分为速效钾、缓效钾和矿物钾。速效钾可以被作物直接吸收利用，监测土壤速效钾含量变化，对合理施用钾肥，促进作物增产提质具有重要意义。

一、土壤速效钾现状

1. 全国　2019 年，1 075 个国家耕地质量长期定位监测数据分析结果表明（图 2-74），全国监测点耕层土壤速效钾平均含量（以 K 计，下同）为 143mg/kg，变化范围 16～567mg/kg。主要集中在（50～100] mg/kg 和（100～150] mg/kg 区间，监测点数量分别为 282 个和 303 个，所占比例分别 26.2%和 28.2%，二者共占监测点总数的 54.4%，其平均值分别为 77mg/kg 和 125mg/kg；≤50mg/kg 的监测点 72 个，占比 6.7%，平均值 35mg/kg；处于（150～200] mg/kg 范围内监测点 217 个，占比 20.2%，平均值 173mg/kg。

220 658 个耕地质量等级调查数据分析结果表明（图 2-74），耕层土壤速效钾平均含量为 144mg/kg，变化范围 12～576mg/kg，主要集中在（50～100] mg/kg 和（100～

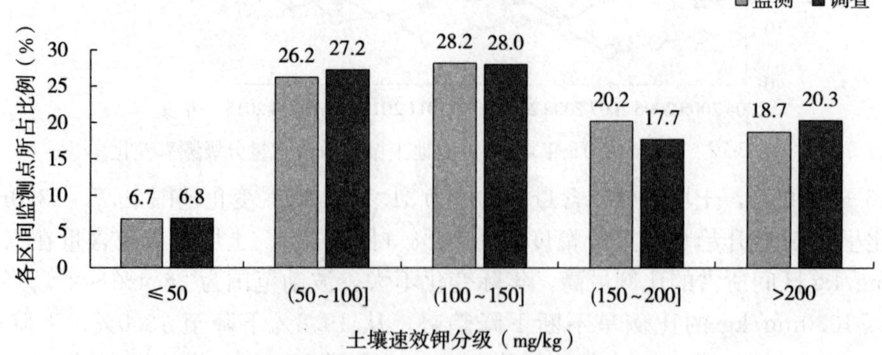

图 2-74　2019 年耕地土壤速效钾各含量区间所占比例

150] mg/kg区间，调查点数量分别为60 103个和61 778个，所占比例分别27.2%和28.0%，二者共占调查点总数的55.2%；≤50mg/kg区间的调查点15 016个，占比6.8%；(150～200] mg/kg区间的调查点39 003个，占比17.7%；>200mg/kg的调查点44 758个，占比20.3%。

监测和调查评价两组数据均表明，我国耕层土壤速效钾含量主要集中在(50～100] mg/kg和(100～150] mg/kg区间，(150～200] mg/kg和>200mg/kg区间点数所占比例居中，≤50mg/kg区间点数所占比例最小，且两组数据各区间占比基本一致。

分析全国九大农业区耕层土壤速效钾含量情况，从全国耕地质量长期定位监测数据分析结果来看(图2-75)，华南区和长江中下游区速效钾含量水平较低，平均值为分别为106mg/kg和108mg/kg；西南区和内蒙古及长城沿线区土壤速效钾含量处于130～150mg/kg之间；黄淮海区、青藏区、黄土高原区和甘新区速效钾含量较高，平均值均在170mg/kg左右；东北区速效钾含量水平最高，平均值为205mg/kg。

从全国耕地质量等级调查评价结果来看(图2-75)，华南区速效钾含量水平较低，平均含量为88mg/kg；甘新区、东北区和黄土高原区速效钾含量较为丰富，平均值在185mg/kg左右；长江中下游区、西南区和内蒙古及长城沿线区土壤速效钾含量处于(100～150] mg/kg区间；黄淮海区和青藏区速效钾含量水平比较接近，平均值为分别为158mg/kg、159mg/kg。

从监测和调查评价两组数据分析结果来看，华南区和长江中下游区耕层土壤速效钾含量水平较低，甘新区、东北区和黄土高原区速效钾含量水平较高，且同一农业区的监测数据和调查数据结果较为接近，相对一致。

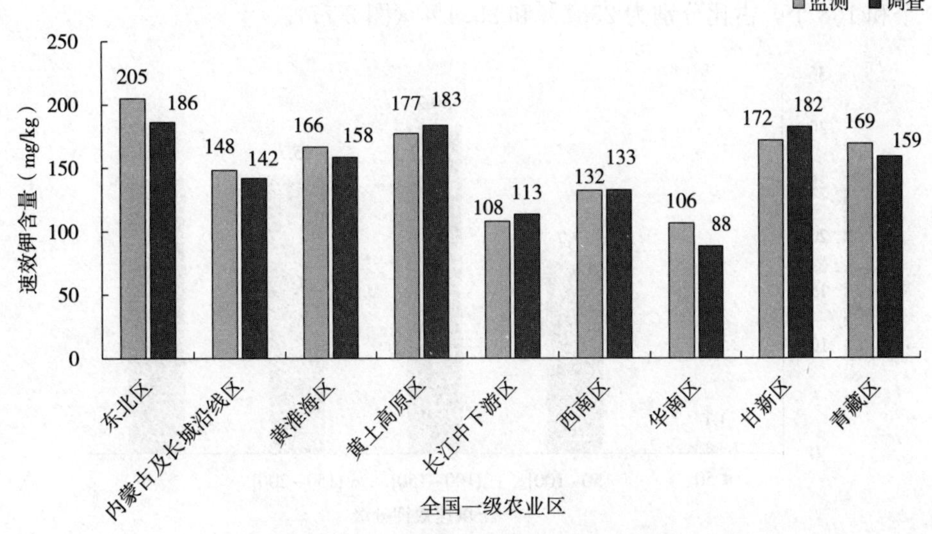

图2-75　2019年全国九大农业区耕地土壤速效钾含量

2. 水田　2019年，水田监测点土壤速效钾平均含量为106mg/kg，变化范围16～482mg/kg。如图2-76所示，土壤速效钾含量主要集中在(50～100] mg/kg和(100～150] mg/kg区间。≤50mg/kg的监测点有65个，占监测点总数的16.0%；(50～100]

mg/kg 的监测点有 163 个，占水田监测点总数的 40.2%；(100～150] mg/kg 的监测点有 102 个，占 25.2%；(150～200] mg/kg 的监测点有 45 个，占 11.1%；>200mg/kg 的监测点有 30 个，占 7.4%。

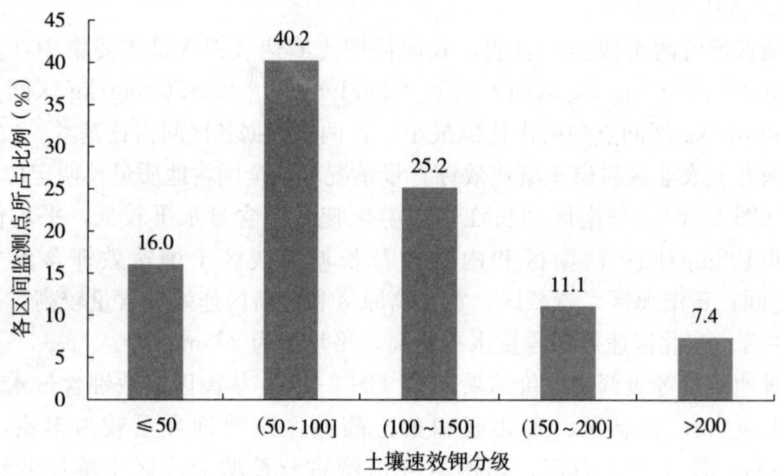

图 2-76　2019 年水田土壤速效钾各含量区间所占比例

3. 旱地/水浇地　2019 年，旱地/水浇地监测点土壤速效钾平均含量为 166mg/kg，变化范围 25～567mg/kg。土壤速效钾含量主要集中在 (100～150] mg/kg 区间，其次是 (150～200] mg/kg 和>200mg/kg 区间。≤50mg/kg 的监测点有 7 个，占旱地/水浇地监测点总数的 1.1%；(50～100] mg/kg 的监测点有 117 个，占 17.7%；(100～150] mg/kg的监测点有 200 个，占 30.2%；(150～200] mg/kg 和>200mg/kg 的监测点分别有 170 个和 168 个，占比分别为 25.7%和 25.4%（图 2-77）。

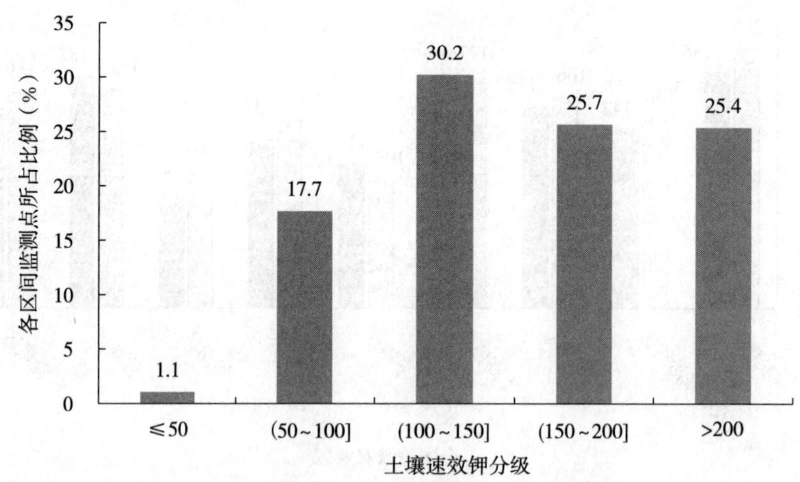

图 2-77　2019 年旱地/水浇地土壤速效钾各含量区间所占比例

二、土壤速效钾演变趋势

整体来看，1988—2019 年全国土壤速效钾含量整体呈上升趋势，其中 1988—1997 年稳中有降，1998年之后，上升趋势尤为明显，水田和旱地/水浇地速效钾含量变化趋势与全国一致，旱地/水浇地土壤速效钾含量水平高于水田（图2-78）。

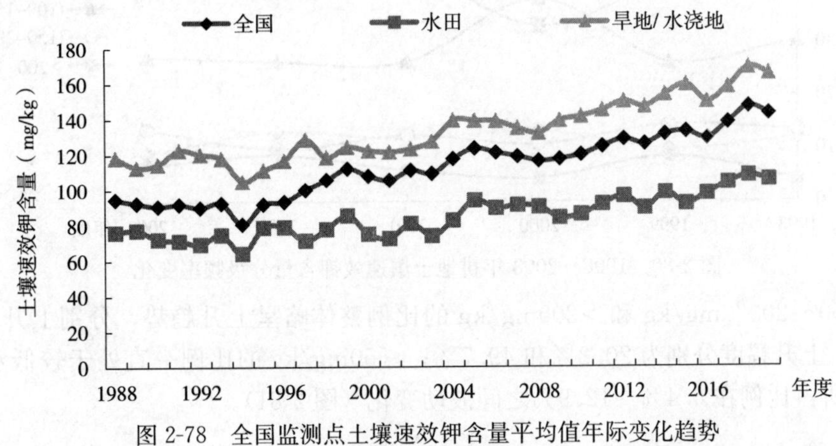

图2-78 全国监测点土壤速效钾含量平均值年际变化趋势

1. 全国 1988—1997年，全国监测点土壤速效钾含量平均为92mg/kg，变化范围80～100mg/kg，整体略有上升，升高了5.4mg/kg，上升幅度为5.7%（图2-78）。土壤速效钾含量在（50～100］mg/kg所占比例最高，在27.5%～52.5%之间波动；≤50 mg/kg和（100～150］mg/kg的比例处于中等水平，在10.3%～31.9%和17.5%～35.0%之间波动；（150～200］mg/kg所占比例在2.1%～17.5%之间变化，呈降低趋势，降低了8.3%，降幅达53.9%；＞200mg/kg的比例处于较低水平，略呈上升趋势，上升了5.4%（图2-79）。

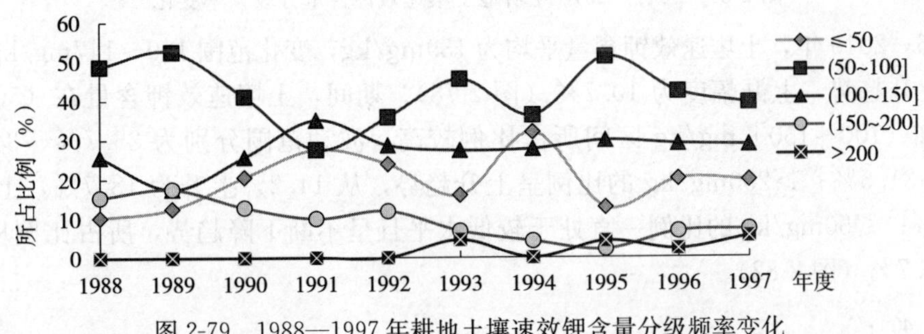

图2-79 1988—1997年耕地土壤速效钾含量分级频率变化

1998—2003年，土壤速效钾平均含量为108mg/kg，年际变化趋势不明显，变化范围105～112mg/kg（图2-78）。土壤速效钾含量主要集中在（50～100］mg/kg和（100～150］mg/kg，年际变化不大，比例分别在33.1%～43.4%和26.3%～38.2%之间变化；≤50mg/kg、（150～200］mg/kg和＞200mg/kg的比例在较低水平基本保持稳定，比例分别在9.1%～13.4%、9.9%～14.5%和4.2%～8.8%之间变化（图2-80）。

2004—2015年，土壤速效钾含量平均为123mg/kg，变化范围116～133mg/kg，年际变化呈上升趋势，从118mg/kg上升至133mg/kg，上升了15mg/kg，上升幅度达12.7%（图2-78）。期间，土壤速效钾含量在（50～100］mg/kg所占比例最高，在29.3%～40.6%之间波动变化；（100～150］mg/kg的比例变化基本稳定，在22.9%～29.9%之间

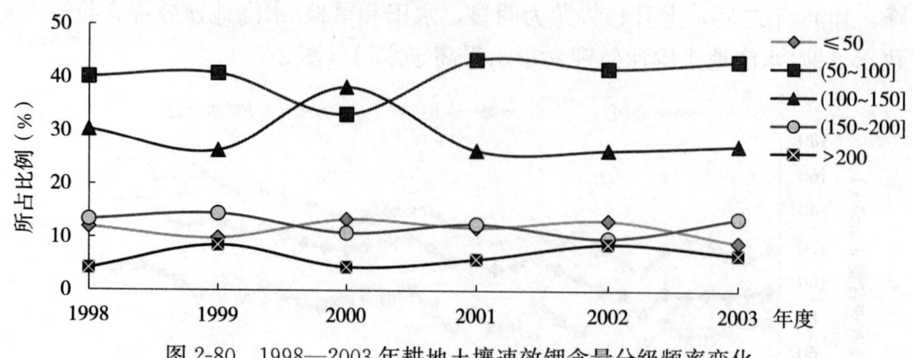

图 2-80　1998—2003 年耕地土壤速效钾含量分级频率变化

波动；(150～200] mg/kg 和>200mg/kg 的比例整体略呈上升趋势，分别上升了 2.5% 和 5.5%，上升幅度分别为 20.3%和 49.7%；≤50mg/kg 的比例一直处于较低水平且保持稳定，所占比例在 6.4%～12.9%之间波动变化（图 2-81）。

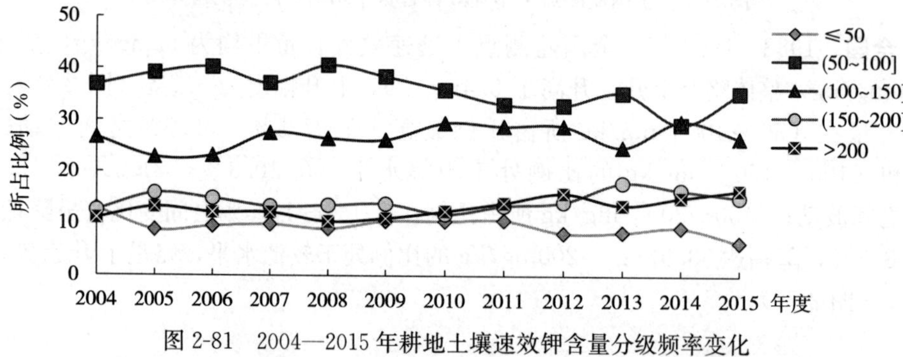

图 2-81　2004—2015 年耕地土壤速效钾含量分级频率变化

2016—2019 年，土壤速效钾含量平均为 139mg/kg，变化范围 129～147mg/kg，年际变化呈上升趋势，上升幅度为 10.7%（图 2-78）。期间，土壤速效钾含量在 (50～100] mg/kg 和 (100～150] mg/kg 区间所占比例较高，波动范围分别为 25.7%～34.8%和 23.8%～31.5%；>200mg/kg 的比例呈上升趋势，从 14.2%上升为 18.7%，上升幅度达 32.0%；≤50mg/kg 的比例一直处于较低水平且呈不断下降趋势，所占比例从 9.9% 下降为 6.7%（图 2-82）。

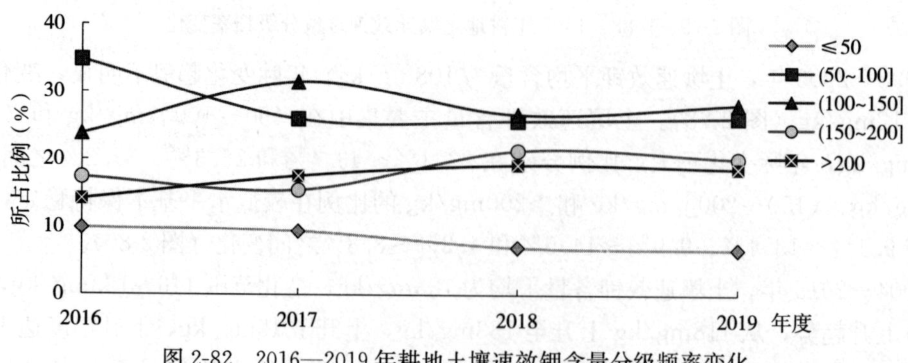

图 2-82　2016—2019 年耕地土壤速效钾含量分级频率变化

2. 水田　1988—1997 年，水田监测点土壤速效钾含量平均为 73mg/kg，变化范围

64～79mg/kg，整体基本稳定（图 2-78）。土壤速效钾含量在（50～100］mg/kg 所占比例最高，在 28.6%～63.6%之间波动，整体略呈下降趋势，下降了 27.9%，降幅达 43.9%；≤50mg/kg 和（100～150］mg/kg 的比例处于中等水平，分别在17.9%～50.0%之间和 4.3%～28.6%之间变化，波动较大，整体均呈上升趋势，分别上升了 21.1%和 12.3%，上升幅度分别为 116.1%和 135.7%；（150～200］mg/kg 的比例略有降低，下降了 5.5%，降幅为 60.4%（图 2-83）。

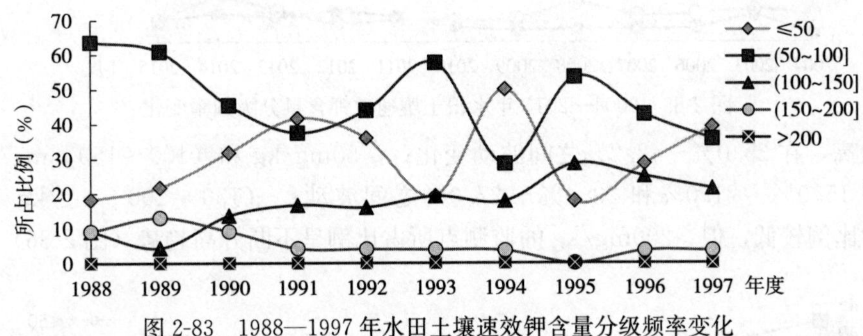

图 2-83 1988—1997 年水田土壤速效钾含量分级频率变化

1998—2003 年，土壤速效钾平均含量为 77mg/kg，年际变化不大，变化范围 72～85mg/kg（图 2-78）。土壤速效钾含量主要集中在（50～100］mg/kg，年际变化不大，所占比例在 41.7%～56.0%之间变化；≤50mg/kg 和（100～150］mg/kg 的比例处于中等水平，基本稳定，分别在 20.8%～33.3%和 13.3%～31.1%之间变化；（150～200］mg/kg和>200mg/kg 的比例长期处于低水平（图 2-84）。

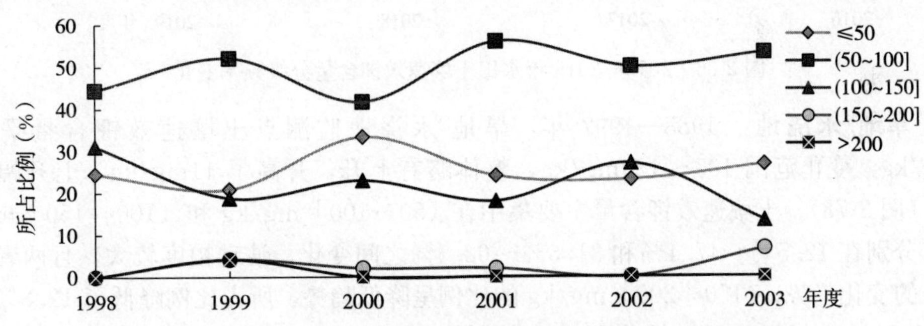

图 2-84 1998—2003 年水田土壤速效钾含量分级频率变化

2004—2015 年，水田土壤速效钾含量平均为 91mg/kg，变化范围 83～98mg/kg，年际变化呈上升趋势，从 83mg/kg 上升至 92mg/kg，上升了 9mg/kg，上升幅度为 11.0%（图 2-78）。期间，土壤速效钾含量在（50～100］mg/kg 所占比例最高，且稳定在 50%左右；≤50mg/kg 和（100～150］mg/kg 的比例分别在 13.6%～24.8%和 15.2%～26.2%之间波动，（100～150］mg/kg 的比例整体呈上升趋势，上升了 9.1 个百分点，上升幅度达 59.8%；（150～200］mg/kg 和>200mg/kg 的比例一直处于较低水平且基本稳定，所占比例分别在 4.3%～10.1%和 1.6%～7.1%之间变化（图 2-85）。

2016—2019 年，水田土壤速效钾含量平均为 104mg/kg，变化范围 98～108mg/kg，年际变化先上升后略有下降（图 2-78）。期间，土壤速效钾含量在（50～100］mg/kg 所

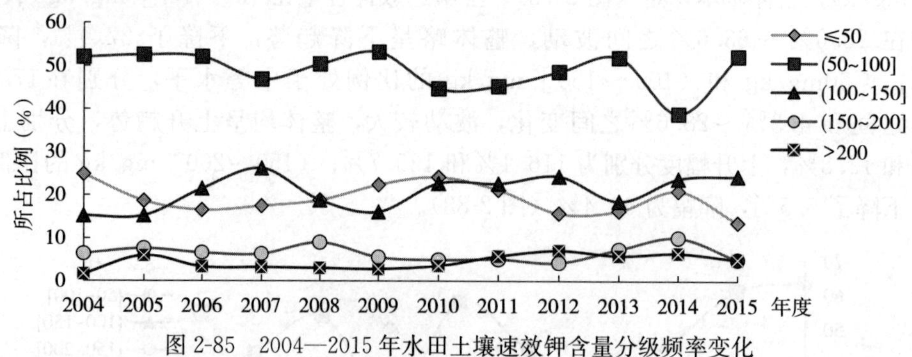

图 2-85　2004—2015 年水田土壤速效钾含量分级频率变化

占比例最高，在 35.0%～42.2%之间波动变化；≤50mg/kg 和（100～150］mg/kg 的比例分别在 15.0%～21.0%和 23.4%～27.0%之间波动；（150～200］mg/kg 和＞200 mg/kg的比例较低，但＞200mg/kg 的监测点所占比例呈不断升高趋势（图 2-86）。

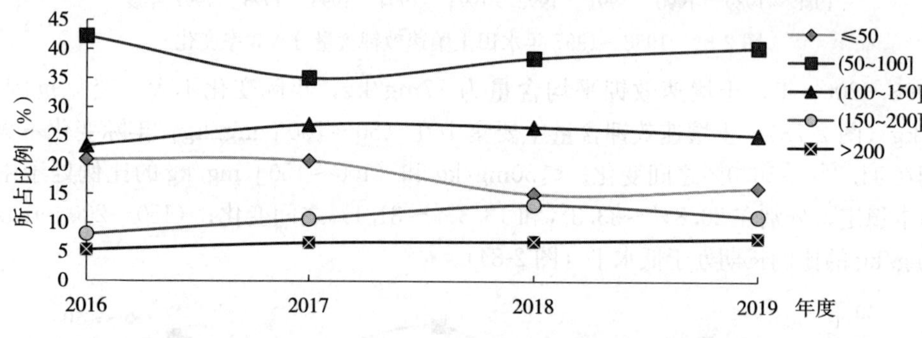

图 2-86　2016—2019 年水田土壤速效钾含量分级频率变化

3. 旱地/水浇地　1988—1997 年，旱地/水浇地监测点土壤速效钾含量平均为 117mg/kg，变化范围 105～129mg/kg，整体略有上升，升高了 11mg/kg，上升幅度为 9.3%（图 2-78）。土壤速效钾含量主要集中在（50～100］mg/kg 和（100～150］mg/kg 区间，分别在 12.5%～47.4%和 31.6%～62.5%之间变化，波动幅度较大，且两者成此消彼长的变化趋势；（150～200］mg/kg 的比例呈降低趋势，所占比例降低了 12.8%，降幅达 54.5%；＞200mg/kg 的比例处于较低水平，呈上升趋势，上升了 10.7%；≤50 mg/kg的比例在 0.0%～11.1%之间变化（图 2-87）。

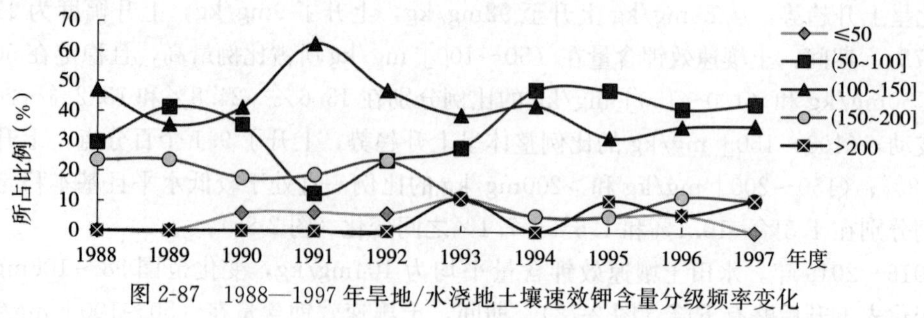

图 2-87　1988—1997 年旱地/水浇地土壤速效钾含量分级频率变化

1998—2003 年，土壤速效钾平均含量为 122mg/kg，整体略有上升，从 119mg/kg 上升到 128mg/kg，上升幅度为 7.6%（图 2-78）。土壤速效钾含量主要集中在（50～100] mg/kg 和（100～150] mg/kg 区间，比例分别在 29.4%～38.5%和 26.2%～45.0%之间变化，年际变化趋势不明显；（150～200] mg/kg 的比例处于中等水平，在 13.8%～19.6%之间变化，基本稳定；≤50mg/kg 和>200mg/kg 的比例处于较低水平，分别在 0.0%～9.2%和 6.2%～12.3%之间变化，>200mg/kg 的比例整体略有上升，上升了 4.1%，上升幅度为 66.1%（图 2-88）。

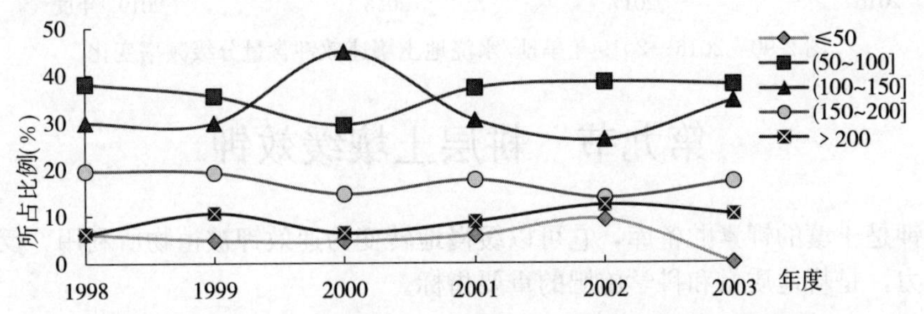

图 2-88　1998—2003 年旱地/水浇地土壤速效钾含量分级频率变化

2004—2015 年，土壤速效钾含量平均为 144mg/kg，变化范围 132～159mg/kg，年际变化呈上升趋势，从 139mg/kg 上升至 159mg/kg，上升了 20mg/kg，上升幅度达 14.4%（图 2-78）。期间，土壤速效钾含量主要集中在（50～100] mg/kg 和（100～150] mg/kg 区间，比例分别在 22.5%～34.7%和 24.2%～34.0%之间变化；（150～200] mg/kg 和>200mg/kg 的比例分别在 16.2%～24.6%和 14.9%～24.0%之间变化，均呈上升趋势，分别上升了 5.2%和 7.0%，上升幅度分别为 31.9%和 41.7%；≤50mg/kg 的比例一直处于较低水平，所占比例在 1.5%～5.6%之间变化（图 2-89）。

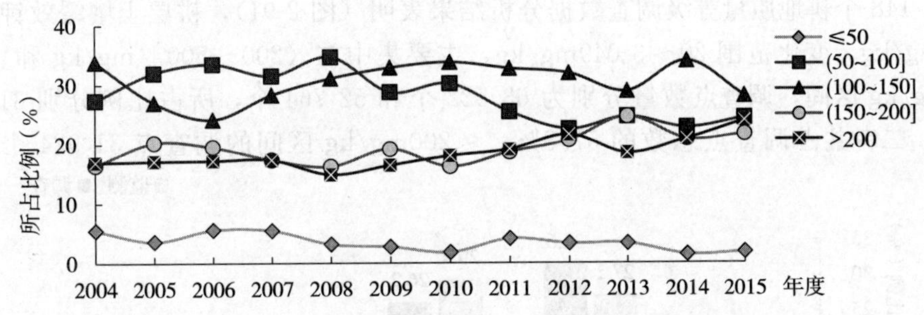

图 2-89　2004—2015 年旱地/水浇地土壤速效钾含量分级频率变化

2016—2019 年，土壤速效钾含量平均为 161mg/kg，变化范围 150～169mg/kg，年际变化呈上升趋势，相比 2016 年，2019 年土壤速效钾含量升高 10.5%（图 2-78）。期间，土壤速效钾含量≤50mg/kg 的监测点比例一直处于较低水平，所占比例在 1.1%～3.0%之间变化；（50～100] mg/kg 所占比例呈不断下降趋势，从 29.8%下降至 17.7%，降幅达 40.8%；（100～150] mg/kg 和（150～200] mg/kg 所占比例呈波动变化；>200 mg/kg区间的比例呈上升趋势（图 2-90）。

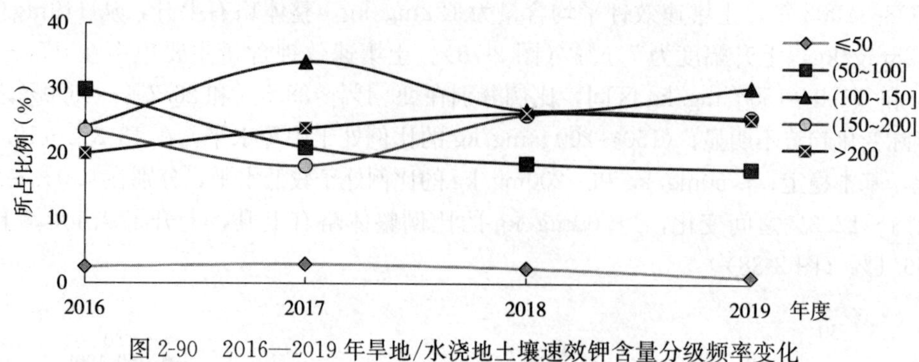

图 2-90　2016—2019 年旱地/水浇地土壤速效钾含量分级频率变化

第九节　耕层土壤缓效钾

缓效钾是土壤的钾素贮备库，它可以缓慢地转变为速效钾被植物所利用，反映了土壤的供钾潜力，是耕地质量和科学施肥的重要指标。

一、土壤缓效钾现状

1. 全国　2019 年，1 051 个国家耕地质量长期定位监测数据分析结果表明（图 2-91），全国耕层土壤缓效钾平均含量为 616mg/kg，变化范围 27～2 098mg/kg。主要集中在（200～500］mg/kg 和（500～800］mg/kg 区间，监测点数量分别为 286 个和 309 个，所占比例分别 27.2%和 29.4%，二者共占监测点总数的 56.6%，其平均值分别为 341mg/kg 和 648mg/kg；≤200mg/kg 的监测点 137 个，占比 13.0%，平均值 125 mg/kg；处于（800～1 000］mg/kg 区间的监测点 173 个，占比 16.5%，平均值 896mg/kg；>1 000mg/kg 区间的监测点 146 个，占比 13.9%，平均值 1 215mg/kg。

201 148 个耕地质量等级调查数据分析结果表明（图 2-91），耕层土壤缓效钾平均含量 579mg/kg，变化范围 20～3 049mg/kg，主要集中在（200～500］mg/kg 和（500～800］mg/kg 区间，调查点数量分别为 63 522 个和 52 764 个，所占比例分别 31.6%和 26.2%，二者共占调查点总数的 57.8%；≤200mg/kg 区间的调查点 31 924 个，占比

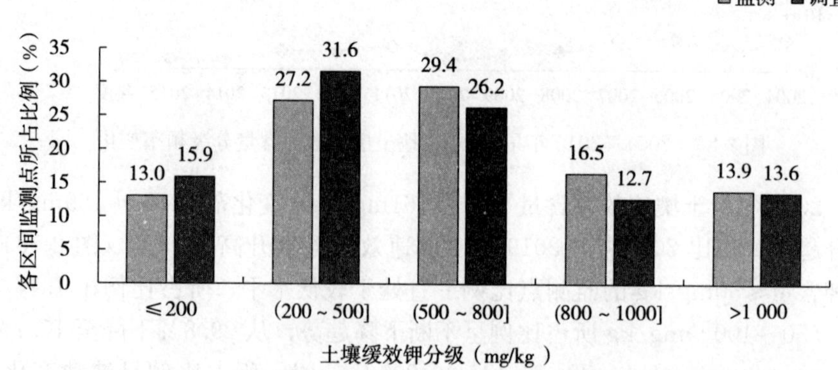

图 2-91　2019 年耕地土壤缓效钾各含量区间所占比例

15.9%；(800～1 000] mg/kg 区间的调查点 25 537 个，占比 12.7%；>1 000mg/kg 的调查点 27 401 个，占比 13.6%。

监测和调查评价两组数据均表明，我国耕层土壤缓效钾含量主要集中在（200～500] mg/kg 和（500～800] mg/kg 区间，两个区间所占比例之和达 50.0%以上，其他各区间监测点数和调查点数所占比例均处于 10.0%～20.0%之间。

分析全国九大农业区耕层土壤缓效钾含量情况，从全国耕地质量长期定位监测数据分析结果来看（图 2-92），华南区缓效钾含量水平较低，平均含量在 284mg/kg；青藏区缓效钾含量较为丰富，平均值为 1 033mg/kg；西南区和长江中下游区土壤缓效钾含量处于（300～500] mg/kg 区间；东北区和内蒙古及长城沿线区土壤缓效钾含量处于（600～800] mg/kg 区间；黄淮海区、甘新区和黄土高原区土壤缓效钾含量在（800～1 000] mg/kg 区间。

从全国耕地质量等级调查评价结果来看（图 2-92），仍是华南区缓效钾含量水平较低，平均含量为 224mg/kg；甘新区和黄土高原区缓效钾含量较为丰富，平均值均大于 1 000mg/kg；长江中下游区和西南区土壤缓效钾含量平均值处于（300～500] mg/kg 区间；东北区、黄淮海区、内蒙古及长城沿线区和青藏区土壤缓效钾含量水平比较接近，平均值处于（700～800] mg/kg 区间。

监测和调查评价两组数据分析结果均表明，华南区、西南区和长江中下游区耕层土壤缓效钾含量水平相对较低，平均值处于（200～500] mg/kg 区间，内蒙古及长城沿线区和东北区土壤缓效钾水平居中，平均处于（600～800] mg/kg 区间，甘新区和黄土高原区缓效钾含量水平较高，平均值均为 1 000mg/kg 左右。青藏区缓效钾含量监测数据和调查数据差异较大，与取样点的数量、分布等有关。

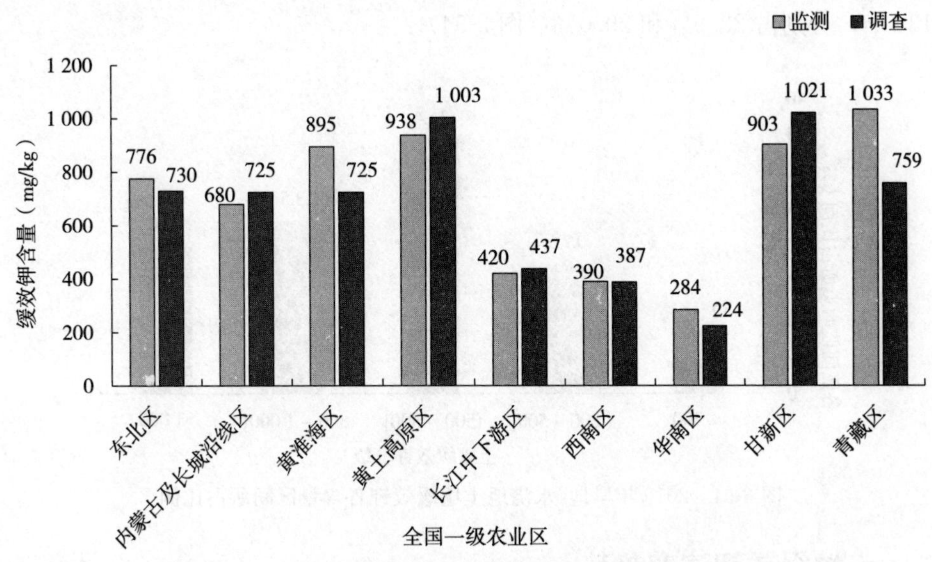

图 2-92　2019 年全国九大农业区耕地土壤缓效钾含量

2. 水田　2019 年，水田监测点土壤缓效钾平均含量为 392mg/kg，变化范围 30～2 031mg/kg。如图 2-93 所示，土壤缓效钾含量主要集中在（200～500] mg/kg 区间，共有 171 个监测点，占水田监测点总数的 43.5%。≤200mg/kg 的监测点有 107 个，占监测点总数的 27.2%；（500～800］mg/kg 的监测点有 84 个，占 21.4%；（800～1 000］mg/kg 的监测点有 18 个，占 4.6%；>1 000mg/kg 的监测点有 13 个，占 3.3%。

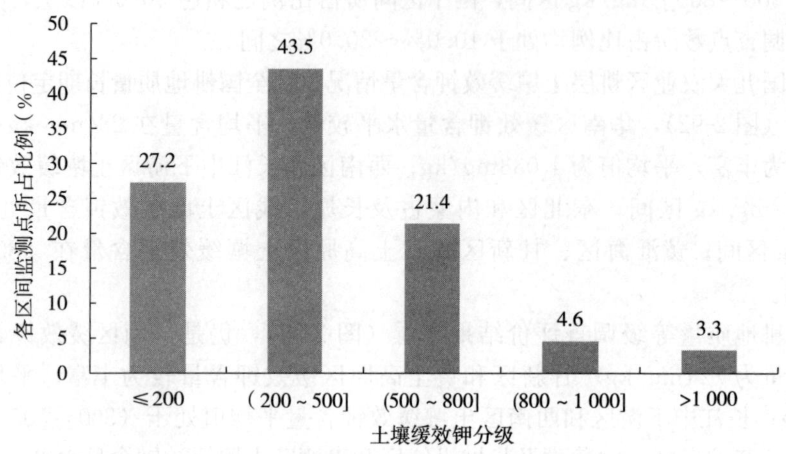

图 2-93　2019 年水田土壤缓效钾各含量区间所占比例

3. 旱地/水浇地

2019 年，旱地/水浇地监测点土壤缓效钾平均含量为 746mg/kg，变化范围 27～1 877 mg/kg。土壤缓效钾含量主要集中在（500～800］mg/kg 区间，其次是（800～1 000］mg/kg 和>1 000mg/kg 区间。≤200mg/kg 的监测点有 30 个，占旱地/水浇地监测点总数的 4.6%；（200～500］mg/kg 的监测点有 114 个，占 17.5%；（500～800］mg/kg 的监测点有 224 个，占 34.4%；（800～1 000］mg/kg 和>1 000mg/kg 的监测点分别有 153 个和 130 个，分别占 23.5%和 20.0%（图 2-94）。

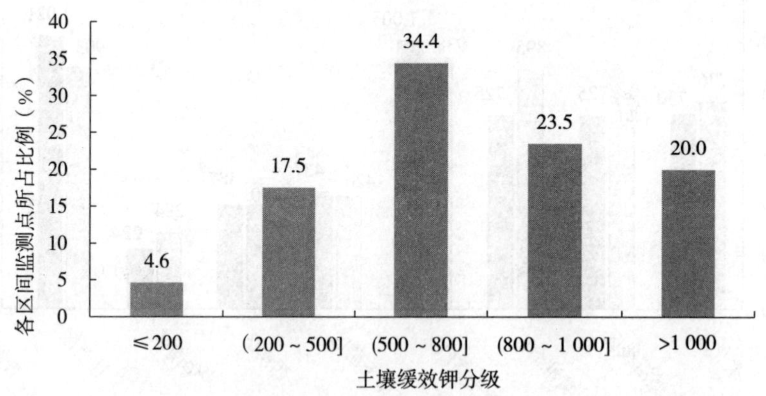

图 2-94　2019 年旱地/水浇地土壤缓效钾各含量区间所占比例

二、土壤缓效钾演变趋势

总体来看，1998—2019 年，全国土壤缓效钾含量呈先下降后上升的波动变化，整体变化趋势不明显，旱地/水浇地的土壤缓效钾含量水平高于水田（图 2-95）。

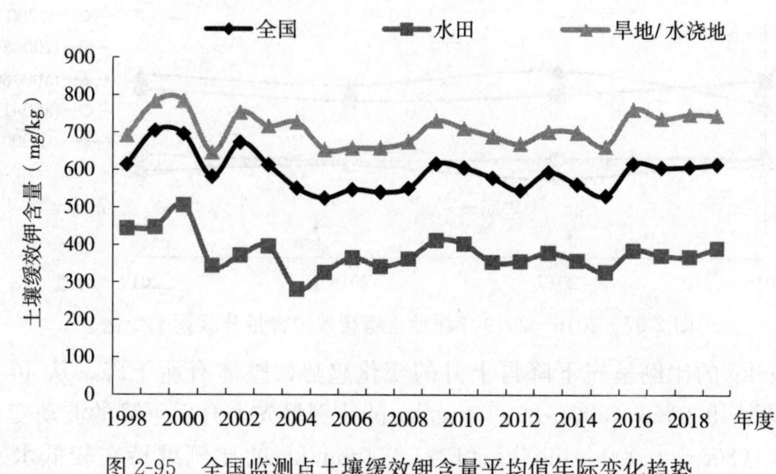

图 2-95 全国监测点土壤缓效钾含量平均值年际变化趋势

1. 全国 2004—2015 年，全国监测点土壤缓效钾含量平均为 560mg/kg，变化范围 525～616mg/kg，年际间呈波动变化并基本保持稳定（图 2-95）。期间，土壤缓效钾含量主要集中在（200～500］mg/kg 和（500～800］mg/kg 区间，比例分别在 25.0%～37.7%和 15.4%～36.6%之间波动变化，年际变化趋势不明显；≤200mg/kg 的比例在 9.7%～24.3%之间变化，整体呈下降趋势，下降了 4.2%，降幅为 19.7%；（800～1 000］mg/kg 的比例在 9.3%～23.4%之间变化，整体呈先上升后下降趋势，2015 年比 2004 年上升了 4.7%，增幅为 49.2%；>1 000mg/kg 的比例在 7.8%～16.0%之间变化，整体呈下降趋势，2015 年比 2004 年降低 7.3%，降幅为 45.6%（图 2-96）。

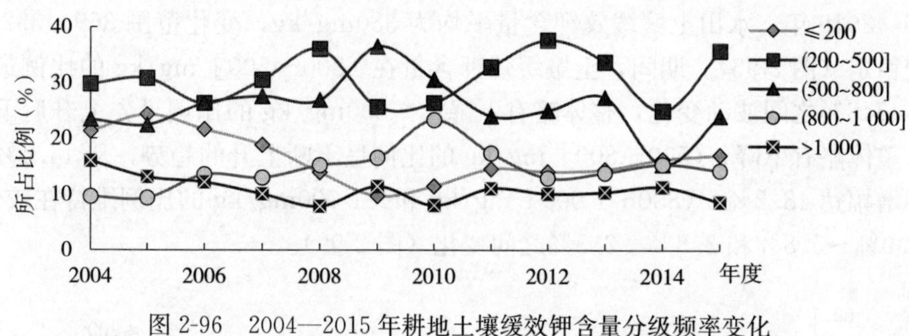

图 2-96 2004—2015 年耕地土壤缓效钾含量分级频率变化

2016—2019 年，土壤缓效钾含量平均为 612mg/kg，波动范围为 607～617mg/kg，基本保持稳定（图 2-95）。期间，土壤缓效钾含量主要集中在（200～500］mg/kg 和（500～800］mg/kg 区间，比例分别在 25.2%～28.5%和 24.8%～30.0%之间波动变化；≤200mg/kg 的比例在 13.0%～16.9%之间波动变化；（800～1 000］mg/kg 的比例在 15.4%～16.4%之间变化，基本保持稳定；>1 000mg/kg 的比例在 12.7%～16.1%之间变化，整体呈下降趋势（图 2-97）。

2. 水田 2004—2015 年，水田监测点土壤缓效钾含量平均为 356mg/kg，变化范围 281～412mg/kg，年际间呈先上升后下降趋势（图 2-95）。期间，水田土壤缓效钾含量在（200～500］mg/kg 的比例最高，在 33.9%～55.7%之间波动变化，年际变化趋势不明

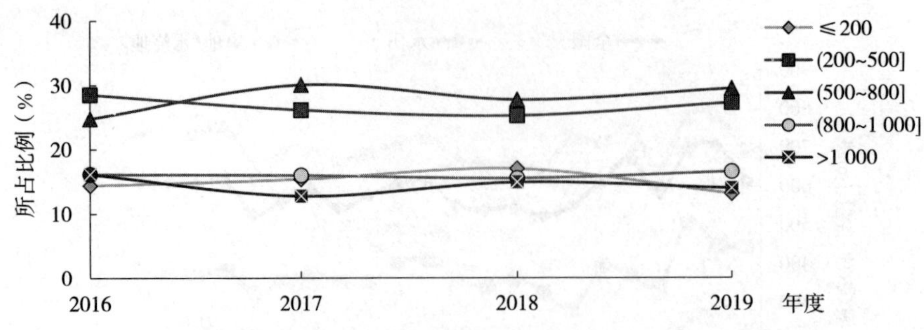

图 2-97　2016—2019 年耕地土壤缓效钾含量分级频率变化

显；≤200mg/kg 的比例呈先下降再上升的变化趋势，整体有所下降，从 40.5%下降至 32.9%，降幅为 19.0%；(500～800] mg/kg 的比例呈先上升后下降的波动变化趋势，整体比较稳定；(800～1 000] mg/kg 和>1 000mg/kg 的比例维持在较低水平，分别在 0.0%～5.0%之间和 0.0%～4.8%之间变化（图 2-98）。

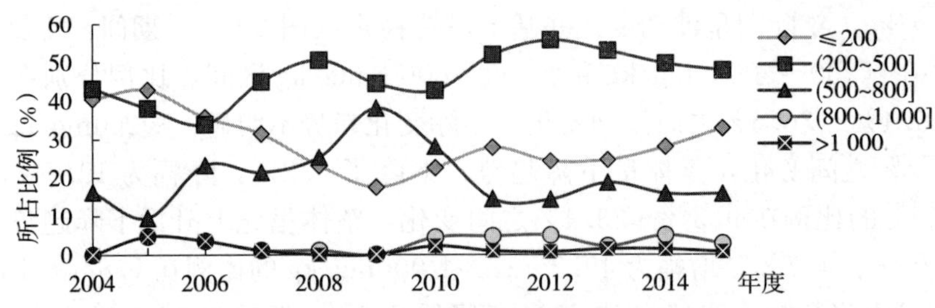

图 2-98　2004—2015 年水田土壤缓效钾含量分级频率变化

2016—2019 年，水田土壤缓效钾含量平均为 380mg/kg，变化范围 369～392mg/kg，总体比较稳定（图 2-95）。期间，土壤缓效钾含量在 (200～500] mg/kg 的比例最高，在 41.8%～47.8%之间波动变化，整体略有下降；≤200mg/kg 的比例呈先上升后下降的变化趋势，整体略有下降；(500～800] mg/kg 的比例呈不断上升的趋势，从 14.4%上升至 21.4%，增幅达 48.2%；(800～1 000] mg/kg 和>1 000mg/kg 的比例维持在较低水平，分别在 4.0%～5.8%和 2.3%～3.3%之间变化（图 2-99）。

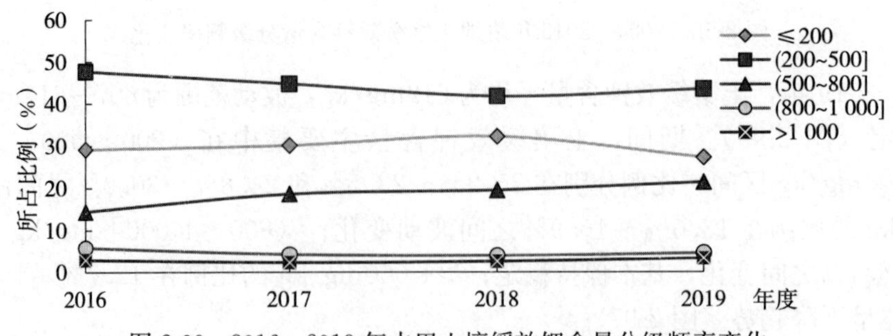

图 2-99　2016—2019 年水田土壤缓效钾含量分级频率变化

3. 旱地/水浇地　2004—2015 年，旱地/水浇地监测点土壤缓效钾含量平均为 685mg/kg，变化范围 653～731mg/kg，年际变化趋势不明显（图 2-95）。期间，土壤缓效钾含量平均值整体呈下降趋势，2015 年比 2004 年下降了 64mg/kg，降幅为 8.8%。2004—2015 年，土壤缓效钾含量在（500～800］mg/kg 区间所占比例最高，为 24.2%～33.8%之间波动变化，整体呈下降趋势，从 33.8%下降至 29.5%，降幅为 12.8%；其次是（200～500］mg/kg 区间，所占比例在 20.0%～33.5%之间变化，呈先上升后下降的波动变化趋势；（800～1 000］mg/kg 的比例处于中等水平，在 16.2%～24.6%之间波动变化，整体上升了 5.2%，增幅为 31.9%；>1 000mg/kg 的比例在 13.8%～21.6%之间变化，整体下降了 3.1%，下降幅度为 18.3%；≤200mg/kg 的比例一致处于较低水平，在 1.8%～8.3%之间变化（图 2-100）。

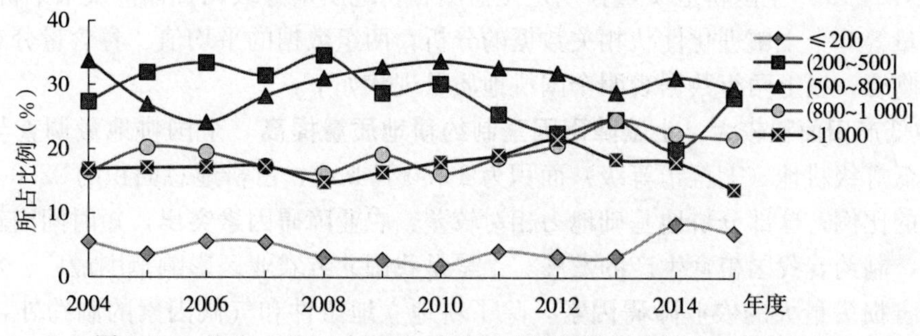

图 2-100　2004—2015 年旱地/水浇地土壤缓效钾含量分级频率变化

2016—2019 年，旱地/水浇地土壤缓效钾含量平均为 749mg/kg，变化范围 738～763mg/kg，整体略呈下降趋势（图 2-95）。相比 2016 年，2019 年土壤缓效钾含量平均值下降了 16mg/kg，降幅为 2.1%。2016—2019 年，土壤缓效钾含量在（500～800］mg/kg 的比例最高，在 31.4%～36.4%之间变化，呈先上升后下降的波动变化趋势；（800～1 000］mg/kg 和>1 000mg/kg 的比例处于中等水平，分别在 22.1%～23.5%和18.5%～24.5%之间变化，前者比较稳定，后者呈波动变化；≤200mg/kg 的比例相对最低，在 4.6%～8.0%之间变化；（200～500］mg/kg 的比例比较稳定，在 15.5%～17.5%之间变化（图 2-101）。

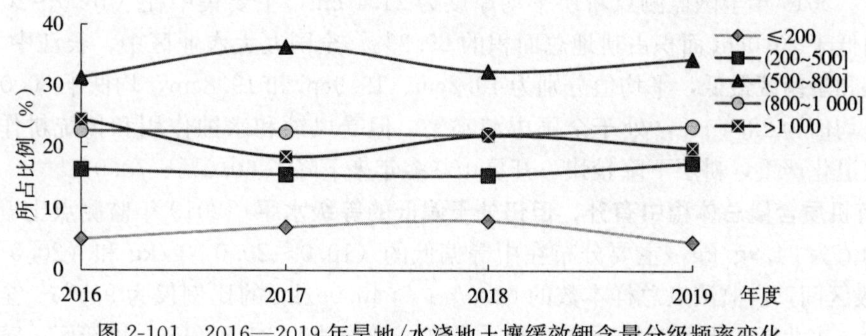

图 2-101　2016—2019 年旱地/水浇地土壤缓效钾含量分级频率变化

第十节　小　　结

耕地是最宝贵的农业资源、最重要的生产要素，我国以占世界不到 9%的耕地养活了占全世界近五分之一的人口，经过多年来的化肥施用和耕地质量保护与提升等多种农业技术措施的使用，我国农业生产取得了举世瞩目的成就，粮食单产和总产均大幅度提高。30 多年来，我国耕地质量发生了较大变化，监测和评价的结果都表明耕地质量总体呈现稳定向好趋势，但与新形势下绿色农业的发展要求仍然有很大的差距，我国耕地质量水平整体不高的局面没有改变，东北地区黑土退化；华北地区耕地干旱，农业地下水资源超采；南方土壤酸化，土壤重金属污染等问题仍然突出。

一、耕地质量现状

通过对 2019 年全国耕地质量长期定位监测和耕地质量等级调查评价成果中耕层厚度、有机质含量等 8 个土壤理化性状相关数据的分析，两组数据的平均值、各含量分布区间等情况基本吻合，以上两组数据表明全国耕地质量现状如下：

1. 中低产田面积较大，土壤障碍因素制约耕地质量提高　全国耕地量调查与评价表明，我国低等级耕地（七至十等级）面积为 2 960 万 hm^2，占耕地总面积的 22.0%，仍然占有一定的比例，这部分耕地基础地力相对较差，农业障碍因素突出，短时间内较难得到根本改善，制约着我国粮食生产的发展。干旱是我国北方农业区影响范围最广、发生频率最高、灾害损失最大的农业障碍因素，除了耕地立地条件和气候因素的制约外，干旱还与耕地持水保水性下降有很大的关系，其中重要原因是土壤容重增加，土壤孔隙度降低，2019 年全国监测点耕层土壤容重平均值为 1.29g/m^3，高于土壤适宜容重（1.10～1.25g/m^3），＞1.40g/cm^3的比例达到 17.1%。由于土壤接纳自然降水能力下降，耕地抗旱能力减弱，东北地区原来一场中雨（10～20mm）可以持续抗旱 20 多天，现在 10 多天作物就出现旱象。

2. 耕层较薄，土壤退化严重　我国著名的土壤学家陈恩凤先生曾提出，土壤肥力和高低决定于“体质”与“体型”，“体质”是指土壤的物质基础，是水肥气热的数量指标；“体型”是指土壤耕层的剖面结构，决定了土壤对水肥气热的协调供应能力。现代作物高产栽培技术表明，良好的耕层“体型”是作物高产的关键，肥沃的耕层厚度是耕地质量的重要标志。2019 年全国监测点耕层平均厚度为 21.1 cm，主要集中在（18.0～20.0］cm 区间，而低于 20.0cm 面积占耕地总面积的 69.3%。全国九大农业区中，长江中下游区、黄淮海区和华南区最低，平均值分别为 19.2cm、19.9cm 和 19.8cm，均低于 20.0cm。东北地区平均值为 22.4 cm，处于全国中游水平，但受风蚀和水蚀作用和传统耕作方式影响，土壤退化严重，耕层下降较快，开垦 100 多年来下降了 60.0%～70.0%。

3. 有机质含量总体稳中有升，但仍处于偏低的等级水平　2019 年监测点土壤有机质含量平均值为 24.9g/kg，主要分布在中等偏低的（10.0～20.0］g/kg 和（20.0～30.0］g/kg 等级区间，占监测点总样本数的 68.4%；＞40.0g/kg 的比例仅为 9.5%。全国九大农业区中，东北区的土壤有机质含量水平最高，平均值为 35.8g/kg；甘新区、黄土高原区和黄淮海区以及内蒙古及长城沿线区较低，平均在 20.0g/kg 以下。2004 年以来，（10.0～20.0］g/kg 区间的监测点比例逐年降低，（20.0～30.0］g/kg 的比例逐年升高，表明部分监测点土壤有机质含量在逐年升高，这主要归因于 2004 年以来作物产量的提高、秸秆还田技术与有机肥施用及少（免）耕技术的推广等。

4. 土壤养分不均衡，环境压力增加　全氮含量基本保持稳定，2019 年监测点土壤全氮含量平均值为 1.47g/kg 主要集中在（1.00～1.50] g/kg 区间，所占比例为 38.5%。全国监测点耕层土壤全氮含量 1988 年以来基本保持稳定，2004 年以来平均值保持在 1.45g/kg 左右，在各含量区间的分布情况基本稳定，未表现出显著的升高或下降。

有效磷含量不断上升的趋势比较明显，2019 年监测点土壤有效磷含量平均值为 30.2mg/kg，在（10.0～20.0] mg/kg 区间的比例最高，达 30.9%。全国监测点耕层土壤有效磷含量 1988 年以来不断上升，2004 年以来平均值上升了 6.6mg/kg，上升幅度达 28.0%，≤10.0mg/kg 的比例下降趋势明显，在其他区间都有不同程度的上升。

速效钾含量呈显著上升趋势，缓效钾含量相对稳定。2019 年监测点土壤速效钾含量平均为 143mg/kg，主要集中在（50～100] mg/kg 和（100～150] mg/kg 区间，合计 50.0%左右，>200mg/kg 的高等级占相当的比例，为 18.7%。全国监测点耕层土壤速效钾含量 1988 年以来呈上升趋势，1998 年之后更为明显，2019 年比 1998 年上升了 37 mg/kg，上升幅度达 34.9%，样本在（50～100] mg/kg 的比例呈下降趋势，在（150～200] mg/kg 和>200mg/kg 的比例略呈上升趋势。监测点缓效钾含量平均为 616mg/kg，2004 年以来基本保持稳定。

全国九大农业区中，土壤全氮最高的是东北区、青藏区和长江中下游区，均值在 1.80g/kg 以上；甘新区最低，平均在 0.90g/kg 以下。土壤有效磷最高的是华南区，均值为 45.8mg/kg；黄土高原区最低，监测和调查评价的平均值分别为 18.0mg/kg 和 20.4mg/kg。土壤速效钾最高的是东北区，均值为 205mg/kg；华南区最低，监测和调查评价平均值分别为 106mg/kg 和 88mg/kg。缓效钾含量最高的是青藏区，均值为1 033 mg/kg 左右；华南区最低，平均值为 284mg/kg。从时空分析情况看，目前全国耕地土壤养分状况有了很大改善，但有效磷在土壤中积累过多，不但造成肥料资源的浪费，还会随水淋失到耕地周边的江河湖泊，引起水源的面源污染，增加环境压力。同时，也可以看出我国耕地施肥在地域上的不平衡，粮食主产区、高产田施肥量过多，土壤养分过高；非粮主产区、中低产田施肥量相对较小，土壤养分偏低。

5. 土壤 pH 总体基本保持稳定，但变化范围在不断拓宽　2019 年监测点 pH 平均为 6.9，比调查评价数据高 0.2，水田监测点平均为 6.2，旱地/水浇地为 7.3。监测和调查评价点的土壤 pH 在各区间分布情况大致相同，从土地利用方式看，水田主要集中在（4.5～5.5] 和（5.5～6.5] 区间，旱地/水浇地主要集中在（7.5～8.5]，全国耕地以弱酸性和弱碱性土壤为主；≤4.5 的点很少，比例不足 2.0%；>8.5 的比例分别为 8.8%和 4.4%。两组数据显示，全国土壤 pH 基本符合“南酸北碱，沿海偏酸，内陆偏碱”的地理分布，2004 年以来，东北区土壤 pH 呈降低趋势、黄淮海区表现为升高趋势，其余农业区的土壤 pH 未表现出显著的升高或降低趋势。多年来，土壤 pH 未表现出显著性提升或下降，但土壤 pH 变化范围在不断拓宽，2014 年为 3.8～9.0，2019 年最低至 3.5，最高达 9.4。

二、对策、建议

耕地质量的提升是一个系统工程，一般包括耕地地力的提升和土壤健康的改善，应注重工程措施和农艺措施的结合，消除中低产田的障碍因素，保持高产田的可持续利用和土壤健康，保证我国粮食安全和农业绿色发展。

1. 消除土壤障碍因素，提高耕地地力 对于耕层瘠薄、土壤黏重、砂质或砾质等障碍因素，以及耕作层以下出现白浆层、砂姜层、砾石层和铁磐等阻碍根系伸展或影响水分渗透层次的，采用深耕、深松、混层耕或移除障碍层客土填充等方式消除障碍因素，增加耕层厚度、改善耕性；对于土壤酸化严重区域（pH 3.5～5.5）要根据土壤酸化成因采取施用石灰等酸性土壤调剂，对于盐碱化土壤（pH 7.5～9.5）应使用盐碱土壤调理剂，推广脱硫石膏改良碱土技术、机械化与暗管排碱技术等措施消除障碍因素，改善土壤酸碱性环境；对于水土流失严重的地区采取工程措施和生物措施如修建生物篱和拦蓄工程防止水土流失，同时要采取保护耕作、免耕和秸秆覆盖，防止风蚀和水蚀，同时提高土壤有机质；对于缺水、地下水过度开采的区域，应完善灌排，大力发展节水农业和秸秆覆盖等农业技术，提高土壤蓄水保墒能力，抗旱保水，提高水资源利用效率。

2. 以提升土壤有机质为核心，培肥土壤，构建肥沃的耕作层 一是推进秸秆还田，推广秸秆翻压还田、覆盖还田、堆沤还田、过腹还田等技术；二是增施有机肥，包括农肥和商品有机肥；三是实施轮作、休耕，实现用地养地相结合；四是种植绿肥，选择在冬闲田或耕作制度适合绿肥种植的区域实施种植，适当施用磷肥，做到“以小肥换大肥”目的；五是推广耕作制度改革，构建结构性好、松而不僵的耕层，推广大型机械作业，采用深松深翻等技术，打破犁底层、疏松表层、增加耕层厚度，实现耕地剖面构型由“波浪形”向“平面形”转变；六是推广保护性免耕少耕技术，减少土壤裸露和侵蚀，保护土壤肥力。

3. 科学施肥，减肥增效，提高土壤健康水平，促进耕地质量绿色发展 积极发展种养结合模式，提倡有机肥替代化肥，有机肥与化肥配合施用。注重科学施肥，氮肥施用要分期调控，减施增效；磷钾肥要减量施用，恒量调控，做到肥料资源的有效管理，减少过量施用的化肥对环境的影响。同时，要对土壤酸化引起重视，有针对性地开展土壤培肥改良与治理修复。

第三章 农业区耕地质量监测评价结果

第一节 东 北 区

东北区包括辽宁省、吉林省、黑龙江省全部和内蒙古自治区东北部，总耕地面积 0.299 亿 hm^2，占全国耕地总面积的 22.2%，种植制度为一年一熟。该区广袤的土地、肥沃的土壤和适宜的气候，为粮食生产提供了得天独厚的条件，一直是我国最重要的粮食生产基地，被称为“中国最大的商品粮战略后备基地”。该区主要包括兴安岭林区、松嫩—三江平原农业区、长白山地林农区、辽宁平原丘陵农林区 4 个二级农业区，耕地主要土壤类型为黑土、黑钙土、暗棕壤、棕壤等，影响耕地农业生产的障碍因素包括水土流失、土壤沙化、酸化、盐碱化及土壤养分贫瘠等。

2019 年，东北区共有耕地质量监测点 385 个，其中原国家级耕地质量监测点 173 个，分布在兴安岭林区、松嫩—三江平原农业区、长白山地林农区、辽宁平原丘陵农林区 4 个二级农业区的点数分别为 9 个、106 个、15 个和 43 个；黑龙江省首次纳入国家级耕地质量监测点中的东北黑土地保护项目监测点 212 个，分布在松嫩—三江平原农业区和长白山地林农区 2 个二级农业区的点数分别为 202 个和 10 个。

根据农业农村部耕地质量监测保护中心印发的《全国九大农区及省级耕地质量监测指标分级标准（试行）》，东北区耕地质量监测主要指标分级标准见表 3-1。

表 3-1 东北区耕地质量监测主要指标分级标准

指标	单位	分级标准				
		1 级（高）	2 级（较高）	3 级（中）	4 级（较低）	5 级（低）
有机质	g/kg	>40.0	30.0～40.0	20.0～30.0	10.0～20.0	≤10.0
全氮	g/kg	>2.50	1.50～2.50	1.00～1.50	0.50～1.00	≤0.50
有效磷	mg/kg	>40.0	30.0～40.0	20.0～30.0	10.0～20.0	≤10.0
速效钾	mg/kg	>200	150～200	100～150	50～100	≤50
缓效钾	mg/kg	>1 000	800～1 000	500～800	200～500	≤200
pH	—	6.0～7.5	5.5～6.0	7.5～8.0， 5.0～5.5	8.0～8.5， 4.5～5.0	>8.5， ≤4.5
耕层厚度	cm	>30.0	25.0～30.0	20.0～25.0	15.0～20.0	≤15.0
土壤容重	g/cm^3	1.10～1.30	1.30～1.40	1.40～1.50， 1.00～1.10	1.50～1.60， 0.90～1.00	>1.60， ≤0.90

一、耕地质量等级情况

总的来看，2019 年该区耕地质量平均等级为 3.59 等，耕地质量水平较高，其中评价为一至三等级的耕地面积为0.156亿hm^2，占东北区耕地总面积的52.1%，主要分布在松嫩平原、松辽平原、三江平原、大兴安岭两侧高平原和长白山地林农区的部分盆地，以黑土、草甸土、暗棕壤和黑钙土为主，没有明显的障碍因素。评价为四至六等级的耕地面积为0.12亿hm^2，占该区耕地总面积的40.1%。主要分布在松嫩平原、松辽平原、建三江平原、大兴安岭东侧高平原、长白山地、辽西低山丘陵和辽东山地周边的中下部，以暗棕壤、草甸土、黑钙土为主，这部分耕地立地条件较好，基础地力中等，灌排能力基本满足，部分耕地存在盐渍化、潜育化、障碍层次和瘠薄等障碍因素。随着东北黑土地保护利用集成技术模式的推广应用，部分障碍因素已得到改善，耕地质量得到有效提升，总体向高等级耕地质量方向发展。评价为七至十等级的耕地面积为0.023亿hm^2，占该区耕地总面积的7.9%。主要分布在松嫩平原西部、三江平原地势较低处、小兴安岭至黑龙江延伸地带、长白山、辽西低山丘陵和辽东山地的坡中坡上，以草甸土、暗棕壤、黑钙土和风沙土为主，这部分耕地立地条件较差，基础地力较低，土壤结构松散，农田基础设施缺乏，灌溉条件不足，存在盐碱、瘠薄、潜育化、障碍层次、酸化等障碍因素，并伴有风蚀和水蚀危害。这部分耕地要注重推广免耕技术，减少对耕层的扰动，降低风蚀水蚀风险，同时要针对障碍因素进行改良，培肥地力，提升耕地综合生产能力（图3-1）。

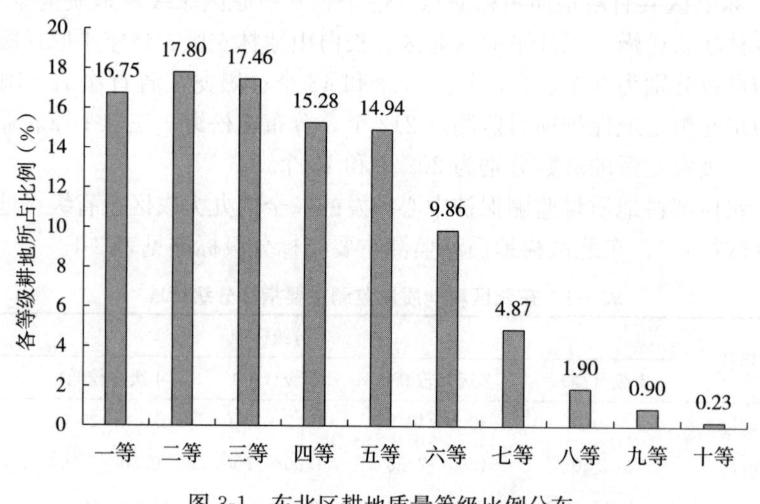

图3-1 东北区耕地质量等级比例分布

二、耕地质量主要指标性状

（一）土壤有机质现状及演变趋势

1. 土壤有机质现状 2019年，从耕地质量长期定位监测数据来看，东北区土壤有机质平均含量35.8g/kg，主要集中在>40.0g/kg和（30.0～40.0］g/kg区间。全区土壤有机质含量有效监测点数380个，根据东北区耕地质量监测主要指标分级标准，处于1级（高）水平的监测点有124个，占监测点总数32.6%；处于2级（较高）水平的监测点有127个，占33.4%；处于3级（中）水平的监测点有97个，占25.5%；4级（较低）水平的监测点有29个，占7.6%；处于5级（低）水平的监测点有3个，占0.8%。从耕地质量等级调查评价数据来看，东北区土壤有机质平均含量 34.0g/kg，主要集中在＞40.0g/kg和（30.0～40.0］g/kg 区间，共占调查点总数的 55.6%。其中，处于 1 级（高）水平的监测点占监测点总数 29.2%；处于 2 级（较高）水平的监测点占 26.6%；处于 3 级（中）水平的监测点占 23.2%；处于 4 级（较低）水平的监测点占 18.3%；处于 5 级（低）水平的监测点占 2.6%。总体来看，东北区土壤有机质处于 1 级（高）和 2 级（较高）水平，含量在 3 级（中）区间的监测点也相对较多，区域有机质含量范围主要大于 20.0g/kg（图 3-2）。

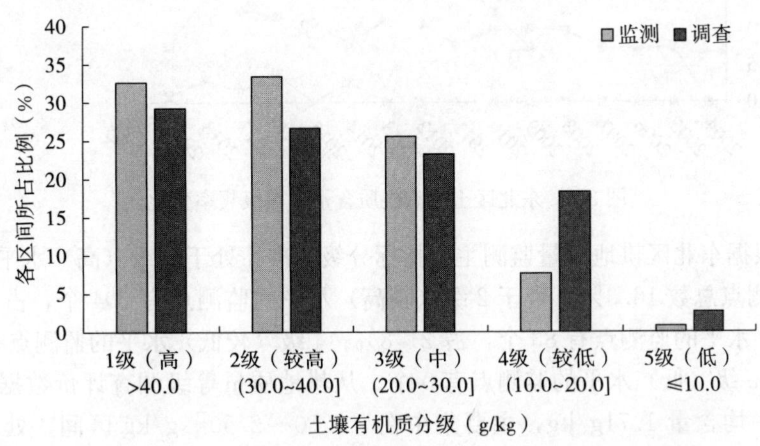

图 3-2 2019 年东北区土壤有机质含量各等级区间所占比例

总体来说，从耕地质量长期定位监测数据来看，东北区土壤有机质含量较 2018 年提高了 4.4g/kg，增幅为 14.0%，提高幅度较大。究其原因可能有以下两点，一是黑龙江省首次将 212 个东北黑土地保护项目监测点纳入国家级耕地质量监测点中，这 212 个监测点的土壤有机质含量平均为 39.7g/kg，超过东北区有机质含量的平均值，从而提升了整个东北区有机质含量；二是近几年来，随着果菜有机肥替代化肥和化肥减量增效等项目在东北区实施，有效的增加了土壤有机质含量，提高了耕地质量。

2. 含量及频率变化 2004—2019 年，东北区监测点有机质含量呈上升趋势，增幅为 27.4%。2004—2019 年，东北区监测点土壤有机质含量主要集中在（30.0～40.0］g/kg 和（20.0～30.0］g/kg 区间，处于较高级水平。其中，土壤有机质含量处于 1 级（高）水平的监测点占比呈上升趋势，从 2005 年的 7.5%上升到 32.6%；处于 2 级（较高）、3 级（中）和 4 级（较低）水平的监测点占比在呈下降趋势，分别从 46.3%、39.0%、14.6%下降到 33.4%、25.5%、7.6%；监测点土壤有机质含量处于 5 级（低）水平的监测点占比一直处于较低水平，2014—2019 年占比波动较大，略有下降，从 2014 年的 2.7%下降到 2019 年的 0.8%。总体来说，高含量区间监测点占比有增加趋势，低含量区间监测点占比有降低趋势，有机质平均水平逐渐升高（图 3-3）。

（二）土壤全氮现状及演变趋势

1. 土壤全氮现状 2019 年，从耕地质量长期定位监测数据来看，东北区土壤全氮平均含量 1.86g/kg，主要集中在（1.50～2.50］g/kg 区间。全区土壤全氮含量有效监测点

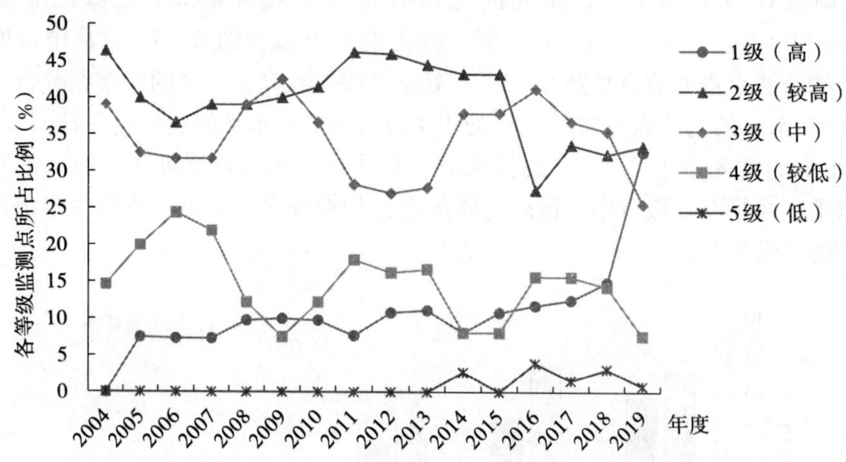

图 3-3　东北区土壤有机质含量各等级频率变化

数 380 个，根据东北区耕地质量监测主要指标分级标准，处于 1 级（高）水平的监测点有 62 个，占监测点总数 16.3%；处于 2 级（较高）水平的监测点有 204 个，占 53.7%；处于 3 级（中）水平的监测点有 83 个，占 21.8%；4 级（较低）水平的监测点有 31 个，占 8.2%；处于 5 级（低）水平的监测点有 0 个。从耕地质量等级调查评价数据来看，东北区土壤全氮平均含量 1.71g/kg，主要集中在（1.50～2.50］g/kg 区间，处于较高级水平，占调查点总数的 44.7%。另外，处于 1 级（高）水平的监测点占监测点总数 14.6%；处于 3 级（中）水平的监测点占 19.5%；4 级（较低）水平的监测点占 13.2%；处于 5 级（低）水平的监测点占 8.2%。总体来看，东北区土壤全氮处于 2 级（较高）水平，区域全氮含量范围主要在（1.50～2.50］g/kg（图 3-4）。

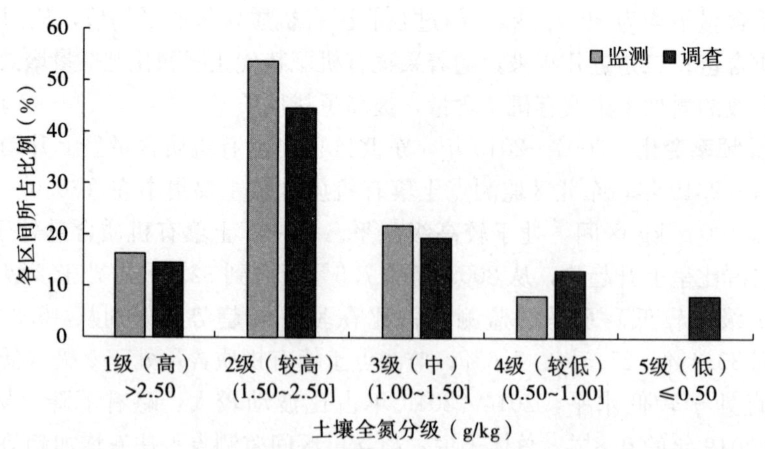

图 3-4　2019 年东北区土壤全氮含量各等级区间所占比例

2. 含量及频率变化　2004—2019 年，东北区监测点全氮含量呈上升趋势，增幅为 9.4%。2004—2019 年，东北区监测点土壤全氮含量主要集中在（1.50～2.50］g/kg 区间，处于较高级水平。其中，土壤全氮含量处于 1 级（高）水平的监测点占比呈上升趋势，从7.3%上升到16.3%；处于2级（较高）、3级（中）和4级（较低）水平的监测点占比在呈下降趋势，分别从56.1%、24.4%、12.2%下降到53.7%、22.8%、8.2%；处于5级（低）水平的监测点的占比极小，一直处于较低水平，2019年占比为0%。总体来说，高含量区间监测点占比有增加趋势，低含量区间监测点占比有降低趋势，全氮平均水平逐渐升高（图3-5）。

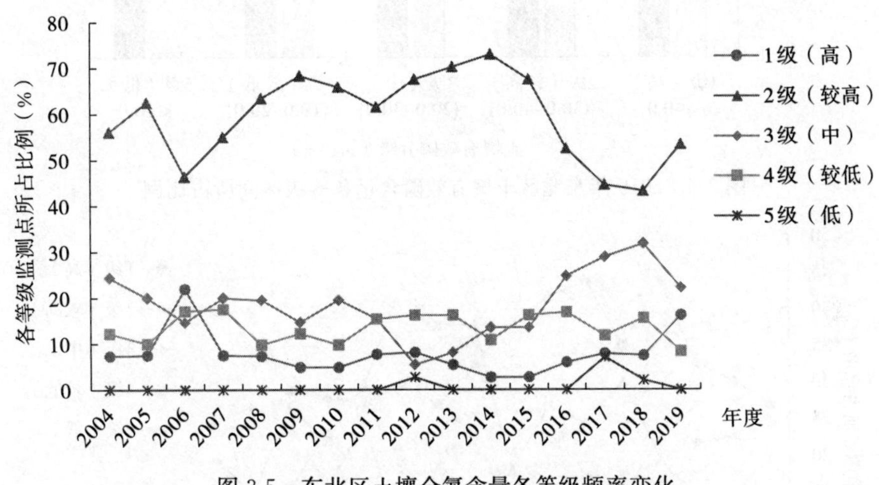

图3-5　东北区土壤全氮含量各等级频率变化

（三）土壤有效磷现状及演变趋势

1. 土壤有效磷现状　2019年，从耕地质量长期定位监测数据来看，东北区土壤有效磷平均含量39.6mg/kg，主要集中在>40.0mg/kg区间。全区土壤有效磷含量有效监测点数383个，根据东北区耕地质量监测主要指标分级标准，处于1级（高）水平的监测点有152个，占监测点总数39.7%；处于2级（较高）水平的监测点有76个，占19.8%；处于3级（中）水平的监测点有94个，占24.4%；4级（较低）水平的监测点有58个，占15.1%；处于5级（低）水平的监测点有3个，占0.8%。从耕地质量等级调查评价数据来看，东北区土壤有效磷平均含量43.8mg/kg，主要集中在>40.0mg/kg区间，处于1级（高）水平，占调查点总数的40.4%，处于2级（较高）水平的监测点占13.5%，处于3级（中）水平的监测点占15.6%，4级（较低）水平的监测点占17.2%，处于5级（低）水平的监测点占13.3%。总体来看，东北区土壤有效磷处于1级（高）水平，区域有效磷含量范围主要在大于40.0mg/kg（图3-6）。

2. 含量及频率变化　2004—2019年，东北区监测点有效磷含量呈上升趋势，增幅为25.7%。2004—2019年，东北区监测点土壤有效磷含量主要集中在>40.0mg/kg区间，处于高级水平。其中，土壤有效磷含量处于1级（高）、2级（较高）、3级（中）水平的监测点占比呈上升趋势，从26.8%、19.5%、19.5%上升到39.7%、19.8%、24.5%；处于4级（较低）、5级（低）水平的监测点占比呈下降趋势，分别从24.4%、9.8%下降到15.1%、0.8%。总体来说，高含量区间监测点占比有增加趋势，低含量区间监测点占比有降低趋势，有效磷平均水平逐渐升高（图3-7）。

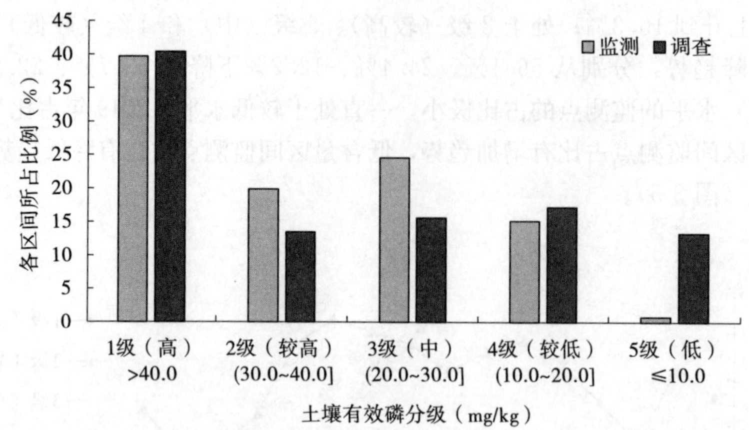

图 3-6　2019 年东北区土壤有效磷含量各等级区间所占比例

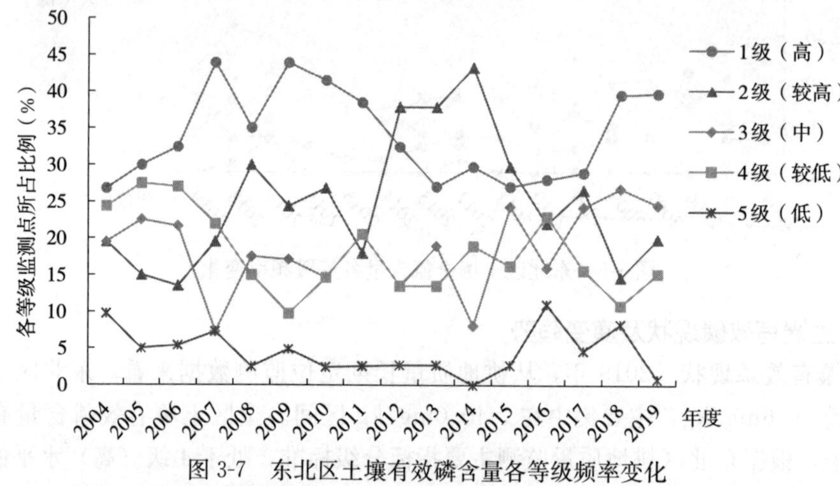

图 3-7　东北区土壤有效磷含量各等级频率变化

（四）土壤速效钾现状及演变趋势

1. 土壤速效钾现状　2019 年，从耕地质量长期定位监测数据来看，东北区土壤速效钾平均含量 205mg/kg，主要集中在＞200mg/kg 区间。全区土壤速效钾含量有效监测点数 385 个，根据东北区耕地质量监测主要指标分级标准，处于 1 级（高）水平的监测点有 173 个，占监测点总数 44.9%；处于 2 级（较高）水平的监测点有 110 个，占 28.6%；处于 3 级（中）水平的监测点有 78 个，占 20.3%；4 级（较低）水平的监测点有 23 个，占 6.0%；处于 5 级（低）水平的监测点有 1 个，占 0.3%。从耕地质量等级调查评价数据来看，东北区土壤速效钾平均含量 186mg/kg，主要集中在＞200mg/kg 区间，处于 1 级（高）水平，占调查点总数的 35.5%，处于 2 级（较高）水平的监测点占 22.7%，处于 3 级（中）水平的监测点占 26.3%，4 级（较低）水平的监测点占 14.3%，处于 5 级（低）水平的监测点占 1.3%。总体来看，东北区土壤速效钾处于 1 级（高）水平，含量在 2 级（较高）和 3 级（中）区间的监测点也相对较多，速效钾含量范围主要为＞100mg/kg（图 3-8）。

2. 含量及频率变化　2004—2019 年，东北区监测点速效钾含量呈上升趋势，增幅为 32.3%。2004—2019 年，东北区监测点土壤速效钾含量主要集中在＞200mg/kg 区间，处于高级水平。其中，土壤速效钾含量处于 1 级（高）水平的监测点占比呈上升趋势，从 24.4%

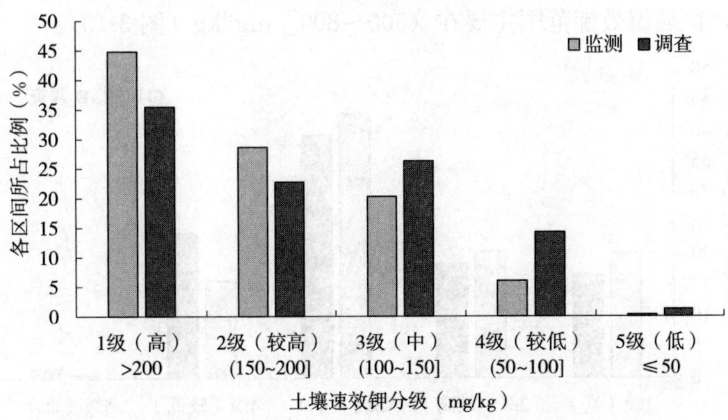

图 3-8　2019 年东北区土壤速效钾含量各等级区间所占比例

上升到 44.9%；处于 2 级（较高）、3 级（中）、4 级（较低）水平的监测点占比呈下降趋势，分别从 29.3%、22.0%、24.4%下降到 28.6%、20.3%、6.0%；处于 5 级（低）水平的监测点的占比极小，一直处于较低水平，2019 年占比为 0.3%。总体来说，高含量区间监测点占比有增加趋势，低含量区间监测点占比有降低趋势，速效钾平均水平逐渐升高（图 3-9）。

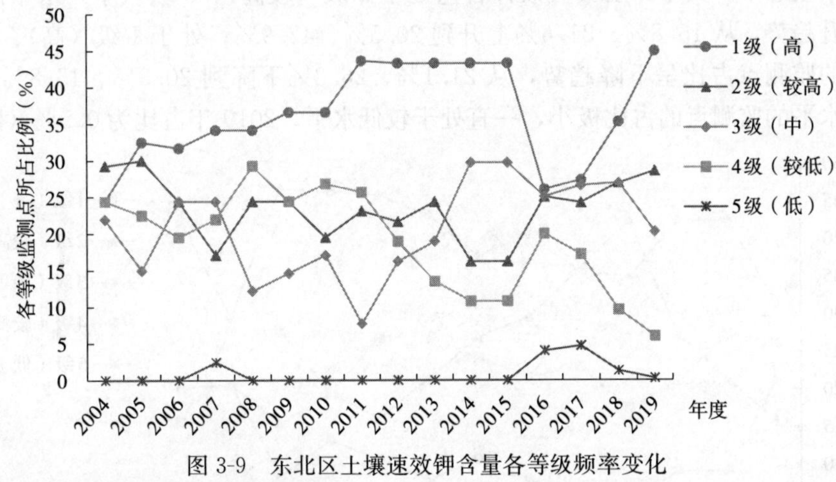

图 3-9　东北区土壤速效钾含量各等级频率变化

（五）土壤缓效钾现状及演变趋势

1. 土壤缓效钾现状　2019 年，从耕地质量长期定位监测数据来看，东北区土壤缓效钾平均含量 776mg/kg，主要集中在（500～800］mg/kg 区间。全区土壤缓效钾含量有效监测点数 380 个，根据东北区耕地质量监测主要指标分级标准，处于 1 级（高）水平的监测点有 77 个，占监测点总数 20.3%；处于 2 级（较高）水平的监测点有 78 个，占 20.5%；处于 3 级（中）水平的监测点有 163 个，占 42.9%；4 级（较低）水平的监测点有 60 个，占 15.8%；处于 5 级（低）水平的监测点有 2 个，占 0.5%。从耕地质量等级调查评价数据来看，东北区土壤缓效钾平均含量 730mg/kg，主要集中在（500～800］mg/kg 区间，占调查点总数的 39.5%，另外，处于 1 级（高）水平的监测点占监测点总数 16.8%，处于 2 级（较高）水平的监测点占 18.6%，处于 4 级（较低）水平的监测点占 23.5%，处于 5 级（低）水平的监测点占 1.7%。总体来看，东北区土壤缓效钾处于 3

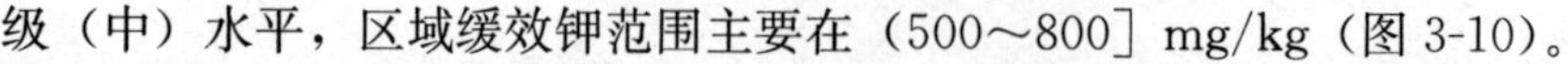

级（中）水平，区域缓效钾范围主要在（500～800］mg/kg（图3-10）。

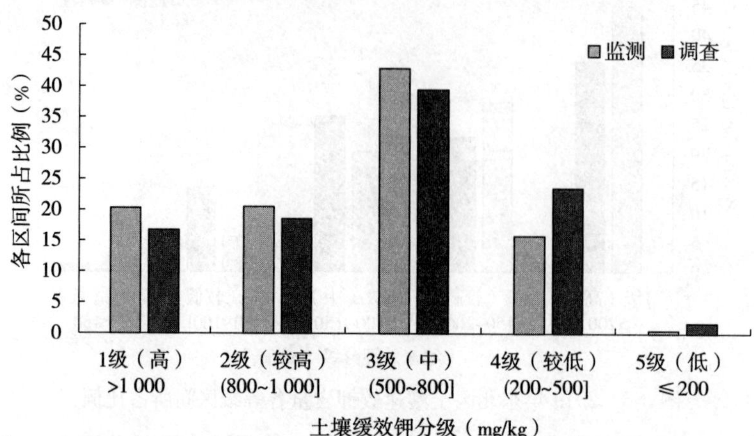

图3-10　2019年东北区土壤缓效钾含量各等级区间所占比例

2. 含量及频率变化　2007—2019年，东北区监测点缓效钾含量呈上升趋势，增幅为7.3%。2007—2019年，东北区监测点土壤缓效钾含量主要集中在（500～800］mg/kg区间，处于中级水平。其中，土壤缓效钾含量处于2级（较高）、3级（中）水平的监测点占比呈上升趋势，从15.8%、31.6%上升到20.5%、42.9%；处于1级（高）、4级（较低）水平的监测点占比呈下降趋势，从21.1%、26.3%下降到20.3%、15.8%；处于5级（低）水平的监测点的占比极小，一直处于较低水平，2019年占比为0.5%（图3-11）。

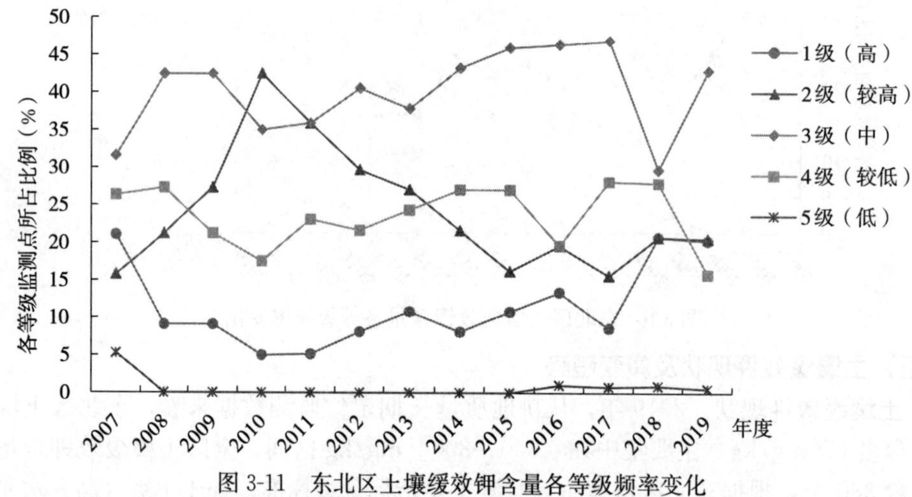

图3-11　东北区土壤缓效钾含量各等级频率变化

（六）土壤pH现状及演变趋势

1. 土壤pH现状　2019年，从耕地质量长期定位监测数据来看，东北区土壤pH平均值6.2，主要集中在（6.0～7.5］和（5.5～6.0］区间。全区土壤pH有效监测点数385个，根据东北区耕地质量监测主要指标分级标准，处于1级（高）水平的监测点有176个，占监测点总数45.7%；处于2级（较高）水平的监测点有118个，占30.6%；处于3级（中）水平的监测点有66个，占17.1%；4级（较低）水平的监测点有25个，占6.5%；处于5级（低）水平的监测点有0个。从耕地质量等级调查评价数据来看，东北区土壤 pH 平均值 6.3，主要集中在（6.0～7.5］和（5.5～6.0］区间，共占调查点总数的 56.6%。其中，处于 1 级（高）水平的监测点占监测点总数 29.1%，处于 2 级（较高）水平的监测点占 27.5%，处于 3 级（中）水平的监测点占 26.1%，4 级（较低）水平的监测点占 14.3%，处于 5 级（低）水平的监测点占 3.0%（图 3-12）。

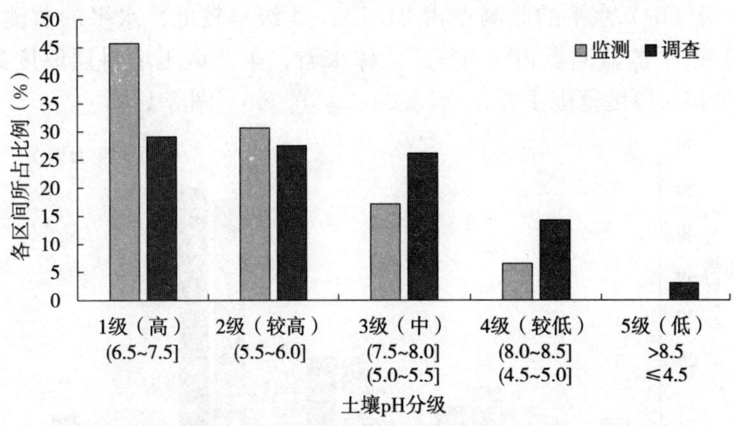

图 3-12　2019 年东北区土壤 pH 各等级区间所占比例

2. 土壤 pH 及频率变化　2004—2019 年，东北区监测点土壤 pH 呈下降趋势，降幅为 6.5%。2004—2019 年，东北区监测点土壤 pH 主要集中在（6.0～7.5］和（5.5～6.0］区间，处于高级水平。其中，土壤 pH 处于 1 级（高）水平的监测点占比呈下降趋势，从 55.0%下降到 45.7%；处于 2 级（较高）、3 级（中）水平和 4 级（较低）水平的监测点占比呈上升趋势，分别从 25.0%、15.0%和 5.0%上升到 36.0%、17.1%和 6.5%；处于 5 级（低）水平的监测点的占比极小，一直处于较低水平，2019 年占比为 0.0%（图 3-13）。

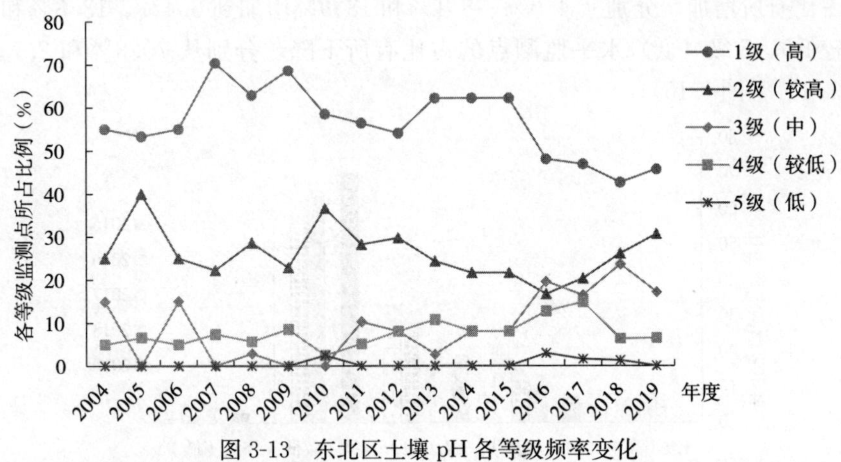

图 3-13　东北区土壤 pH 各等级频率变化

（七）土壤耕层厚度现状及演变趋势

1. 土壤耕层厚度现状　2019 年，东北区土壤耕层厚度平均值 22.4 cm，主要集中在（15.0～20.0］cm 区间。全区土壤耕层厚度有效监测点数 283 个，根据东北区耕地质量监测主要指标分级标准，处于 1 级（高）水平的监测点有 18 个，占监测点总数 6.4%；处于 2 级（较高）水平的监测点有 39 个，占 13.8%；处于 3 级（中）水平的监测点有 59

个，占 20.8%；4 级（较低）水平的监测点有 164 个，占 58.0%；处于 5 级（低）水平的监测点有 3 个，占 1.1%。从耕地质量等级调查评价数据来看，东北区土壤耕层厚度平均含量 20.9cm，主要集中在（15.0～20.0］cm 区间，占调查点总数的 60.6%。另外，处于 1 级（高）水平的监测点占监测点总数 1.4%，处于 2 级（较高）水平的监测点占 9.4%，处于 3 级（中）水平的监测点占 21.1%，4 级（较低）水平的监测点占 60.6%，处于 5 级（低）水平的监测点占 7.6%。总体来看，东北区土壤耕层厚度处于 4 级（较低）水平，区域耕层厚度范围主要在（15.0～20.0］cm（图 3-14）。

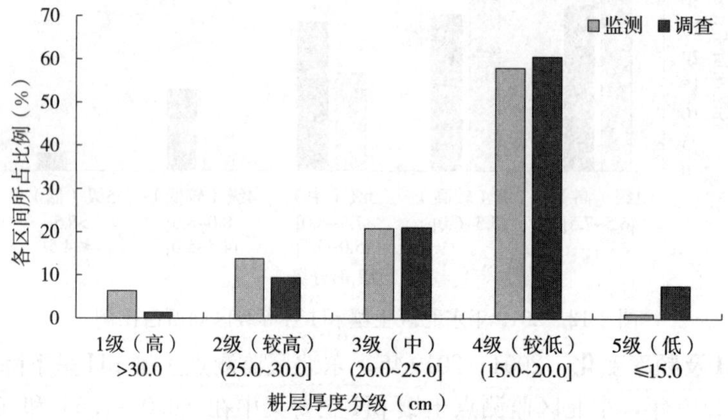

图 3-14　2019 年东北区土壤耕层厚度各等级区间所占比例

2. 耕层厚度及频率变化　2015—2019 年，东北区监测点耕层厚度呈上升趋势，增幅为 8.7%。2015—2019 年，东北区监测点土壤耕层厚度主要集中在（15.0～20.0］cm 区间，处于较低级水平。从 2015 年到 2019 年，1 级（高）、2 级（较高）、3 级（中）水平监测点的占比有所增加，分别从 4.0%、8.1%和 18.9%增加到 6.4%、13.8%和 20.8%；而 4 级（较低）、5 级（低）水平监测点的占比有所下降，分别从 70.3%和 2.7%降低到 58.0%和 1.1%（图 3-15）。

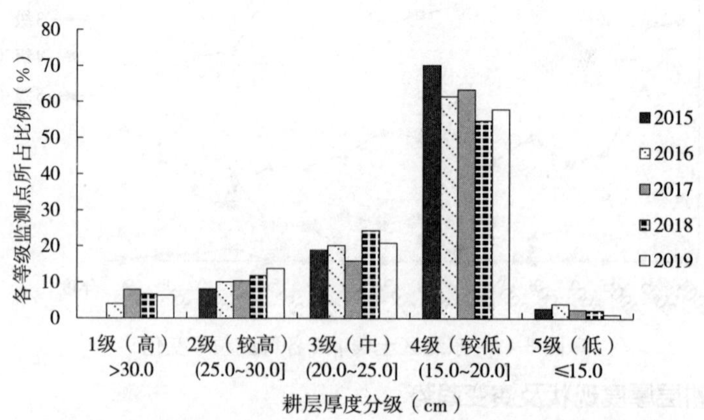

图 3-15　2015—2019 年东北区土壤耕层厚度各等级区间所占比例

（八）土壤容重现状及演变趋势

1. 土壤容重现状　2019 年，从耕地质量长期定位监测数据来看，东北区土壤容重平均含量 1.28g/cm^3，主要集中在（1.10～1.30］g/cm^3 区间。全区土壤容重含量有效监测点数

280个，根据东北区耕地质量监测主要指标分级标准，处于1级（高）水平的监测点有144个，占监测点总数51.4%；处于2级（较高）水平的监测点有49个，占17.5%；处于3级（中）水平的监测点有65个，占23.2%；4级（较低）水平的监测点有11个，占3.9%；处于5级（低）水平的监测点有11个，占3.9%。从耕地质量等级调查评价数据来看，东北区土壤容重平均含量1.25g/cm³，主要集中在（1.10～1.30］g/cm³区间，占调查点总数的48.3%。另外，处于2级（较高）水平的监测点占20.1%，处于3级（中）水平的监测点占21.4%，4级（较低）水平的监测点占7.3%，处于5级（低）水平的监测点占3.0%。总体来看，东北区土壤容重处于1级（高）水平，区域容重含量范围主要在1.10～1.30g/cm³（图3-16）。

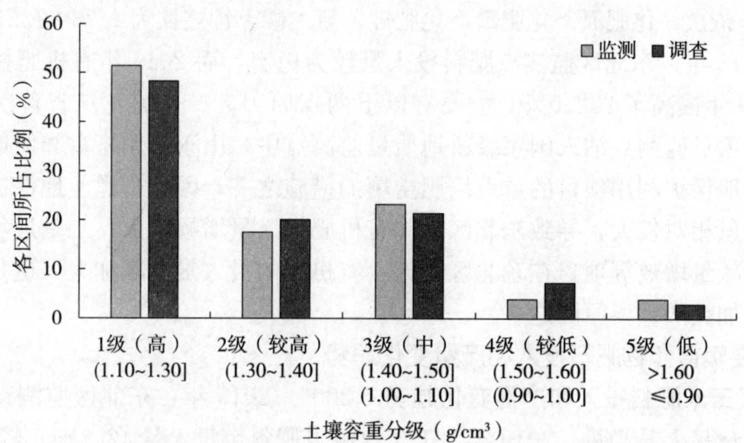

图3-16　2019年东北区土壤容重含量各等级区间所占比例

2. 土壤容重及频率变化　2015—2019年，东北区监测点土壤容重略有上升，增幅为1.6%。2015—2019年，东北区监测点土壤容重主要集中在（1.10～1.30］g/cm³区间，处于高级水平。从2015年到2019年，处于1级（高）、2级（较高）水平监测点的占比有所增加，分别从48.7%、2.6%增加到51.4%、17.5%；而3级（中）、4级（较低）水平监测点的占比有所下降，分别从38.5%、7.7%降低到23.2%和3.9%；5级（低）水平监测点所占的比例较小，呈增加趋势，从2.6%增加到3.9%（图3-17）。

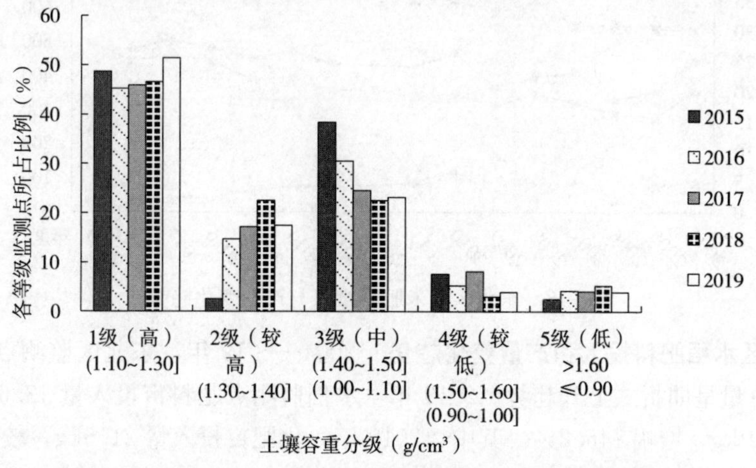

图3-17　2015—2019年东北区土壤容重各等级区间所占比例

三、肥料投入与利用情况

（一）肥料投入现状

2019 年，东北区监测点肥料亩总投入量（折纯，下同）平均值 26.8kg，其中，有机肥亩投入量平均值 13.2kg，化肥亩投入量平均值 26.0kg，有机肥和化肥之比为 1∶1.97。肥料总投入中，氮肥（N）亩投入 11.7kg，磷肥（P_2O_5）亩投入 8.1kg，钾肥（K_2O）亩投入 7.0kg，投入量依次：肥料氮＞肥料磷＞肥料钾，氮∶磷∶钾之比为 1.67∶1.16∶1。其中化肥投入中，氮肥（N）亩投入 11.4kg，磷肥（P_2O_5）亩投入 8.0kg，钾肥（K_2O）亩投入 6.6kg，投入量依次：化肥氮＞化肥磷＞化肥钾，氮∶磷∶钾之比为 1.73∶1.21∶1。

2004—2018 年，东北区监测点肥料投入量较为稳定，而 2019 年有机肥投入量大幅度增加，较 2018 年提高了 222.0%，主要有以下两点原因，一是黑龙江省首次将 212 个东北黑土地保护项目监测点纳入国家级耕地质量监测点中，由于使用畜禽粪便堆沤肥或商品有机肥是黑土地保护利用项目的重点培肥土壤的措施之一，因此，黑土地保护项目监测点的有机肥施用量相对较大，导致东北区整体有机肥投入量增幅较大；二是近年来有机肥替代化肥和化肥减量增效等项目在东北区实施，有机肥的投入量不断加大，也是导致东北区有机肥投入量加大的重要原因之一。

（二）主要粮食作物肥料投入和产量变化趋势

1. 东北区玉米肥料投入和产量变化趋势 2004—2019 年，东北区监测点玉米肥料单位面积投入总量呈上升趋势。2019 年，玉米监测点肥料亩投入量 42.3kg，较 2004 年增加了 17.1kg，增幅 68.0%。其中，2019 年，化肥亩投入量 28.2kg，较 2004 年增加了 8.1kg，增幅 40.4%。2019 年，有机肥亩投入量 14.1kg，较 2004 年增加了 9.0kg，增幅 176.5%。2004—2019 年，东北区监测点玉米产量均呈上升趋势，由 2004 年亩投入量 536.1kg 增加到 620.4kg，增幅 15.7%（图 3-18）。

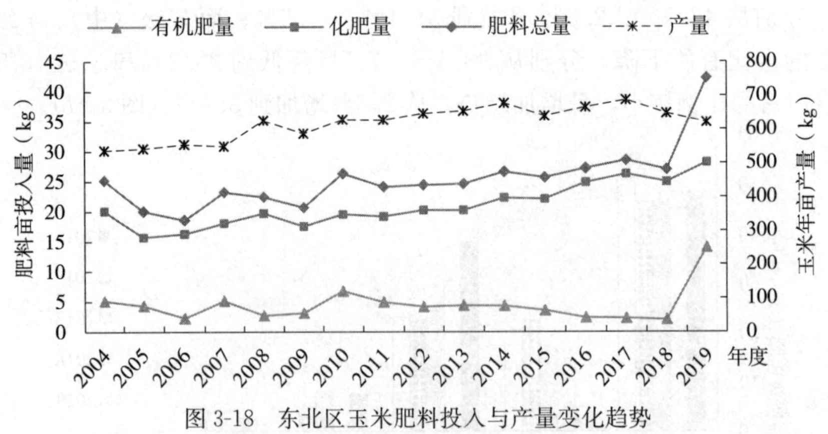

图 3-18　东北区玉米肥料投入与产量变化趋势

2. 东北区水稻肥料投入和产量变化趋势 2004—2019 年，东北区监测点水稻肥料单位面积投入总量呈曲折式上升趋势。2019 年，水稻监测点肥料亩投入量 43.6kg，较 2004 年增加了 25.9kg，增幅 146.2%。其中，2019 年，化肥亩投入量 21.5kg，较 2004 年增加了 7.7kg，增幅 55.4%。2019 年，有机肥亩投入量 22.1kg，较 2004 年增加了 18.2kg，增幅 471.1%。2004—2019 年，东北区监测点水稻产量均呈上升趋势，由 2004 年亩投入量 488.8kg 增加到 551.2kg，增幅 12.8%（图 3-19）。

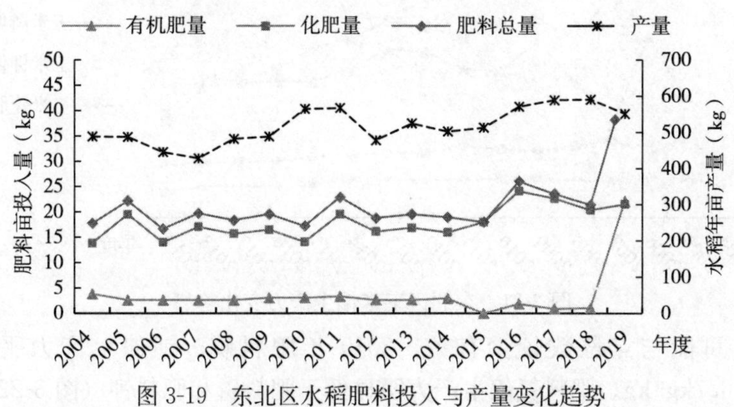

图 3-19 东北区水稻肥料投入与产量变化趋势

3. 东北区大豆肥料投入和产量变化趋势 2004—2019 年，东北区监测点大豆肥料单位面积投入总量呈先下降后上升的趋势。大豆监测点肥料亩投入量 2012 年最低，为 7.0kg，较 2004 年减少了 5.3kg，降幅 43.1%，2019 年大豆监测点肥料亩投入量 24.6kg，较 2012 年增加了 17.5kg，增幅 142.0%。化肥投入量的变化趋势与肥料变化趋势一致。2004—2019 年，东北区监测点大豆产量呈波动式上升趋势，亩产由 2004 年 140.6kg 增加到 147.7kg，增幅 5.1%（图 3-20）。

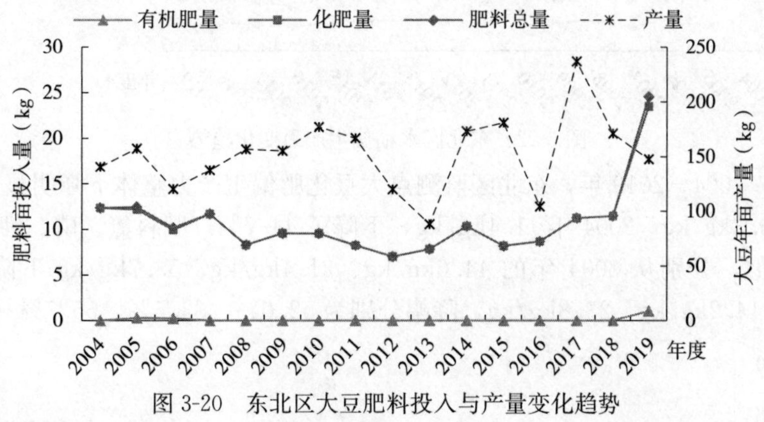

图 3-20 东北区大豆肥料投入与产量变化趋势

（三）偏生产力

1. 玉米 2004—2019 年，东北区监测点玉米化肥偏生产力呈下降趋势，2019 年化肥偏生产力 22.0kg/kg，2004 年 26.7kg/kg，下降了 17.6%。肥料氮偏生产力变幅与化肥相似，2019 年为 45.3kg/kg，比 2004 年下降了 9.6%。肥料磷偏生产力较不稳定，呈波动式上升趋势，2019 年又有所下降；肥料钾偏生产力下降较明显，从 2004 年的 195.7kg/kg 下降到 2019 年的 88.6kg/kg，降幅为 54.7%。肥料氮偏生产力明显低于肥料磷和肥料钾（图 3-21）。

2. 水稻 2004—2019 年，水稻化肥偏生产力整体降低较为明显，2019 年为 25.6kg/kg，较 2004 年降低了 27.5 个百分点。其中，2004 年肥料氮偏生产力平均值为 67.4kg/kg，2019 年为 54.0kg/kg，降低了 13.4kg/kg，降幅为 19.9%；肥料磷和钾偏生产力变

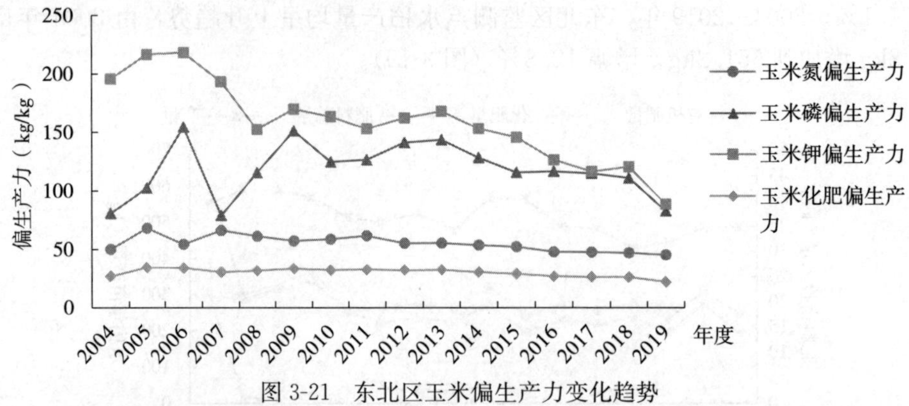

图 3-21　东北区玉米偏生产力变化趋势

化波动较大，可能与点位数较少有关，2019 年肥料磷、钾偏生产力平均值分别为 98.4kg/kg、96.7kg/kg。肥料氮偏生产力明显低于肥料磷和肥料钾（图 3-22）。

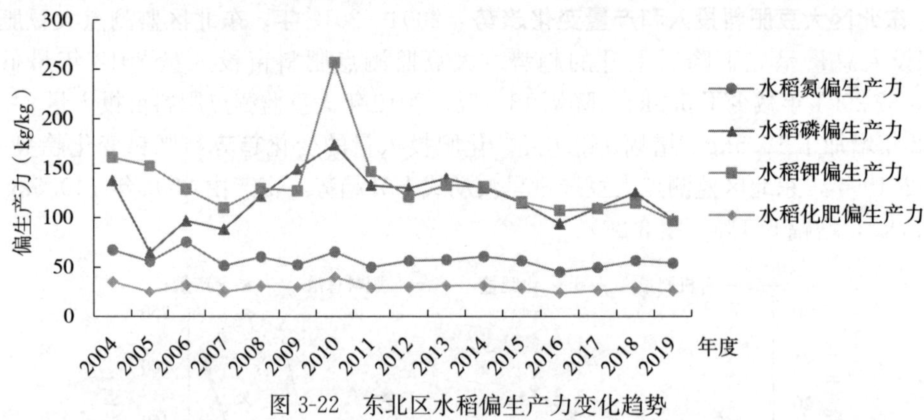

图 3-22　东北区水稻偏生产力变化趋势

3. 大豆　2004—2019 年，东北区监测点大豆化肥偏生产力整体下降明显，2019 年化肥偏生产力 6.3kg/kg，2004 年 11.4kg/kg，下降了 44.7%。肥料氮、磷、钾偏生产力变幅与化肥相似，分别从 2004 年的 44.6kg/kg、21.4kg/kg、53.7kg/kg 下降到 2019 年 21.4kg/kg、14.2kg/kg、23.8kg/kg，降幅分别为 52.0%、33.5%、55.7%（图 3-23）。

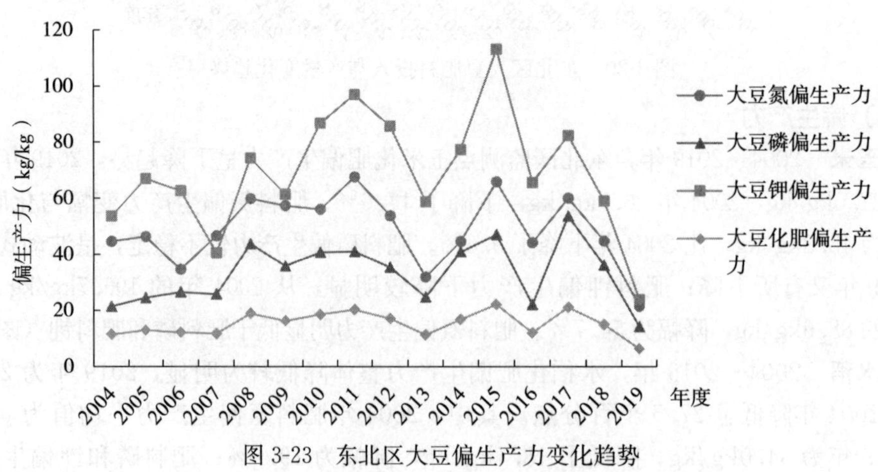

图 3-23　东北区大豆偏生产力变化趋势

四、2019 年耕地质量监测指标较往年变化的主要原因

1. 增加有机资源投入，提高了有机肥施用量及土壤有机质含量 2019 年，首次将黑龙江省黑土地保护试点区 212 个监测点纳入全国耕地质量长期定位监测点中，而秸秆还田是黑土地保护利用试点区采取的最普遍技术措施之一。试点区因地制宜地推广应用秸秆深混还田、秸秆全量覆盖、秸秆间隔覆盖还田等多种秸秆还田技术。据统计，试点区秸秆还田面积 275.0 万亩，还田率 85.0%以上，还田量 153 多万 t，为土壤提供有机质 30 多万 t。黑龙江省试验结果表明，连续 3 年将玉米秸秆全量深混（0～35cm），土壤有机质含量增加 1.47g/kg；秸秆还田配施有机肥（0～35cm），与常规耕作相比，土壤有机质、全氮、有效磷和速效钾分别提高 1.3%、2.4%、4.3%和 11.1%，土壤综合供肥能力提高 8.9%。增施有机肥是试点区采取的又一重要技术措施。据调查，试点区增施农家肥 252.0 万亩，施用量 303.0 万 t，增施商品有机肥 94.8 万亩，施用量 14.2 万 t，畜禽粪便利用率 60.0%以上，为土壤提供有机质 110 多万 t。黑龙江省试验结果表明，连续 3 年亩施有机肥 1 000kg 以上，耕层土壤有机质含量增加 0.9g/kg 以上。黑土地保护试点区监测点有机资源的大量投入，促进了试点区有机物质的积累，提高了土壤有机质含量，随着黑土地保护试点区监测点纳入国家级耕地质量监测点，整个东北区全国耕地质量监测点土壤有机质平均含量及有机肥施用量也随之提高。

2. 转变耕作方式，增加了耕作层厚度 近几年，东北区因地制宜采取了有效防止土壤侵蚀的措施，增加耕作层厚度，提高土壤保水保肥性能。通过实施深耕深松，增加耕层厚度，提高土壤蓄水保水能力。吉林省试验结果表明，实施深松措施，0～25.0cm 耕层土壤含水量增加 5.4%，每亩耕层土壤蓄水量增加 3.1t。通过实施坡耕地治理，防止水土流失。内蒙古试验结果表明，通过实施丘陵坡耕地等高田建设，亩均减少土壤侵蚀量 46.2kg；结合土壤培肥措施，土壤有机质由 3.8%提高到 4.2%，亩均减少化肥用量 2.5kg，农田蓄水保墒能力进一步提高，防风蚀、水蚀能力提高约 30.0%。黑龙江省海伦市通过实施垄向区田技术，提高坡耕地保水蓄水能力，阻止地表径流发生达到 85.0%以上，降低土壤流失 90.0%以上。黑龙江宁安市通过实施等高环山改垄，阻止地表径流 80.0%以上，减少土壤流失 90.0%以上，作物增产 7.5%。

3. 调整种植结构，提升土壤肥力水平 东北区部分地区调整了连年种植玉米等单一作物的种植制度，针对玉米连作导致土壤养分失衡的现象，采取了粮豆轮作、粮草轮作、粮饲轮作等措施，用养结合，缓解了耕地土壤肥力消耗。东北区全氮、有效磷、速效钾和缓效钾均有所增加，增幅分别为 9.4%、25.7%、32.3%和 6.0%，土壤肥力明显改善。

4. 集成创新技术模式，解决东北区耕地退化现状 新纳入东北区国家耕地质量监测点的黑龙江省黑土地保护项目监测点建立了多种适合不同区域的黑土地保护利用综合技术模式，有针对性地解决了不同区域黑土地退化现状。黑龙江省实施肥沃耕层构建关键技术，将土壤培肥与施肥、耕作与免耕、轮作与连作、玉米秸秆还田与处理后的畜禽粪便还田集成。第一、二积温带建立“深、免、浅”连作优化模式，通过 2 个生产周期监测，土壤有机质提高 7.1%～10.6%，蓄水能力提高 7.8%～11.4%，供水能力提高 6.5%～18.7%，自然降水利用效率提高了 8.8%～21.9%，玉米增产 9.8%～12.4%；第三、四

积温带建立“一深一浅加两免”轮作培肥模式，通过2个生产周期监测，土壤有机质可提高8.4%～12.3%，蓄水能力提高8.2%～15.8%，供水能力提高了7.8%～17.4%，自然降水利用效率提高了9.5%～17.6%，玉米和大豆连续增产10.7%～11.3%；第五、六积温带建立“深、免、浅”的米—豆—豆轮作模式，有效根瘤数每株增加6.8～7.6个，根腐病病情指数降低了14.2～16.5个百分点，玉米增产均在10.0%以上。

五、东北区耕地质量存在的主要问题及原因分析

1. 水土流失严重，耕层厚度较薄 由于东北区耕地土壤疏松，抗蚀能力弱，加之多年来自然侵蚀和人为过度开垦，东北区由于土壤侵蚀造成水土流失情况的严重程度已超乎人们的想象。严重的水土流失造成该区耕地面积减少，土地生产力下降，耕层厚度变薄。初垦时东北区耕层厚度一般在60.0～80.0cm，开垦20年的耕层厚度减至60.0～70.0cm，开垦40年的减至50.0～60.0cm，开垦70～80年的东北区土壤耕层只剩下20.0～30.0cm，许多水土流失严重的地方只剩下表皮薄薄的一层，颜色由黑变黄即“破皮黄”。自1980年以来，土地以户承包分散经营后，由于地块分的过于零碎，农户耕地经营规模较小，限制了大型农机具的使用，土地深耕深翻的次数明显减少，大多数农户使用小拖拉机或牛马犁翻耕农地，很多地方翻地困难，翻耕深度只有8.0～12.0cm，使耕层变浅，犁底层上移，降低了土壤的透水性和土壤的蓄水量，增加了径流对土壤的冲刷。据调查，目前除少数乡村外，东北区玉米田大多数的耕地还是以小型农机具进行田间作业，采用大型农机具的还是占少数，很多耕地已有20余年未进行过秋翻地，与此同时，小型农机具的田间作业次数增加，在玉米栽培过程中，从整地播种到收获，小四轮拖拉机在田间行走作业次数一般为10余次，对土壤的压实作用明显强于以蓄力为主要动力的传统耕作方式。上述不合理的耕作制度导致了东北区耕层不断变薄。近几年，在中央财政和地方财政的支持下，各地积极实施黑土地保护利用试点项目和耕地质量保护与提升项目等，推广了一大批有利于增加耕层厚度的耕作措施，使土壤耕层厚度得到了提高。但是，东北区土壤耕层厚度目前平均仅为22.4cm，与初垦时耕层厚度相比还很低。

2. 土壤有机质含量较低，耕地质量退化 为了减少病虫草鼠害，促进农业稳产、高产，大量化肥、农药和除草剂被投入到土壤中，从而加速了土壤矿化率，土壤微生物区系也发生改变，破坏了土壤团粒结构，恶化了土壤的物理性质，土壤肥力严重下降。加之农民更多地采用广种薄收的掠夺式经营方式，耕地供给作物的养分得不到补偿，从而使土壤养分平衡失调。据了解，黑龙江省每年流失氮21.9万～38.4万t，磷16.4万～28.8万t，折合尿素47.6万～83.5万t，过磷酸钙91.1万～160.0万t。据统计，近50年来，东北区土壤有机质由开垦之初的3.0%～6.0%下降到目前的2.0%～3.0%。有机质含量降低导致土壤肥力下降、容重增加、通透性变差，保水保肥能力弱化，影响了耕地的产出能力。近几年，在中央财政和地方财政的支持下，各地积极实施测土配方施肥、耕地质量保护与提升、黑土地保护利用试点等项目，推广了秸秆还田技术、增施有机肥技术和粮豆轮作等一系列培肥改良技术措施，使土壤有机质得到提升，但是总体仍然偏低，还有提升空间。

3. 土壤呈酸化趋势 作物生长需要一个比较合适的土壤pH范围，土壤的pH过高或过低都不利于作物的生长和发育。2019年监测结果显示，东北区耕层土壤pH已经由

2004年的6.6下降到2019年的6.2。东北区耕地土壤总体呈微酸或中性，其中pH在中性区间占比在20.0%～30.0%，呈缓慢降低趋势；pH在酸性和微酸性区间的占比之和达60.0%以上，且从2010年开始，微酸性区间的占比不断降低，酸性区间的占比增加趋势明显，土壤pH有降低趋势。随着耕地常年过度使用化肥，土壤中磷钾元素积累过多，土壤酸化、盐碱化危害加大。土壤中大量投入氮、磷、钾会抑制硼、钙、锰、锌等中微量营养元素的吸收而使作物出现生理缺素症状。化肥残留在土壤中的硫酸根离子、氯离子、磷酸根与土壤中的钠离子结合，造成土壤盐碱化，土壤活性降低，微生物的活性也降低，土壤团粒结构变差，导致土壤板结。磷酸根离子与土壤中钙、镁等阳离子结合形成难溶性磷酸盐，既浪费磷肥又破坏土壤团粒结构。土壤中过量施入钾肥，使得钾离子将形成土壤团粒结构的多价阳离子置换出来，致使土壤板结。此外，过量使用化肥，打破了土壤中的微生物群体平衡，有益菌和有害菌比例失调，有害菌增多，侵害植物，使得病害发生严重。

4. 耕地土壤养分不平衡，肥料效益降低　土壤磷素过度积累，钾素长期供应能力（缓效钾）略有下降，造成土壤养分比例失衡，肥料增产效益下降。主要表现：一是化肥用量大，2019年监测点亩均化肥用量26.8kg，远高于世界平均水平8.0kg；二是效益差，2019年每千克化肥可以生产玉米22.0kg，低于2005年的42.8kg，降幅达48.6%，而发达国家每千克化肥可以生产粮食40.0～50.0kg。造成上述情况的原因有以下3个方面，一是对土地缺乏保养意识。耕地开垦年限比较长，农民只注重既得利益，缺乏长远规划，重化肥轻农肥，有机肥投入少、甚至几十年不施有机肥，只用不养，进行掠夺性生产，土地用养严重失调。由于农村农业机械化的普及提高，有机肥源相对集中在少量养殖户家中，这势必造成农肥施用的不均衡和施用总量的不足。根据2019年监测结果，有机肥亩投入量平均值为13.2kg，化肥亩投入量平均值为26.0kg，有机肥和化肥之比为1∶1.97，有机肥投入比例过低。在农肥的积造上，由于没有专门的场地，农肥积造过程基本上是露天存放，风吹雨淋造成养分的流失，使有效养分降低，影响有机肥的施用效果。二是化肥使用比例不合理。部分农民不根据作物的需肥规律和土壤的供肥性能进行科学合理施肥，造成施肥量偏高或不足，影响产量水平的发挥。有些农民为了省工省时，没有从耕地土壤的实际情况出发，采取一次性施肥方式，对保水保肥条件不好的瘠薄性地块，容易造成养分流失和脱肥现象。以前有的地方只注重氮磷肥的投入，忽视钾肥的投入，造成土壤速效钾含量下降，使钾素成为限制作物产量的主要限制因子。三是农业机械化作业面积虽扩大，但耕翻深度过浅。因使用化学除草剂减少了传统中耕次数，使得土壤耕层变薄，土壤结构恶化，存蓄肥水能力下降，地力退化。

六、培肥改良对策

1. 因地制宜，积极推广秸秆还田等耕地质量保护技术模式　以生态平衡为耕地质量保护的核心，以保持与改善植物的土壤营养环境条件为首要措施，经济合理地利用秸秆等有机物来培肥土壤，恢复和保持地力。

2. 广辟有机肥源，重施有机肥料　东北区有着广泛的有机肥源，如畜禽粪便、秸秆等，将这些有机肥源收集起来，进行堆积发酵腐熟就可以积制出有机肥料。有机肥中含有丰富的有机质，施入土中后可显著提高土壤有机质含量，从而起到培肥地力、改善土壤理化性质的作用。

3. 合理轮作，种植豆科等绿肥作物，实现用地养地相结合 合理轮作能够保持和提高土壤有机质含量，增加土壤微团聚体含量，提高土壤的保水、保肥能力。合理轮作也是有效抑制土壤酸化的一种有效措施，在土壤上长期种植一种作物，会造成某几种营养元素富集，导致酸化加剧。此外，合理轮作还能够减少连作带来的土传病虫害，进而减少农药等药剂的使用，既保障了粮食质量安全，又有效控制了土壤酸化，还培肥了地力，可谓一举多得。

4. 建立合理的施肥体系，有机无机肥搭配科学施肥，提高肥料效益，减少化肥用量 不恰当的施肥也会加剧土壤酸化，应根据土壤肥性进行科学施肥配比，达到最佳利用效果。施用有机肥料是培肥土壤切实有效的途径，有机肥不仅能更新改善土壤腐殖质的组成，而且能够协调土壤肥力的许多因素。在增加有机肥施用量的同时，要对有机肥和土壤的环境质量进行监测，防止重金属等有害物质污染耕地土壤，影响耕地质量。在增施有机肥、实施秸秆还田或轮作种植豆科绿肥作物的基础上，氮肥采用分期调控，减施增效；磷肥利用后效，减量施用，恒量调控，高含量地块可以连续两年减施，再根据测土结果确定合理用量；钾肥采用恒量调控，适量增钾；中微量元素可基于土壤测试进行因缺补缺，不断提高肥料效益。

第二节　内蒙古及长城沿线区

内蒙古及长城沿线区包括内蒙古自治区、山西省、河北省大部分区域，总耕地面积 886.67 万 hm^2，占全国耕地总面积的 6.6%，种植制度为一年一熟。该区处于我国北方农牧交错带，是半湿润地区与半干旱地区的气候交汇带，也是草地农业和耕地农业的契合发展带，具有不同于农区和牧区的独特经济形态，是一类重要的农业空间。该区划分为内蒙古北部牧农区、内蒙古中南部牧农区、长城沿线农牧区 3 个二级区，耕地主要土壤类型有栗钙土、栗褐土、褐土、草甸土等 10 个土类，影响耕地农业生产的障碍因素包括水土流失、土壤沙化、酸化、盐碱化及土壤养分贫瘠等。

2019 年，内蒙古及长城沿线区共有耕地质量监测点 72 个，分布在上述 3 个二级农业区的点数分别为 3 个、26 个和 43 个。根据农业农村部耕地质量监测保护中心印发的《全国九大农区及省级耕地质量监测指标分级标准（试行）》，内蒙古及长城沿线区耕地质量监测主要指标分级标准见表 3-2。

表 3-2　内蒙古及长城沿线区耕地质量监测主要指标分级标准

指标	单位	分级标准				
		1 级（高）	2 级（较高）	3 级（中）	4 级（较低）	5 级（低）
有机质	g/kg	＞30.0	25.0～30.0	15.0～25.0	10.0～15.0	≤10.0
全氮	g/kg	＞2.00	1.50～2.00	1.00～1.50	0.50～1.00	≤0.50
有效磷	mg/kg	＞30.0	20.0～30.0	10.0～20.0	5.00～10.0	≤5.0
速效钾	mg/kg	＞200	150～200	100～150	60～100	≤60
缓效钾	mg/kg	＞1 200	1 000～1 200	800～1 000	600～800	≤600

（续）

指标	单位	分级标准				
		1级（高）	2级（较高）	3级（中）	4级（较低）	5级（低）
pH	—	6.5～7.5	6.0～6.5	7.5～8.0，5.5～6.0	8.0～8.5	＞8.55，≤5.5
耕层厚度	cm	＞30.0	25.0～30.0	20.0～25.0	10.0～20.0	≤10.0
土壤容重	g/cm^3	1.10～1.25	1.25～1.35	1.35～1.45，1.00～1.10	1.45～1.55	＞1.55，≤1.0

一、耕地质量等级情况

总的来看，2019 年该区耕地质量平均等级为 6.28 等，耕地质量水平中等偏下，其中评价为一至三等级的耕地面积为 113.33 万 hm^2，占内蒙古及长城沿线区耕地总面积的 12.8%。主要分布在大兴安岭南麓、西辽河平原及土默川平原，这部分耕地海拔相对较低，整体地势较为平坦，以栗钙土、草甸土、褐土为主，土壤中没有明显的障碍因素。评价为四至六等级的耕地面积为 166.67 万 hm^2，占该区耕地总面积的 38.8%。主要分布在阴山南、北麓及大兴安岭南麓区域，以栗钙土、褐土、黑钙土为主，这部分耕地立地条件一般，部分地区的农田灌溉设施较薄弱。随着近年来农田基础设施的大力投入，灌溉能力有所提升，耕地质量水平有所提高。评价为七至十等级的耕地面积为 426.67 万 hm^2，占该区耕地总面积的 48.5%。主要分布在阴山南麓与北麓区域，以栗钙土及盐化或碱化的草甸土为主，耕地中土壤养分含量整体偏低，水土流失严重。同时，这部分耕地灌溉水资源缺乏，干旱威胁严重。针对土壤养分含量整体偏低问题，应通过增施有机肥等方式增加耕层土壤有机质含量，改善土壤理化性状和生物性状。针对阴山南麓与北麓及西辽河平原区域水土流失问题，应通过增加地表覆盖物等方式，减缓风蚀水蚀。针对部分地区水资源短缺突出问题，应通过选择节水型作物，推广水肥一体化节水技术、节水型耕作制度等，提高农业水资源的利用效率，实现农业生态的可持续发展。对于不适宜耕种且难以进行整治的耕地，应逐步推行退耕还林还草，因地制宜地调整农林牧地结构（图 3-24）。

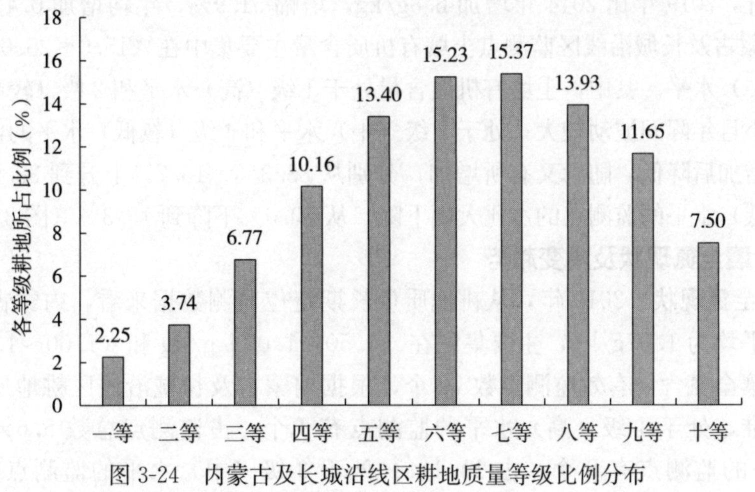

图 3-24　内蒙古及长城沿线区耕地质量等级比例分布

二、耕地质量主要指标性状

（一）土壤有机质现状及演变趋势

1. 土壤有机质现状 2019 年，从耕地质量长期定位监测数据来看，内蒙古及长城沿线区土壤有机质平均含量 18.3g/kg，主要集中在（15.0～25.0］g/kg 和（10.0～15.0］g/kg 区间。全区土壤有机质含量有效监测点数 72 个，根据内蒙古及长城沿线区耕地质量监测主要指标分级标准，处于 1 级（高）水平的监测点有 10 个，占监测点总数 13.9%；处于 2 级（较高）水平的监测点有 2 个，占 2.8%；处于 3 级（中）水平的监测点有 28 个，占 38.9%；处于 4 级（较低）水平的监测点有 21 个，占 29.2%；处于 5 级（低）水平的监测点有 11 个，占 15.3%。从耕地质量等级调查评价数据来看，内蒙古及长城沿线区土壤有机质平均含量 18.1g/kg，主要集中在（15.0～25.0］g/kg 和（10.0～15.0］g/kg 区间，共占调查点总数的 61.0%。总体来看，内蒙古及长城沿线区土壤有机质处于中等偏低水平，在 3 级（中）水平、4 级（较低）水平和 5 级（低）水平区间的监测点相对较多（图 3-25）。

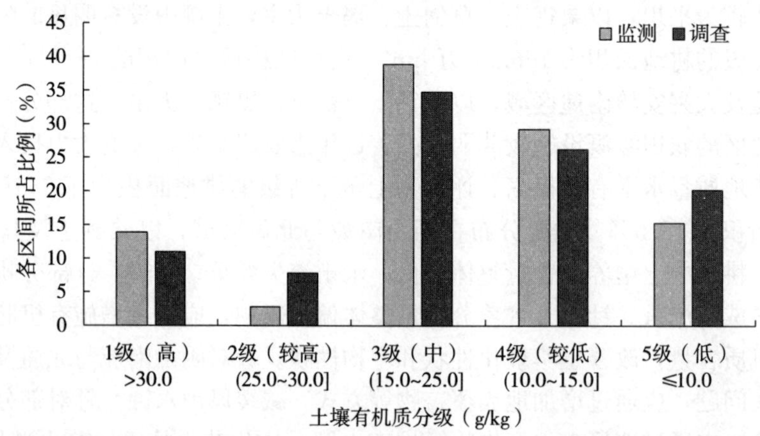

图 3-25 2019 年内蒙古及长城沿线区土壤有机质含量各等级区间所占比例

2. 含量及频率变化 2004—2019 年，内蒙古及长城沿线区监测点土壤有机质平均含量呈波动式上升，2019 年比 2014 年增加 6.3g/kg，增幅 51.9%，年均增加 0.4g/kg。2004—2019 年，内蒙古及长城沿线区监测点土壤有机质含量主要集中在（15.0～25.0］g/kg 区间，处于 3 级（中）水平。其中，土壤有机质含量处于 1 级（高）水平和 2 级（较高）水平的监测点的占比小且年际间波动较大；处于 3 级（中）水平和 4 级（较低）水平的监测点占比波动较大，先增加后降低，随后又有所增加，分别从 33.3%、16.7%上升到 38.9%、29.2%；处于 5 级（低）水平的监测点的占比大幅下降，从 50.0%下降到 15.3%（图 3-26）。

（二）土壤全氮现状及演变趋势

1. 土壤全氮现状 2019 年，从耕地质量长期定位监测数据来看，内蒙古及长城沿线区土壤全氮平均为 1.07g/kg，主要集中在（0.50～1.00］g/kg 和（1.00～1.50］g/kg 区间。全区土壤全氮含量有效监测点数 72 个，根据内蒙古及长城沿线区耕地质量监测主要指标分级标准，处于 1 级（高）水平的监测点有 4 个，占监测点总数 5.6%；处于 2 级（较高）水平的监测点有 8 个，占 11.1%；处于 3 级（中）水平的监测点有 19 个，占

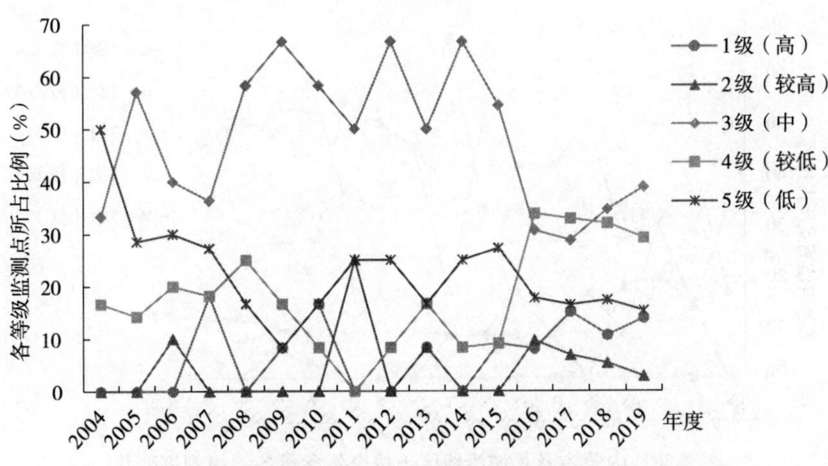

图 3-26　内蒙古及长城沿线区土壤有机质含量各等级频率变化

26.4%；处于4级（较低）水平的监测点有33个，占45.8%；处于5级（低）水平的监测点有8个，占11.1%。从耕地质量等级调查评价数据来看，内蒙古及长城沿线区土壤全氮平均含量1.08g/kg，主要集中在（0.50～1.00］g/kg和（1.00～1.50］g/kg区间，共占调查点总数的71.6%。总体来看，内蒙古及长城沿线区土壤全氮处于中等偏低水平，其他区间的占比较小，不足30%（图3-27）。

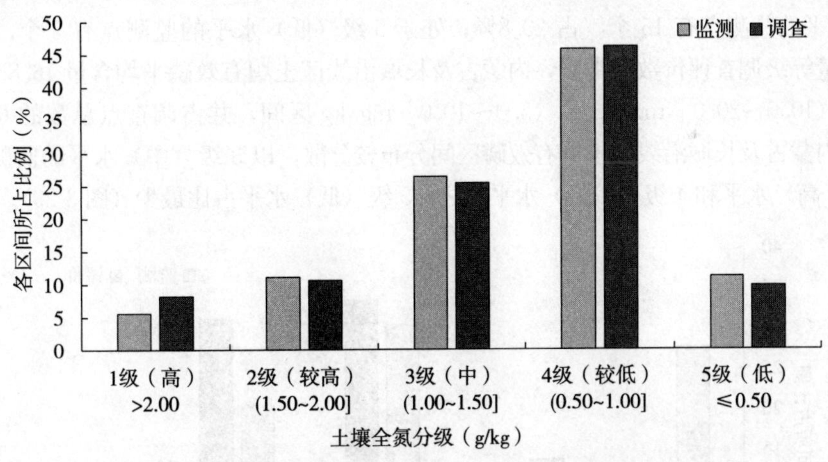

图 3-27　2019年内蒙古及长城沿线区土壤全氮含量各等级区间所占比例

2. 含量及频率变化　2004—2019年，内蒙古及长城沿线区监测点土壤全氮平均含量在1.00g/kg上下波动，总体呈上升趋势，2019年比2004年增加0.32g/kg，增幅43.3%，年均增加0.02g/kg。2004—2019年，内蒙古及长城沿线区监测点土壤全氮含量主要集中在（0.50～1.00］g/kg和（1.00～1.50］g/kg区间，处于4级（较低）水平和3级（中）水平。其中，土壤全氮含量为1级（高）水平的监测点一直处于较低水平，从2016年开始略有上升；处于2级（较高）水平的监测点的占比波动较大；处于3级（中）水平的监测点占比呈上升趋势，从16.7%上升到26.4%；处于4级（较低）水平和5级（低）水平的监测点占比呈下降趋势，分别从50.0%、33.3%下降到45.8%和11.1%（图3-28）。

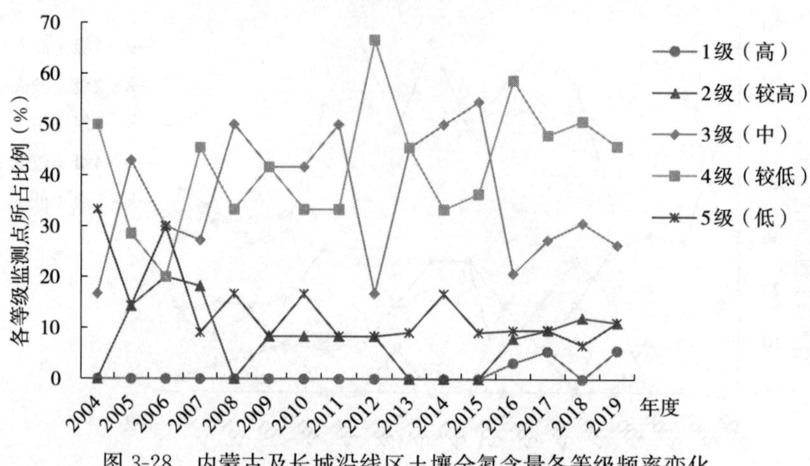

图 3-28　内蒙古及长城沿线区土壤全氮含量各等级频率变化

（三）土壤有效磷现状及演变趋势

1. 土壤有效磷现状　2019 年，从耕地质量长期定位监测数据来看，内蒙古及长城沿线区土壤有效磷平均含量 22.0mg/kg，主要集中在（10.0～20.0］mg/kg 和＞30.0mg/kg 区间。全区土壤有效磷含量有效监测点数 72 个，根据内蒙古及长城沿线区耕地质量监测主要指标分级标准，处于 1 级（高）水平的监测点有 20 个，占监测点总数 27.8%；处于 2 级（较高）水平的监测点有 10 个，占 13.9%；处于 3 级（中）水平的监测点有 22 个，占 30.6%；4 级（较低）水平的监测点有 15 个，占 20.8%；处于 5 级（低）水平的监测点有 5 个，占 6.9%。从耕地质量等级调查评价数据来看，内蒙古及长城沿线区土壤有效磷平均含量 16.8mg/kg，主要集中在（10.0～20.0］mg/kg 和（5.0～10.0］mg/kg 区间，共占调查点总数的 65.1%。总体来看，内蒙古及长城沿线区土壤有效磷区间分布较分散，以 3 级（中）水平的监测点占比最多，1 级（高）水平和 4 级（较低）水平次之，5 级（低）水平占比最少（图 3-29）。

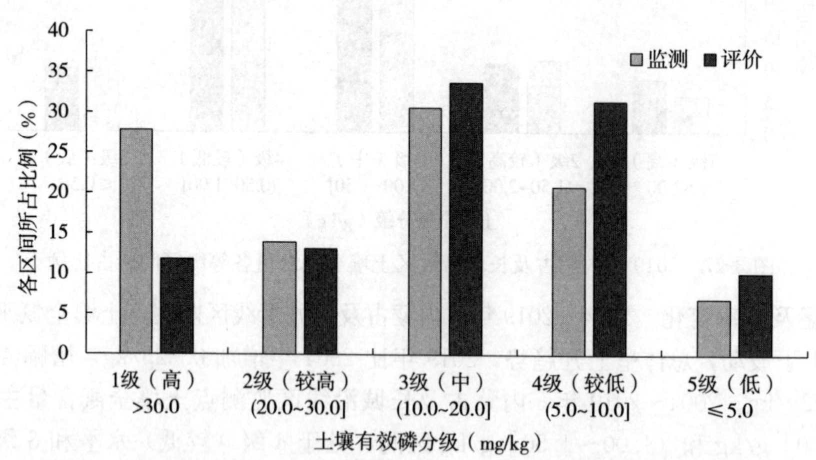

图 3-29　2019 年内蒙古及长城沿线区土壤有效磷含量各等级区间所占比例

2. 含量及频率变化　2004—2019 年，内蒙古及长城沿线区监测点土壤有效磷年度平均值在 17.3～27.5mg/kg 之间波动，略有上升，2019 年比 2004 年增加 0.3mg/kg，增幅 1.3%，年均增加 0.02mg/kg。2004—2019 年，内蒙古及长城沿线区监测点土壤有效磷含量主要集中在（5.0～10.0］mg/kg 和（10.0～20.0］mg/kg 区间，处于中等偏低水平。各区间土壤有效磷含量占比年际间波动较大，无明显规律（图 3-30）。

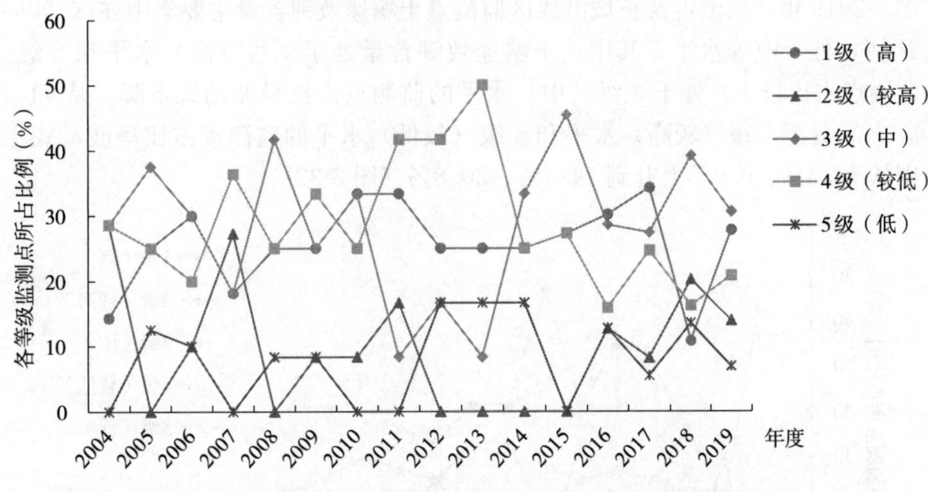

图 3-30　内蒙古及长城沿线区土壤有效磷含量各等级频率变化

（四）土壤速效钾现状及演变趋势

1. 土壤速效钾现状　2019 年，从耕地质量长期定位监测数据来看，内蒙古及长城沿线区土壤速效钾平均含量 148mg/kg，主要集中在（100～150］mg/kg 区间。全区土壤速效钾含量有效监测点数 72 个，根据内蒙古及长城沿线区耕地质量监测主要指标分级标准，处于 1 级（高）水平的监测点有 14 个，占监测点总数 19.4%；处于 2 级（较高）水平的监测点有 14 个，占 19.4%；处于 3 级（中）水平的监测点有 26 个，占 36.1%；处于 4 级（较低）水平的监测点有 15 个，占 20.8%；处于 5 级（低）水平的监测点有 3 个，占 4.2%。从耕地质量等级调查评价数据来看，内蒙古及长城沿线区土壤速效钾平均含量 142mg/kg，主要集中在（100～150］mg/kg 区间，占调查点总数的 35.6%。总体来看，内蒙古及长城沿线区土壤速效钾处于中等水平，处于 1 级（高）水平、2 级（较高）水平和 4 级（较低）水平的监测点各占约 20.0%，在 5 级（低）水平上分布最少，不到 5.0%（图 3-31）。

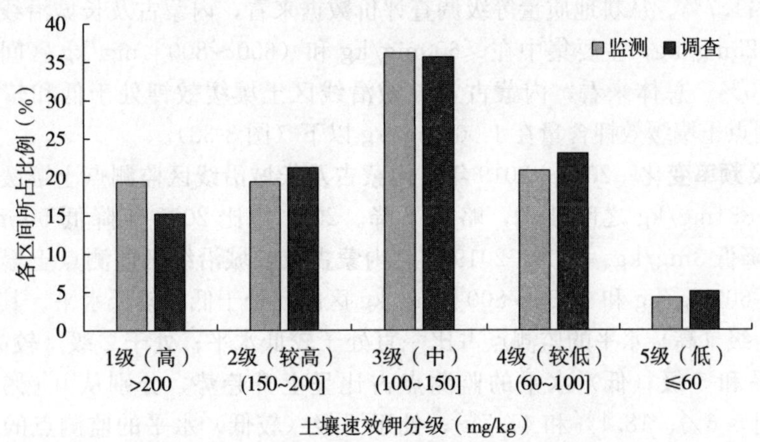

图 3-31　2019 年内蒙古及长城沿线区土壤速效钾含量各等级区间所占比例

2. 含量及频率变化 2004—2019年，内蒙古及长城沿线区监测点土壤速效钾平均含量呈波动式上升趋势，2019年比2004年增加28mg/kg，增幅23.1%，年均增加2mg/kg。2004—2019年，内蒙古及长城沿线区监测点土壤速效钾含量主要集中在（100～150］mg/kg区间，处于中等水平。其中，土壤速效钾含量处于1级（高）水平和5级（低）水平的监测点占比较小；处于3级（中）水平的监测点占比呈波动式下降，从71.4%下降到36.1%；处于2级（较高）水平和4级（较低）水平的监测点占比呈波动式上升趋势，分别从14.3%、0.0%上升到19.4%、20.8%（图3-32）。

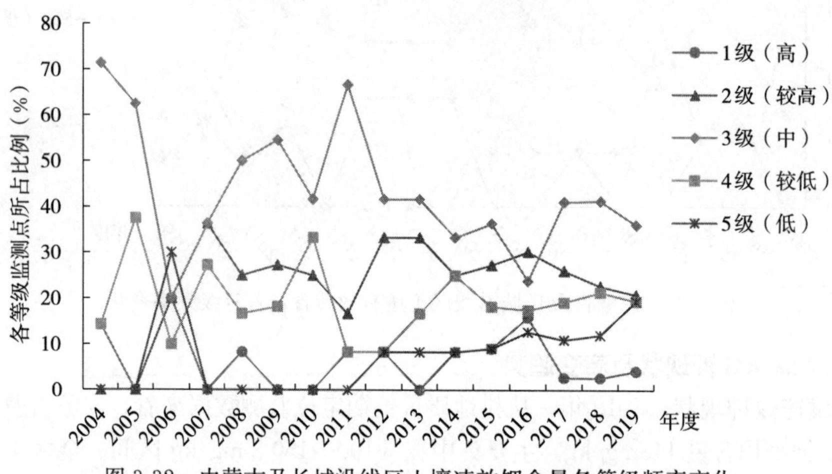

图3-32 内蒙古及长城沿线区土壤速效钾含量各等级频率变化

（五）土壤缓效钾现状及演变趋势

1. 土壤缓效钾现状 2019年，从耕地质量长期定位监测数据来看，内蒙古及长城沿线区土壤缓效钾平均含量680mg/kg，主要集中在≤600mg/kg和（600～800］mg/kg区间。全区土壤缓效钾含量有效监测点数72个，根据内蒙古及长城沿线区耕地质量监测主要指标分级标准，处于1级（高）水平的监测点有2个，占监测点总数2.8%；处于2级（较高）水平的监测点有4个，占5.6%；处于3级（中）水平的监测点有13个，占18.1%；4级（较低）水平的监测点有23个，占31.9%；处于5级（低）水平的监测点有30个，占41.7%。从耕地质量等级调查评价数据来看，内蒙古及长城沿线区土壤缓效钾平均含量725mg/kg，主要集中在≤600mg/kg和（600～800］mg/kg区间，共占调查点总数的65.0%。总体来看，内蒙古及长城沿线区土壤缓效钾处于低和较低水平，约90.0%的监测点土壤缓效钾含量在1 000mg/kg以下（图3-33）。

2. 含量及频率变化 2006—2019年，内蒙古及长城沿线区监测点土壤缓效钾年度平均值在661～831mg/kg之间波动，略有下降。2019年比2006年降低50mg/kg，降幅6.9%，年均降低3mg/kg。2006—2019年，内蒙古及长城沿线区监测点土壤缓效钾含量主要集中在≤600mg/kg和（600～800］mg/kg区间，处于低和较低水平。其中，土壤缓效钾含量为1级（高）水平的监测点占比一直处于较低水平；处于2级（较高）水平、3级（中）水平和5级（低）水平的监测点占比呈上升趋势，分别从0.0%、12.5%和25.0%上升到5.6%、18.1%和41.7%；处于4级（较低）水平的监测点的占比波动较大，总体呈下降趋势，从62.5%下降到31.9%（图3-34）。

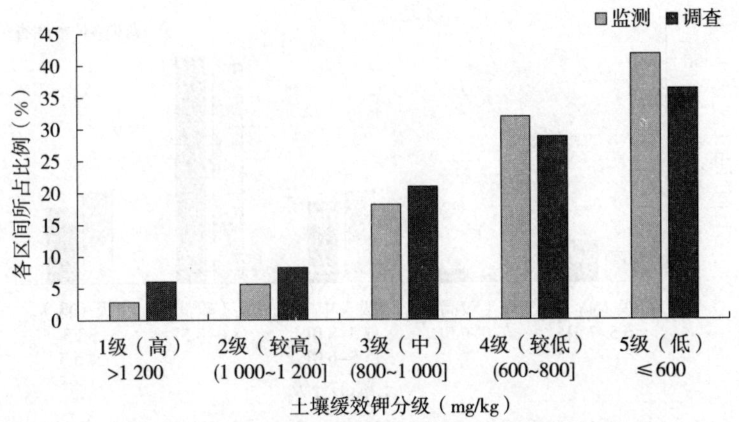

图 3-33　2019 年内蒙古及长城沿线区土壤缓效钾含量各等级区间所占比例

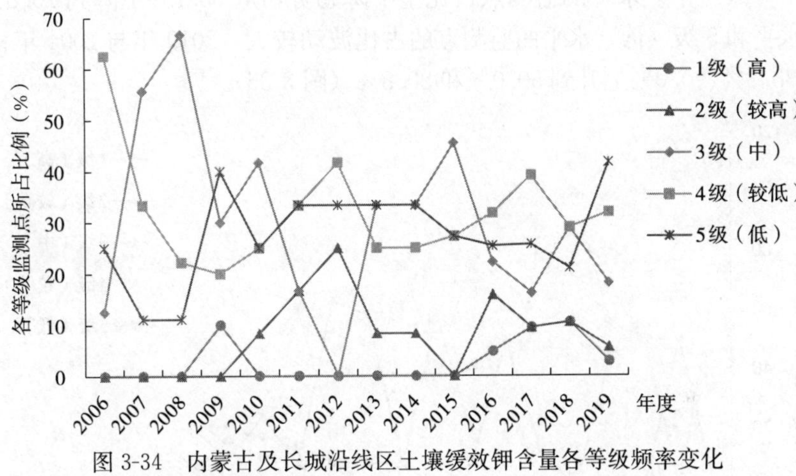

图 3-34　内蒙古及长城沿线区土壤缓效钾含量各等级频率变化

（六）土壤 pH 现状及演变趋势

1. 土壤 pH 现状　2019 年，从耕地质量长期定位监测数据来看，内蒙古及长城沿线区土壤 pH 平均值 8.2，主要集中在（8.0～8.5] 区间。全区土壤 pH 有效监测点数 72 个，根据内蒙古及长城沿线区耕地质量监测主要指标分级标准，处于 1 级（高）水平的监测点有 5 个，占监测点总数 6.9%；处于 2 级（较高）水平的监测点有 1 个，占 1.4%；处于 3 级（中）水平的监测点有 15 个，占 20.8%；处于 4 级（较低）水平的监测点有 36 个，占 50.0%；处于 5 级（低）水平的监测点有 15 个，占 20.8%。从耕地质量等级调查评价数据来看，内蒙古及长城沿线区土壤 pH 平均值 8.1，主要集中在（8.0～8.5] 区间，占调查点总数的 51.7%。总体来看，内蒙古及长城沿线区土壤 pH 处于较低水平，约 90%的监测点土壤 pH 处于 3 级（中）水平至 5 级（低）水平之间，1 级（高）水平和 2 级（较高）水平占比较小（图 3-35）。

2. 土壤 pH 及频率变化　2004—2019 年，内蒙古及长城沿线区监测点土壤 pH 平均值在 7.6～8.4 之间，略有增加，2019 年比 2014 年增加 2.5%，年均增加 0.01 个单位。2004—2019 年，内蒙古及长城沿线区监测点土壤 pH 主要集中在（8.0～8.5] 区间，处于 4 级（较低）水平。其中，土壤 pH 为 1 级（高）水平和 2 级（较高）水平的监测点占比一直处于较

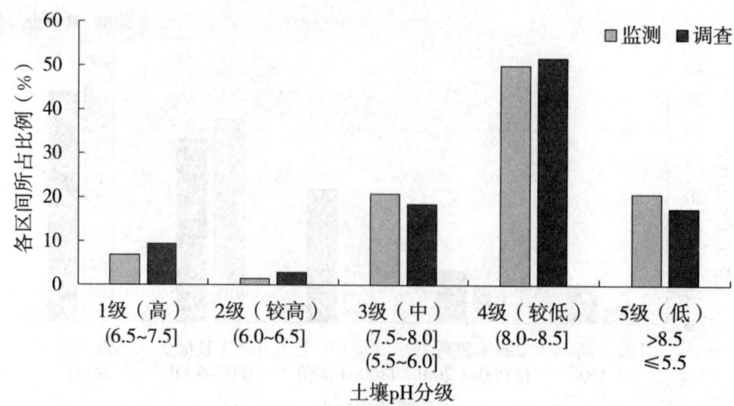

图 3-35　2019 年内蒙古及长城沿线区土壤 pH 各等级区间所占比例

低水平；处于 3 级（中）水平的监测点占比呈下降趋势，从 66.7%下降到 20.8%；处于 4 级（较低）水平和 5 级（低）水平的监测点的占比波动较大，2019 年与 2004 年相比有所上升，分别从 33.3%、0.0%上升到 50.0%和 20.8%（图 3-36）。

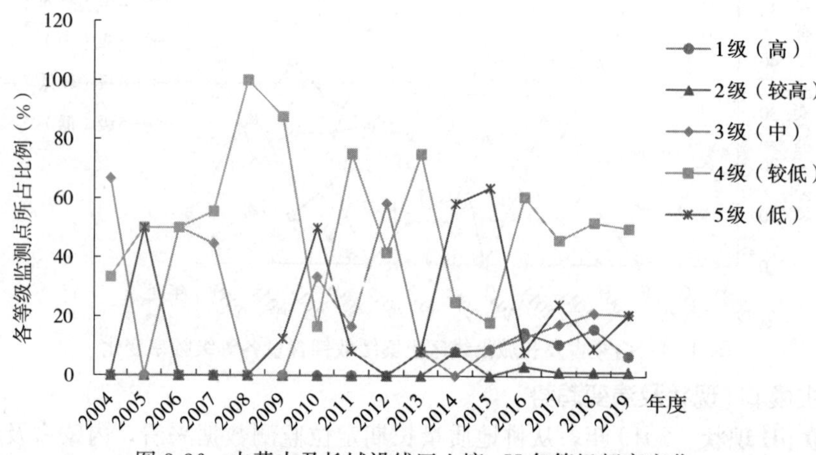

图 3-36　内蒙古及长城沿线区土壤 pH 各等级频率变化

（七）耕层厚度现状及演变趋势

1. 耕层厚度现状　2019 年，从耕地质量长期定位监测数据来看，内蒙古及长城沿线区耕层厚度平均含量 22.4 cm，主要集中在（25.0～30.0］cm 区间。全区耕层厚度含量有效监测点数 72 个，根据内蒙古及长城沿线区耕地质量监测主要指标分级标准，处于 1 级（高）水平的监测点有 2 个，占监测点总数 2.8%；处于 2 级（较高）水平的监测点有 43 个，占 59.7%；处于 3 级（中）水平的监测点有 17 个，占 23.6%；4 级（较低）水平的监测点有 10 个，占 13.9%在 5 级（低）水平上无分布。从耕地质量等级调查评价数据来看，内蒙古及长城沿线区土壤耕层厚度平均含量 22.3 cm，主要集中在（10.0～15.0］cm 区间，占调查点总数的 62.5%。总体来看，内蒙古及长城沿线区土壤耕层厚度平均值属 3 级（中）水平，监测数据主要分布在（25.0～30.0］cm 和（20.0～25.0］cm 区间，为 2 级（较高）水平和 3 级（中）水平；调查数据主要分布在（10.0～20.0］cm 和（20.0～25.0］cm 区间，为 4 级（较低）水平和 3 级（中）水平（图 3-37）。

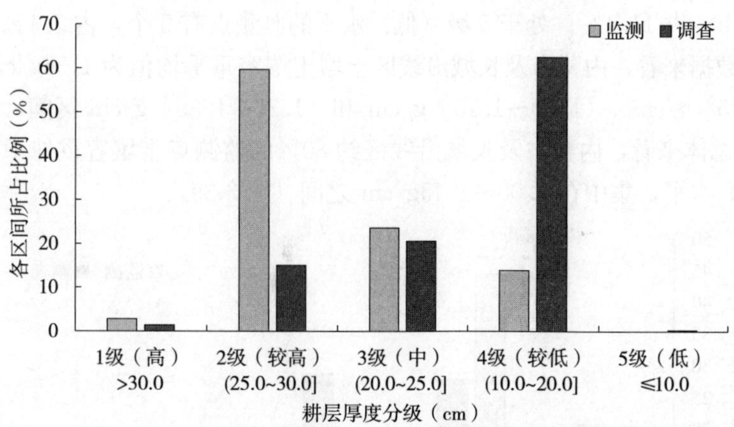

图 3-37　2019 年内蒙古及长城沿线区土壤耕层厚度含量各等级区间所占比例

2. 耕层厚度及频率变化　2015—2019 年，内蒙古及长城沿线区监测点土壤耕层厚度平均值在 22.4～24.2cm 之间，呈先增加后降低的趋势，2019 年比 2015 年降低 0.3 cm，降低比例为 1.4%。2015—2018 年，内蒙古及长城沿线区监测点土壤耕层厚度主要集中在（10.0～20.0］cm 区间，处于 4 级（较低）水平；2019 年主要集中在（25.0～30.0］cm 区间，处于 2 级（较高）水平。其中，土壤耕层厚度处于 1 级（高）水平的监测点占比呈先增加后降低趋势；处于 2 级（较高）水平和 3 级（中）水平的监测点占比呈波动式上升趋势，分别从 18.2%、18.2%上升到 59.7%、23.6%；处于 4 级（较低）水平的监测点占比呈逐年下降趋势，从 63.6%下降到 13.9%（图 3-38）。

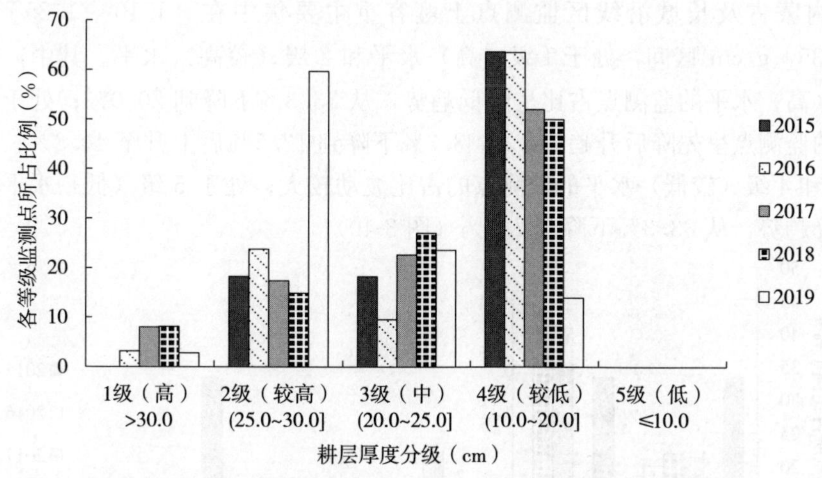

图 3-38　内蒙古及长城沿线区土壤耕层厚度含量各等级频率变化

（八）土壤容重现状及演变趋势

1. 土壤容重现状　2019 年，从耕地质量长期定位监测数据来看，内蒙古及长城沿线区土壤容重平均值为 1.34g/cm³，主要集中在（1.25～1.35］g/cm³ 区间。全区土壤容重含量有效监测点数 70 个，根据内蒙古及长城沿线区耕地质量监测主要指标分级标准，处于 1 级（高）水平的监测点有 14 个，占监测点总数 20.0%；处于 2 级（较高）水平的监测点有 31 个，占 44.3%；处于 3 级（中）水平的监测点有 12 个，占 17.1%；处于 4 级（较低）水平的监测点有 8 个，占 11.4%；处于 5 级（低）水平的监测点有 5 个，占 7.1%。从耕地质量等级调查评价数据来看，内蒙古及长城沿线区土壤土壤容重平均值为 1.36g/cm³，主要集中在（1.35～1.45］g/cm³、（1.00～1.10］g/cm³和（1.25～1.35］g/cm³区间，共占调查点总数的 56.4%。总体来看，内蒙古及长城沿线区约 80%的监测点土壤容重处于 1 级（高）水平至 3 级（中）水平，集中在 1.00～1.45g/cm³之间（图 3-39）。

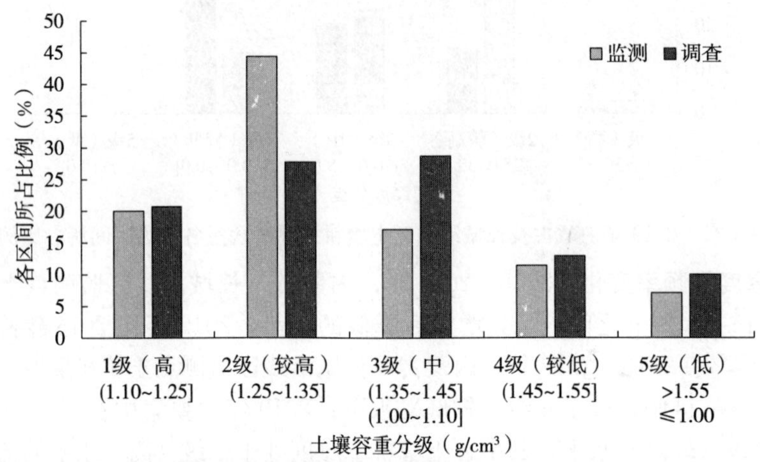

图 3-39　2019 年内蒙古及长城沿线区土壤土壤容重含量各等级区间所占比例

2. 土壤容重及频率变化　2015—2019 年，内蒙古及长城沿线区监测点土壤容重平均值在 1.34～1.38g/cm³之间，2015—2017 年逐年降低，2019 年与 2018 年持平。2015—2019 年，内蒙古及长城沿线区监测点土壤容重主要集中在（1.10～1.25］g/cm³和（1.25～1.35］g/cm³区间，处于 1 级（高）水平和 2 级（较高）水平。其中，土壤容重处于 1 级（高）水平的监测点占比呈降低趋势，从 33.3%下降到 20.0%；处于 2 级（较高）水平的监测点呈先降后升趋势，从 33.3%下降到 12.5%后上升至 44.3%；处于 3 级（中）水平和 4 级（较低）水平的监测点的占比波动较大；处于 5 级（低）水平的监测点呈逐年下降趋势，从 33.3%下降到 7.1%（图 3-40）。

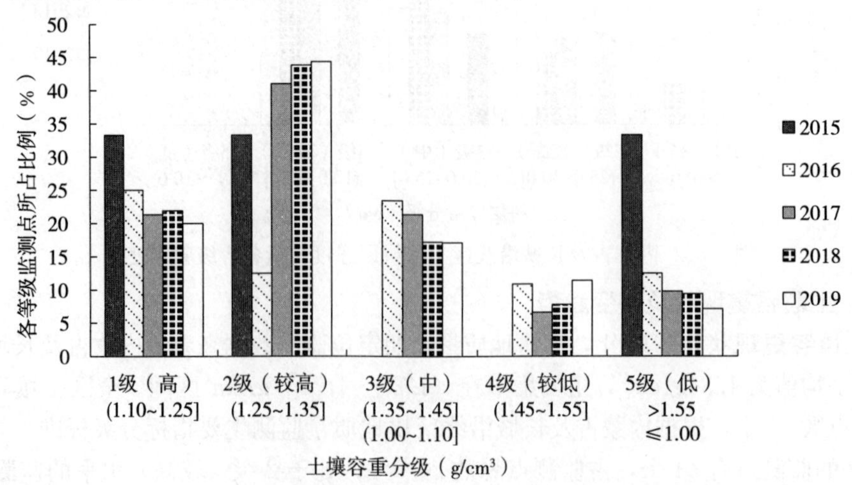

图 3-40　2015—2019 年内蒙古及长城沿线区土壤土壤容重含量各等级频率变化

三、肥料投入与利用情况

(一) 肥料投入现状

内蒙古及长城沿线区主要种植粮食作物和油料作物，粮食作物主要包括玉米、水稻、小麦、谷子、莜麦和马铃薯；油料作物主要包括大豆和胡麻。2019 年，内蒙古及长城沿线区主要粮食和油料作物监测点肥料亩总投入量（折纯，下同）平均值 40.6kg，其中，有机肥亩投入量平均值 13.9kg，化肥亩投入量平均值 26.7kg，有机肥和化肥之比为 1∶1.9。肥料总投入中，氮肥（N）亩投入量为 18.3kg，磷肥（P_2O_5）亩投入量为 10.8kg，钾肥（K_2O）亩投入量为 11.4kg，投入量依次：肥料氮＞肥料钾＞肥料磷，氮∶磷∶钾之比为 1∶0.6∶0.6。其中化肥投入中，氮肥（N）亩投入量为 11.9kg，磷肥（P_2O_5）亩投入量为 7.7kg，钾肥（K_2O）亩投入量为 7.0kg，投入量依次：化肥氮＞化肥磷＞化肥钾，氮∶磷∶钾之比为 1∶0.6∶0.6。

(二) 主要粮食作物肥料投入和产量变化趋势

1. 玉米肥料投入与产量变化趋势　2016—2019 年，内蒙古及长城沿线区监测点玉米肥料单位面积投入总量呈先增加后减少的趋势，肥料亩投入总量和化肥亩投入量均以 2017 年最大，之后逐年减少。2019 年肥料亩投入总量 43.4kg，比 2017 年减少 1.6kg，减幅 3.5%；2019 年化肥亩投入量 25.0kg，比 2017 年减少 3.6kg，减幅 12.4%。有机肥则呈增加的趋势，亩投入量从 2016 年的 16.9kg 增加到 2019 年的 18.4kg，增幅 9.1%。2016—2019 年，内蒙古及长城沿线区监测点玉米亩产在 600kg 以上，2019 年玉米亩产为 672.8kg，比 2016 年增加 11.2%。(图 3-41)。

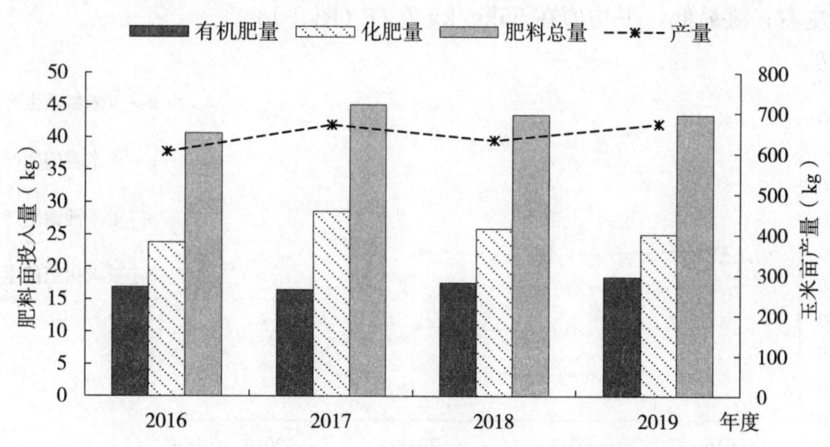

图 3-41　内蒙古及长城沿线区玉米肥料投入与产量变化趋势

2. 马铃薯肥料投入与产量变化趋势　2016—2019 年，内蒙古及长城沿线区监测点马铃薯肥料单位面积投入总量呈逐年增加的趋势，2019 年肥料亩总投入量 78.8kg，比 2016 年增加 27.6kg，增幅 54.0%；其中化肥亩投入量为 44.3kg，比 2016 年增加 14.8kg，增幅 50.2%，特别是从 2017 年起增加明显。有机肥亩投入量 2017 年略有减少，之后逐年增加，2019 年亩投入量为 34.5kg，比 2016 年增加 12.8kg，增幅 59.2%。2016—2019

年，内蒙古及长城沿线区监测点马铃薯产量（5：1 折粮）呈逐年上升趋势，2019 年马铃薯亩产为 526.0kg，比 2016 年增加 30.2%（图 3-42）。

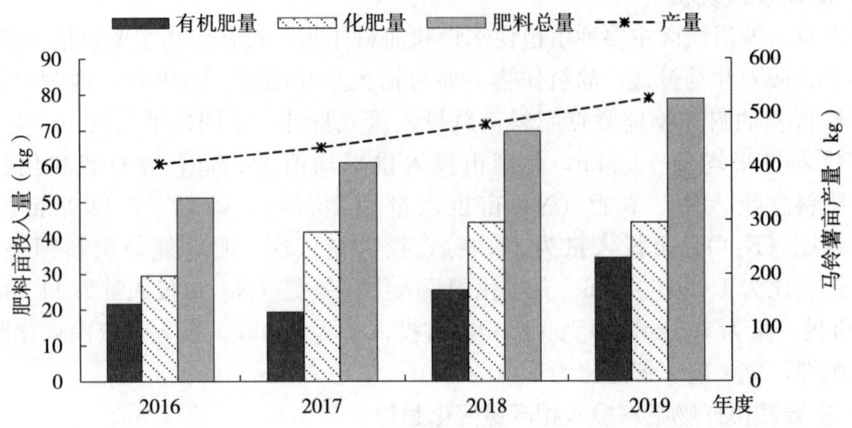

图 3-42 内蒙古及长城沿线区马铃薯肥料投入与产量变化趋势

（三）偏生产力

1. 玉米 2016—2019 年，内蒙古及长城沿线区监测点玉米化肥偏生产力（PFP）在 30.0kg/kg 上下波动，2019 年化肥偏生产力 31.1kg/kg，2016 年 28.7kg/kg，增加了 8.3%。肥料氮、磷、钾偏生产力呈现先降低后增加趋势，其中氮、钾偏生产力年度间波动较小，2019 年比 2016 年分别增加 4.3% 和 0.8%；磷偏生产力增幅较大，为 16.0%（图 3-43）。肥料氮、磷、钾偏生产力以钾最高，平均值为 170kg/kg；磷次之，平均值在 105kg/kg 左右；氮最低，平均值在 55kg/kg 左右（图 3-43）。

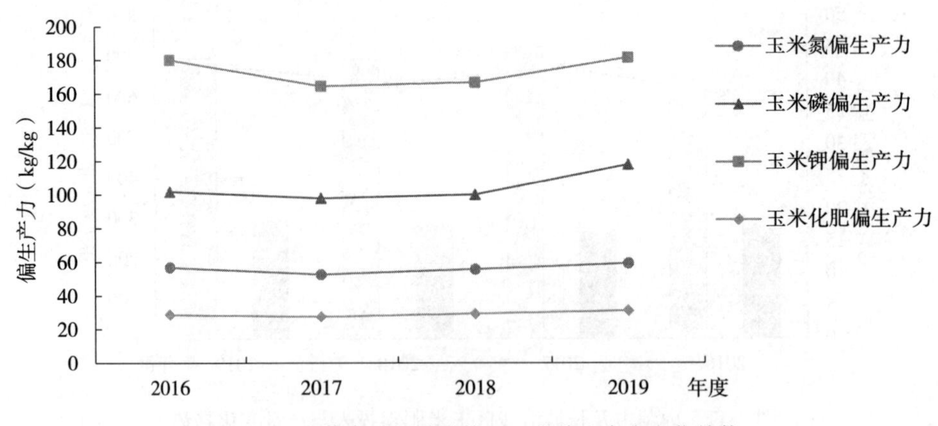

图 3-43 内蒙古及长城沿线区玉米偏生产力变化趋势

2. 马铃薯 2016—2019 年，内蒙古及长城沿线区监测点马铃薯化肥偏生产力（PFP）在 16.0kg/kg 上下波动，2019 年化肥偏生产力 14.7kg/kg，2016 年 17.1kg/kg，降幅 14.1%。肥料氮偏生产力在 41kg/kg 上下波动，变幅不大。肥料磷偏生产力波动明显，先大幅下降后略有提升，平均值为 50kg/kg。肥料钾偏生产力在 60kg/kg 上下波动。肥料氮、磷、钾偏生产力以磷最高，钾次之，氮肥最低（图 3-44）。

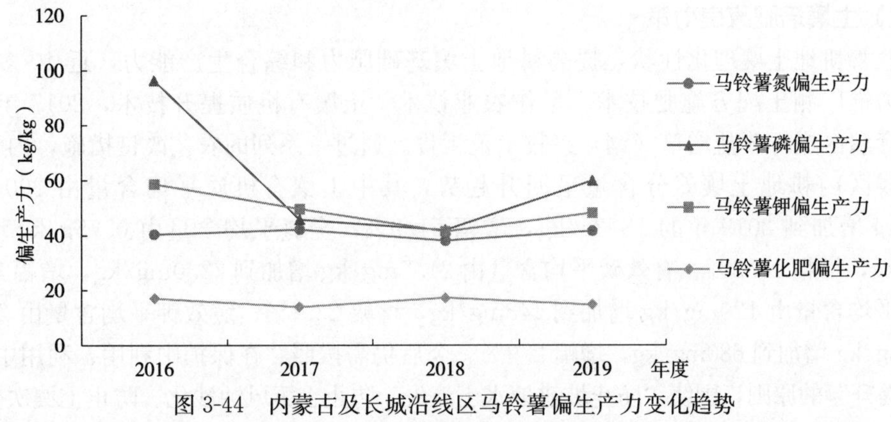

图 3-44　内蒙古及长城沿线区马铃薯偏生产力变化趋势

四、耕地质量存在的主要问题及原因分析和土壤培肥改良对策

（一）存在的主要问题

内蒙古及长城沿线区处于我国北方农牧交错带，是典型的生态脆弱区，自 20 世纪 80 年代以来，大量的牧草地不断地被开垦为农田。在高寒、干旱、土地沙化及人为因素等多重因子的综合作用下，该区的耕地生产能力表现出极端的脆弱性。农业生产环境存在以下问题：

1. 干旱问题　该区农业生产主要以旱地为主，降雨量较小，多年平均在 250～450mm，是典型的“雨养农业”；境内地下水资源丰富，但水资源总体开发利用程度不高，干旱问题制约着本区域农业的发展。

2. 水土流失和风蚀沙化　该区耕地主要分布在黄河河套平原、西辽河平原、土默川平原和大兴安岭、阴山山麓的广大低山丘陵地区，约有 38%的耕地为坡耕地。由于山地丘陵地区地势较高、坡度大，每逢降水集中季节，水量大而急，水土顺坡而下，土壤长年累月地冲刷，导致山地丘陵土体变薄，流水的切割使土地支离破碎，水土流失和风蚀沙化现象十分严重。

3. 轮作不合理、用养失调　农业生产中由于不合理的利用与管理，造成土壤贫瘠化。在山地丘陵区坡耕地，由于不当垦殖、滥砍滥伐、植被破坏，造成表土及其养分流失，土壤变得贫瘠。耕地质量长期定位监测结果显示，2004—2019 年监测区耕地土壤有机质含量在 12.1～20.1g/kg，平均值为 16.8g/kg，含量在 3 级（中）水平及以下的样点占 83.4%；其他养分如全氮、有效磷、速效钾、缓效钾，含量在 3 级（中）水平及以下的样点占 58.3%～91.7%。大量无机化肥的投入，能够在一定程度上提升耕层地力；但有机肥施用、秸秆还田、合理轮作等土壤培肥措施跟不上，使得土壤养分贫瘠化问题仍困扰着农业的发展。监测结果显示，2004—2019 年间，平均每年仅有 27.8%的监测点投入有机肥料，且投入量偏低，每亩仅 10kg 左右。

4. 耕地盐渍化程度高　监测结果显示，2004—2019 年，内蒙古及长城沿线区监测点土壤 pH 平均为 8.1，且土壤 pH 大于 8.0 的样本占 70.8%。特别是西辽河灌区和河套灌区，由于大水漫灌、排水不畅以及不合理的耕作措施，耕地土壤的次生盐渍化比较严重。当前，这些土壤的利用比较困难，轻度盐渍化潮土可种植向日葵、玉米，但是产量极低，河滩盐化潮土大部分用于发展牧业。

（二）土壤培肥改良对策

为改善耕地土壤理化性状，提高耕地土壤基础肥力和综合生产能力，近10多年来，该区大力推广测土配方施肥技术、旱作农业技术、土壤有机质提升技术，2017年开始，又在河套灌区进行改盐增草（饲）兴牧示范工程。通过一系列的农艺改良措施，内蒙古及长城沿线区内耕地土壤养分含量呈回升趋势，其中土壤有机质平均含量由2004年的12.1g/kg增加到2019年的18.3g/kg，增幅51.9%；全氮平均含量由0.75g/kg增加到1.07g/kg，增幅43.3%；有效磷平均含量由21.7mg/kg增加到22.0mg/kg，增幅1.3%；速效钾平均含量由120mg/kg增加到148mg/kg，增幅23.1%；缓效钾平均含量由2006年的661mg/kg增加到680mg/kg，增幅2.9%。今后仍需按照“在保护中利用、利用中建设、建设中提升”的原则，围绕“防止坡耕地水土流失、防止土壤风蚀沙化、防止土壤次生盐碱化，提高耕地土壤基础肥力、提高农用投入品和水资源的利用效率、提高耕地质量监测预警和信息化服务能力”的技术路径，通过实施六大工程，全面开展耕地质量保护与建设。

1. 坡耕地改造工程 针对坡耕地无完善的水保措施及水土流失严重问题，因地制宜实施“两改一排”工程，即改顺坡田为等高田或水平梯田、改自然漫流为筑沟导流，在坡地低洼易涝区修建条田化排水、截水排涝设施，改造低洼易涝耕地。

2. 风蚀沙化耕地治理工程 针对风蚀沙化地区气候干旱缺水、多风沙和土质松散、结构差、漏水漏肥、土壤贫瘠等障碍因素，重点实施“两改一提”工程。“两改”即改常规耕作为留高茬免耕（或少耕）覆盖保护性耕作、改顺风向种植为垂直风向种植，防止土壤风蚀沙化；“提”即提高植被覆盖率，通过建设农田防护林网、构建生物篱带、粮草轮作等措施增加风蚀沙化农田的植被覆盖率。

3. 盐渍化耕地改良工程 在耕地土壤盐渍化严重的地区，通过工程、农艺、生物、化学等综合配套措施改良盐碱地。一是完善灌排系统，灌水洗盐，黄灌区有条件的地区开展井黄轮灌，降低地下水位。二是通过农田整治，平整土地，实现农田畦田化或条田化。三是在完善灌排体系和农田规划的基础上，配套施用磷石膏（或脱硫石膏）等土壤改良剂、客土压盐、种植耐盐作物、增施有机肥、秸秆还田等措施改良盐碱地。

4. 耕层建设工程 针对耕地土壤耕层浅、养分贫瘠、保水保肥能力差等问题，开展土壤耕层建设。一是增加耕层厚度，通过深耕深松，打破犁底层，使耕作层达到25～35cm，形成疏松深厚的耕作层。二是培肥耕层土壤，因地制宜地开展“三建一还”工程，“三建”即在城郊肥源集中区和规模化畜禽养殖场周边建有机肥工厂、在畜禽养殖集中区建有机肥生产车间、在畜禽分散养殖区建小型有机肥堆沤（场）；“一还”即因地制宜地开展秸秆粉碎翻压还田、秸秆免耕覆盖还田，提高土壤肥力。三是平衡土壤养分，全面普及测土配方施肥技术，做到因土因作物施肥，创建耕层土壤充足、均衡的营养条件。通过耕层建设工程，建成水、肥、气、热协调和深厚肥沃的耕层土壤。

5. 农田节水工程 针对水资源匮乏、利用效率低的问题，通过实施节水灌溉技术提高灌溉水和肥料利用率，对畦灌、漫灌区配备滴灌节水节肥设备，实施滴灌水肥一体化技术。对已建滴灌区进行滴灌成果巩固，开展滴灌带补贴，保证滴灌水肥一体化技术得到长期持续应用；开展厚地膜覆盖和全膜覆盖集雨保墒，提高自然降水的利用率和利用效益。水资源严重匮乏的地区，修建集雨蓄水窖（池），推广坐水播种和抗旱保苗技术。

6. 土壤健康工程　一是化肥减量控污。推广测土配方施肥技术和缓控释肥、水溶性肥、生物肥等新型肥料，改进施肥方式，优化施肥结构，提高化肥利用率，控制化肥面源污染。二是农药减量控污。集成推广农药残留微生物治理、农药减量使用、病虫害物理防治和生物防治技术，提高综合防治效果，有效减少化学农药用量。三是白色污染（残膜）防控。扶持残膜回收与资源化利用产业发展，加大可降解地膜的研发与试验示范力度，研发推广地膜替代技术。

第三节　黄淮海区

黄淮海区包括山东、天津、北京 3 省（直辖市）全部，河北省东部、河南省东部、安徽省北部，总耕地面积 0.214 亿 hm^2，占全国耕地总面积的 15.9%，种植制度以一年两熟为主。该区地形平坦，是我国最重要的粮食生产基地之一，也是我国冬小麦夏玉米一年两熟粮食主产区，在保障国家粮食安全方面具有举足轻重的作用。该区主要包括燕山太行山山麓平原农业区、冀鲁豫低洼平原农业区、山东丘陵农林区和黄淮平原农业区等 4 个二级农业区，耕地主要土壤类型为潮土、褐土、砂姜黑土等，主要限制因素是土层较薄、土壤养分贫瘠、干旱缺水或灌溉设施缺乏等，局地存在盐碱和土壤酸化危害。

2019 年，黄淮海区耕地质量监测点共有 194 个，分布在上述 4 个二级农业区的点数分别为 48 个、49 个、35 个和 47 个。根据农业农村部耕地质量监测保护中心印发的《全国九大农区及省级耕地质量监测指标分级标准（试行）》，黄淮海区耕地质量监测主要指标分级标准见表 3-3。

表 3-3　黄淮海区耕地质量监测主要指标分级标准

指标	单位	分级标准				
		1 级（高）	2 级（较高）	3 级（中）	4 级（较低）	5 级（低）
有机质	g/kg	>25.0	20.0～25.0	15.0～20.0	10.0～15.0	≤10.0
全氮	g/kg	>1.50	1.25～1.50	1.00～1.25	0.75～1.00	≤0.75
有效磷	mg/kg	>40.0	30.0～40.0	20.0～30.0	10.0～20.0	≤10.0
速效钾	mg/kg	>200	150～200	100～150	50～100	≤50
缓效钾	mg/kg	>1 000	800～1 000	600～800	400～600	≤400
pH	—	6.5～7.5	7.5～8.0，6.0～6.5	8.0～8.5，5.5～6.0	8.5～9.0，5.0～5.5	>9.0，≤5.0
耕层厚度	cm	>25.0	20.0～25.0	15.0～20.0	10.0～15.0	≤ 10.0
土壤容重	g/cm³	1.00～1.25	1.25～1.35，≤1.00	1.35～1.45	1.45～1.55	>1.55

一、耕地质量等级情况

总的来看，2019 年该区耕地质量平均等级为 4.2 等，耕地质量水平中等偏上，其中评价为一至三等级的耕地面积为 860 万 hm^2，占黄淮海区耕地总面积的 40.2%。主要分布在鲁西北平原、鲁中南山前平原、豫东和豫中平原、淮北平原、北京东部和天津南部平原。土壤类型以潮土、砂姜黑土、褐土为主，土壤质地以轻壤土和中壤土为主。土壤理化性状良好，养分含量较高、无明显障碍因素。评价为四至六等级的耕地面积为 1 053.33 万 hm^2，占该区耕地总面积的49.2%。主要分布在鲁西北平原、豫东和豫中平原、鲁中南和鲁东丘陵中下部、淮北平原、北京东部和天津南部平原。土壤类型以潮土、褐土、棕壤、砂姜黑土为主。土壤养分含量中等，灌排能力基本满足，部分耕地受轻度盐渍化影响。评价为七至十等级的耕地面积为226.67万hm^2，占该区耕地总面积的10.6%。主要分布在丘陵上部、平原区局部高地、滨海低地，以粗骨土、棕壤为主。这部分耕地有的土层浅薄，灌溉设施缺乏，应重点完善配套农田水利设施，推广作物秸秆还田技术培肥地力，提高耕地综合生产能力；有的受土壤盐渍化等因素限制，作物产量较低，应完善排水设施，控制地下水位；对胶东地区存在的酸化问题，应通过施用土壤调理剂、增施有机肥等措施加以改良（图3-45）。

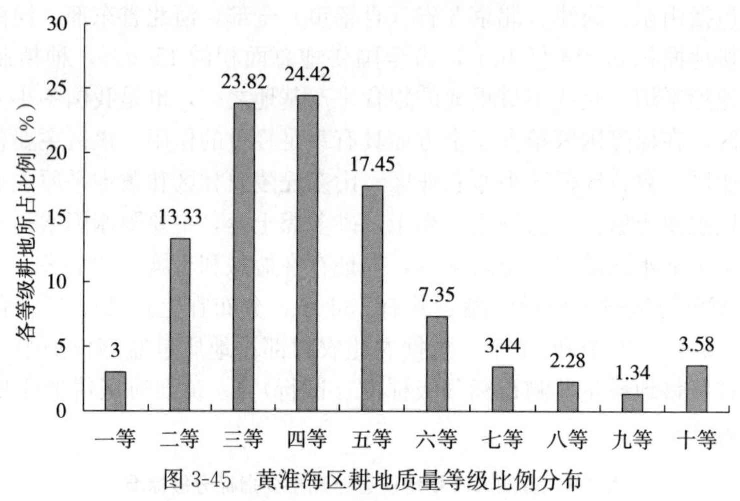

图3-45　黄淮海区耕地质量等级比例分布

二、耕地质量主要指标性状

（一）土壤有机质现状及演变趋势

1. 土壤有机质现状　2019年，从耕地质量长期定位监测数据来看，黄淮海区土壤有机质平均含量18.6g/kg，主要集中在（15.0～20.0］g/kg区间。全区土壤有机质含量有效监测点数177个，根据黄淮海区耕地质量监测主要指标分级标准，处于1级（高）水平的监测点有20个，占监测点总数11.3%；处于2级（较高）水平的监测点有42个，占23.7%；处于3级（中）水平的监测点有67个，占37.9%；4级（较低）水平的监测点有43个，占24.3%；处于5级（低）水平的监测点有5个，占2.8%。从耕地质量等级调查评价数据来看，黄淮海区土壤有机质平均含量17.2g/kg，主要集中在（15.0～20.0］g/kg区间，共占调查点总数的36.7%。总体来看，黄淮海区土壤有机质处于3级（中）水平，其中含量在2级（较高）和4级（较低）区间的监测点也相对较多，区域有机质含量范围主要在10.0～25.0g/kg之间（图3-46）。

2. 含量及频率变化　2004—2019年，黄淮海区监测点土壤有机质平均含量变化较大，有所上升，2019年比2004年增加了28.7%，年均增加0.3g/kg。2004—2019年，黄淮海区监测点土壤有机质含量主要集中在（15.0～20.0］g/kg和（10.0～15.0］g/kg区间，处于3级（中）和4级（较低）水平。其中，土壤有机质含量处于1级（高）和2级（较高）水平的监测点占比呈增加趋势，分别从1.7%、6.8%增加到11.3%和23.7%；处于3级（中）

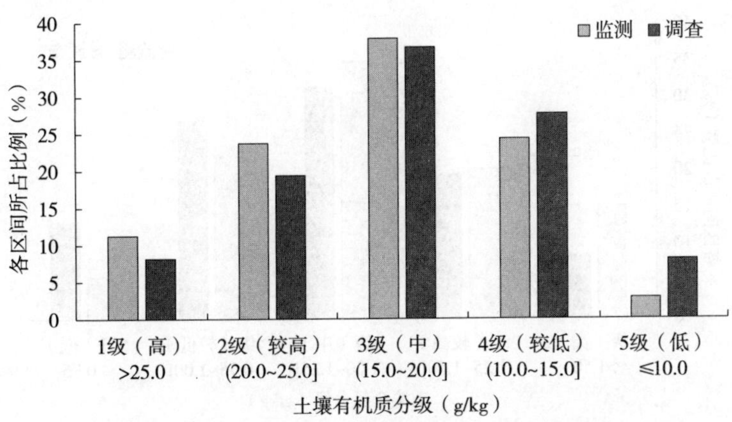

图 3-46　2019 年黄淮海土壤有机质各含量等级所占比例

水平的监测点占比在呈先增加后波动降低，2019 年与 2004 年相比基本持平；处于 4 级（较低）水平的监测点的占比降低明显，从 44.1%下降到 24.3%；处于 5 级（低）水平的监测点有降低趋势，从 10.2%降低到 2.8%。总体来说，高含量区间监测点占比有增加趋势，低含量区间监测点占比有降低趋势，有机质平均水平逐渐升高（图 3-47）。

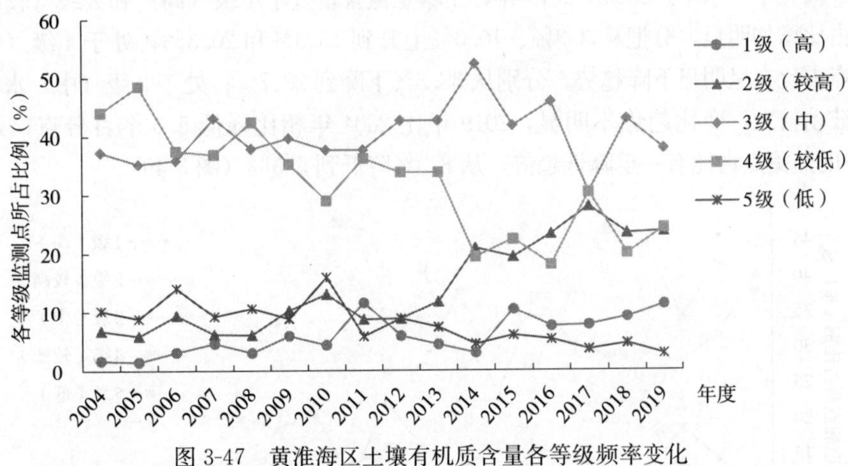

图 3-47　黄淮海区土壤有机质含量各等级频率变化

（二）土壤全氮现状及演变趋势

1. 土壤全氮现状　2019 年，从耕地质量长期定位监测数据来看，黄淮海区土壤全氮平均含量 1.20g/kg，主要集中在（1.00～1.25］g/kg 区间，（0.75～1.00］g/kg 区间和（1.25～1.50］g/kg 区间占比也相对较高。全区土壤全氮含量有效监测点数 177 个，根据黄淮海区耕地质量监测主要指标分级标准，处于 1 级（高）水平的监测点有 27 个，占监测点总数 15.3%；处于 2 级（较高）水平的监测点有 36 个，占 20.3%；处于 3 级（中）水平的监测点有 62 个，占 35.0%；4 级（较低）水平的监测点有 42 个，占 23.7%；处于 5 级（低）水平的监测点有 10 个，占 5.6%。从耕地质量等级调查评价数据来看，黄淮海区土壤全氮平均含量 1.08g/kg，主要集中在（1.00～1.25］g/kg 和（0.75～1.00］g/kg 区间，共占调查点总数的 58.8%。总体来看，黄淮海区土壤全氮处于 3 级（中）水平，4 级（较低）水平监测点占比相对较大（图 3-48）。

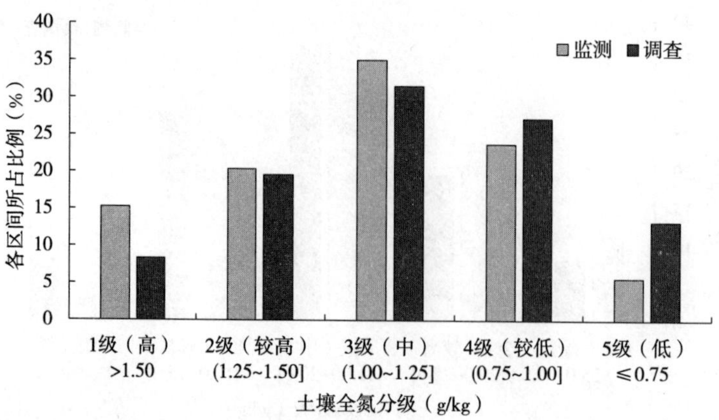

图 3-48　2019 年黄淮海区土壤全氮含量各等级区间所占比例

2. 含量及频率变化　2004—2019 年，黄淮海区监测点土壤全氮平均含量在 0.98～1.20g/kg 之间，有一定增加趋势，2019 年比 2004 年增加 16.6%，年均增加 0.01g/kg。2004—2014 年，黄淮海区监测点土壤全氮含量主要集中在（1.00～1.25］g/kg 和（0.75～1.00］g/kg 区间，处于 3 级（中）和 4 级（较低）水平；2015—2019 年则主要集中在（1.00～1.25］g/kg 区间，处于 3 级（中）水平。2004—2019 年，土壤全氮含量处于 1 级（高）和 2 级（较高）水平的监测点占比增加明显，分把从 3.3%、10.0%上升到 15.3%和 20.3%；处于 4 级（较低）水平的监测点占比在呈明显下降趋势，分别从 38.3%下降到 23.7%；处于 3 级（中）水平的监测点的占比波动较大，变化趋势不明显，2019 年比 2004 年相比降低 5.0 个百分点；处于 5 级（低）水平的监测点占比有一定降低趋势，从 8.3%降低到 5.6%（图 3-49）。

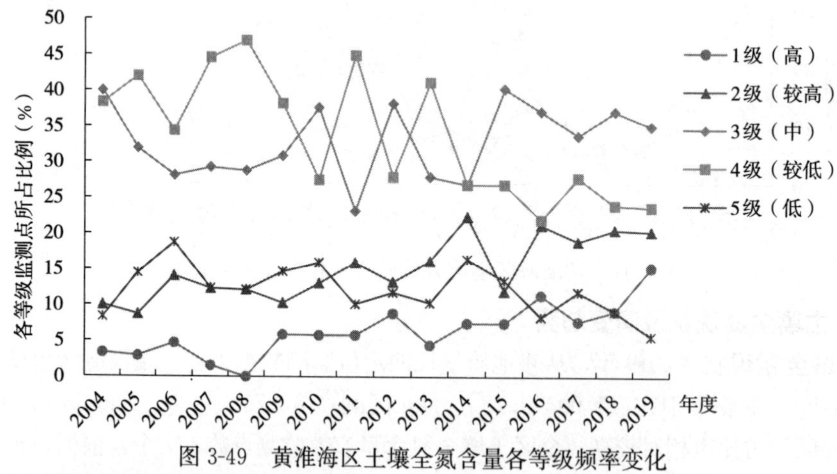

图 3-49　黄淮海区土壤全氮含量各等级频率变化

（三）土壤有效磷现状及演变趋势

1. 土壤有效磷现状　2019 年，从耕地质量长期定位监测数据来看，黄淮海区土壤有效磷平均含量 35.7g/kg，主要集中在（10.0～20.0］mg/kg 区间。全区土壤有效磷含量有效监测点数 177 个，根据黄淮海区耕地质量监测主要指标分级标准，处于 1 级（高）水平的监测点有 40 个，占监测点总数 22.6%；处于 2 级（较高）水平的监测点有 22 个，占 12.4%；处于 3 级（中）水平的监测点有 34 个，占 29.2%；4 级（较低）水平的监测点有 70 个，占 39.5%；处于 5 级（低）水平的监测点有 11 个，占 6.2%。从耕地质量等级调查评价数据来看，黄淮海区土壤有效磷平均含量 33.3mg/kg，主要集中在（10.0～20.0］mg/kg 区间，共占调查点总数的 34.3%。总体来看，黄淮海区土壤有效磷区间分布较为分散，平均值处于 2 级（较高）水平，但处于 4 级（较低）和 5 级（低）水平的监测点总数高于 1 级（高）和 2 级（较高）水平的监测点总数，仍有 40%以上的监测点有效磷含量小于 20.0mg/kg（图 3-50）。

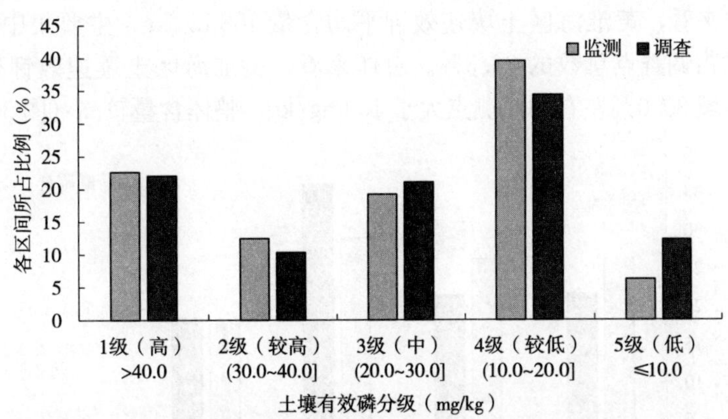

图 3-50　2019 年黄淮海区土壤有效磷含量各等级区间所占比例

2. 含量及频率变化　2004—2019 年，黄淮海区监测点土壤有效磷年度平均含量在 26.6～43.4mg/kg 之间，波动相对较大，整体有增加的趋势，2019 年比 2004 年增加 34.0%，年增加 0.6mg/kg。2004—2019 年，黄淮海区监测点土壤有效磷含量主要集中在（10.0～20.0］mg/kg 区间，处于 4 级（较低）水平。其中，土壤有效磷含量处于 1 级（高）水平的监测点占比年度波动较大，有增加趋势，从 15.5%上升到 22.6%；处于 2 级（较高）和 3 级（中）水平的监测点占比呈波动上升趋势，分别从 8.6%、17.2%上升到 12.4%、19.2%；处于 4 级（较低）水平的监测点的占比呈先降低后增加，总体有所降低趋势，从 43.1%下降到 39.5%；处于 5 级（低）水平的监测点的占比呈先增加后降低，总体有所降低趋势，从 15.5%下降到 6.2%（图 3-51）。

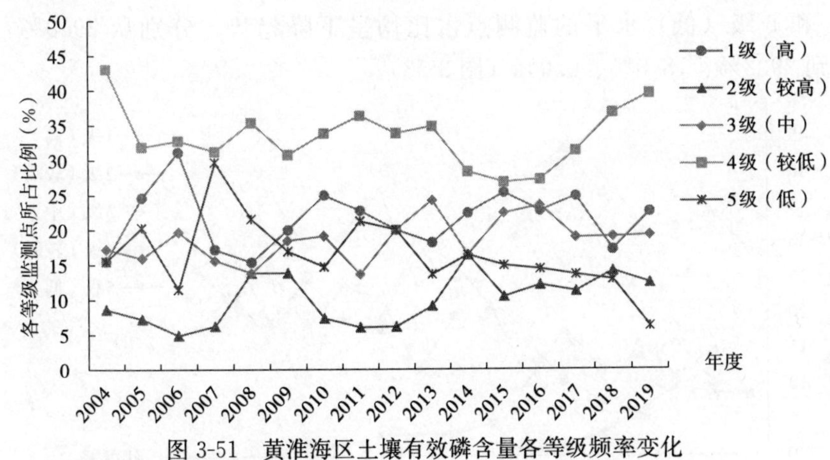

图 3-51　黄淮海区土壤有效磷含量各等级频率变化

（四）土壤速效钾现状及演变趋势

1. 土壤速效钾现状　2019 年，从耕地质量长期定位监测数据来看，黄淮海区土壤速效钾平均含量 166mg/kg，主要集中在（100～150］mg/kg、>200mg/kg 和（150～200］mg/kg 区间。全区土壤速效钾含量有效监测点数 178 个，根据黄淮海区耕地质量监测主要指标分级标准，处于 1 级（高）水平的监测点有 47 个，占监测点总数 26.4%；处于 2 级（较高）水平的监测点有 47 个，占 26.4%；处于 3 级（中）水平的监测点有 52 个，占 29.2%；4 级（较低）水平的监测点有 32 个，占 18.0%；无处于 5 级（低）水平的监测点。从耕地质量等级调查评价数据来看，黄淮海区土壤速效钾平均含量 158mg/kg，主要集中在（100～150］mg/kg 区间，共占调查点总数的 36.3%。总体来看，黄淮海区土壤速效钾处于 3 级（中）及以上水平，区域 80.0%左右的监测点大于 100mg/kg，整体含量较高（图 3-52）。

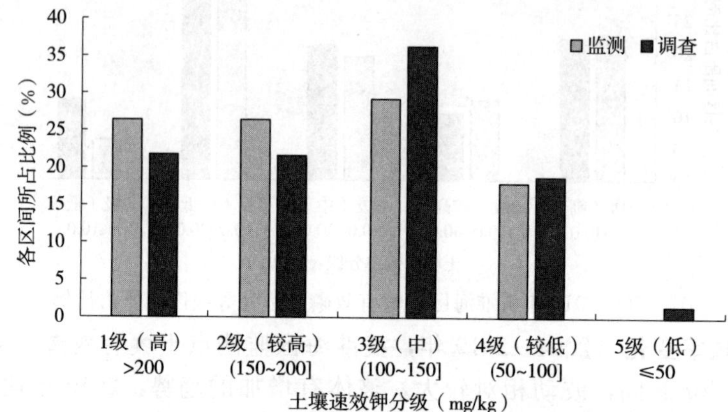

图 3-52　2019 年黄淮海区土壤速效钾含量各等级区间所占比例

2. 含量及频率变化　2004—2019 年，黄淮海区监测点土壤速效钾平均含量呈稳步增加趋势，2019 年比 2004 年增加 27.4%，年均增加 2.2mg/kg。2004—2013 年，黄淮海区监测点土壤速效钾含量主要集中在（100～150］mg/kg 和（50～100］mg/kg 两个区间，处于 3 级（中）和 4 级（较低）水平；2014—2019 年则主要集中在（100～150］mg/kg 区间，处于 3 级（中）水平。土壤速效钾含量处于 1 级（高）和 2 级（较高）水平的监测点占比均呈增加趋势，分别从 15.3%、8.5%上升到 26.4%、26.4%；处于 3 级（中）、4 级（较低）和 5 级（低）水平的监测点占比均呈下降趋势，分别从 39.0%、28.8%、8.5%下降到 29.2%、18.0%、0.0%（图 3-53）。

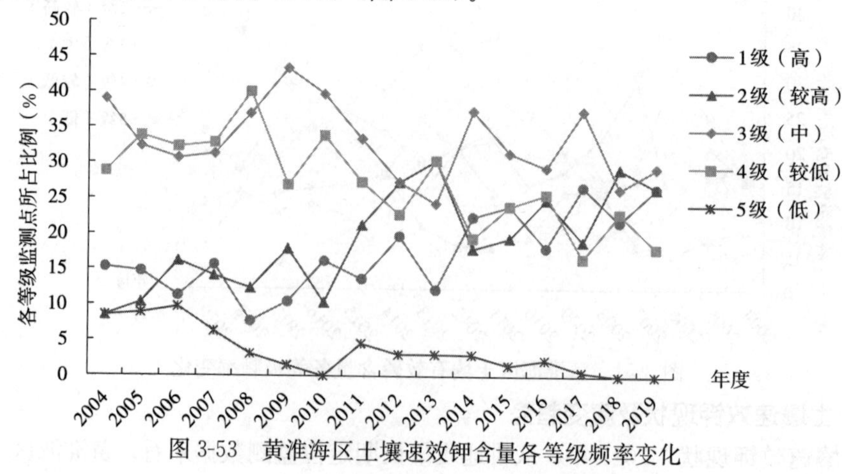

图 3-53　黄淮海区土壤速效钾含量各等级频率变化

（五）土壤缓效钾现状及演变趋势

1. 土壤缓效钾现状 2019 年，从耕地质量长期定位监测数据来看，黄淮海区土壤缓效钾平均含量 895mg/kg，主要集中在＞1 000mg/kg 和（800～1 000］mg/kg 区间。全区土壤缓效钾含量有效监测点数 176 个，根据黄淮海区耕地质量监测主要指标分级标准，处于 1 级（高）水平的监测点有 55 个，占监测点总数 31.1%；处于 2 级（较高）水平的监测点有 60 个，占 34.1%；处于 3 级（中）水平的监测点有 39 个，占 22.2%；4 级（较低）水平的监测点有 16 个，占 9.1%；处于 5 级（低）水平的监测点有 6 个，占 3.4%。从耕地质量等级调查评价数据来看，黄淮海区土壤缓效钾平均含量 725mg/kg，主要集中在（600～800］mg/kg 区间，共占调查点总数的 32.4%。总体来看，黄淮海区土壤缓效钾处于 3 级（中）水平，2 级（较高）水平监测点也较多，大于 600mg/kg 的监测点达 55.0%以上（图 3-54）。

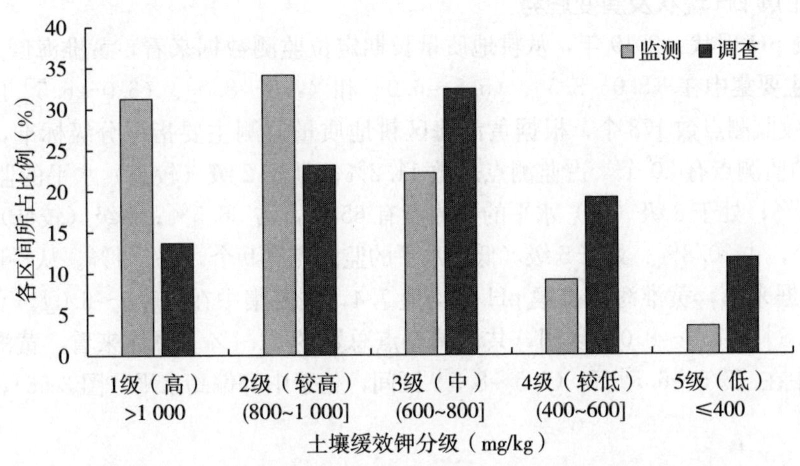

图 3-54 2019 年黄淮海区土壤缓效钾含量各等级区间所占比例

2. 含量及频率变化 2007—2019 年，黄淮海区监测点土壤缓效钾平均含量在 724～895mg/kg之间，有一定增加趋势，2019 年比 2007 年增加 20.8%，年均增加 12mg/kg。2007—2019 年，黄淮海区监测点土壤缓效钾含量主要集中在（800～1 000］mg/kg 和（600～800］mg/kg 区间，处于 2 级（较高）和 3 级（中）水平。其中，土壤缓效钾含量处于 1 级（高）水平的监测点占比在 2007—2014 变化平稳，2015 年后波动较大，呈增加趋势，总体从 16.0%上升到 31.3%；2 级（较高）水平的监测点占比在呈上升趋势，从 22.0%上升到 34.1%；处于 3 级（中）水平的监测点的占比波动较大，略有下降，从 32.0%下降到 22.2%；处于 4 级（较低）水平的监测点的占比呈先增加后降低趋势，特别市 2015 年后降低明显，总体从 14.0%下降到 9.1%；处于 5 级（低）水平的监测点的占比呈降低趋势，从 16.0%下降到 3.4%（图 3-55）。

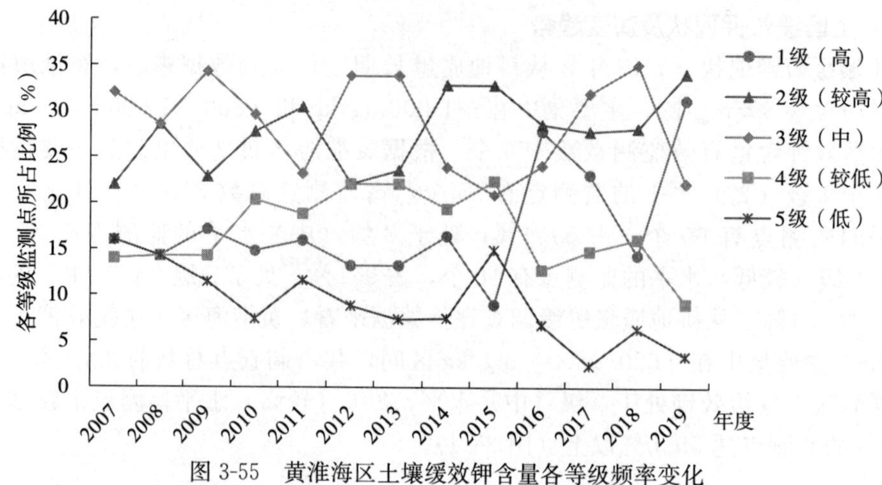

图 3-55　黄淮海区土壤缓效钾含量各等级频率变化

（六）土壤 pH 现状及演变趋势

1. 土壤 pH 现状　2019 年，从耕地质量长期定位监测数据来看，黄淮海区土壤 pH 平均值 7.6，主要集中在（8.0～8.5]、（5.5～6.0] 和（7.5～8.0]、（6.0～6.5] 区间。全区土壤 pH 有效监测点数 178 个，根据黄淮海区耕地质量监测主要指标分级标准，处于 1 级（高）水平的监测点有 20 个，占监测点总数 11.2%；处于 2 级（较高）水平的监测点有 47 个，占 26.4%；处于 3 级（中）水平的监测点有 65 个，占 36.5%；4 级（较低）水平的监测点有 37 个，占 20.8%；处于 5 级（低）水平的监测点有 9 个，占 5.1%。从耕地质量等级调查评价数据来看，黄淮海区土壤 pH 平均值 7.4，主要集中在（5.5～6.0]、（8.0～8.5] 和（6.0～6.5]、（7.5～8.0] 区间，共占调查点总数的 71.1%。总体来看，黄淮海区土壤 pH 主要集中在（5.5～6.5] 和（7.5～8.5] 区间，处于中等偏高水平（图 3-56）。

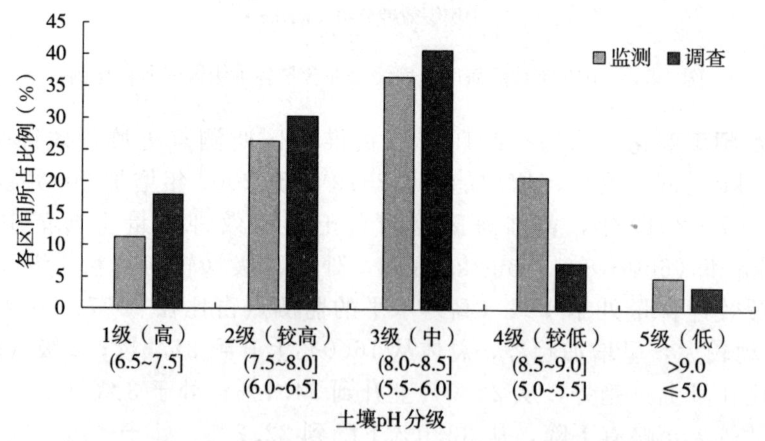

图 3-56　2019 年黄淮海区土壤 pH 各等级区间所占比例

2. 土壤 pH 及频率变化　2004—2019 年，黄淮海区监测点土壤 pH 平均值在 7.2～7.6 之间，有一定增加趋势，2019 年比 2004 年增加 5.3%，年均增加 0.02 个 pH 单位。2004—2019 年，黄淮海区监测点土壤 pH 主要集中在（8.0～8.5]、（5.5～6.0] 和（7.5～8.0]、（6.0～6.5] 区间，处于 3 级（中）和 2 级（较高）水平。其中，土壤 pH

处于1级（高）水平的监测点占比在2013年前变化平稳，2014年及之后降低明显，总体从27.6%下降到11.2%；处于2级（较高）水平的监测点占比在呈先增加后降低趋势，2005年最高为44.7%，其后缓慢降低到26.4%；处于3级（中）水平的监测点的占比波动较大，在21.1%～52.0%之间，2019年与2004年基本持平；处于4级（中）水平的监测点的占比在2018年之前处于2.9%～12.7%之间，一直处于较低数值，2019年明显增加；处于5级（较低）水平的监测点占比一直较低，在0.0%～6.2%之间（图3-57）。

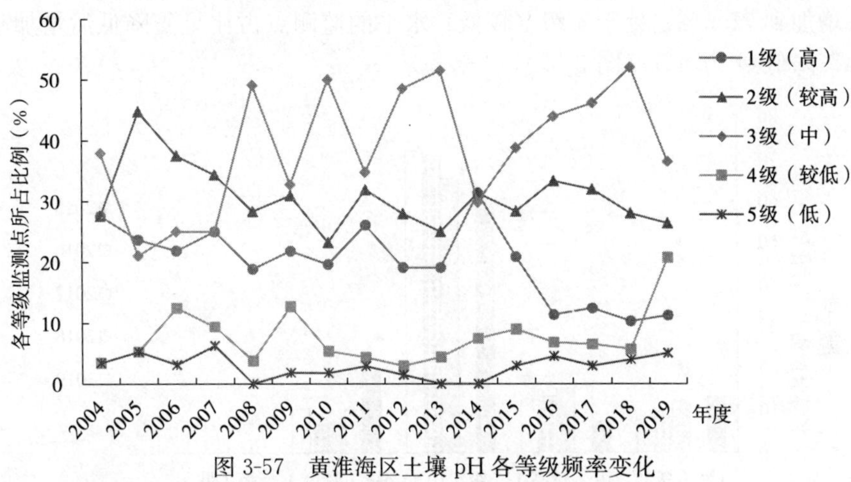

图3-57　黄淮海区土壤pH各等级频率变化

（七）耕层厚度情况

1. 耕层厚度现状　2019年，从耕地质量长期定位监测数据来看，黄淮海区耕层厚度平均为19.9cm，主要集中在（15.0～20.0］cm区间。全区耕层厚度含量有效监测点数164个，根据黄淮海区耕地质量监测主要指标分级标准，处于1级（高）水平的监测点有8个，占监测点总数4.9%；处于2级（较高）水平的监测点有21个，占12.8%；处于3级（中）水平的监测点有118个，占72.0%；4级（较低）水平的监测点有17个，占10.4%；没有处于5级（低）水平的监测点。从耕地质量等级调查评价数据来看，黄淮海区土壤耕层厚度平均含量19.9cm，主要集中在（15.0～20.0］cm区间，共占调查点总数的72.2%。总体来看，黄淮海区土壤耕层厚度处于3级（中）水平，集中在15.0～20.0cm之间（图3-58）。

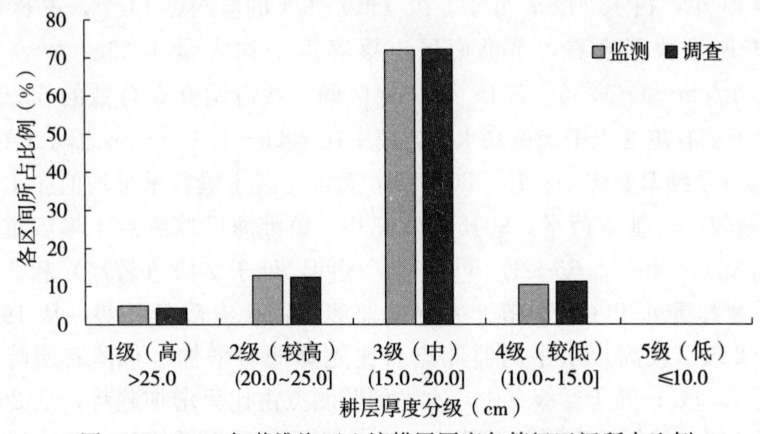

图3-58　2019年黄淮海区土壤耕层厚度各等级区间所占比例

2. 耕层厚度及频率变化 2015—2019 年，黄淮海区土壤耕层厚度平均值在 19.9～21.2cm 之间，呈先增加后降低的趋势，2019 年比 2015 年降低 0.2cm，降低比例为 2.2%。2015—2019 年，黄淮海区监测点土壤耕层厚度主要集中在（15.0～20.0] cm 区间，处于 3 级（中）水平。其中，土壤耕层厚度处于 1 级（高）水平的监测点占比有降低趋势，从 13.4%下降到 4.9%；处于 2 级（较高）水平的监测点占比先增加后降低，总体有所增加趋势，从 7.5%增加到 12.8%；处于 3 级（中）水平的监测点占比呈增加趋势，从 59.7%增加到 72.0%；处于 4 级（较低）水平的监测点占比呈先降低后增加趋势，总体从 19.4%降低到 10.4%（图 3-59）。

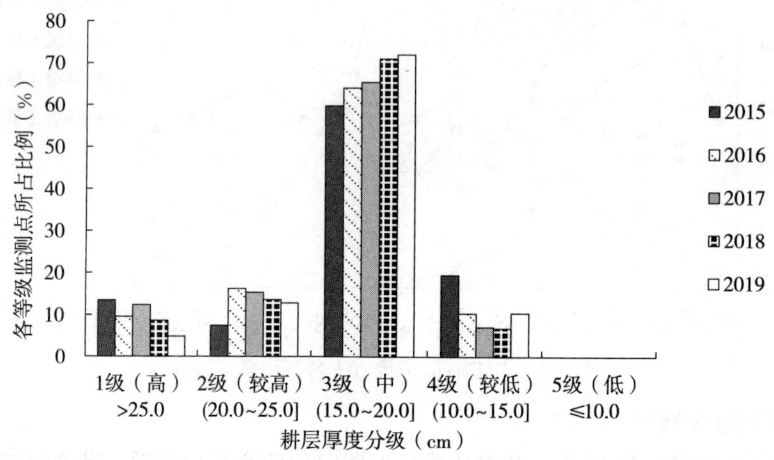

图 3-59 2015—2019 年黄淮海区土壤耕层厚度各区间所占比例

（八）土壤容重情况

1. 土壤容重现状 2019 年，从耕地质量长期定位监测数据来看，黄淮海区土壤容重平均为 1.37g/cm^3，主要集中在（1.25～1.35] g/cm^{3}和（1.35～1.45] g/cm^{3}区间。全区土壤容重有效监测点数 161 个，根据黄淮海区耕地质量监测主要指标分级标准，处于 1 级（高）水平的监测点有 23 个，占监测点总数 14.4%；处于 2 级（较高）水平的监测点有 53 个，占 33.0%；处于 3 级（中）水平的监测点有 50 个，占 31.1%；4 级（较低）水平的监测点有 21 个，占 13.0%；处于 5 级（低）水平的监测点 14 个，占 8.7%。从耕地质量等级调查评价数据来看，黄淮海区土壤容重平均含量 1.36g/cm^3，主要集中在（1.25～1.35] g/cm^{3}和（1.35～1.45] g/cm^{3}区间，共占调查点总数的 63.9%。总体来看，黄淮海区土壤容重处于中级偏高水平，集中在 1.25～1.45g/cm^{3}之间（图 3-60）。

2. 土壤容重及频率变化 2015—2019 年，黄淮海区土壤容重平均值在 1.34～1.38g/cm^{3}之间，变幅较小，基本持平。2015—2019 年，黄淮海区监测点土壤容重主要集中在（1.25～1.35] g/cm^{3}和（1.35～1.45] g/cm^{3}区间，处于 2 级（较高）和 3 级（中）水平。其中，土壤容重处于 1 级（高）水平的监测点占比有降低趋势，从 19.4%下降到 14.3%；处于 2 级（较高）水平的监测点占比先降低后增加，总体有所降低趋势，从 40.3%降低到 32.9%；处于 3 级（中）水平的监测点占比呈增加趋势，从 26.9%增加到 31.1%；处于 4 级（较低）水平的监测点占比呈先增加后降低趋势，总体从 10.4%降低

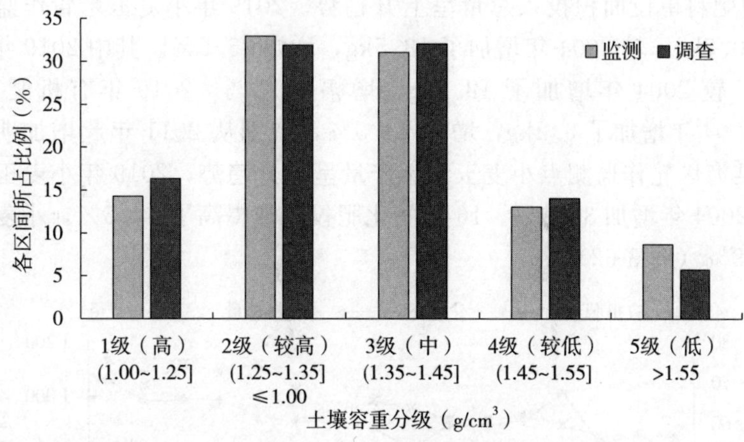

图 3-60　2019 年黄淮海区土壤容重各等级区间所占比例

到 8.7%；处于 5 级（低）水平的监测点占比呈增加趋势，总体从 3.0%增加到 8.7%；(图 3-61)。

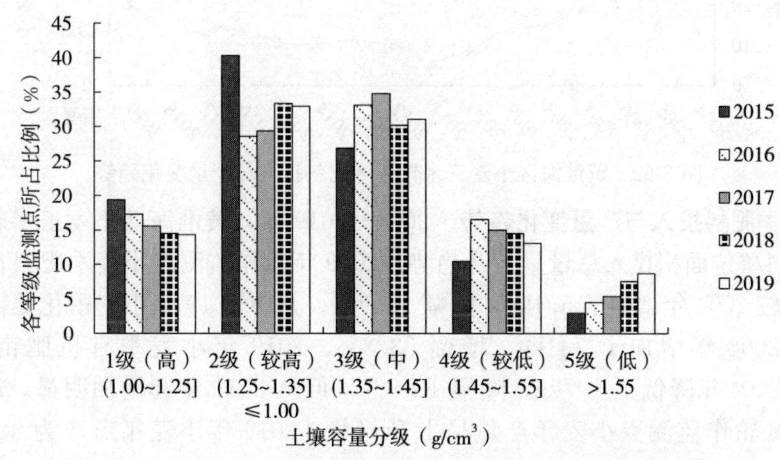

图 3-61　2015—2019 年黄淮海区土壤容重各区间所占比例

三、肥料投入与利用情况

（一）肥料投入现状

2019 年，黄淮海区小麦玉米轮作监测点年肥料亩总投入量（折纯，下同）平均值 70.7kg，其中，有机肥亩投入量平均值 20.2kg，化肥亩投入量平均值 50.6kg，有机肥和化肥之比为 1∶2.5。肥料亩总投入中，氮肥（N）投入 31.7kg，磷肥（P_2O_5）投入 16.2kg，钾肥（K_2O）投入 19.7kg，投入量依次：肥料氮＞肥料钾＞肥料磷，氮∶磷∶钾之比为 1∶0.51∶0.62。其中化肥投入中，氮肥（N）亩投入 29.0kg，磷肥（P_2O_5）亩投入 12.5kg，钾肥（K_2O）亩投入 9.0kg，投入量依次：化肥氮＞化肥磷＞化肥钾，氮∶磷∶钾之比为 1∶0.43∶0.31。

（二）主要粮食作物肥料投入和产量变化趋势

1. 小麦玉米轮作肥料投入与年产量变化趋势　2004—2019 年，黄淮海区监测点小麦玉米轮作的肥料单位面积投入总量呈上升趋势。2019 年小麦玉米轮作监测点肥料亩投入总量为 70.7kg，较 2004 年增加了 18.5kg，增幅 35.5%。其中 2019 年化肥亩投入量为 50.6kg，较 2004 年增加了 12.3kg，增幅 32.2%。2019 年有机肥亩投入量为 20.2kg，较 2004 年增加了 6.2kg，增幅 44.5%，特别从 2011 年起增加明显。2004—2019 年，黄淮海区轮作监测点小麦玉米年产量呈上升趋势，2019 年小麦玉米年亩产为 1 135kg，比 2004 年增加 33.9%。16 年间化肥投入量提高了 44.5%，小麦玉米年亩产量提高了 33.9%（图 3-62）。

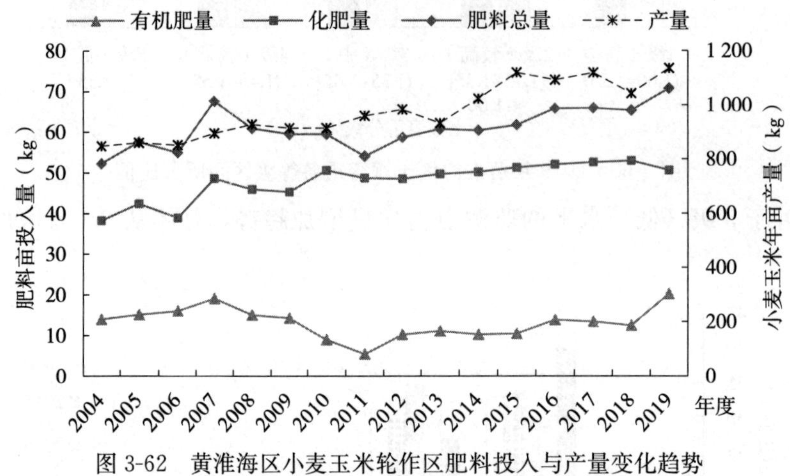

图 3-62　黄淮海区小麦玉米轮作区肥料投入与产量变化趋势

2. 小麦季肥料投入与产量变化趋势　2004—2019 年，黄淮海区小麦玉米轮作监测点中小麦季肥料单位面积投入总量呈上升趋势。2019 年轮作监测点小麦季肥料亩投入总量为 39.3kg，较 2004 年增加了 5.4kg，增幅 15.9%。其中 2019 年小麦季化肥亩投入量为 28.5kg，较 2004 年增加了 7.1kg，增幅 33.3%。2019 年小麦季有机肥亩投入量为 10.7kg，较 2004 年降低了 1.7kg，降幅 13.9%，但从 2011 年起增加明显。2004—2019 年，黄淮海区轮作监测点小麦年产量呈上升趋势，2019 年小麦年亩产为 496.0kg，比 2004 年增加 26.1%（图 3-63）。

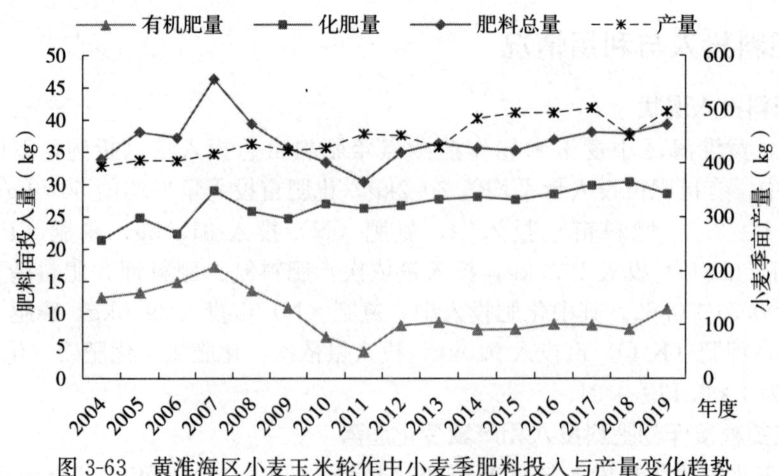

图 3-63　黄淮海区小麦玉米轮作中小麦季肥料投入与产量变化趋势

3. 玉米季肥料投入与产量变化趋势　2004—2019 年，黄淮海区玉米玉米轮作监测点中玉米季肥料单位面积投入总量呈上升趋势。2019 年轮作监测点玉米季肥料亩投入总量为 31.5kg，较 2004 年增加了 13.1kg，增幅 71.7%。其中 2019 年玉米季化肥亩投入量为 22.0kg，较 2004 年增加了 5.2kg，增幅 30.8%。2019 年玉米季有机肥亩投入量为 9.4kg，较 2004 年降低了 7.9kg。2004—2019 年，黄淮海区轮作监测点玉米年产量呈上升趋势，2019 年玉米年亩产为 639.0kg，比 2004 年增加 40.7%（图 3-64）。

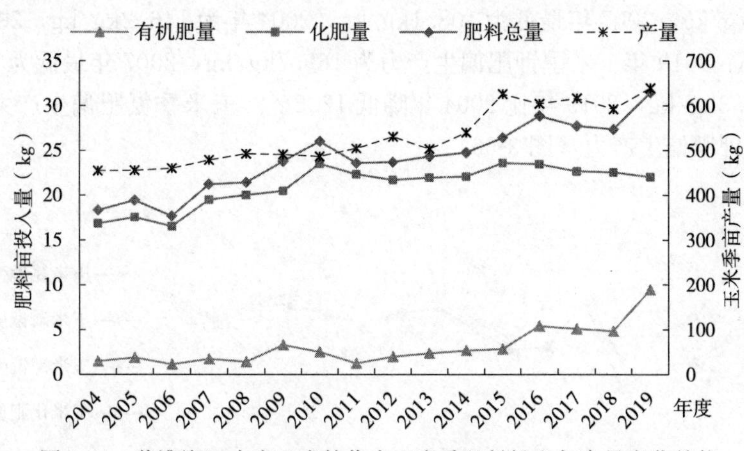

图 3-64　黄淮海区小麦玉米轮作中玉米季肥料投入与产量变化趋势

（三）偏生产力

1. 小麦　2004—2019 年，黄淮海区小麦玉米轮作监测点中小麦季化肥偏生产力年度变化较小，整体略有下降；氮肥偏生产力波动较小，处于基本持平状态；磷肥偏生产力先增加后降低，2007 年后变化平稳，有所增加；钾肥偏生产力波动较大，整体呈现先降低后增加趋势。16 年间小麦季化肥偏生产力在 16.1～21.2kg/kg 之间，2019 年小麦季化肥偏生产力为 18.5kg/kg，2004 年为 21.1kg/kg，下降了 12.6%；16 年间小麦季氮肥偏生产力数值在 31.3～41.2kg/kg 之间，2019 年为 35.9kg/kg，2004 年为 36.8kg/kg，下降了 2.5%；2019 年小麦季磷肥偏生产力为 70.2kg/kg，2004 年为 74.0kg/kg，下降了 5.2%；2019 年小麦季钾肥偏生产力为 131.2kg/kg，2004 年为 136.4kg/kg，下降了 3.9%。小麦钾肥偏生产力最高，磷肥偏生产力次之，氮肥偏生产力明显低于二者（图 3-65）。

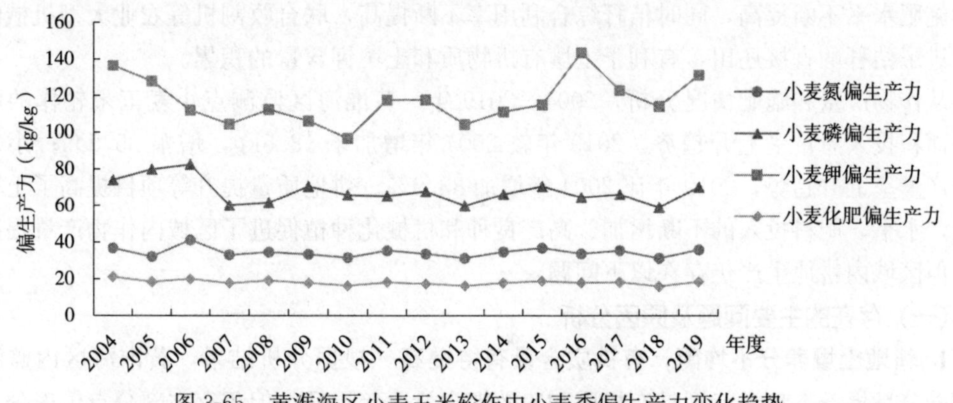

图 3-65　黄淮海区小麦玉米轮作中小麦季偏生产力变化趋势

2. 玉米　2004—2019年，黄淮海区小麦玉米轮作监测点中玉米季化肥偏生产力和氮肥偏生产力年度变化较小，其中氮肥偏生产力有增加趋势；磷肥偏生产力和钾肥偏生产力变化趋势基本相同，均呈现先下降后增加趋势。16年间玉米季化肥偏生产力在22.9～30.5kg/kg之间，2019年玉米季化肥偏生产力为28.2kg/kg，2004年为29.3kg/kg，下降了3.7%；16年间玉米季氮肥偏生产力在33.7～47.7kg/kg之间，2019年玉米季氮肥偏生产力为47.7kg/kg，2004年为42.7kg/kg，增加了11.6%；2019年玉米季磷肥偏生产力为169.7kg/kg，2007年最低为108.1kg/kg，2004年为146.2kg/kg，2019年比2004年增加16.1%；2019年玉米季钾肥偏生产力为169.7kg/kg，2007年最低为131.9kg/kg，2004年为193.3kg/kg，2019年比2004年降低12.2%。玉米季氮肥偏生产力明显低于磷肥偏生产力和钾肥偏生产力（图3-66）。

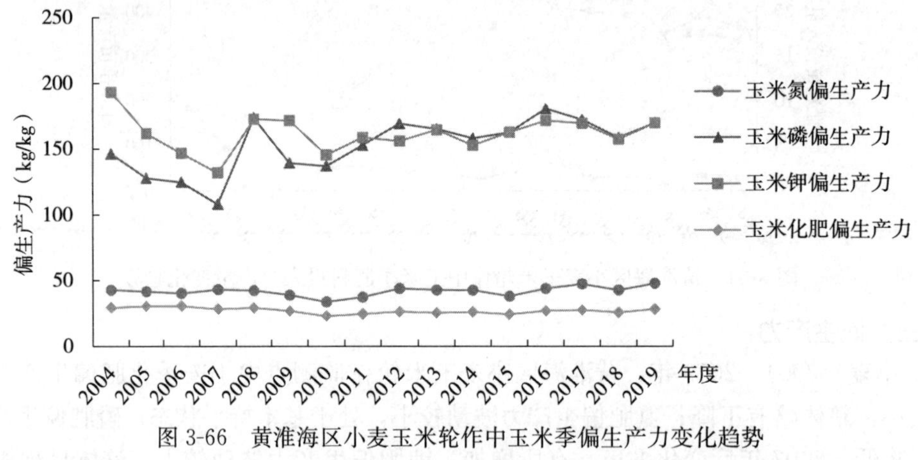

图3-66　黄淮海区小麦玉米轮作中玉米季偏生产力变化趋势

四、耕地质量存在的主要问题、原因分析和土壤培肥改良对策

根据耕地质量监测分析结果，2004—2019年黄淮海区监测点土壤有机质、全氮、有效磷、速效钾呈增加趋势，2019年比2004年分别增加了28.7%、16.6%、34.0%和27.4%，缓效钾含量有所增加，土壤养分指标总体向好，耕地质量整体呈提升态势。主要因为区域内测土配方施肥覆盖面积逐渐扩大，农民对耕地土壤的养分投入重视程度提高，科学施肥水平不断提高，同时秸秆综合利用率不断提高，联合收割机等农业大型机械的应用促进了秸秆的直接还田，有利于土壤有机物质和土壤钾含量的积累。

从作物产量和施肥情况分析，2004—2019年，黄淮海区监测点小麦玉米轮作的肥料单位面积投入总量呈上升趋势，2019年较2004年增加了18.5kg，增幅35.5%；小麦玉米年产量呈上升趋势，2019年比2004年增加33.9%。耕地质量提升等项目提高了土壤综合生产水平，肥料投入的不断增加、高产良种和机械化种植促进了区域内作物产量提高。

但区域内耕地生产仍存在以下问题：

（一）存在的主要问题及原因分析

1. 耕地土壤养分不均衡，有机质含量有待提高　根据分析结果，黄淮海区内监测点土壤养分呈提升态势，特别是有机质和速效钾含量逐年提升，但仍存在部分点位养分水平较低，且养分不协调的情况。如区域有机质含量比全国有机质含量低 25.3%，仍有 27.1%的监测点土壤有机质处于中等以下水平，土壤全氮、有效磷和速效钾处于中等以下水平的监测点占比分别为 29.4%、45.8%、17.9%。同时部分点位有效磷含量偏高，2019 年有效磷大于 40.0mg/kg 区间占比高达 22.6%，其中高于 60.0mg/kg 的监测点占比 16.4%，磷素含量过高易造成中微量元素有效性降低。另外，仍然存在氮低磷钾高的问题，在有机质含量处于中等以下水平的监测点中，分别有 52.0%和 43.8%的点位有效磷和速效钾含量处于中等及以上水平，同一点位养分不协调。存在有机质含量不高，磷钾水平高的现状，主要因为区域内施肥结构不合理，有机肥的施用量仍然很低，有机无机配合施用比例不协调，科学施肥水平有待进一步提高。

2. 土壤存在酸化和盐渍化问题　黄淮海区土壤 pH 平均值总体稳定，但仍存在一定问题。2019 年区域内 pH 小于 6.5 的监测点占比 20.2%，pH 大于 8.0 的监测点比 47.4%，pH 在（6.5～7.5］区间的监测点占比仅为 11.2%，且近几年占比下降，土壤 pH 指标呈恶化趋势。究其原因，一方面与受酸雨沉降、化肥的大量投入、有机肥投入量低、氮肥投入过高而磷钾肥品种不适宜等有关；另一方面，受地理环境、人文及土壤条件影响，黄河冲积平原及黄河三角洲等区域还存在盐渍化问题，特别是地下水位较高且排水不畅的区域，土壤盐分含量较高，严重影响作物生长。

3. 耕地土壤耕层变浅，土壤保水保肥性能下降　2019 年黄淮海区土壤耕层厚度平均 19.9cm，近 2 年有降低趋势，10.4%的监测点耕层不足 15.0cm，最薄仅 12.0cm。根据国家产业技术研究中心研究，玉米耕作层 22.0cm 为最低要求，区域耕层厚度明显低于该要求，且有耕层变浅的趋势。主要原因是近年来旋耕越来越普遍，旋耕深度较浅的限制对耕层厚度的增加有很大的阻碍作用，频繁的机械碾压又增加了犁底层土壤容重，严重影响作物根系发育，土壤通透性变差，保水保肥能力下降，抗旱、防涝等能力降低。虽然，近年来随着深松深耕项目、秸秆还田及新型农机具的推广，耕层变浅问题得到一定缓解，但仍与科学的耕层厚度有所差距。

4. 有机肥施用量较低，施肥总量高，施肥结构不合理　为追求高产，农民传统施肥习惯往往重施化肥、轻施有机肥，重施大量元素肥料、轻施中微量元素肥料，大量元素中又重施氮肥、轻施钾肥，导致区域内肥料投入不合理，主要体现在黄淮海区内肥料投入量过高，化肥施用比例较高，有机肥施用比例较低，氮肥施用量高、钾肥施用量过低。全区 2019 年小麦玉米轮作监测点有机肥亩投入量为 20.2kg，比 2018 年有所增加，这与近年来区域实施有机肥替代化肥行动，提倡增施有机肥有关，同时应密切关注有机肥质量，杜绝因不合格有机肥施用导致的土壤重金属污染等状况发生。在养分投入比例上，2019 年肥料氮磷钾投入之比为 1∶0.51∶0.62，重氮肥、轻磷钾肥的情况有所缓解，这也可能与有机肥的投入增加有关。2019 年小麦玉米轮作监测点肥料钾与肥料氮投入量之比小于 0.3 的监测点占 18.1%，仍有部分点位施肥结构不合理。

（二）土壤培肥改良对策

1. 提高科学施肥水平，调整肥料养分结构，促进有机无机协同增效　根据土壤基础地力及作物的需肥特性，充分应用测土配方和田间试验结果，科学确定肥料用量、肥料施用方法及肥料种类。一是因地按需的建立精准施肥套餐，调节氮磷钾养分结构，合理减氮控磷增钾，适当降低肥料的总投入量，合理选用新型肥料，因缺补缺施用中微量元素肥料，优化施肥配方。二是开展有机肥替代化肥行动，增加秸秆还田面积，增施商品有机肥，广辟有机肥源并充分应用腐熟发酵的农业有机废弃物，促进有机无机协同增效。林治安等研究表明在潮土上施用牛粪替代 50%的化肥，小麦和玉米作物产量和品质均与单施化肥处理没有差异，但土壤物理、化学和生物肥力明显提升。因此有机无机肥料合理配施，是培肥土壤的长效措施。

2. 调整肥料品种，推广应用土壤调理剂，促进土壤酸碱度向良性发展 一是控制氮肥用量，减少化肥的投入，精准分次施肥，提倡根外追肥等技术，避免多余氮肥残留土壤。二是科学选用肥料品种，可将酸性土壤上普通的过磷酸钙等酸性肥料改为钙镁磷肥等碱性肥料，钾肥则提倡合理选用草木灰等有机肥料。在碱性土壤上，优先选用生理酸性肥料和水溶性肥料。推广控释肥料，提高肥料利用率从而减少肥料用量。三是增施有机肥增强土壤缓冲能力，果园上可选择茅鼠草等覆盖地表，起到改良土壤结构、提高果园土壤 pH 和有机质含量等作用。四是推广应用土壤调理剂，在酸性土壤上施用腐殖酸铵（钾）、生石灰、钙镁磷肥、有机硅、贝壳粉等土壤调理剂来调节土壤 pH，碱性土壤上可增施石膏等碱性土壤调理剂以降低土壤 pH。

3. 工程和农艺措施相结合，加强盐渍化土壤改良 一是通过深沟排水、平地挖沟压盐、高筑台田、暗管排盐、平整土地等工程措施，有效降低和控制地下水位，从而控制土壤反盐，提高自然降水和人工灌溉的脱盐效果。二是通过合理的农艺措施进行改良，如划锄、深松、沟种、变更种植模式如种水稻等，同时施用有机肥培肥地力，秸秆还田和地膜覆盖等措施，合理地避盐、改盐。

4. 科学调茬倒茬，推行深松深耕，助力耕地土壤可持续发展 由于作物对土壤营养的选择性吸收，长期种植同一种作物品种，往往造成土壤中某种养分的亏缺，而使作物生长不良，应科学地调茬倒茬，有助于充分利用土壤营养物质。同时，建议结合轮作休耕等试点项目，调整种植模式，增加种植作物多样性，如种植大豆、花生、棉花、春玉米、油菜等作物。推行深松深耕措施，减少机械碾压次数，打破犁底层，降低土壤容重，进一步改善土壤物理性质，同时适时休整土地，促进耕地用养结合，实现耕地土壤的可持续发展。

第四节　黄土高原区

黄土高原区位于太行山以西、青海日月山以东、伏牛山及秦岭以北、长城以南，包括陕西省中、北部，甘肃省中、东部，青海省东部，宁夏回族自治区中、南部，山西省中、南部，河北省西部太行山区和河南省西部地区，总耕地面积 1 133.33 万 hm^2，占全国耕地总面积的 9.4%。黄土高原区是我国乃至世界上水土流失最严重、生态环境最脆弱的地区。该区包括汾渭谷地农业区、晋陕甘黄土丘陵沟壑牧林农区、晋东豫西丘陵山地农林牧区和陇中青东丘陵农牧区 4 个二级农业区。耕地主要土壤类型为褐土、潮土、黑垆土、新积土等，主要障碍因素包括土壤有机质含量低、土壤养分贫瘠、干旱缺水、水土流失严重等。

2019 年，黄土高原区共有耕地质量监测点 100 个分布在上述 4 个二级农业区的点数分别为 30 个、27 个、26 个和 17 个。根据农业农村部耕地质量监测保护中心印发的《全国九大农区及省级耕地质量监测指标分级标准（试行）》，黄土高原区耕地质量监测主要指标分级标准见表 3-4。

表 3-4　黄土高原区耕地质量监测主要指标分级标准

指标	单位	分级标准				
		1 级（高）	2 级（较高）	3 级（中）	4 级（较低）	5 级（低）
有机质	g/kg	＞20.0	15.0～20.0	10.0～15.0	5.0～10.0	≤5.0
全氮	g/kg	＞1.50	1.25～1.50	1.00～1.25	0.75～1.00	≤0.75
有效磷	mg/kg	＞35.0	25.0～35.0	15.0～25.0	5.0～15.0	≤5.0
速效钾	mg/kg	＞250	200～250	150～200	100～150	≤100
缓效钾	mg/kg	＞1 200	1 000～1 200	700～1 000	500～700	≤500
pH	—	6.5～7.5	7.5～8.0，6.0～6.5	8.0～8.5，5.5～6.0	8.5～9.0，5.0～5.5	＞9.0，≤5.0
耕层厚度	cm	＞30.0	25.0～30.0	15.0～25.0	10.0～15.0	≤10.0
容重	g/cm^3	1.00～1.20	1.20～1.30	1.30～1.40	1.40～1.50	＞1.50，≤1.00

一、耕地质量等级情况

总的来看（图 3-67），2019 年该区耕地质量平均等级为 6.47 等，耕地质量水平较低，其中评价为一至三等级的耕地面积为 146.67 万 hm^2，占黄土高原区耕地总面积的 13.2%。主要分布在黄河、渭河和汾河河谷的一、二级阶地，晋东南的长治、晋城河谷盆地和豫西的洛阳、汝州河谷盆地，地形平坦，水热条件好。土壤以褐土、潮土为主，剖面发育完整，养分含量较高，障碍因素不明显，农田基础设施完善。评价为四至六等级的耕地面积为 366.67 万 hm^2，占该区耕地总面积的 32.1%。主要分布在黄河、渭河和汾河河谷的高阶地，黄土高原东南部的高原沟壑区和陕西无定河、宁夏清水河、青海河湟和甘肃景泰川谷地，以及太行山和豫西山地的低山丘陵。土壤以黄绵土、黑垆土为主，土层深厚、养分含量中等，灌溉水源缺乏，部分耕地水土流失严重。评价为七至十等级的耕地面积为 620 万 hm^2，占该区耕地总面积的 54.8%。主要分布在黄土高原西北部的丘陵沟壑

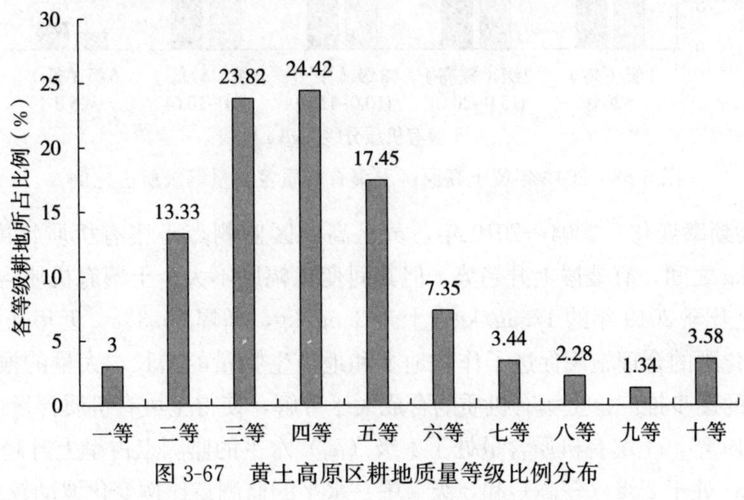

图 3-67　黄土高原区耕地质量等级比例分布

区和长城沿线风蚀滩地区，前者地表起伏破碎、坡度大、侵蚀非常严重，后者气候干旱、土层浅薄，立地条件很差。土壤以灰钙土、灰褐土和风沙土为主，质地较粗，结构松散，土壤养分极度贫乏，农田基础设施缺乏。针对黄土高原区低等级耕地障碍因素，应加强农田生态环境建设，恢复坡地植被，减少水土流失。大力发展节水灌溉，努力扩大水浇地面积。实施整修梯田、修复地埂等田间工程措施，提升水土保持能力。通过秸秆覆盖还田、种植绿肥、增施有机肥、合理轮作等措施培肥熟化土壤，着力改善耕层理化性状和养分状况。

二、耕地质量主要性状

（一）土壤有机质现状及演变趋势

1. 土壤有机质现状　2019年，从耕地质量长期定位监测数据来看，黄土高原区土壤有机质平均含量17.3g/kg，主要集中在（10.0～15.0］g/kg、（15.0～20.0］g/kg和＞20.0g/kg区间。全区土壤有机质含量有效监测点数100个，根据黄土高原区耕地质量监测主要指标分级标准，处于1级（高）水平的监测点有30个，占监测点总数30.0%；处于2级（较高）水平的监测点有32个，占32.0%；处于3级（中）水平的监测点有25个，占25.0%；4级（较低）水平的监测点有11个，占11.0%；处于5级（低）水平的监测点有2个，占2.0%。从耕地质量等级调查评价数据来看，黄土高原区土壤有机质平均含量15.6g/kg，主要集中在（10.0～15.0］g/kg和（15.0～20.0］g/kg区间，共占调查点总数的58.3%。总体来看，黄土高原区土壤有机质主要集中在1级（高）、2级（较高）和3级（中）区间，处于较高水平，区域有机质范围主要在10.0～30.0g/kg之间（图3-68）。

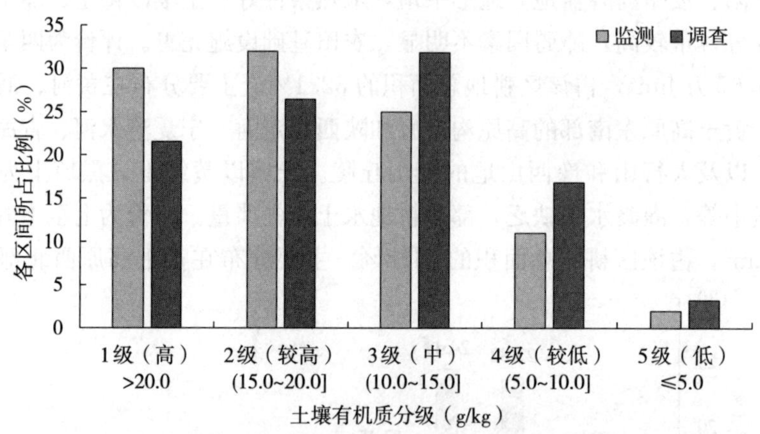

图3-68　2019年黄土高原区土壤有机质各含量等级所占比例

2. 含量及频率变化　2004—2019年，黄土高原区监测点土壤有机质年度平均含量在13.5～17.3g/kg之间，有缓慢上升趋势，但其间变化幅度不大。土壤有机质含量由2004年的13.7g/kg上升至2019年的17.3g/kg，上升3.6g/kg，增幅26.3%。近年来，有机肥的不断投入，以及化肥的合理施用促进了作物地上和地下生物量的增长，大量的根茬留在地里，加之秸秆还田的逐步推广，土壤有机质的合成大于分解，使得土壤有机质含量得到提高。

2004—2019年，土壤有机质含量处于1级（高）水平的监测点占呈上升趋势，从4.8%上升到30.0%；处于2级（较高）和3级（中）水平的监测点比例变化波动较大，占比呈下降趋势，分别从33.3%、47.6%下降到32.0%、25.0%；处于4级（较低）和5级（低）水平的监测点的占比基本稳定，变化不大，占比较低。总体来说，高含量区间监测点占比有升高趋势，中高含量区间监测点占比有低低趋势，低含量区间监测点占比基本保持稳定（图3-69）。

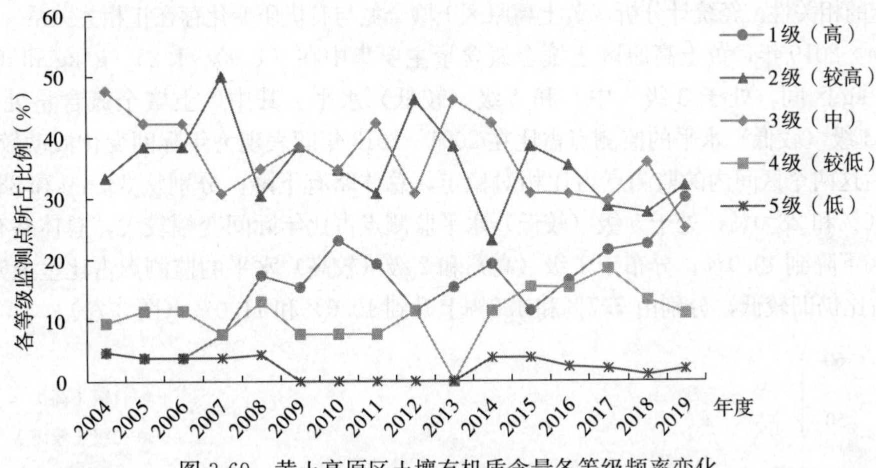

图3-69　黄土高原区土壤有机质含量各等级频率变化

（二）土壤全氮现状及演变趋势

1. 土壤全氮现状　2019年，从耕地质量长期定位监测数据来看，黄土高原区土壤全氮平均含量1.05g/kg，主要集中在（0.75～1.00］g/kg和（1.00～1.25］g/kg区间。全区土壤全氮含量有效监测点数100个，根据黄土高原区耕地质量监测主要指标分级标准，处于1级（高）水平的监测点有10个，占监测点总数10.0%；处于2级（较高）水平的监测点有11个，占11.0%；处于3级（中）水平的监测点有32个，占32.0%；4级（较低）水平的监测点有28个，占28.0%；处于5级（低）水平的监测点有19个，占19.0%。从耕地质量等级调查评价数据来看，黄土高原区土壤全氮平均含量0.96g/kg，主要集中在（0.75～1.00］g/kg和（1.00～1.25］g/kg区间，共占调查点总数的58.4%。总体来看，黄土高原区土壤全氮处于3级（中）和4级（较低）水平（图3-70）。

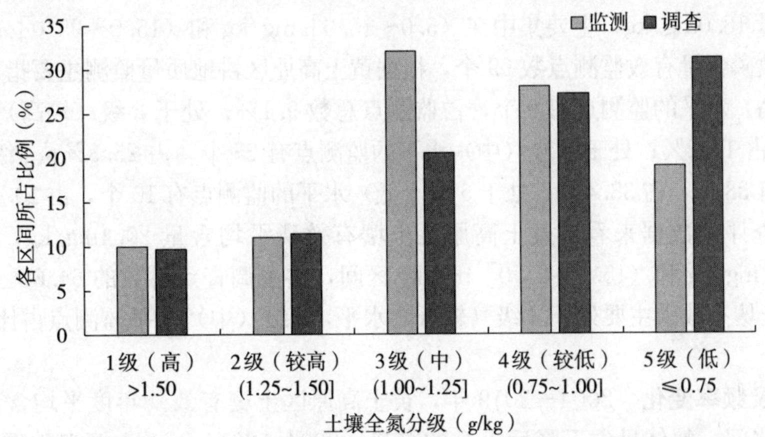

图3-70　2019年黄土高原区土壤全氮含量各等级区间所占比例

2. 含量及频率变化　2004—2019年，黄土高原区监测点土壤全氮年度平均含量在

0.78～1.05g/kg 之间，变化趋势较为平稳，略有上升，年际间变化幅度不大；而 2015—2017 年间出现较为明显的波动变化，这可能是由于 2016 年及 2017 年黄土高原区的监测点位数迅速增加引起的。土壤中氮素的来源，主要是动植物残体的积累，即土壤中全氮的多少与有机质含量有一定的相关性。经统计分析，黄土高原区土壤全氮与有机质变化存在正相关关系。

2004—2019 年，黄土高原区土壤全氮含量主要集中在（1.00～1.25］g/kg 和（0.75～1.00］g/kg 区间，处于 3 级（中）和 4 级（较低）水平。其中，土壤全氮含量处于 3 级（中）和 4 级（较低）水平的监测点占比在 2004—2013 年间表现为年际间变化波动较大，而 2013 年后这两个区间内的监测点占比相对稳定，总体略有下降，分别从 33.3%和 38.1%下降到 32.0%和 28.0%；处于 5 级（较低）水平监测点占比年际间变幅较大，总体略有下降，由 23.8%下降到 19.0%；分布于 1 级（高）和 2 级（较高）水平的监测点占比呈上升趋势，但总体占比仍旧较低，分别由 7.7%和 4.8%上升到 10.0%和 11.0%（图 3-71）。

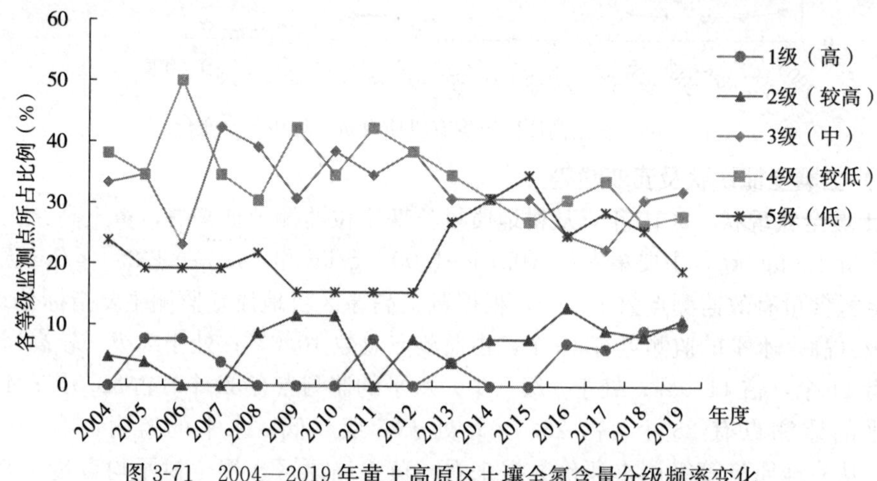

图 3-71　2004—2019 年黄土高原区土壤全氮含量分级频率变化

（三）土壤有效磷现状及演变趋势

1. 土壤有效磷现状　2019 年，从耕地质量长期定位监测数据来看，黄土高原区土壤有效磷平均含量 18.0mg/kg，主要集中在（5.0～15.0］mg/kg 和（15.0～25.0］mg/kg 区间。全区土壤有效磷含量有效监测点数 99 个，根据黄土高原区耕地质量监测主要指标分级标准，处于 1 级（高）水平的监测点有 9 个，占监测点总数 9.1%；处于 2 级（较高）水平的监测点有 17 个，占 17.2%；处于 3 级（中）水平的监测点有 25 个，占 25.3%；4 级（较低）水平的监测点有 38 个，占 38.4%；处于 5 级（低）水平的监测点有 10 个，占 10.1%。从耕地质量等级调查评价数据来看，黄土高原区土壤有效磷平均含量 20.4mg/kg，主要集中在（5.0～15.0］mg/kg 和（15.0～25.0］mg/kg 区间，共占调查点总数的 64.6%。总体来看，黄土高原区土壤有效磷主要处于 4 级（较低）水平，3 级（中）水平监测点占比也相对较大（图 3-72）。

2. 含量及频率变化　2004—2019 年，黄土高原区土壤有效磷年度平均含量在 12.2～21.3mg/kg 之间，整体呈先下降后上升的趋势。2004—2014 年，土壤有效磷含量呈逐年下降的趋势，从 2004 年的 18.4mg/kg 下降至 12.2mg/kg，土壤有效磷下降与施肥结构不合理有一定的关系，同时，由于灌溉不当导致施入土壤中的磷肥进入地下水，或随雨水径

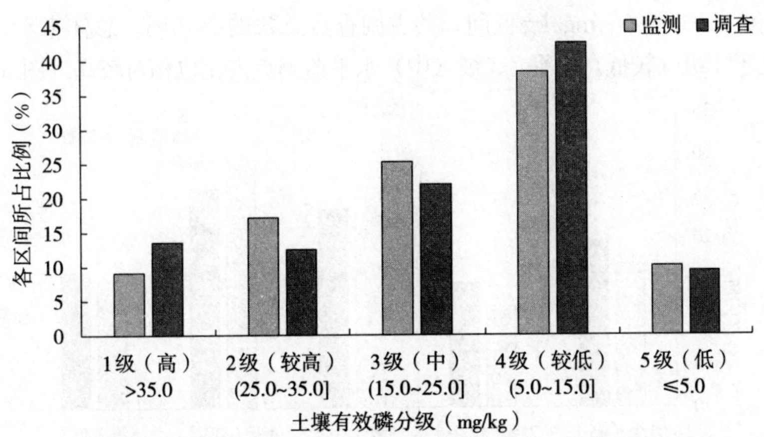

图 3-72　2019 年黄土高原区土壤有效磷含量各等级区间所占比例

流进入地表水，也对磷素下降有一定的影响。

2014—2019 年，土壤有效磷含量呈上升的趋势，2019 年全区土壤有效磷含量为 18.0 mg/kg，较 2014 年的 12.2mg/kg 有所增加，增幅达到 47.5%。究其原因，可能与近年来磷素化肥的大量施用有密切关系。2004—2019 年，黄土高原区土壤有效磷含量处于 3 级（中）和 4 级（较低）水平的监测点占比年际间变幅较大，总体呈下降的趋势，分别从 33.3%和 47.6%下降到 21.6%和 36.1%。1 级（高）和 2 级（较高）区间的比例有所增加，分别从 9.5%和 4.8%升高到 15.5%和 14.4%，也表现出近年来黄土高原区土壤有效磷含量趋于上升（图 3-73）。

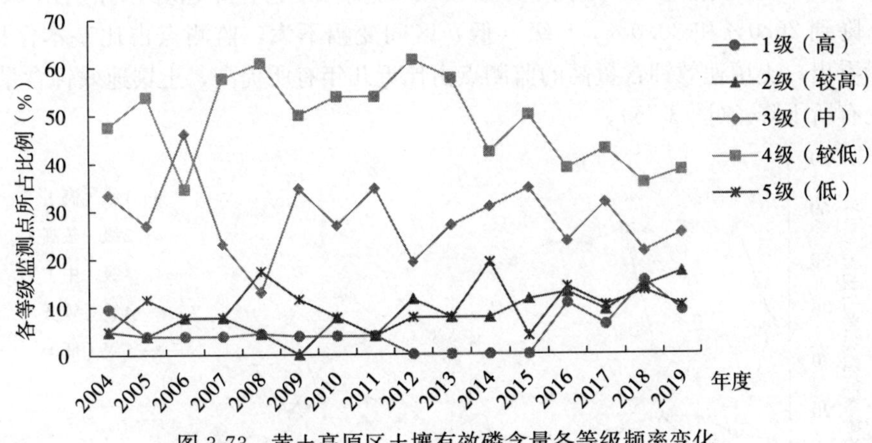

图 3-73　黄土高原区土壤有效磷含量各等级频率变化

（四）土壤速效钾现状及演变趋势

1. 土壤速效钾现状　2019 年，从耕地质量长期定位监测数据来看，黄土高原区土壤速效钾平均含量 177mg/kg，主要集中在（100～150］mg/kg 和（150～200］mg/kg 区间。全区土壤速效钾含量有效监测点数 100 个，根据黄土高原区耕地质量监测主要指标分级标准，处于 1 级（高）水平的监测点有 17 个，占监测点总数 17.0%；处于 2 级（较高）水平的监测点有 12 个，占 12.0%；处于 3 级（中）水平的监测点有 26 个，占 26.0%；4 级（较低）水平的监测点有 30 个，占 30.0%；处于 5 级（低）水平的监测点有 15 个，占 15.0%。从耕地质量等级调查评价数据来看，黄土高原区土壤速效钾平均含量 183mg/kg，主要集中在（100～

150］mg/kg 和（150～200］mg/kg 区间，共占调查点总数的 49.5%。总体来看，黄土高原区土壤速效钾处于 4 级（较低）水平，3 级（中）水平监测点占比也相对较高（图 3-74）。

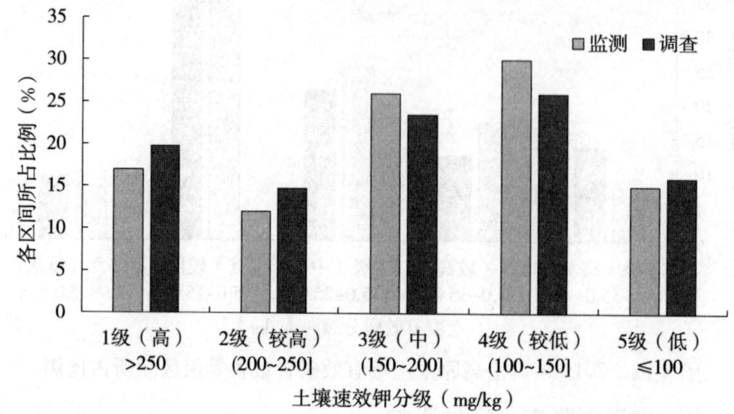

图 3-74　2019 年黄土高原区土壤速效钾含量各等级区间所占比例

2. 含量及频率变化　2004—2019 年，黄土高原区土壤速效钾含量整体变化幅度不大，各年土壤速效钾含量均维持在 150～180mg/kg 间，表现出该地区土壤速效钾含量较为稳定。2004—2019 年，监测点土壤速效钾含量频率分布变化较为复杂。其中 1 级（高）区间内的监测点占比从 2008 年起呈波动式增加的趋势，由 4.4%上升到 17.0%；2 级（较高）区间在 2004—2011 年期间占比先上升后下降，2012 年起又波动式上升；3 级（中）、4（较低）级区间监测点占比年际间变幅较大，总体均呈下降趋势，分别由 38.1%和 38.1%下降到 26.0%和 30.0%；5 级（低）区间变幅不大，监测点占比基本保持平稳。由图可以看出，土壤速效钾含量高的监测点占比近几年有所提高，土壤速效钾含量低的监测点占比有所下降。（图 3-75）。

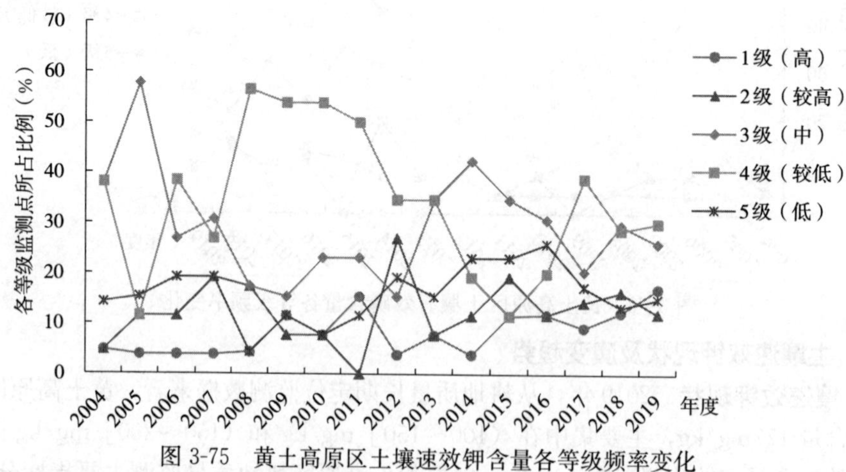

图 3-75　黄土高原区土壤速效钾含量各等级频率变化

（五）土壤缓效钾现状及演变趋势

1. 土壤缓效钾现状　2019 年，从耕地质量长期定位监测数据来看，黄土高原区土壤缓效钾平均含量 938mg/kg，主要集中在（700～1 000］mg/kg 区间。全区土壤缓效钾含量有效监测点数 100 个，根据黄土高原区耕地质量监测主要指标分级标准，处于 1 级（高）水平的监测点有 17 个，占监测点总数 17.0%；处于 2 级（较高）水平的监测点有 22 个，占 22.0%；处于 3 级（中）水平的监测点有 43 个，占 43.0%；4 级（较低）水平的监测点有 14 个，占 14.0%；处于 5 级水平的监测点有 4 个，占 4.0%。从耕地质量等级调查评价数据来看，黄土高原区土壤缓效钾平均含量 1 003mg/kg，主要集中在（700～1 000］mg/kg 区间，占调查点数的 34.8%。总体来看，黄土高原区土壤缓效钾处于 3 级（中）水平 1 级（高）和 2 级（较高）水平监测点也较多，大于 700mg/kg 的监测点达 85.0%以上（图 3-76）。

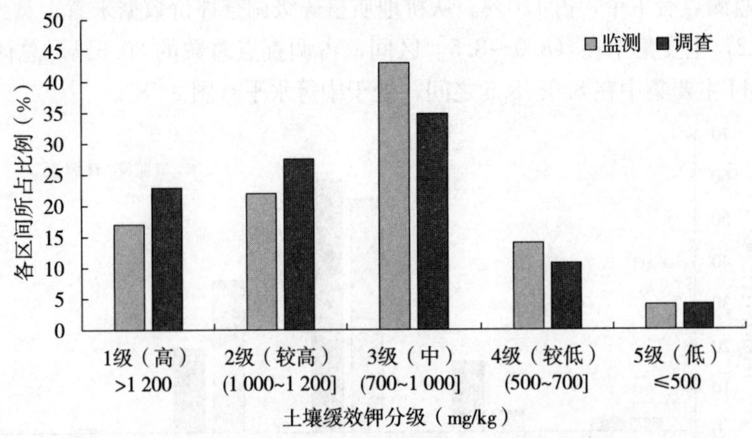

图 3-76　2019 年黄土高原区土壤缓效钾含量各等级区间所占比例

2. 含量及频率变化　2004—2019 年，监测点土壤缓效钾年度平均含量在 897～1 102 mg/kg 之间，变化趋势较为平稳，呈缓慢下降趋势，从 2004 年的1 024 mg/kg 下降至 2019 年的 938mg/kg，下降了 8.4%这与农作物产量的大幅度提高及钾肥施用长期不被重视有很大关系。黄土高原区监测点土壤缓效钾含量处于 1 级（高）水平的监测点占比呈波动式上升趋势，从 8.3%上升到 17.0%；处于 3 级（较高）水平监测点占比总体呈下降趋势，由 50.0%下降到 22.0%；处于 3 级（中）水平监测点占比年际间变幅较大，在 28.6%到 73.1%之间大幅波动；处于 4 级（较低）和 5 级（低）水平监测点变化幅度不大，一直处于较低比例（图 3-77）。

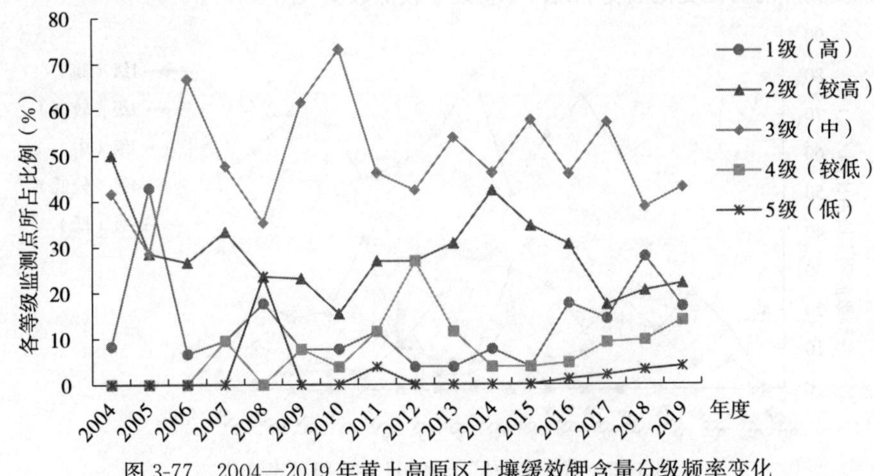

图 3-77　2004—2019 年黄土高原区土壤缓效钾含量分级频率变化

（六）土壤 pH 现状及演变趋势

1. 土壤 pH 现状 2019 年，从耕地质量长期定位监测数据来看，黄土高原区监测点土壤 pH 平均值 8.4，主要集中在（8.0～8.5］区间。全区土壤 pH 有效监测点数 100 个，根据黄土高原区耕地质量监测主要指标分级标准，处于 1 级（高）水平的监测点有 3 个，占监测点总数 3.0%；处于 2 级（较高）水平的监测点有 5 个，占 5.0%；处于 3 级（中）水平的监测点有 55 个，占 55.0%；4 级（较低）水平的监测点有 26 个，占 36.0%；处于 5 级（低）水平的监测点有 1 个，占 1.0%。从耕地质量等级调查评价数据来看，黄土高原区土壤 pH 平均值 8.2，主要集中在（8.0～8.5］区间，占调查点总数的 80.5%。总体来看，黄土高原区土壤 pH 主要集中在 8.0～8.5 之间，处于中等水平（图 3-78）。

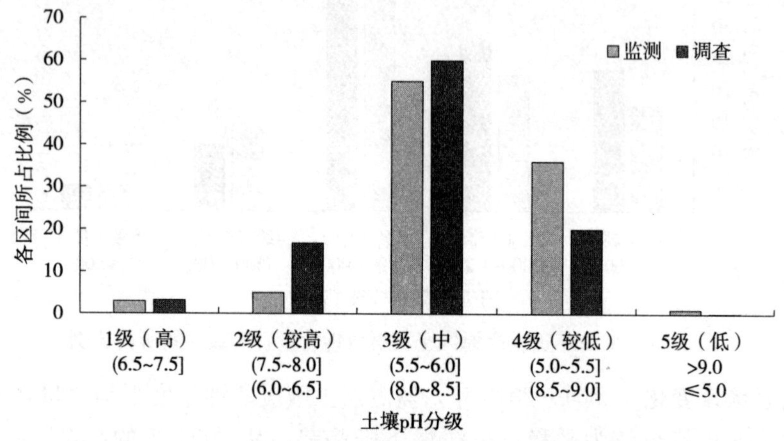

图 3-78 2019 年黄土高原区土壤 pH 各等级区间所占比例

2. 土壤 pH 及频率变化 2004—2019 年，黄土高原区监测点土壤 pH 平均值在8.0～8.4 之间，变化幅度不大，2019 年比 2004 年仅增加 1.2%。2004—2019 年，黄土高原区监测点土壤 pH 主要集中在（8.0～8.5］区间，处于 3 级（中）水平。其中，土壤 pH 处于 2 级（较高）和 3 级（中）水平的监测点占比呈下降趋势，分别从 20.0%和 80.0%下降到 5.0%和 55.0%；处于 4 级（较低）水平的监测点占比呈上升趋势，上升 36.0%；处于 1 级（高）水平和 5 级（低）水平监测点的占比变化幅度不大，一直处于较低数值（图 3-79）。

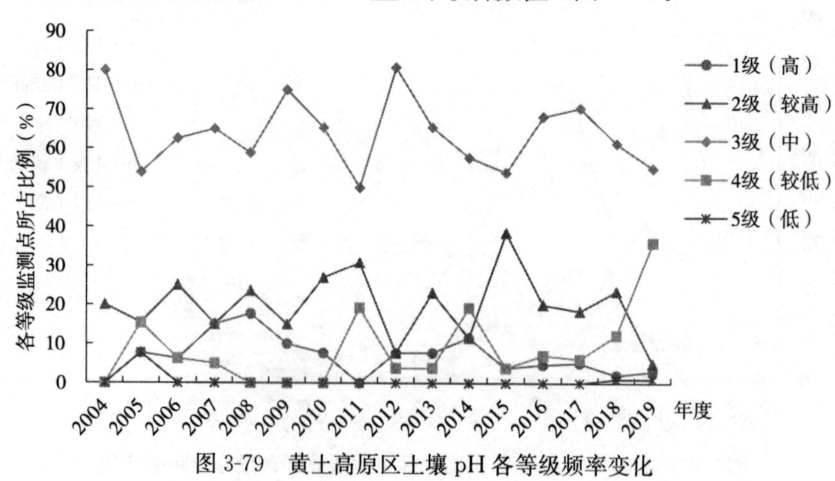

图 3-79 黄土高原区土壤 pH 各等级频率变化

（七）耕层厚度情况

1. 耕层厚度现状　2019 年，从耕地质量长期定位监测数据来看，黄土高原区耕层厚度平均为 23.1 cm，主要集中在（15.0～25.0］cm 区间。全区耕层厚度含量有效监测点数 99 个，根据黄土高原区耕地质量监测主要指标分级标准，处于 1 级（高）水平的监测点有 3 个，占监测点总数 3.0％；处于 2 级（较高）水平的监测点有 17 个，占 17.2％；处于 3 级（中）水平的监测点有 79 个，占 79.8％；没有处于 4 级（较低）和 5 级（低）水平的监测点。从耕地质量等级调查评价数据来看，黄土高原区土壤耕层厚度平均为 22.0cm，主要集中在（15.0～25.0］cm 区间，共占调查点总数的 80.4％。总体来看，黄土高原区土壤耕层厚度处于 3 级（中）水平，集中在 15.0～25.0cm 之间（图 3-80）。

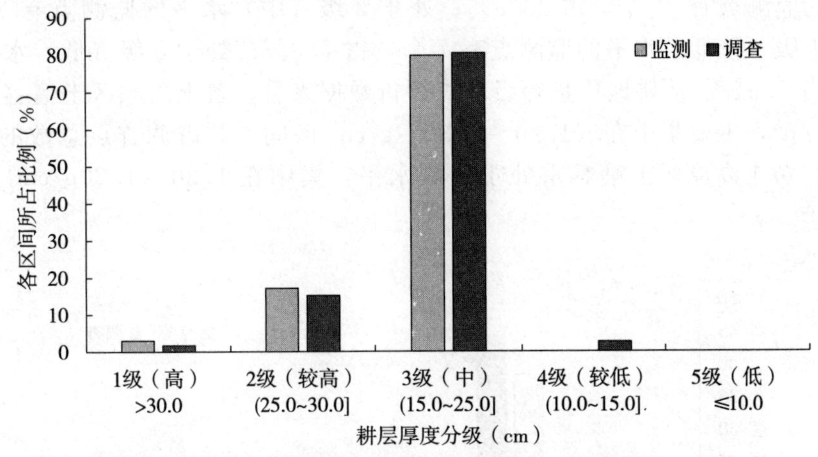

图 3-80　2019 年黄土高原区土壤耕层厚度各等级区间所占比例

2. 耕层厚度及频率变化　2015—2019 年，黄土高原区土壤耕层厚度年度平均值在 23.1～24.0cm 之间，呈降低的趋势，2019 年比 2015 年降低 0.8cm，降低比例为 3.4％。2015—2019 年，黄土高原区监测点土壤耕层厚度主要集中在（15.0～25.0］cm 区间，处于 3 级（中）水平。其中，土壤耕层厚度处于 1 级（高）水平的监测点占比有降低趋势，

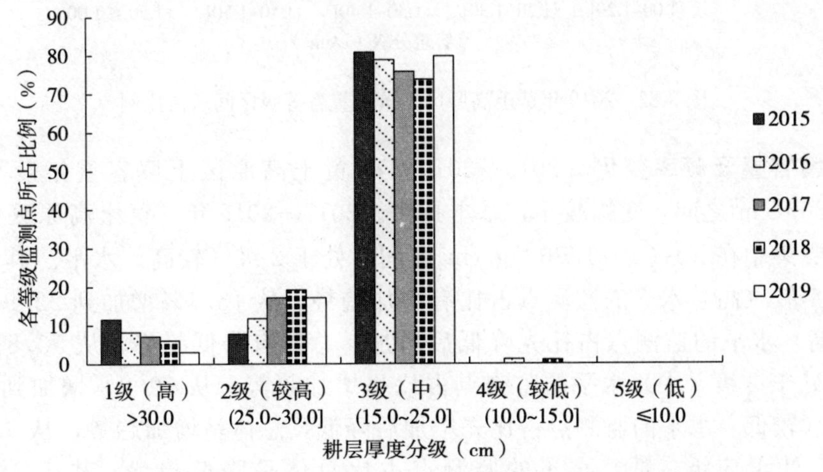

图 3-81　2015—2019 年黄土高原区土壤耕层厚度各区间所占比例

从11.5%下降到3.0%；处于2级（较高）水平的监测点占比先增加后降低，总体有所增加趋势，从7.7%增加到17.2%；处于3级（中）水平的监测点占比先降低后增加，总体有下降趋势，从80.8%下降到79.8%；处于4级（较低）水平的监测点年际间变化不大，一直占较低比例（图3-81）。

（八）土壤容重情况

1. 土壤容重现状 2019年，从耕地质量长期定位监测数据来看，黄土高原区土壤容重平均为1.30g/cm³，主要集中在（1.20～1.30］g/cm³和（1.30～1.40］g/cm³区间。全区耕层厚度含量有效监测点数96个，根据黄土高原区耕地质量监测主要指标分级标准，处于1级（高）水平的监测点有17个，占监测点总数17.1%；处于2级（较高）水平的监测点有37个，占38.5%；处于3级（中）水平的监测点有29个，占30.2%；4级（较低）水平的监测点有7个，占7.3%；处于5级（低）水平的监测点6个，占6.3%。从耕地质量等级调查评价数据来看，黄土高原区土壤容重平均含量1.28g/cm³，主要集中在（1.20～1.30］g/cm³区间，共占调查点总数的44.5%。总体来看，黄土高原区土壤容重处于较高水平，集中在1.20～1.30g/cm³之间（图3-82）。

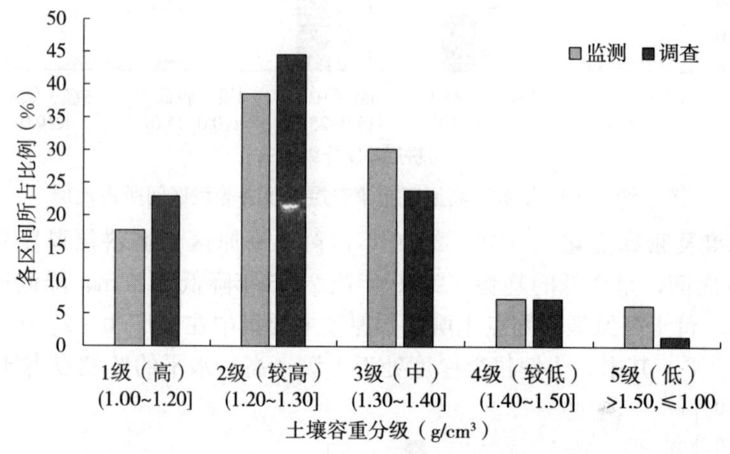

图3-82 2019年黄土高原区土壤容重各等级区间所占比例

2. 土壤容重及频率变化 2015—2019年，黄土高原区土壤容重年度平均值在1.29～1.30g/cm³之间，变幅较小，基本持平。2015—2019年，黄土高原区监测点土壤容重主要集中在（1.20～1.30］g/cm³区间，处于2级（较高）水平。其中，土壤容重处于1级（高）水平的监测点占比有增加趋势，从15.4%增加到22.9%；处于2级（较高）水平的监测点占比先降低后增加，总体有降低趋势，从53.8%降低到44.5%；处于3级（中）水平的监测点占比呈增加趋势，从19.2%增加到23.8%；处于4级（较低）水平的监测点占比先增加后降低，总体呈增加趋势，从3.8%增加到7.3%；处于5级（低）水平的监测点占比总体呈降低趋势，从7.7%降低到1.5%（图3-83）。

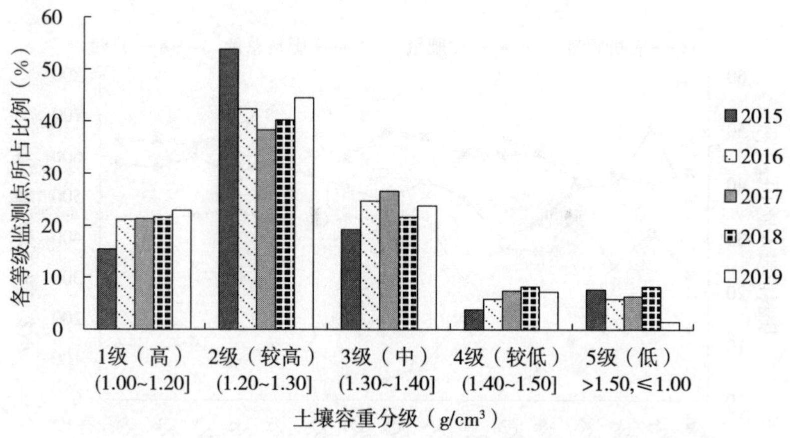

图 3-83　2015—2019 年黄土高原区土壤容重各区间所占比例

三、肥料投入与利用情况

（一）肥料投入现状

2019 年，黄土高原区主要作物监测点肥料亩总投入量（折纯，下同）平均值 43.7kg，其中有机肥亩投入量平均值 10.4kg，化肥亩投入量平均值 33.3kg，有机肥和化肥之比为 1∶3.2。肥料亩总投入中，氮肥（N）投入 23.4kg，磷肥（P_2O_5）投入 11.4kg，钾肥（K_2O）8.9kg，投入量依次：肥料氮＞肥料磷＞肥料钾，氮∶磷∶钾之比为 1∶0.49∶0.38。其中化肥投入中，氮肥（N）亩投入 19.1kg，磷肥（P_2O_5）亩投入 9.7kg，钾肥（K_2O）亩投入为 4.5kg，投入量依次：化肥氮＞化肥磷＞化肥钾，氮∶磷∶钾平均比例 1∶0.51∶0.24。

（二）肥料投入与产量变化趋势

1. 主要种植作物（小麦、玉米）　2004—2019 年，黄土高原区主要种植作物（小麦、玉米）监测点，肥料单位面积投入总量呈现上升趋势，2019 年监测点肥料亩投入总量为 43.7kg，较 2004 年增加了 7.0kg，增幅 19.2%。其中 2019 年化肥亩投入量为 33.3kg，较 2004 年增加了 10.0kg，增幅 43.2%；有机肥亩投入量为 10.4kg，较 2004 年降低了 30.0kg，降幅为 22.4%，总体呈现先降低后增加的趋势。2004—2019 年，黄土高原区小麦玉米监测点年产量呈上升的趋势，2019 年小麦玉米年亩产为 634.6kg，比 2004 年增加了 71.0kg，增幅 12.6%。16 年间化肥投入量增加了 43.2%，小麦玉米年产量提高了 12.6%（图 3-84）。

2. 小麦季肥料投入与产量变化趋势　2004—2019 年，黄土高原区监测点小麦季肥料单位面积投入总量变幅较大，总体呈现上升趋势，2018 年监测点肥料亩投入总量 31.6kg，较 2004 年增加了 19.9kg，降幅 170.0%。其中，化肥亩投入量为 24.4kg，较 2004 年增加 12.7kg，增幅 108.0%；有机肥用量在 2004—2009 年变化波动较大，2011—2019 年变化较平稳，2019 年有机肥亩投入量 7.3kg，较 2004 年降低了 7.3kg。2004—2019 年，黄土高原区小麦年产量总体呈上升趋势，2019 年监测点小麦年亩产 382.8kg，较 2004 年增加 32.1%（图 3-85）。

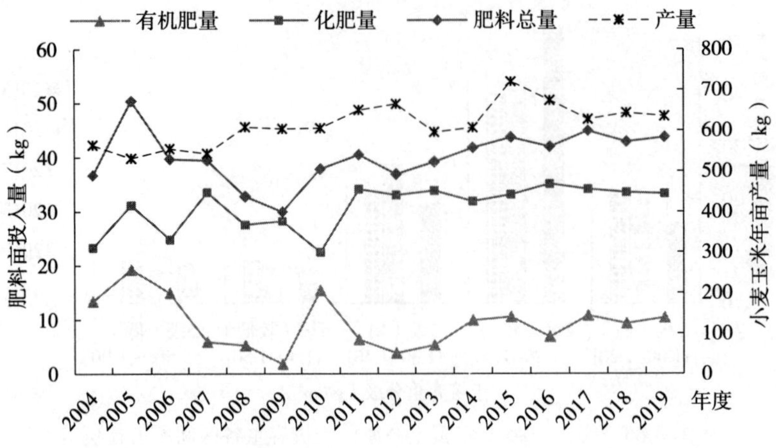

图 3-84　黄土高原区主要种植作物肥料投入与产量变化趋势

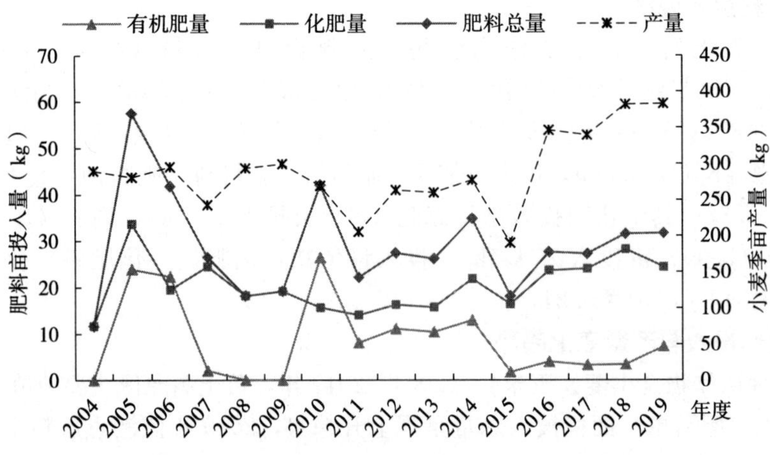

图 3-85　黄土高原区小麦季肥料投入与产量变化趋势

3. 玉米季肥料投入与产量变化趋势　2004—2019 年，黄土高原区单季玉米监测点肥料单位面积投入总量总体呈现上升趋势，2018 年监测点玉米季肥料亩投入总量 34.2kg，较 2004 年增加了 2.4kg，增幅 7.4%。其中化肥投入量较 2004 年有所下降，2019 年玉米季化肥亩投入量为 25.9kg，较 2004 年降低了 2.5kg，降幅 8.7%；有机肥用量在 2005—2009 年变化波动较大，2011—2019 年呈现上升趋势，但总体投入依然偏低，2019 年玉米季有机肥亩投入量为 8.3kg，较 2004 年增加了 4.8kg，增幅 137.8%。2004—2018 年黄土高原区玉米产量呈上升趋势，2019 年部分地区受旱情影响，玉米产量下降。2019 年监测点玉米亩产为 564.5kg，较 2004 年降低 14.3kg，降幅 2.5%（图 3-86）。

（三）偏生产力

1. 小麦　2004—2019 年，黄土高原区小麦季监测点中小麦化肥偏生产力（PFP）变

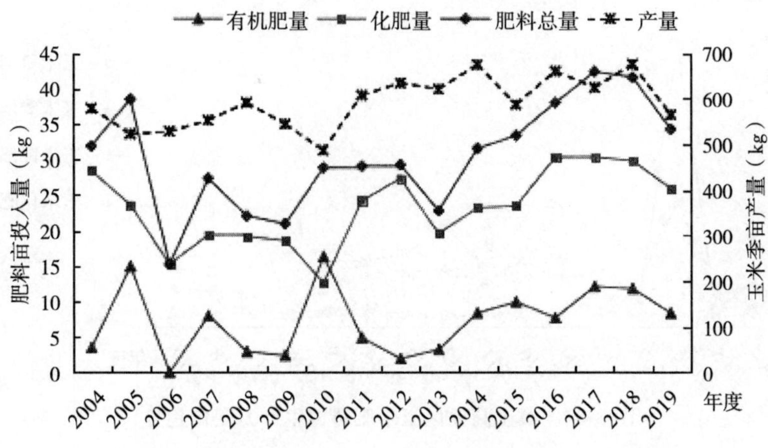

图 3-86　黄土高原区玉米季肥料投入与产量变化趋势

幅不大，整体呈下降趋势，2019 年小麦化肥偏生产力 20.8kg/kg，较 2004 年的 23.6kg/kg 下降了 11.9%。小麦氮肥和磷肥偏生产力变化幅度不大，均呈下降趋势，小麦钾肥偏生产力年际间变化幅度较大，总体呈上升趋势。2019 年小麦氮肥偏生产力 39.3kg/kg，与 2004 年相比，下降了 25.4kg/kg，降幅 39.2%；2019 年小麦季磷肥偏生产力 55.3kg/kg，与 2004 年相比，下降 23.3kg/kg，降幅 29.7%；2019 年小麦钾肥偏生产力 187.6kg/kg，较 2004 年提高 96.8kg/kg，增幅 106.5%（图 3-87）。

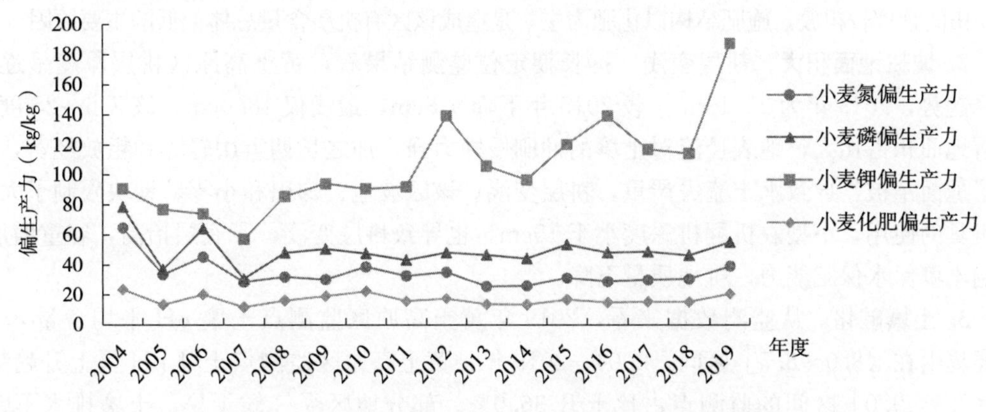

图 3-87　黄土高原区小麦肥料偏生产力变化趋势

2. 玉米　2004—2019 年，黄土高原区玉米季监测点中玉米化肥偏生产力呈缓慢下降趋势，2019 年玉米化肥偏生产力 25.4kg/kg，较 2004 年的 40.1kg/kg 下降了 36.8%。玉米氮肥和磷肥偏生产力 2006 年波动较大，其余年际间变化幅度不大，均呈下降趋势，玉米钾肥偏生产力年际间变化幅度较大，总体呈上升趋势。2019 年玉米氮肥偏生产力 42.7kg/kg，与 2004 年相比，下降了 20.5kg/kg，降幅 32.5%；2019 年玉米季磷肥偏生产力 105.9kg/kg，与 2004 年相比，下降了 24.0kg/kg，降幅 18.5%；2019 年玉米钾肥偏生产力 160.2kg/kg，较 2004 年提高 45.8kg/kg，增幅 40.0%（图 3-88）。

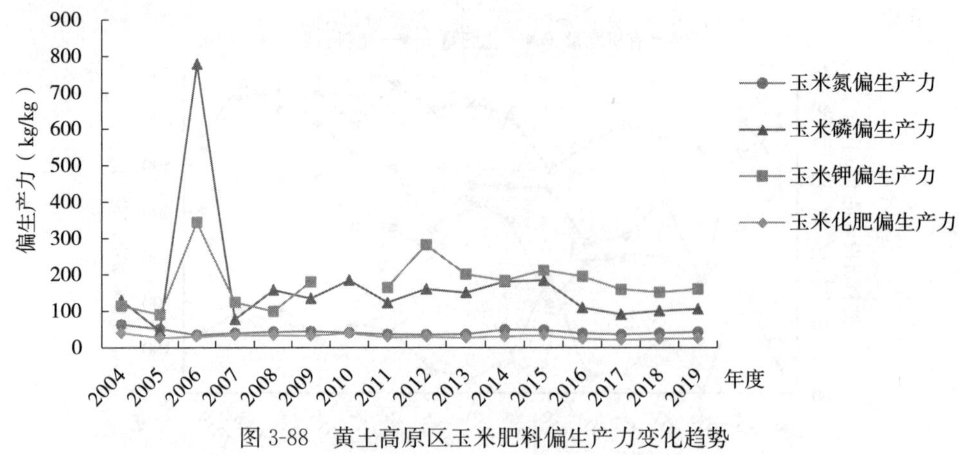

图 3-88　黄土高原区玉米肥料偏生产力变化趋势

四、耕地质量存在的主要问题及原因分析和土壤培肥改良对策

（一）存在的主要问题及原因分析

1. 土壤有机质含量有所提升，但整体水平仍旧偏低　2019 年黄土高原区土壤有机质含量 17.3g/kg，较 2004 年上升 3.6g/kg，增幅 26.3%。近年来，各地在耕地质量保护政策与耕地质量保护提升行动、化肥零增长行动推动下，积极实施秸秆综合利用、有机肥替代化肥、土壤有机质提升等项目，大力推广土地翻耕、秸秆还田、增施有机肥、施用土壤改良剂等培肥改良技术措施，使土壤有机质得到有效提升，但是总体仍然偏低。黄土高原区旱地面积大，田间管理较粗放，施肥结构以化肥为主，是造成该区有机质含量总体偏低的主要原因。

2. 坡耕地面积大，耕层变浅　据长期定位监测结果看，黄土高原区耕层厚度呈逐年下降趋势，2019 年为 23.1 cm，较 2015 年下降 0.8cm，最浅仅 18.0cm。该区 6～25 度的坡耕地面积占比大，地表径流对土壤的冲刷侵蚀力强，加之长期重用轻养和粗放经营，破坏了地面植被，导致水土流失严重，耕层变浅。该区坡地、梯田和小零碎地块限制了大型农机具的使用，小型农机翻耕深度小于 15cm，也导致耕层变浅，犁底层抬高，容重增加，影响土壤保水保肥能力，耕地质量下降。

3. 土壤碱化　从监测数据来看，2019 年黄土高原区监测点土壤 pH 平均含量 8.4，主要集中在（8.0～8.5］区间。2004—2019 年，黄土高原区监测点土壤 pH 呈上升趋势，在（8.5～9.0］区间的监测点占比上升 36.0%。部分地区受气候干旱，土壤排水不畅，地下水位高，矿化度大等条件所制约，土壤呈现盐渍化。大水漫灌、排水不畅及不合理的耕作等人为因素，也造成土壤次生盐渍化。土壤盐碱化造成土壤板结与肥力下降，使土壤养分不利于农作物吸收，从而阻碍作物生长。

4. 施肥不合理，肥料利用率低　黄土高原区施肥结构不合理，导致肥料利用率低，限制作物产出提高。主要体现在：化肥亩均施用量偏高，2019 年化肥亩均投入 33.3kg，远高于世界平均水平（每亩 8.0kg）。区域化肥施用不平衡现象突出，汾渭谷地农业区和城郊区施肥量偏高，蔬菜果树等附加值较高的经济园艺作物过量施肥比较普遍。化肥有机肥施用比例不协调，2019 年化肥和有机肥投入比 3.2∶1，有机资源利用低。施肥结构不合理，重化肥、轻有机肥，重大量元素肥料、轻中微量元素肥料，重氮肥、轻磷钾肥“三重三轻”问题突出。施肥方式不合理，化肥撒施、表施现象依然存在。

（二）培肥改良对策

1. 培肥土壤

（1）秸秆还田。秸秆是农作物收获后的副产品，含有大量的有机碳和各种营养物质，是重要的有机肥资源，对于改善土壤结构、增加土壤有机质、提高土壤肥力、提升作物产量具有明显的作用。各地应因地制宜，推广秸秆还田技术，特别应集中研发适于黄土高原区坡地、梯田和小零碎地块的经济耐用、环保低耗、操作简便的秸秆还田小型农机具，解决这部分地块秸秆难以还田的问题。

（2）积造农家肥。农家肥以散养的畜禽粪便、堆沤肥、土杂肥等为主要来源，具有低成本且肥效长而稳定的特点。应鼓励引导农民积造农家肥，做好人粪尿、分散养殖的畜禽粪便积造和堆沤工作，广辟有机肥源。

（3）增施商品有机肥。商品有机肥其养分含量全，分解快，更易被作物吸收利用，是快速改良、培肥土壤的优质有机肥料。同时它还有用量少、便于运输、施用方便的特点。应引导农民对粮田增施商品有机肥，增加土壤有机质含量、改善土壤团粒结构、有效协调土壤水、肥、气、热状况，提高农产品品质，减轻环境污染。

（4）种植绿肥。采用粮肥间作或轮作制度，种植绿豆、草木樨和苜蓿等绿肥作物，实施绿肥翻压还田或绿肥过腹还田模式，从而增加土壤有机物投入量，疏松耕作层、增加地面覆盖、减少水分蒸发和盐分上行运动，达到培肥地力、提高耕地综合生产能力的作用。

（5）测土配方施肥。继续推广测土配方施肥技术，根据土壤养分监测结果及其供肥性能、作物需肥规律与肥料施用效应，在合理施用有机肥的基础上，提出氮、磷、钾、中量元素和微量元素等肥料适宜用量与科学配比，并采用合理施肥方法，确保作物所需养分平衡。

2. 深耕整地保水保肥 深耕整地是改善土壤结构、提高土壤蓄水保墒能力、增强土壤排涝降盐能力、保护农田生态环境的有效措施，针对黄土高原区耕地土壤耕作层普遍变浅的问题，应积极扶持和引导农民深松深翻耕地，耕作深度 30.0cm 以上，以彻底打破犁底层，提高土壤通透性，促进土壤水分、养分及微生物循环，为作物生长创造适宜环境。

3. 改良盐碱地 针对盐碱耕地，通过平整土地、深耕晒垡、及时松土、抬高地形、微区改土等物理措施使土壤盐碱化问题得到改善。通过灌排配套、蓄淡压盐、灌水洗盐、地下排盐等工程措施达到土壤脱盐和防止次生盐渍化目的。还可采取化学改良措施，施用脱硫石膏、硫酸亚铁和氯化钙等物质，通过生物络合、吸附、置换反应，清除土壤团粒上多余的钠离子，随灌溉水将钠离子和盐分带到土壤深处，从而降碱脱盐，解除盐碱对作物的危害作用。

第五节 长江中下游区

长江中下游区包括河南省南部及安徽、湖北、湖南省大部，上海、江苏、浙江、江西省（直辖市）全部，福建、广西、广东省（自治区）北部，总耕地面积 2 540 万 hm^2，占全国耕地总面积的 18.8%，种植制度以一年两熟或三熟为主。种植业以水稻、小麦、油菜、棉花等作物为主，是我国重要的粮、棉、油生产基地。该区主要包括长江下游平原丘陵农畜水产区、鄂豫皖平原山地农林区、长江中游平原农业水产区、江南丘陵山地农林区、浙闽丘陵山地林农区、南岭丘陵山地林农区 6 个二级农业区，耕地主要土壤类型为水稻土、红壤、潮土、砂姜黑土、黄褐土、黄棕壤、石灰（岩）土等，影响耕地农业生产的障碍因素包括土壤微酸、质地黏重、养分贫瘠、土层较薄、地形起伏较大和盐碱化等。

2019 年，长江中下游区共有耕地质量监测点 301 个，分布在上述 6 个二级农业区的点数分别为 95 个、24 个、54 个、79 个、21 个和 28 个。根据农业农村部耕地质量监测保护中心印发的《全国九大农区及省级耕地质量监测指标分级标准（试行）》，长江中下游区耕地质量监测主要指标分级标准见表 3-5。

表 3-5　长江中下游区耕地质量监测主要指标分级标准

指标	单位	分级标准				
		1 级（高）	2 级（较高）	3 级（中）	4 级（较低）	5 级（低）
有机质	g/kg	＞35.0	25.0～35.0	15.0～25.0	10.0～15.0	≤10.0
全氮	g/kg	＞2.00	1.50～2.00	1.00～1.50	0.75～1.00	≤0.75
有效磷	mg/kg	＞35.0	25.0～35.0	15.0～25.0	10.0～15.0	≤10.0
速效钾	mg/kg	＞150	125～150	100～125	75～100	≤75
缓效钾	mg/kg	＞800	600～800	400～600	200～400	≤200
pH	—	6.5～7.5	5.5～6.5	7.5～8.5	4.5～5.5	＞8.5，≤4.5
耕层厚度	cm	＞20.0	16.0～20.0	12.0～16.0	8.0～12.0	≤8.0
土壤容重	g/cm^3	1.00～1.20	1.20～1.30，0.90～1.00	1.30～1.40	1.40～1.50	＞1.50，≤0.90

一、耕地质量等级情况

总的来看，2019 年该区耕地质量平均等级为 4.72 等，耕地质量水平适中。其中评价为一至三等级的耕地面积为 693.33 万 hm^2，占长江中下游区耕地总面积的 27.3%。主要分布在江汉平原、洞庭湖平原、鄱阳湖平原、里下河平原、环太湖平原、杭嘉湖平原、宁绍平原、金衢盆地、南阳盆地、韶关盆地等区域，以水稻土、红壤、砂姜黑土为主。这部分耕地基础地力较高，地形起伏较小，土层深厚，土壤养分含量较高，农田基础设施完善，无明显障碍因素。评价为四至六等级的耕地面积为 1 386.67 万 hm^2，占该区耕地总面积的 54.6%。主要分布在淮北平原、低山丘陵下部和滨海岛屿区域，以潮土、紫色土为主。这部分耕地地形有一定的起伏，土层较深厚，具备一定的农田基础设施，灌排条件较好，土壤养分处于中等水平。评价为七至十等级的耕地面积为 460 万 hm^2，占该区耕地总面积的 18.2%。主要分布在丘陵、山地中上部及沿海区域，以黄棕壤、棕壤、褐土为主，立地条件较差，地形起伏较大，土壤养分贫瘠，基础地力较低，水利设施条件落后，灌溉条件不足，部分耕地存在障碍因素。处于丘陵山区的低质量等级耕地，田间基础设施较差，应继续推进高标准农田建设。沿海地区的低等级耕地存在盐碱等障碍因素，应综合采取工程洗盐、农艺压盐、物理阻盐和化学改良等方法进行改良。针对复垦后有机质含量低、盐分含量高的新垦滩涂耕地，应通过增施有机肥等措施，培肥地力，阻断盐分在土表的集聚（图 3-89）。

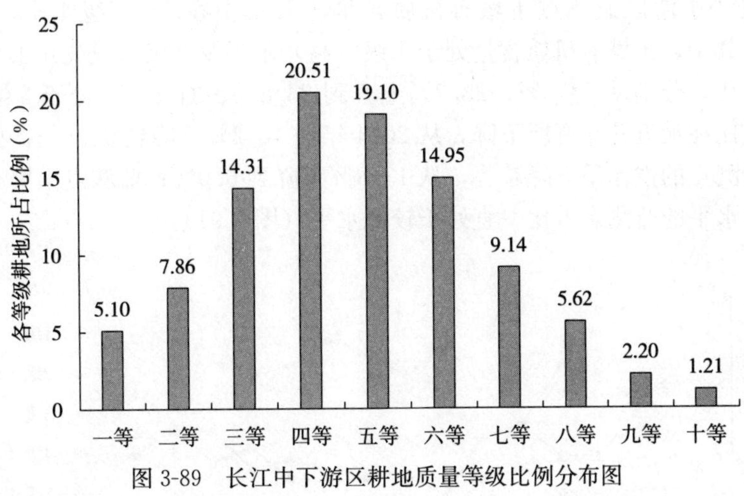

图 3-89　长江中下游区耕地质量等级比例分布图

二、耕地质量主要指标性状

（一）土壤有机质现状及演变趋势

1. 土壤有机质现状　2019 年，从耕地质量长期定位监测数据来看，长江中下游区土壤有机质平均含量 30.0g/kg，主要集中在（15.0～25.0］g/kg、（25.0～35.0］g/kg 和＞35.0g/kg区间。全区土壤有机质含量有效监测点数 299 个，根据长江中下游区耕地质量监测主要指标分级标准，处于 1 级（高）水平的监测点有 86 个，占监测点总数 28.8%；处于 2 级（较高）水平的监测点有 95 个，占 31.8%；处于 3 级（中）水平的监测点有 98 个，占 32.8%；4 级（较低）水平的监测点有 18 个，占 6.0%；处于 5 级（低）水平的监测点有 2 个，占 0.7%。从耕地质量等级调查评价数据来看，长江中下游区土壤有机质平均含量 26.7g/kg，主要集中在（15.0～25.0］g/kg 和（25.0～35.0］g/kg 区间，共占调查点总数的 67.4%。总体来看，长江中下游区土壤有机质含量处于 2 级（较高）水平（图 3-90）。

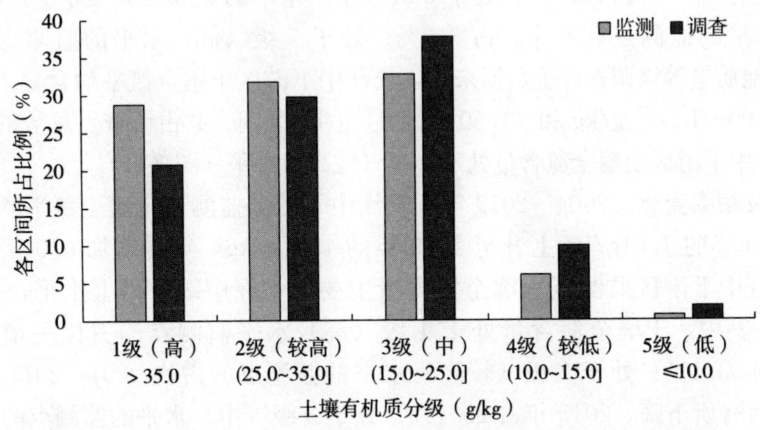

图 3-90　2019 年长江中下游区土壤有机质含量各等级区间所占比例

2. 含量及频率变化　2004—2019 年，长江中下游区监测点土壤有机质平均含量略有上升，从 2004 年的 25.7g/kg 上升至 2019 年的 30.0g/kg，年均增加 0.3g/kg。2004—

2019年，长江中下游区监测点土壤有机质含量主要集中在1～3级水平，2019年占比93.3%左右。其中，土壤有机质含量处于1级（高）水平及2级（较高）水平的监测点的占比呈增加趋势，分别从20.7%、23.3%上升到28.8%、31.8%；处于3级（中）水平的监测点的占比在最近几年有所下降，从2014年的44.2%下降到32.8%；处于4级（较低）水平的监测点的占比呈下降趋势，从13.8%下降到6.0%；监测点土壤有机质含量处于5级（低）水平的监测点占比一直处于较低水平（图3-91）。

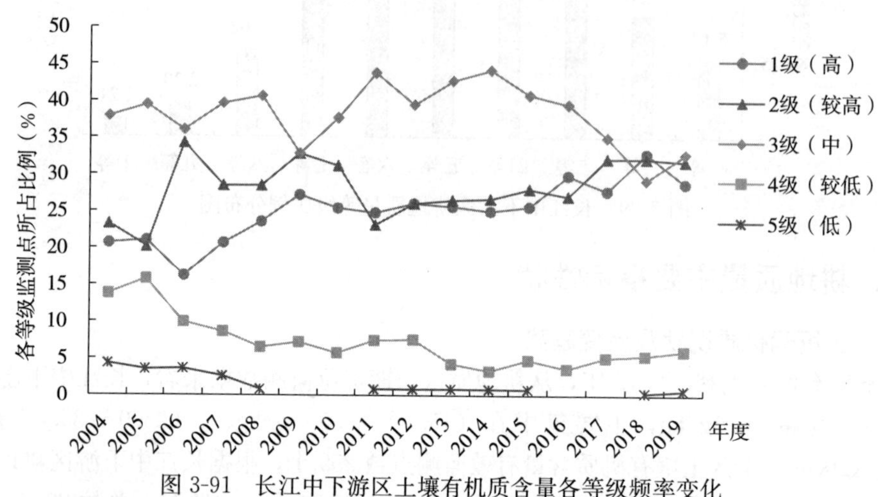

图3-91　长江中下游区土壤有机质含量各等级频率变化

（二）土壤全氮现状及演变趋势

1. 土壤全氮现状　2019年，从耕地质量长期定位监测数据来看，长江中下游区土壤全氮平均含量1.81g/kg，主要集中在（1.00～1.50］g/kg、（1.50～2.00］g/kg和>2.00g/kg区间。全区土壤全氮含量有效监测点数299个，根据长江中下游区耕地质量监测主要指标分级标准，处于1级（高）水平的监测点有99个，占监测点总数33.1%；处于2级（较高）水平的监测点有84个，占28.1%；处于3级（中）水平的监测点有105个，占35.1%；4级（较低）水平的监测点有9个，占3.0%；处于5级（低）水平的监测点有2个，占0.7%。从耕地质量等级调查评价数据来看，长江中下游区土壤全氮平均含量1.56g/kg，主要集中在（1.00～1.50］g/kg和（1.50～2.00］g/kg区间，共占调查点总数的62.6%。总体来看，长江中下游区土壤全氮含量处于2级（较高）水平（图3-92）。

2. 含量及频率变化　2004—2019年，长江中下游区监测点土壤全氮平均含量的略有上升，从2004年的1.61g/kg上升至2019年的1.81g/kg，年均增加0.01g/kg。2004—2019年，长江中下游区监测点土壤全氮含量主要集中在中级及以上水平，2019年占比96.3%左右。其中，土壤全氮含量处于1级（高）水平监测点的占比呈增加趋势，从20.5%上升到33.1%；处于2级（较高）水平的监测点的占比2004—2017年呈增加趋势，2017年后有所下降，2019年占28.1%；处于3级（中）水平的监测点的占比2004—2017年下降幅度较大，从41.0%下降到28.2%，2017年后呈上升趋势，2019年占35.1%；处于4级（较低）水平的监测点的占比呈下降趋势，从8.5%下降到3.0%；处于5级（低）水平的监测点占比一直处于低水平，2019年占0.7%（图3-93）。

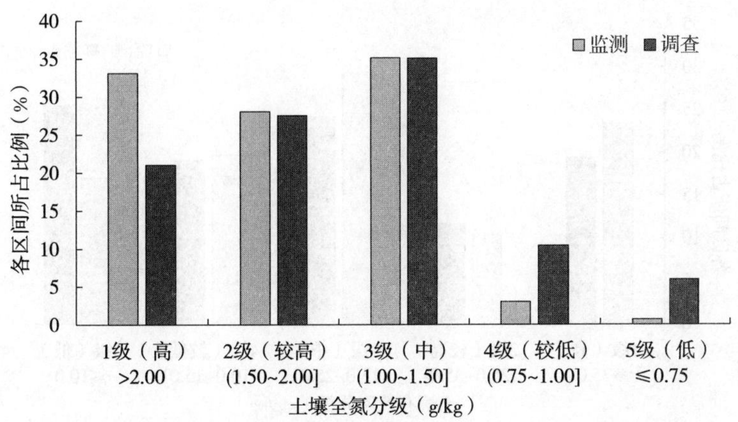

图 3-92　2019 年长江中下游区土壤全氮含量各等级区间所占比例

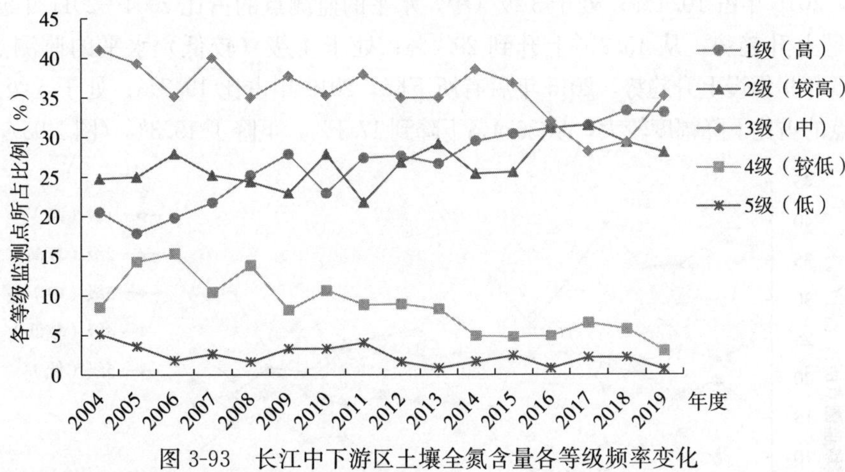

图 3-93　长江中下游区土壤全氮含量各等级频率变化

（三）土壤有效磷现状及演变趋势

1. 土壤有效磷现状　2019 年，从耕地质量长期定位监测数据来看，长江中下游区土壤有效磷平均含量 26.4mg/kg，主要集中在（15.0～25.0］mg/kg 和＞35.0mg/kg 区间。全区土壤有效磷含量有效监测点数 299 个，根据长江中下游区耕地质量监测主要指标分级标准，处于 1 级（高）水平的监测点有 70 个，占监测点总数 23.4%；处于 2 级（较高）水平的监测点有 31 个，占 10.4%；处于 3 级（中）水平的监测点有 88 个，占 29.4%；4 级（较低）水平的监测点有 59 个，占 19.7%；处于 5 级（低）水平的监测点有 51 个，占 17.1%。从耕地质量等级调查评价数据来看，长江中下游区土壤有效磷平均含量 25.9mg/kg，主要集中在（15.0～25.0］mg/kg 和≤10mg/kg 区间，共占调查点总数的 49.8%。总体来看，长江中下游区土壤有效磷含量处于 3 级（中）水平（图 3-94）。

2. 含量及频率变化　2004—2019 年，长江中下游区监测点土壤有效磷平均含量略有上升，从 2004 年的 20.7mg/kg 上升至 2019 年的 26.4mg/kg，年均增加 0.38mg/kg。2004—2019 年，长江中下游区监测点土壤有效磷含量主要集中在 3 级（中）水平，2019 年占比 29.4%。其中，土壤有效磷含量处于 1 级（高）水平监测点的占比呈增加趋势，从 16.1%上升到 23.4%；处于 2 级（较高）水平的监测点的占比 2004—2017 年呈增加趋势，2017 年后

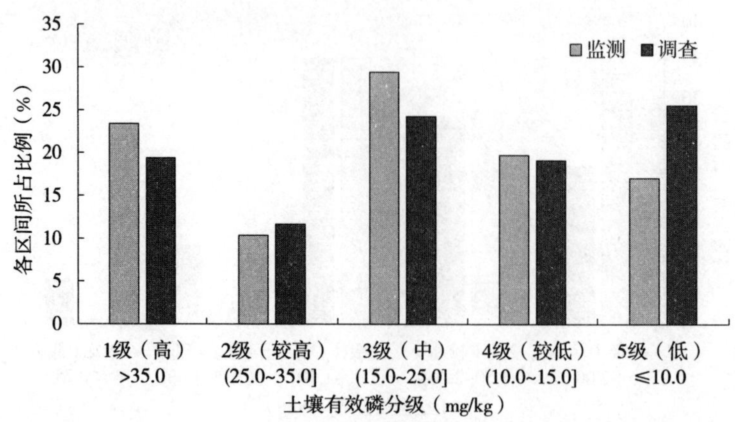

图 3-94　2019 年长江中下游区土壤有效磷含量各等级区间所占比例

有所下降，2019 年占 10.4%；处于 3 级（中）水平的监测点的占比 2004—2011 年波动变化，2011 年后呈上升趋势，从 15.2%上升到 29.4%；处于 4 级（较低）水平的监测点的占比 2004—2015 年呈缓慢上升趋势，2015 年后有所下降，2019 年占比 19.7%；处于 5 级（低）水平的监测点的占比下降幅度较大，从 36.4%下降到 17.1%，下降了 19.3%（图 3-95）。

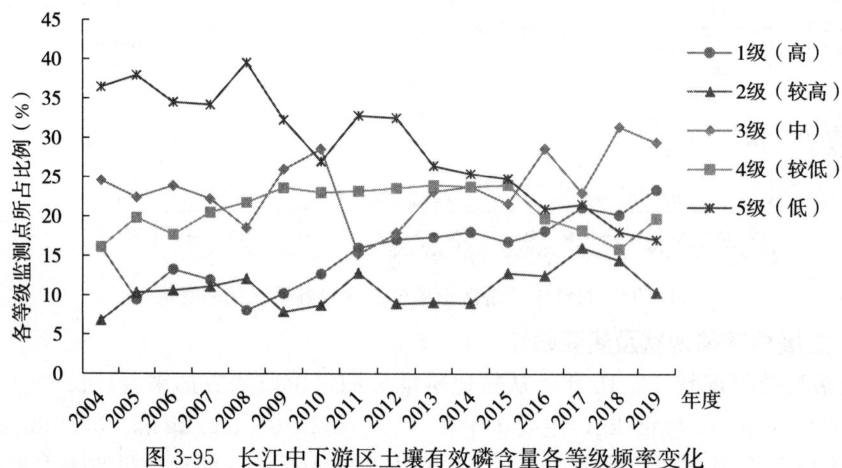

图 3-95　长江中下游区土壤有效磷含量各等级频率变化

（四）土壤速效钾现状及演变趋势

1. 土壤速效钾现状　2019 年，从耕地质量长期定位监测数据来看，长江中下游区土壤速效钾平均含量 108mg/kg，主要集中在≤75mg/kg 区间。全区土壤速效钾含量有效监测点数 299 个，根据长江中下游区耕地质量监测主要指标分级标准，处于 1 级（高）水平的监测点有 56 个，占监测点总数 18.7%；处于 2 级（较高）水平的监测点有 45 个，占 15.1%；处于 3 级（中）水平的监测点有 35 个，占 11.7%；4 级（较低）水平的监测点有 49 个，占 16.4%；处于 5 级（低）水平的监测点有 114 个，占 38.1%。从耕地质量等级调查评价数据来看，长江中下游区土壤速效钾平均含量 113mg/kg，主要集中在（75～100］mg/kg 和≤75mg/kg 区间，共占调查点总数的 49.8%。总体来看，长江中下游区土壤速效钾含量处于 3 级（中）水平（图 3-96）。

2. 含量及频率变化　2004—2019 年，长江中下游区监测点土壤速效钾平均含量略有

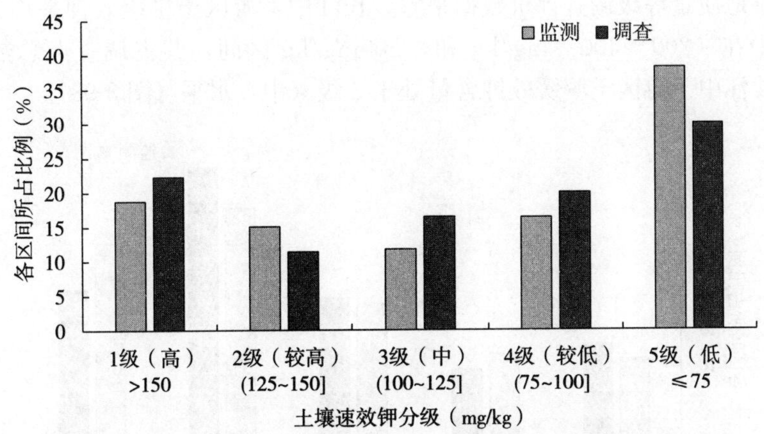

图 3-96　2019 年长江中下游区土壤速效钾含量各等级区间所占比例

上升，从 2004 年的 89mg/kg 上升至 2019 年的 108mg/kg，年均增加 1mg/kg。2004—2019 年，长江中下游区监测点土壤速效钾含量主要集中在 5 级（低）水平，2019 年占比 38.1%。土壤速效钾含量处于 1 级（高）水平、2 级（较高）水平的监测点的占比呈增加趋势，分别从 8.5%和 7.7%上升到 18.7%和 15.1%；处于 3 级（中）水平的监测点的占比呈缓慢上升，2019 年有所下降，2019 年占 11.7%；处于 4 级（较低）水平的监测点的占比呈下降趋势，从 29.1%下降到 16.4%；处于 5 级（低）水平的监测点的占比呈波动变化，2019 年较去年有所上升，占比 38.1%（图 3-97）。

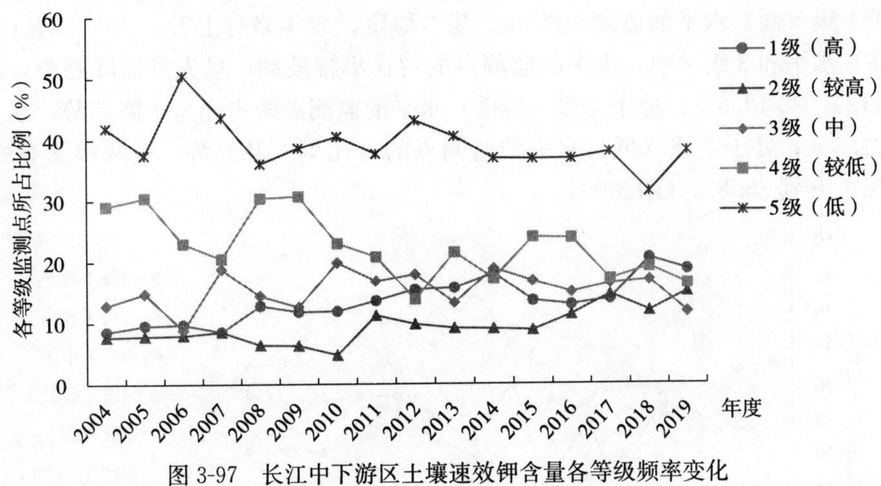

图 3-97　长江中下游区土壤速效钾含量各等级频率变化

（五）土壤缓效钾现状及演变趋势

1. 土壤缓效钾现状　2019 年，从耕地质量长期定位监测数据来看，长江中下游区土壤缓效钾平均含量 420mg/kg，主要集中在（200～400］mg/kg 和≤200mg/kg 区间。全区土壤缓效钾含量有效监测点数 295 个，根据长江中下游区耕地质量监测主要指标分级标准，处于 1 级（高）水平的监测点有 33 个，占监测点总数 11.2%；处于 2 级（较高）水平的监测点有 35 个，占 11.9%；处于 3 级（中）水平的监测点有 55 个，占 18.6%；4 级（较低）水平的监测点有 93 个，占 31.5%；处于 5 级（低）水平的监测点有 79 个，占

26.8%。从耕地质量等级调查评价数据来看，长江中下游区土壤缓效钾平均含量 437mg/kg，主要集中在（200～400］mg/kg 和≤200mg/kg 区间，共占调查点总数的 57.6%。总体来看，长江中下游区土壤缓效钾含量处于 3 级（中）水平（图 3-98）。

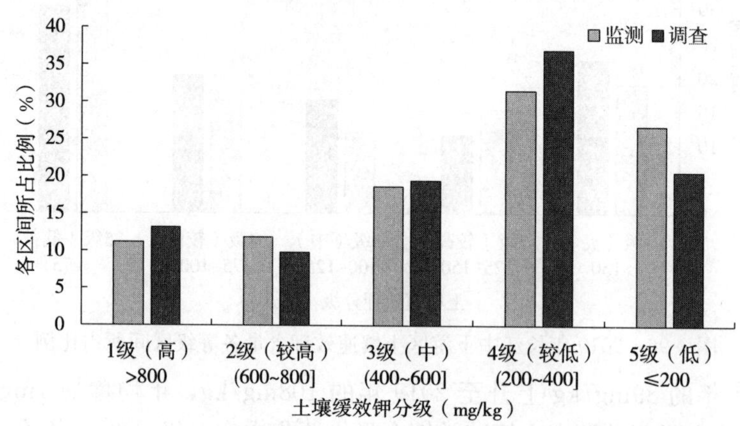

图 3-98　2019 年长江中下游区土壤缓效钾含量各等级区间所占比例

2. 含量及频率变化　2004—2019 年，长江中下游区监测点土壤缓效钾平均含量呈波动变化，在 2004 年到 2010 年上升幅度较大，从 2004 年的 317mg/kg 上升至 2010 年的 465mg/kg，2011—2018 年基本稳定在 360mg/kg 左右，2019 年又上升至 420mg/kg。2004—2019 年，长江中下游区监测点土壤缓效钾含量主要集中在 4～5 级水平，2019 年占比 58.3%。土壤缓效钾各水平间的占比从 2005 年开始到 2012 年呈波动变化。2012 年以后，处于 1 级（高）水平的监测点的占比基本稳定，今年略有上升，占 11.2%；处于 2 级（较高）水平和 3 级（中）水平的监测点的占比小幅波动，呈先升后降趋势，2019 年分别占 11.9%和 18.6%；处于 4 级（较低）水平的监测点的占比呈下降趋势，从 43.1%下降到 31.5%；处于 5 级（低）水平的监测点的占比呈上升趋势，近两年又有所下降，从 21.9%上升到 26.8%（图 3-99）。

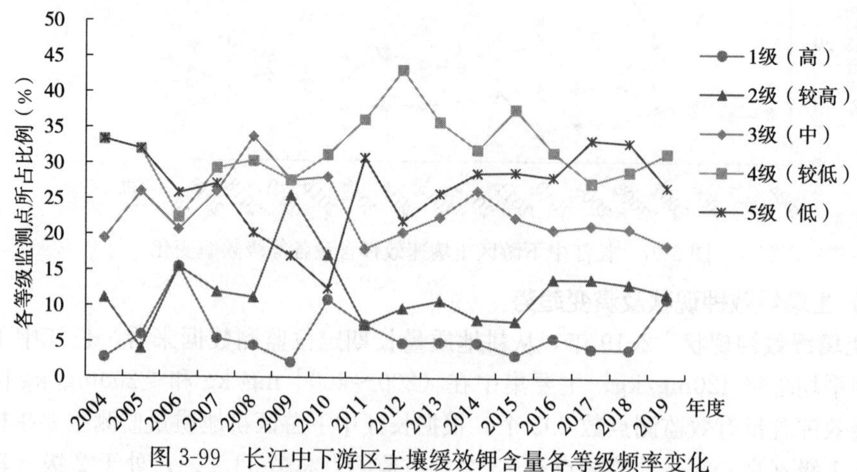

图 3-99　长江中下游区土壤缓效钾含量各等级频率变化

（六）土壤 pH 现状及演变趋势

1. 土壤 pH 现状　2019 年，从耕地质量长期定位监测数据来看，长江中下游区监测点土壤 pH 平均值 6.1，变幅在 3.5～8.5 之间。全区土壤 pH 有效监测点数 299 个，根据长江中下游区耕地质量监测主要指标分级标准，处于 1 级（高）水平的监测点有 49 个，占监测点总数 16.4%；处于 2 级（较高）水平的监测点有 82 个，占 27.4%；处于 3 级（中）水平的监测点有 48 个，占 16.1%；4 级（较低）水平的监测点有 110 个，占 36.8%；处于 5 级（低）水平的监测点有 10 个，占 3.3%。从耕地质量等级调查评价数据来看，长江中下游区土壤 pH 平均值 6.2，主要集中在（4.5～5.5］和（5.5～6.5］区间，共占调查点总数的 62.1%。总体来看，长江中下游区土壤 pH 处于 2 级（较高）水平（图 3-100）。

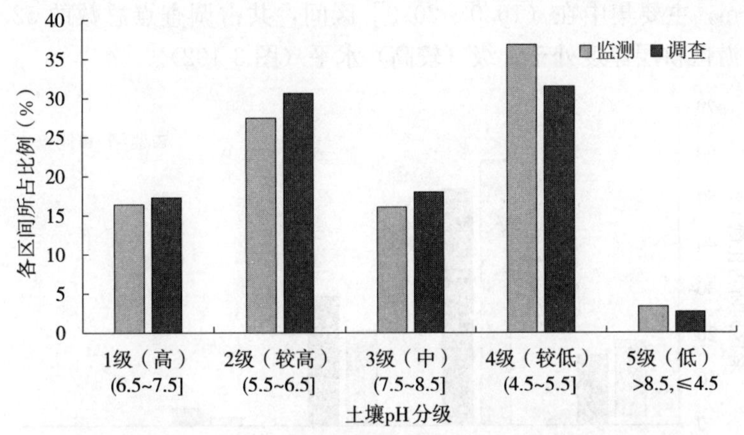

图 3-100　2019 年长江中下游区土壤 pH 各等级区间所占比例

2. 土壤 pH 及频率变化　2004—2019 年，长江中下游区监测点土壤 pH 呈波动变化，基本稳定在 6.0 左右，主要集中在 4.5～6.5 之间，处于 2 级（较高）水平和 4 级（较低）水平，2019 年占比 62.4%。土壤 pH 处于 1 级（高）水平监测点的占比呈先上升后下降趋势，从 14.7%上升到 25.6%后下降，2019 年占比 16.4%；处于 2 级（较高）水平监测点的占比呈波动变化，2019 年占 27.4%；处于 3 级（中）水平监测点的占比基本稳定，近几年略有上升，2019 年占比 16.1%；处于 4 级（较低）水平监测点的占比呈波动变化，最近几年有所下降，2019 年占 36.8%；处于 5 级（低）水平监测点的占比较低，基本稳定在 3.0%左右（图 3-101）。

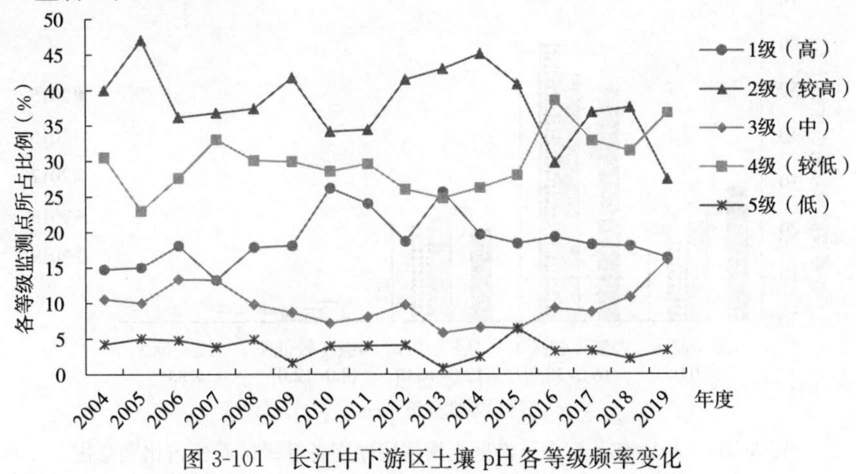

图 3-101　长江中下游区土壤 pH 各等级频率变化

（七）耕层厚度情况

1. 耕层厚度现状 2019 年，从耕地质量长期定位监测数据来看，长江中下游区监测点土壤耕层厚度平均 19.2cm，主要集中在（16.0～20.0］cm 区间。全区土壤耕层厚度有效监测点数 277 个，根据长江中下游区耕地质量监测主要指标分级标准，处于 1 级（高）水平的监测点有 52 个，占监测点总数 18.8%；处于 2 级（较高）水平的监测点有 162 个，占 58.5%；处于 3 级（中）水平的监测点有 58 个，占 20.9%；4 级（较低）水平的监测点有 5 个，占 1.8%。从耕地质量等级调查评价数据来看，长江中下游区土壤耕层厚度平均 18.6 cm，主要集中在（16.0～20.0］区间，共占调查点总数的 52.2%。总体来看，长江中下游区耕层厚度处于 2 级（较高）水平（图 3-102）。

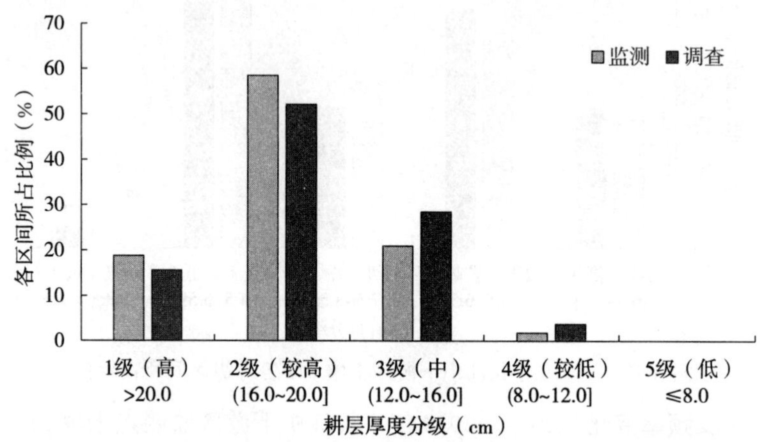

图 3-102 2019 年长江中下游区土壤耕层厚度各等级区间所占比例

2. 耕层厚度及频率变化 2015—2019 年，长江中下游区监测点土壤耕层厚度略有下降。处于 1 级（高）水平的监测点比例略有下降，从 28.8%下降到 18.8%；处于 2 级水平的监测点比例在增加，从 50.4%增加到 58.5%；处于 3 级（低）水平的监测点的占比基本稳定在 20.0%左右；处于 4 级（较低）水平和处于 5 级（低）水平的监测点的占比较低（图 3-103）。

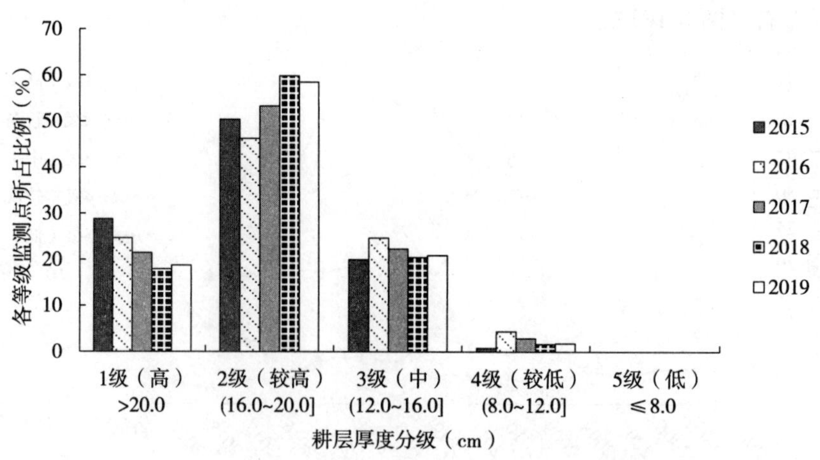

图 3-103 2019 年长江中下游区土壤耕层厚度各等级区间所占比例变化

（八）土壤容重情况

1. 土壤容重现状　2019 年，从耕地质量长期定位监测数据来看，长江中下游区监测点土壤容重平均 1.25g/cm³，主要集中在（0.90～1.00］g/cm³、（1.20～1.30］g/cm³和（1.00～1.20］g/cm³区间。全区土壤容重有效监测点数 267 个，根据长江中下游区耕地质量监测主要指标分级标准，处于 1 级（高）水平的监测点有 85 个，占监测点总数 31.8%；处于 2 级（较高）水平的监测点有 105 个，占 39.3%；处于 3 级（中）水平的监测点有 61 个，占 22.8%；4 级（较低）水平的监测点有 11 个，占 4.1%；5 级（低）水平的监测点有 5 个，占 1.9%。从耕地质量等级调查评价数据来看，长江中下游区土壤容重平均 1.25g/cm³，主要集中在（0.90～1.00］g/cm³、（1.20～1.30］g/cm³和（1.00～1.20］g/cm³区间，共占调查点总数的 67.4%。总体来看，长江中下游区土壤容重处于 2 级（较高）水平（图 3-104）。

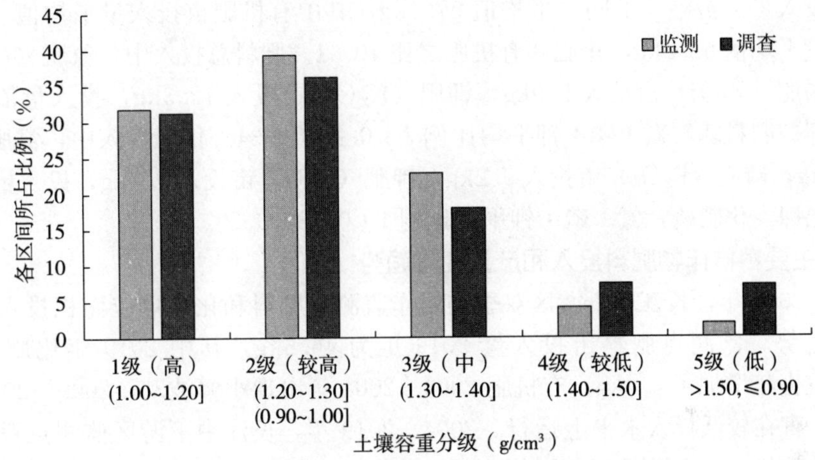

图 3-104　2019 年长江中下游区土壤容重各等级区间所占比例

2. 土壤容重及频率变化　2015—2019 年，长江中下游区监测点土壤容重各区间比例基本稳定，主要集中分布在 0.90～1.30g/cm³之间（图 3-105）。

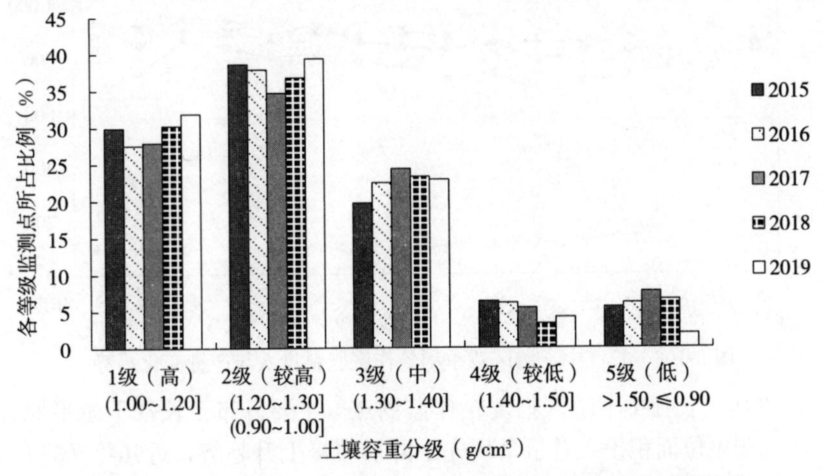

图 3-105　2019 年长江中下游区土壤容重各等级区间所占比例变化

三、肥料投入与利用情况

（一）肥料投入现状

2019 年，长江中下游区双季稻轮作监测点肥料亩总投入量（折纯，下同）平均值 46.6kg，其中有机肥亩投入量平均值 4.8kg，化肥亩投入量平均值 41.7kg，化肥和有机肥之比 8.69：1。肥料总投入中，氮肥（N）亩投入 22.9kg，磷肥（P_2O_5）亩投入 8.3kg，钾肥（K_2O）亩投入 15.4kg，投入量依次：肥料氮＞肥料钾＞肥料磷，氮：磷：钾平均比例 1∶0.36∶0.67。化肥投入中，氮肥（N）亩投入 21.1kg，磷肥（P_2O_5）亩投入 7.6kg，钾肥（K_2O）亩投入 13.0kg，投入量依次：化肥氮＞化肥钾＞化肥磷，氮：磷：钾平均比例 1∶0.36∶0.62。

2019 年，长江中下游区稻麦轮作监测点主要分布于长江下游平原丘陵农畜水产区，肥料亩总投入量（折纯，下同）平均值 57.4kg，其中有机肥亩投入量平均值 5.2kg，化肥亩投入量平均值 52.2kg，化肥和有机肥之比 10：1。肥料总投入中，氮肥（N）亩投入 35.2kg，磷肥（P_2O_5）亩投入 9.9kg，钾肥（K_2O）亩投入 12.3kg，投入量依次：肥料氮＞肥料钾＞肥料磷，氮：磷：钾平均比例 1∶0.28∶0.34。化肥投入中，氮肥（N）亩投入 33.3kg，磷肥（P_2O_5）亩投入 9.2kg，钾肥（K_2O）亩投入 9.7kg，投入量依次：化肥氮＞化肥钾＞化肥磷，氮：磷：钾平均比例 1∶0.28∶0.29。

（二）主要粮食作物肥料投入和产量变化趋势

2004—2019 年，长江中下游区双季稻轮作监测点肥料和化肥单位面积投入总量呈现缓慢上升趋势。监测点肥料亩投入量 2019 年为 46.6kg，其中 2019 年化肥亩投入量 41.7kg，较去年增加了 4.4kg；有机肥 2004—2008 年出现小幅波动，2009—2019 年变化较平稳，一直在较低投入水平上运行。2004—2019 年，长江中下游区监测点双季稻年亩产量呈上升趋势，由 2004 年 823kg 增加到 882kg，增幅 7.2%。（图 3-106）。

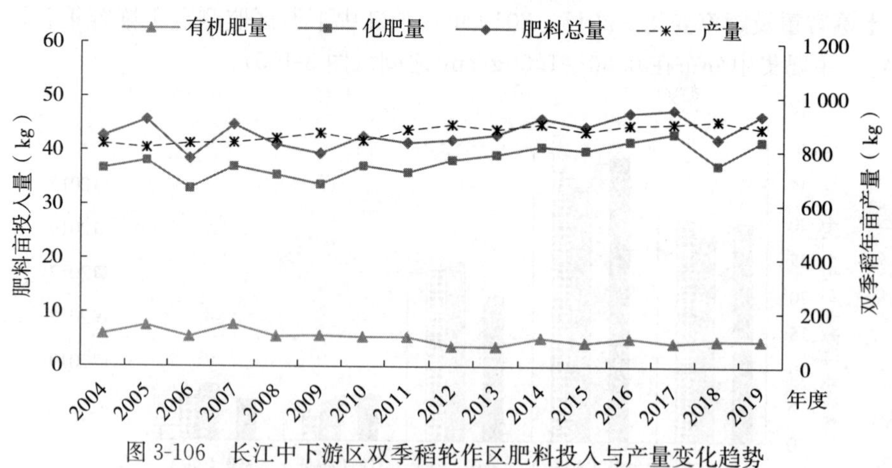

图 3-106　长江中下游区双季稻轮作区肥料投入与产量变化趋势

2004—2019 年，长江中下游区稻麦轮作监测点（主要分布于长江下游平原丘陵农畜水产区）肥料和化肥单位面积投入总量呈现先下降后缓慢上升趋势，近几年又略有下降，2019 年监测点肥料亩投入量 57.4kg，其中化肥亩投入量 52.2kg，较 2008 年增加了 6.1kg；有机肥亩投入量 5.2kg，一直在较低投入水平上运行。2004—2019 年，长江中下游区监测点双季稻年亩产量呈上升趋势，由 2004 年 869.0kg 增加到1 025.0kg（图 3-107）。

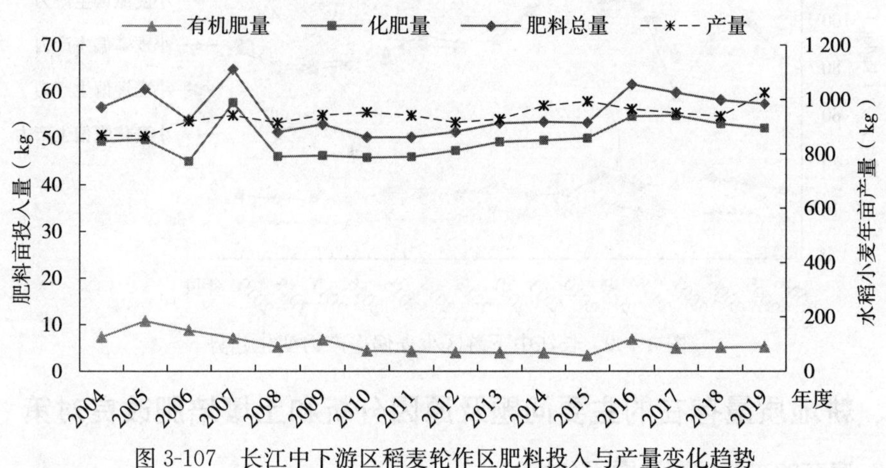

图 3-107　长江中下游区稻麦轮作区肥料投入与产量变化趋势

（三）偏生产力

1. 水稻　2004—2019 年，长江中下游区监测点水稻肥料偏生产力基本稳定，2019 年肥料偏生产力为 23.9kg/kg。其中氮肥偏生产力也基本稳定在 45.0kg/kg，2019 年为 46.8kg/kg；磷肥偏生产力 2004—2008 年波动变化，2008 年后呈下降趋势，从 2008 年的 174.3kg/kg 下降到 2019 年的 144.7kg/kg；钾肥偏生产力呈缓慢下降趋势，从 2004 年的 132.7kg/kg 下降到 2019 年为 96.4kg/kg，下降了 36.3kg/kg（图 3-108）。

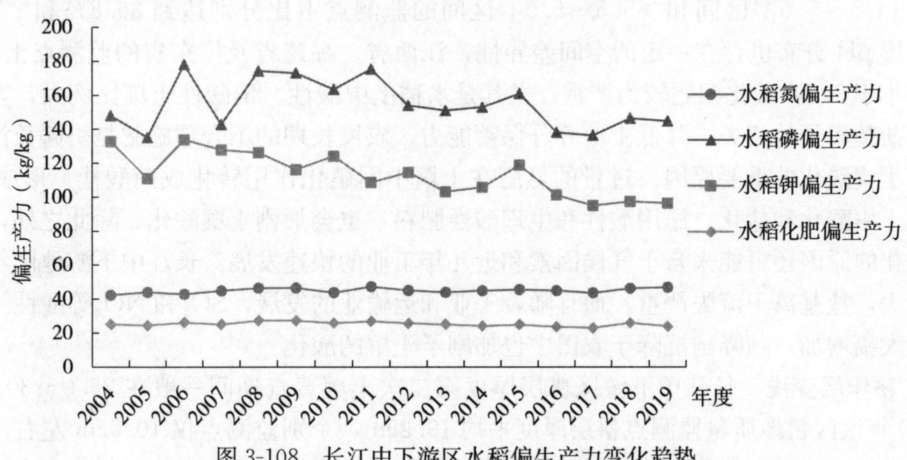

图 3-108　长江中下游区水稻偏生产力变化趋势

2. 小麦　2004—2019 年，长江中下游区监测点小麦肥料偏生产力基本稳定，2019 年肥料偏生产力为 16.1kg/kg。其中氮肥偏生产力也基本稳定在 25.0kg/kg，2019 年为 26.6kg/kg；磷肥偏生产力 2004—2010 年呈上升趋势，2010 年后呈下降趋势，从 2010 年的 113.3kg/kg 下降到 2019 年的 87.7kg/kg，下降了 25.6kg/kg；钾肥偏生产力 2004—2010 年呈上升趋势，2010 年后呈下降趋势，从 2010 年的 127.2kg/kg 下降到 2019 年的 89.9kg/kg，下降了 37.3kg/kg（图 3-109）。

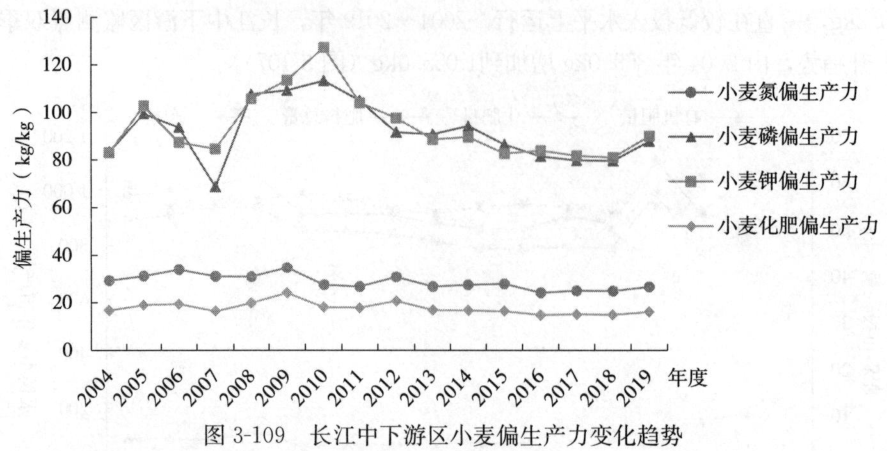

图 3-109　长江中下游区小麦偏生产力变化趋势

四、耕地质量存在的主要问题及原因分析和土壤培肥改良对策

（一）存在的主要问题及原因分析

2004—2019 年，长江中下游区监测结果表明：土壤有机质、全氮、有效磷、速效钾含量均略有上升，耕地质量总体呈上升趋势，但也存在一些不容忽视的问题，突出表现在：一是部分土类酸化较为严重；二是耕地土壤耕层变浅，土壤保水保肥能力下降；三是土壤养分非均衡化，主要表现为不同区域的土壤养分含量的不平衡和同区域的土壤不同养分含量的不平衡。

1. 土壤酸化　2019 年监测结果数据显示，长江中下游区土壤总体上呈酸性和弱酸性，pH 在（4.5～5.5］区间和（5.5～6.5］区间的监测点占比分别达到 36.8%和 27.4%。全区土壤 pH 分布也存在一定的空间差异性，江西省、福建省及广东省的监测点土壤 pH 平均值小于 5.5，酸化问题较为严重，尤其是水稻土中酸性、偏酸性土壤比例大，容易引起土壤盐基离子的流失，降低土壤养分保蓄能力。农民长期的不合理施肥是引起长江中下游地区土壤酸化的重要原因。过量的氮肥在土壤中因硝化作用转化成硝酸盐，形成 H^+，导致了土壤酸化和盐化。施用酸性和生理酸性肥料，也会加剧土壤酸化。除此之外，导致土壤酸化的原因还可能来自于气候因素和近几年工业的快速发展。长江中下游地区年均降雨量较大，盐基离子流失严重，而且随着工业和运输业的发展，SO_2 和 NO_x 等酸性气体的排放量大幅增加，随降雨沉降于农田中也加剧了土壤的酸化。

2. 耕作层变浅　长江中下游区耕层厚度第二次土壤普查期间一般在 25.0～30.0cm，但 2019 年该区耕地质量监测点耕层厚度平均 19.2cm，个别监测点仅 10.0cm 左右。长江中下游区主要以稻麦轮作、双季稻种植为主，旋耕机旋耕快捷、相对成本低，很大程度上提升了农业生产管理效率，但受旋耕深度的限制，稻田土壤耕层浅化。耕层变浅，犁底层抬高，耕层活化土变少，容重增加，影响了土壤保水保肥能力，耕地质量下降。

3. 土壤养分含量不平衡　2004—2019 年监测结果显示，长江中下游区土壤养分含量虽略有上升但区内各省之间土壤养分差异较大，土壤不同养分间也存在不平衡，土壤养分不平衡问题在部分区域比较突出。如湖南省、江西省的监测点有机质含量达到 1 级（高）水平，而安徽省、湖北省还处于 3 级（中）水平；江西省的监测点有机质含量处于 1 级

（高）水平，但其速效钾含量却处于4级（较低）水平。同时，如上海、福建、广西等省（直辖市、自治区），蔬菜地土壤存在明显富磷现象，也应该注重蔬菜地土壤养分的平衡。

（二）培肥改良对策

针对上述问题，提出以下土壤培肥改良建议：

一是根据土壤酸化成因，采取有效措施提高土壤pH。可通过施用石灰质物质和酸性土壤调理剂、种植绿肥还田、增施有机肥等措施改善土壤酸性环境，改善土壤微生物菌群结构；也可大力推广生物碱性肥料，增加土壤的K^+、Na^+和OH^-的浓度，有利于土壤pH的提高；适当推广生物菌肥配施，以改变土壤微生物生态环境，有助于稻田有机物（包括秸秆）的分解。

二是优化耕作方式，加深土壤耕层厚度。采取措施，构建定期或不定期稻田深耕管理机制，以3～5年为一周期，合理安排深松田块及面积，采取深耕深松、犁耕深翻等措施，加深耕层厚度，打破坚硬犁底层，增强土壤的透水、透气性能，提升土壤蓄水保肥能力。

三是大力开展秸秆还田、测土配方施肥、种植绿肥等耕地质量综合提升技术和模式的推广应用。积极推广秸秆综合利用技术，利用先进机械设备和生物技术，通过机械切碎还田、堆腐还田等技术手段实施秸秆机械化深耕深翻还田，增加土壤有机质，改良土壤结构。进一步推广科学施肥技术，优化肥料运筹，改进施肥方法，发挥养分协同作用，提高肥料利用率，提升农作物产量，改善农田生态环境。采取增施有机肥料、种植绿肥等措施，改善土壤理化性状，将用地与养地相结合，提高耕地土壤养分水平。

第六节 西南区

西南区位于秦岭以南，白色—新平—盈江以北，宜昌—溆浦以西，川西高原以东，包括重庆市与贵州省全部、甘肃省东南部、陕西省南部、湖北省与湖南省西部、云南省和四川省大部以及广西壮族自治区北部，共划分为秦岭大巴山林农区、四川盆地农林区、渝鄂湘黔边境山地林农牧区、黔桂高原山地林农牧区和川滇高原山地农林牧区5个二级农业区。总耕地面积2 093.33万hm^2，占全国耕地总面积的15.5%，种植制度主要以一年一熟和一年二熟为主。耕地主要土壤类型为水稻土、紫色土、黄壤、红壤等，影响耕地农业生产的障碍因素包括耕作层贫瘠、部分土壤酸化、部分稻田潜育化等。

2019年，西南区共有耕地质量监测点125个，分布在上述5个二级农业区的点数分别为19个、52个、21个、17个和16个。根据农业农村部耕地质量监测保护中心印发的《全国九大农区及省级耕地质量监测指标分级标准（试行）》，西南区耕地质量监测主要指标分级标准见表3-6。

表3-6 西南区耕地质量监测主要指标分级标准

指标	单位	分级标准				
		1级（高）	2级（较高）	3级（中）	4级（较低）	5级（低）
有机质	g/kg	>35.0	25.0～35.0	15.0～25.0	10.0～15.0	≤10.0
全氮	g/kg	>2.00	1.50～2.00	1.00～1.50	0.50～1.00	≤0.50

（续）

指标	单位	分级标准				
		1 级（高）	2 级（较高）	3 级（中）	4 级（较低）	5 级（低）
有效磷	mg/kg	＞40.0	25.0～40.0	15.0～25.0	5.0～15.0	≤5.0
速效钾	mg/kg	＞150	100～150	75～100	50～75	≤50
缓效钾	mg/kg	＞500	300～500	200～300	150～200	≤150
pH	—	6.0～7.0	7.0～7.5， 5.5～6.0	7.5～8.0， 5.0～5.5	8.0～8.5， 4.0～5.0	＞8.5， ≤4.5
耕层厚度	cm	＞25.0	20.0～25.0	15.0～20.0	10.0～15.0	≤10.0
土壤容重	g/cm^3	1.10～1.25	1.25～1.35， 1.00～1.10	1.35～1.45	1.45～1.55 0.90～1.00	＞1.55 ≤0.90

一、耕地质量等级情况

总的来看，2019 年该区耕地质量平均等级为 4.98 等，耕地质量水平中等，其中评价为一至三等级的耕地面积为 460 万 hm^2，占西南区耕地总面积的 22.1%。主要分布在成都平原、汉中平原、云贵高原山间坝子、四川盆地浅（缓）丘平坝等处，以水稻土为主，没有明显障碍因素。评价为四至六等级的耕地面积为 1 180 万 hm^2，占该区耕地总面积的 56.2%。主要集中在四川盆地的丘陵区、金沙江与牛栏江流域的河谷地区、秦巴山与黔中的低山丘陵区等处，以紫色土、黄壤为主，基础地力中等，灌排条件一般，部分耕地质地偏黏，存在酸化、障碍层次等障碍因素。评价为七至十等级的耕地面积为 453.33 万 hm^2，占该区耕地总面积的 21.7%。主要散布于滇东北黔西北的乌蒙山区、湘鄂渝黔的武陵山区以及陇南山地区等，以黄棕壤、石灰（岩）土为主，立地条件较差，土层浅薄，砾石含量高，存在酸化、瘠薄、潜育化、障碍层次等障碍因素。针对该区酸化问题，可采用化学改良剂、施用碱性肥料等措施进行改良；针对部分稻田潜育化问题，可采取开沟排水或放水晒田等措施加以缓解；针对土层浅薄、养分贫瘠和障碍层次等问题，可采取聚土垄作或横坡耕作等措施减少水土流失，同时，增施有机肥料培肥地力，改善土壤结构（图 3-110）。

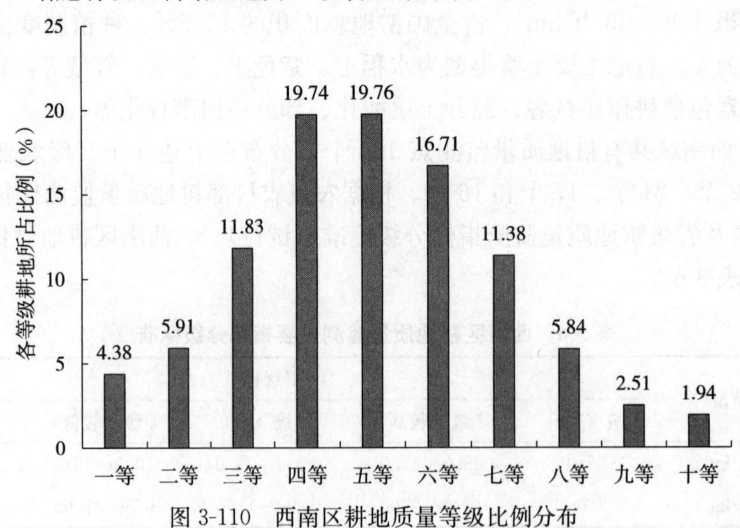

图 3-110 西南区耕地质量等级比例分布

二、耕地质量主要指标性状

（一）土壤有机质现状及演变趋势

1. 土壤有机质现状 2019年，从耕地质量长期定位监测数据来看，西南区土壤有机质平均含量26.0g/kg，主要集中在（15.0～25.0] g/kg区间。全区土壤有机质含量有效监测点数125个，根据西南区耕地质量监测主要指标分级标准，处于1级（高）水平的监测点有23个，占监测点总数18.4%；处于2级（较高）水平的监测点有34个，占27.2%；处于3级（中）水平的监测点有46个，占36.8%；4级（较低）水平的监测点有17个，占13.6%；处于5级（低）水平的监测点有5个，占4.0%。从耕地质量等级调查评价数据来看，西南区土壤有机质平均含量27.3g/kg，主要集中在（15.0～35.0] g/kg区间，共占调查点总数的59.6%。总体来看，西南区土壤有机质处于2级（较高）水平（图3-111）。

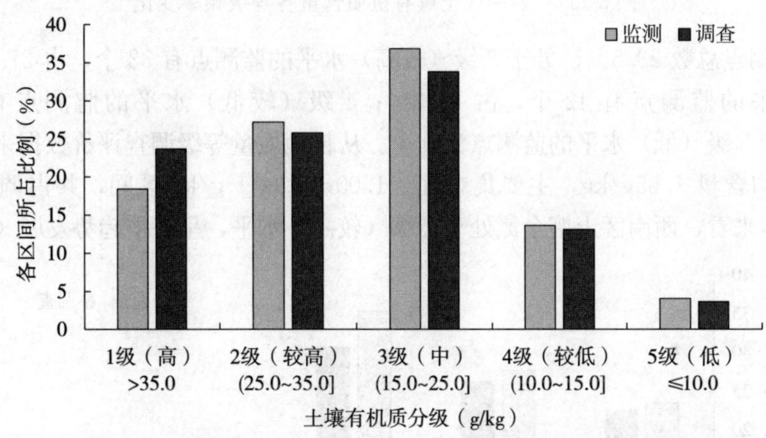

图3-111 2019年西南区土壤有机质含量各等级区间所占比例

2. 含量及频率变化 2004—2019年，西南区监测点土壤有机质含量平均值基本稳定略有升高，16年间从25.0g/kg上升至26.0g/kg，上升了4.0%，年均增加0.1g/kg。2004—2019年，西南区监测点土壤有机质含量主要集中在2级（较高）和3级（中）水平，16年间土壤有机质含量区间比例变化较大。其中，土壤有机质含量处于1级（高）水平的监测点占比呈下降趋势，从20.5%下降到18.4%，降低了2.1个百分点；处于2级（较高）水平的比例由25.6%上升至27.2%，升高了1.6个百分点；处于3级（中）水平比例变化最大，由25.6%增加至36.8%，增加了11.2个百分点；处于4级（较低）水平波动较大，所占比例由15.4%下降至13.6%，下降了1.8个百分点；处于5级（低）水平的比例由12.8%下降至4.0%，下降8.8个百分点。（图3-112）。

（二）土壤全氮现状及演变趋势

1. 土壤全氮现状 2019年，从耕地质量长期定位监测数据来看，西南区土壤全氮平均含量1.64g/kg，主要集中在（1.00～2.00] g/kg区间。全区土壤全氮含量有效监测点数119个，根据西南区耕地质量监测主要指标分级标准，处于1级（高）水平的监测点有

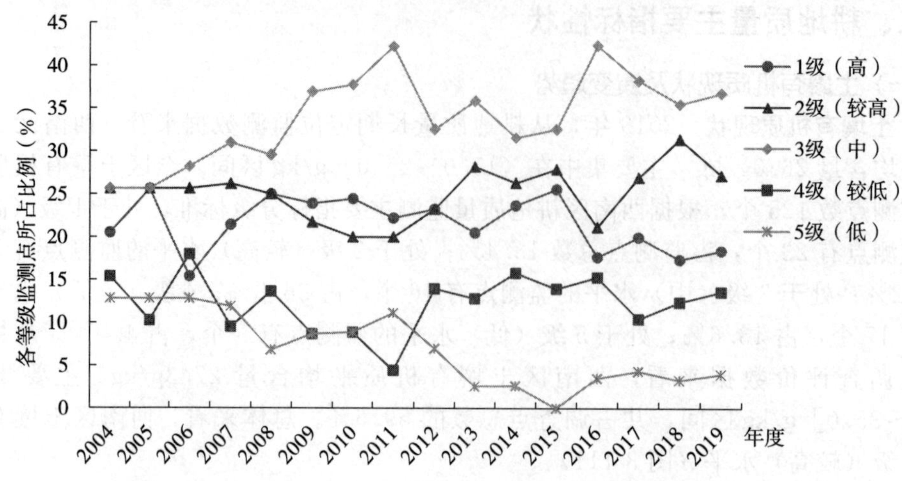

图 3-112　西南区土壤有机质含量各等级频率变化

28 个，占监测点总数 23.5%；处于 2 级（较高）水平的监测点有 33 个，占 27.7%；处于 3 级（中）水平的监测点有 42 个，占 35.3%；4 级（较低）水平的监测点有 16 个，占 13.5%；处于 5 级（低）水平的监测点为 0 个。从耕地质量等级调查评价数据来看，西南区土壤全氮平均含量 1.55g/kg，主要集中在（1.00～2.00］g/kg 区间，共占调查点总数的 56.9%。总体来看，西南区土壤全氮处于 2 级（较高）水平，呈持平趋势发展（图 3-113）。

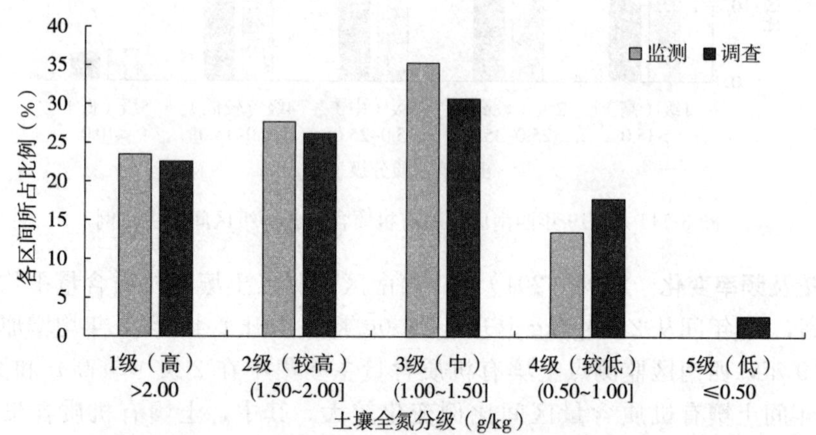

图 3-113　2019 年西南区土壤全氮含量各等级区间所占比例

2. 含量及频率变化　2004—2019 年，西南区监测点土壤全氮含量平均值基本稳定略有降低，16 年间从 1.78g/kg 下降至 1.64g/kg，下降了 7.7%。2004—2019 年，西南区监测点土壤全氮含量主要集中在 2 级（较高）和 3 级（中）水平，16 年间土壤全氮含量区间比例变化较大。其中，土壤全氮含量处于 1 级（高）水平的监测点占比呈下降趋势，从 32.5%下降到 23.5%，降低了 9.0 个百分点；处于 2 级（较高）和 3 级（中）水平的监测点占比呈上升趋势，分别从 25.0%、22.5%上升到 27.7%、35.3%；处于 4 级（较低）水平的监测点的占比波动较大，从 20.0%下降到 13.5%，降低了 6.5 个百分点；监测点土壤全氮含量处于 5 级（低）水平的监测点占比一直处于较低水平（图 3-114）。

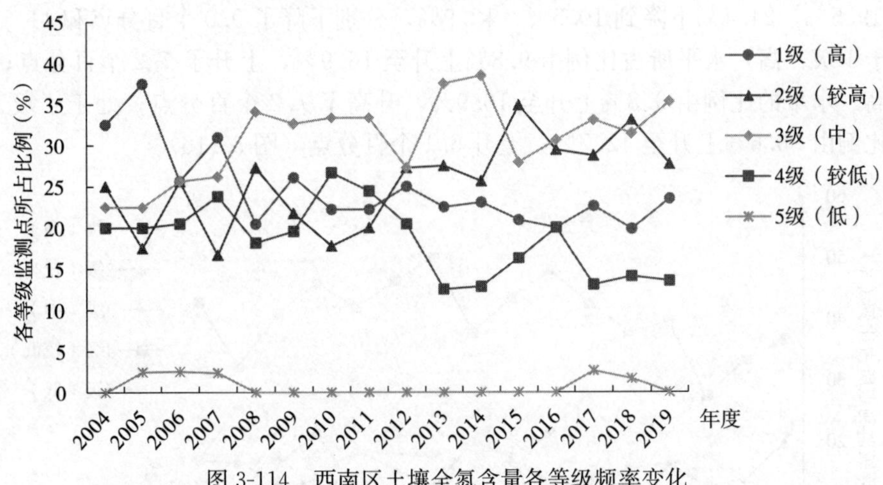

图 3-114　西南区土壤全氮含量各等级频率变化

（三）土壤有效磷现状及演变趋势

1. 土壤有效磷现状　2019 年，从耕地质量长期定位监测数据来看，西南区土壤有效磷平均含量 21.4mg/kg，主要集中在（5.0～15.0］mg/kg 区间。全区土壤有效磷含量有效监测点数 124 个，根据西南区耕地质量监测主要指标分级标准，处于 1 级（高）水平的监测点有 21 个，占监测点总数 16.9%；处于 2 级（较高）水平的监测点有 13 个，占 10.5%；处于 3 级（中）水平的监测点有 21 个，占 16.9%；4 级（较低）水平的监测点有 53 个，占 42.7%；处于 5 级（低）水平的监测点有 16 个，占 12.9%。从耕地质量等级调查评价数据来看，西南区土壤有效磷平均含量 24.7mg/kg，主要集中在（5.0～15.0］mg/kg 区间，占调查点总数的 36.4%。总体来看，西南区土壤有效磷处于 3 级（中）水平，呈持平趋势发展（图 3-115）。

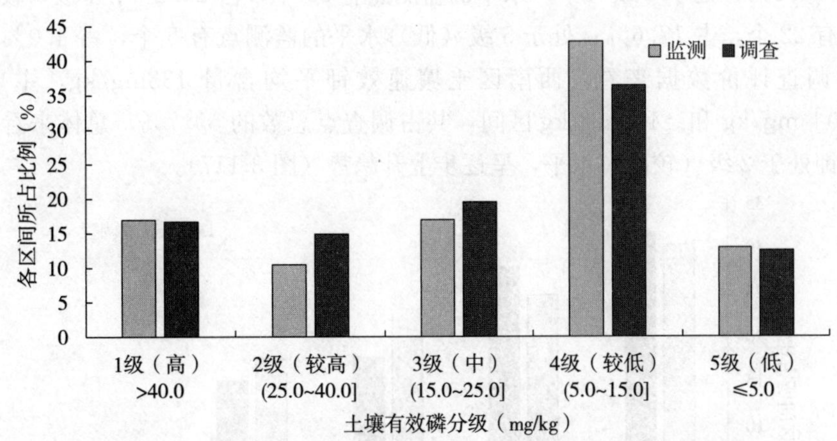

图 3-115　2019 年西南区土壤有效磷含量各等级区间所占比例

2. 含量及频率变化　2004—2019 年，西南区监测点土壤有效磷含量平均值基本稳定略有升高，16 年间从 18.5mg/kg 上升至 21.4mg/kg，上升了 15.8%。2004—2019 年，西南区监测点土壤有效磷含量主要集中在 4 级（较低）水平，16 年间土壤有效磷含量区间比例变化较大。其中，处于 2 级（较高）和 5 级（低）水平的监测点占比呈下降趋势，分别从 19.5%、24.4%下降到 10.5%、12.9%，分别下降了 9.0 个百分点和 11.5 个百分点；处于 1 级（高）水平所占比例由 9.8%上升至 16.9%，上升了 7.2 个百分点；处于 3 级（较高）水平的比例由 9.8%上升至 16.9%，升高了 7.2 个百分点；处于 4 级（较低）水平的比例由 36.6%上升至 42.7%，上升 6.1 个百分点（图 3-116）。

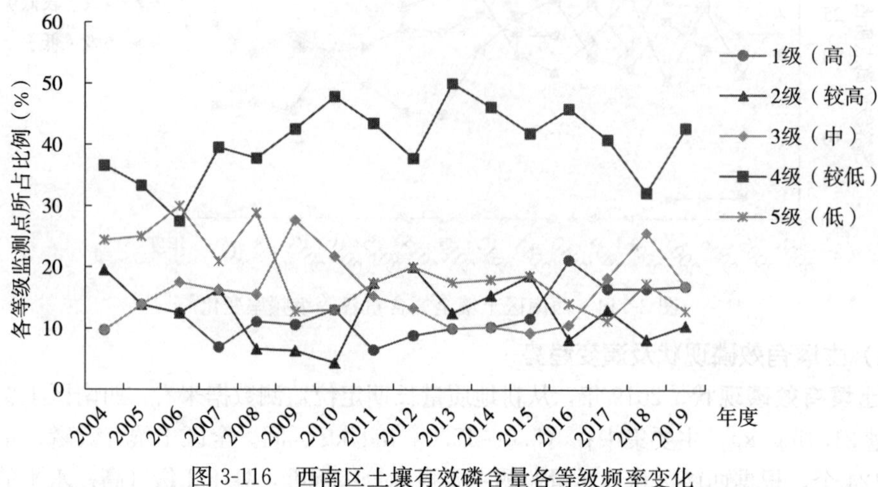

图 3-116　西南区土壤有效磷含量各等级频率变化

（四）土壤速效钾现状及演变趋势

1. 土壤速效钾现状　2019 年，从耕地质量长期定位监测数据来看，西南区土壤速效钾平均含量 132mg/kg，主要集中在（100～150］mg/kg 和>150mg/kg 区间。全区土壤速效钾含量有效监测点数 125 个，根据西南区耕地质量监测主要指标分级标准，处于 1 级（高）水平的监测点有 38 个，占监测点总数 30.4%；处于 2 级（较高）水平的监测点有 31 个，占 24.8%；处于 3 级（中）水平的监测点有 29 个，占 23.2%；4 级（较低）水平的监测点有 22 个，占 17.6%；处于 5 级（低）水平的监测点有 5 个，占 4.0%。从耕地质量等级调查评价数据来看，西南区土壤速效钾平均含量 133mg/kg，主要集中在（100～150］mg/kg 和>150mg/kg 区间，共占调查点总数的 59.7%。总体来看，西南区土壤速效钾处于 2 级（较高）水平，呈逐步上升趋势（图 3-117）。

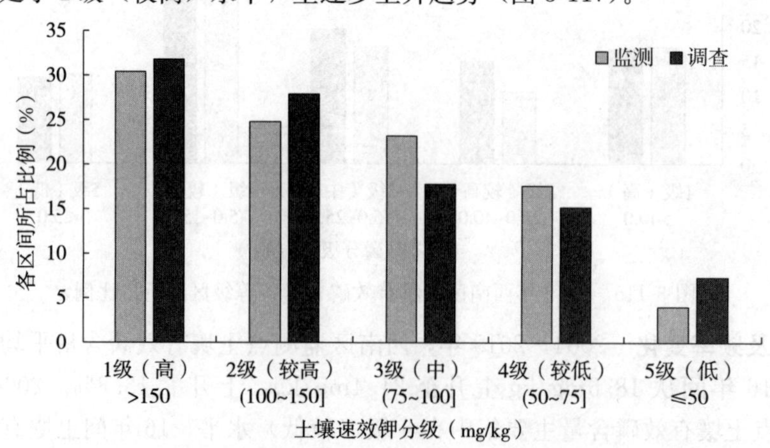

图 3-117　2019 年西南区土壤速效钾含量各等级区间所占比例

2. 含量及频率变化 2004—2019 年，西南区土壤速效钾含量平均值大幅增加，16 年间从 96mg/kg 上升至 132mg/kg，上升了 38.1%。2004—2019 年，西南区监测点土壤速效钾含量主要集中在在 1 级（高）和 2 级（较高）水平，16 年间土壤速效钾含量区间比例变化较大。其中，处于 1 级（高）的比例变化最大，由 4.9%上升至 30.4%，上升了 25.5 个百分点；处于 2 级（较高）水平的比例由 34.2%下降至 24.8%，下降了 9.4 个百分点；处于 3 级（中）水平比例由 26.8%下降至 23.2%，下降了 3.6 个百分点；处于 4 级（较低）水平所占比例由 24.4%下降至 17.6%，下降了 6.8 个百分点；处于 5 级（低）水平的比例由 9.8%下降至 4.0%，下降 5.8 个百分点（图 3-118）。

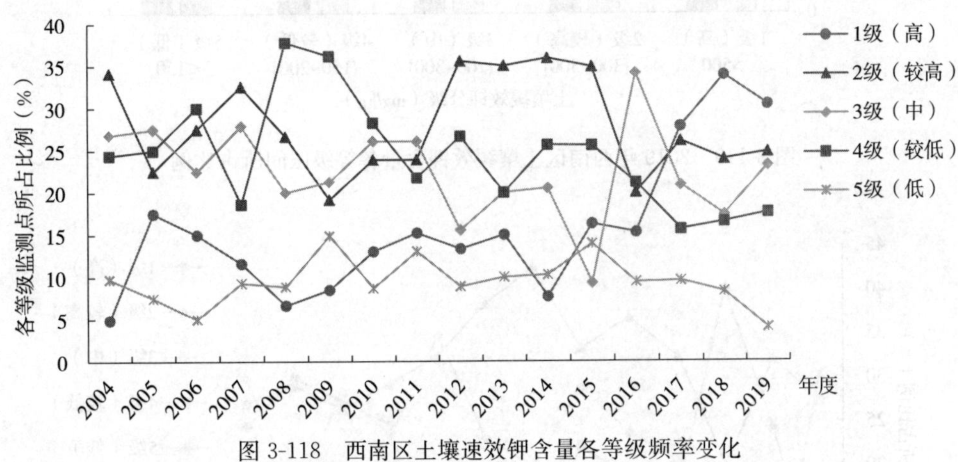

图 3-118 西南区土壤速效钾含量各等级频率变化

（五）土壤缓效钾现状及演变趋势

1. 土壤缓效钾现状 2019 年，从耕地质量长期定位监测数据来看，西南区土壤缓效钾平均含量 390mg/kg，主要集中在（200～300］mg/kg 和（300～500］mg/kg 区间。全区土壤缓效钾含量有效监测点数 114 个，根据西南区耕地质量监测主要指标分级标准，处于 1 级（高）水平的监测点有 28 个，占监测点总数 24.6%；处于 2 级（较高）水平的监测点有 31 个，占 27.2%；处于 3 级（中）水平的监测点有 34 个，占 29.8%；4 级（较低）水平的监测点有 9 个，占 7.9%；处于 5 级（低）水平的监测点有 12 个，占 10.5%。从耕地质量等级调查评价数据来看，西南区土壤缓效钾平均含量 387mg/kg，主要集中在（300～500］mg/kg 和＞500mg/kg 区间，共占调查点总数的 55.7%。总体来看，西南区土壤速效钾处于 2 级（较高）水平，呈缓慢上升趋势（图 3-119）。

2. 含量及频率变化 2007—2019 年，西南区土壤缓效钾含量平均值大幅增加，13 年间从 285mg/kg 上升至 390mg/kg，上升了 46.4%。2007—2019 年，13 年间西南区监测点土壤缓效钾含量区间比例变化较大。总体来看，处于 5 级（低）水平的比例变化最大，由 30.3%下降至 10.5%，下降 19.8 个百分点；处于 4 级（较低）水平所占比例由 9.1%下降至 7.9%，下降了 1.2 个百分点；处于 3 级（中）水平比例由 27.3%上升至 29.8%，上升了 2.5 个百分点；处于 2 级（较高）水平的比例变化不大，由 27.3%下降至 27.2%；处于 1 级（高）的比例变化较大，由 6.1%上升至 24.6%，上升了 18.5 个百分点（图 3-120）。

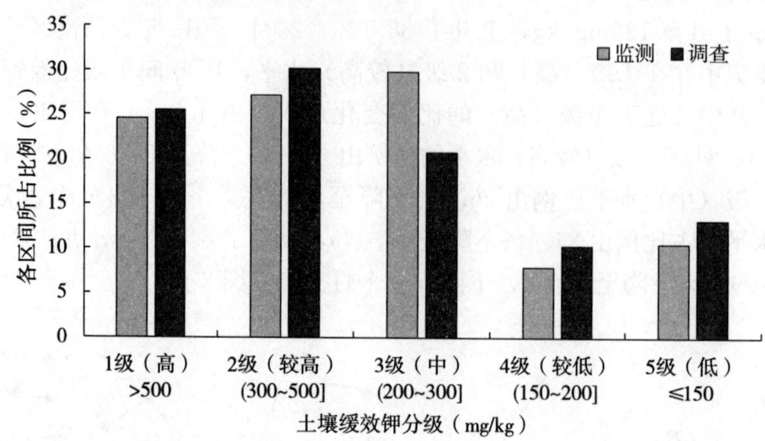

图 3-119　2019 年西南区土壤缓效钾含量各等级区间所占比例

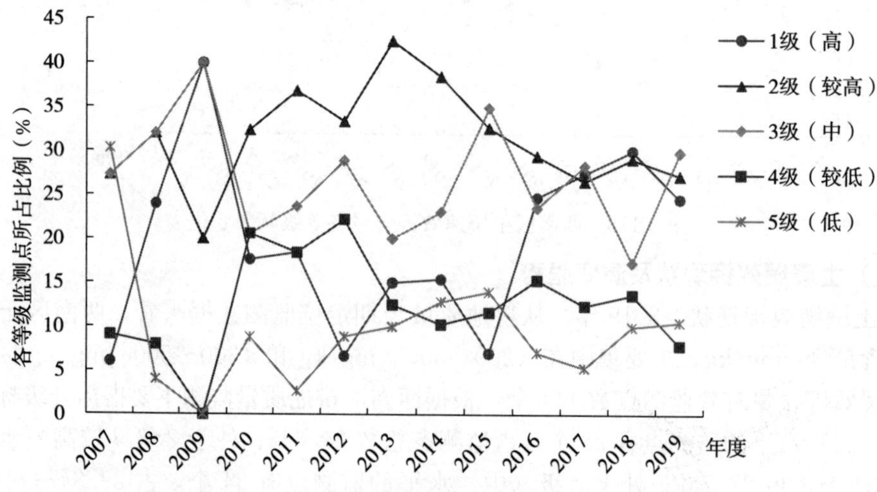

图 3-120　西南区土壤缓效钾含量各等级频率变化

（六）土壤 pH 现状及演变趋势

1. 土壤 pH 现状　2019 年，从耕地质量长期定位监测数据来看，西南区土壤 pH 有效监测点数 125 个，根据西南区耕地质量监测主要指标分级标准，处于 1 级（高）水平的监测点有 34 个，占监测点总数 27.2%；处于 2 级（较高）水平的监测点有 31 个，占 24.8%；处于 3 级（中）水平的监测点有 35 个，占 28.0%；4 级（较低）水平的监测点有 19 个，占 15.2%；处于 5 级（低）水平的监测点有 6 个，占 4.8%。从耕地质量等级调查评价数据来看，西南区土壤 pH 主要集中在 3 级，占调查点总数的 28.5%（图 3-121）。

2. 土壤 pH 及频率变化　2004—2019 年，16 年间西南区监测点土壤 pH 等级区间比例变化较大。总体来看，处于 2 级（较高）的比例变化最大，由 50.0%下降至 24.8%，下降了 25.2 个百分点；处于 1 级（高）水平的比例由 10.5%上升至 27.2%，上升了 16.7

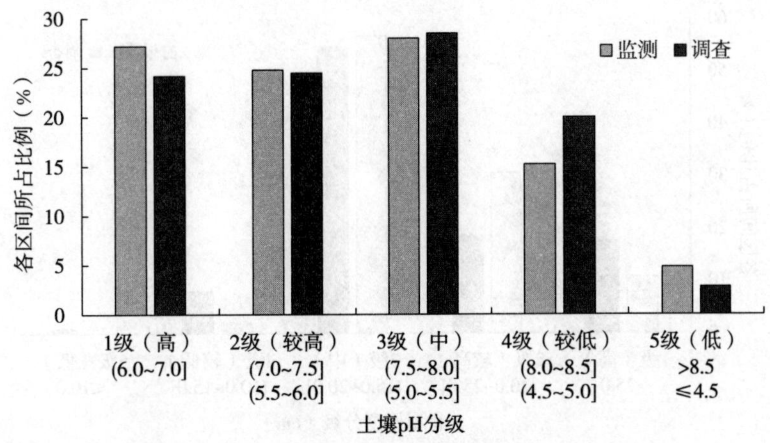

图 3-121 2019 年西南区土壤 pH 各等级区间所占比例

个百分点；处于3级（中）水平的比例由29.0%下降至28.0%，下降了1.0个百分点；处于4级（较低）水平所占比例由5.3%上升至15.2%，上升了9.9个百分点；处于5级（低）水平的比例由5.3%下降至4.8%，下降0.5个百分点（图3-122）。

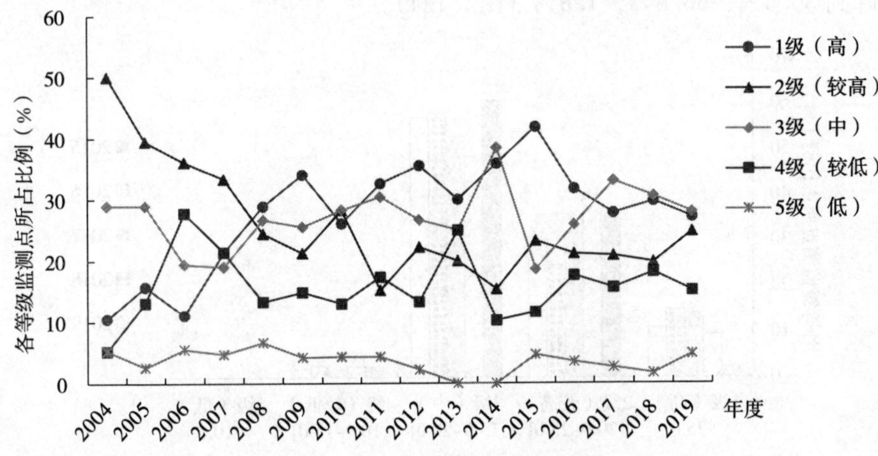

图 3-122 西南区土壤 pH 各等级频率变化

（七）耕层厚度现状及演变趋势

1. 耕层厚度现状 2019年，从耕地质量长期定位监测数据来看，西南区土壤耕层厚度平均值21.7cm。据统计，全区土壤耕层厚度有效监测点数111个，根据西南区耕地质量监测主要指标分级标准，处于1级（高）水平的监测点有12个，占监测点总数10.8%；处于2级（较高）水平的监测点有34个，占30.6%；处于3级（中）水平的监测点有63个，占56.8%；4级（较低）水平的监测点有2个，占1.8%。从耕地质量等级调查评价数据来看，西南区土壤耕层平均厚度21.5cm，主要集中在（15.0～20.0］cm区间，共占调查点总数的54.8%。总体来看，西南区土壤耕层厚度处于3级（中等）水平（图3-123）。

2. 耕层厚度及频率变化 2015—2019年，西南区土壤耕层厚度平均值在20.4～

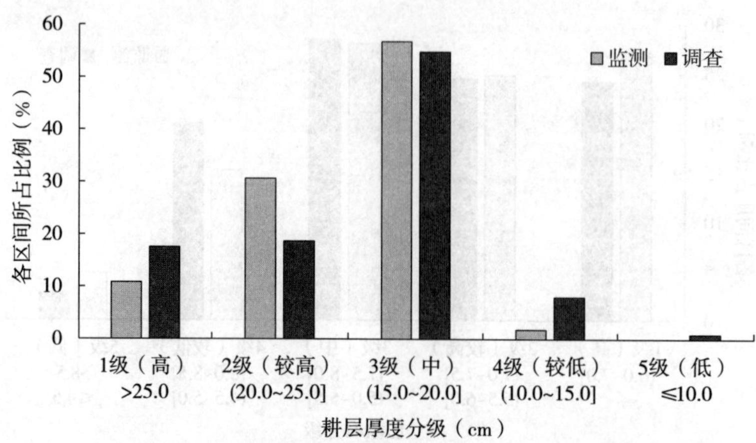

图 3-123　2019 年西南区土壤耕层厚度各等级区间所占比例

21.7cm 之间，主要集中在 3 级（中）水平，没有 5 级（低）水平的监测点。从 2015 年到 2019 年，1 级（高）水平监测点的占比有所增加，从 2.3%增加到 10.8%；而 2 级（较高）、3 级（中）、4 级（较低）水平监测点的占比有所下降，分别从 34.9%、60.5%、2.3%下降到 30.6%、56.8%、1.8%（图 3-124）。

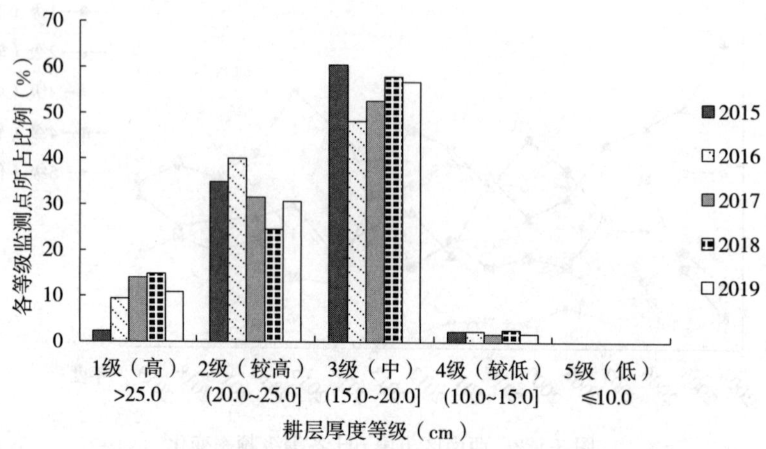

图 3-124　2015—2019 年西南区土壤耕层厚度各等级区间所占比例

（八）土壤容重现状及演变趋势

1. 土壤容重现状　2019 年，从耕地质量长期定位监测数据来看，西南区土壤容重平均值 1.28g/cm³，主要集中在（1.25～1.35］g/cm³ 和（1.00～1.10］g/cm³ 区间。据统计，全区土壤容重有效监测点数 110 个，根据西南区耕地质量监测主要指标分级标准，处于 1 级（高）水平的监测点有 34 个，占监测点总数 30.9%；处于 2 级（较高）水平的监测点有 35 个，占 31.8%；处于 3 级（中）水平的监测点有 24 个，占 21.8%；4 级（较低）水平的监测点有 12 个，占 10.9%；5 级（低）水平的监测点有 5 个，占 4.6%。从耕地质量等级调查评价数据来看，西南区土壤容重平均值 1.31g/cm³，主要集中在（1.25～1.35］g/cm³ 和（1.00～1.10］g/cm³ 区间，共占调查点总数的 36.4%。总体来看，西南区土壤容重处于 2 级（较高）水平（图 3-125）。

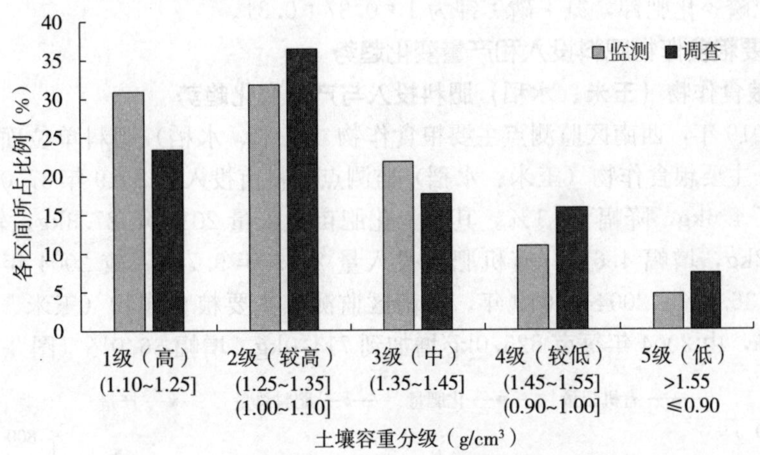

图 3-125　2019 年西南区土壤耕层厚度各等级区间所占比例

2. 土壤容重及频率变化　2015—2019 年，西南区土壤容重平均值在 1.27～1.28g/cm³ 之间，变幅较小，基本持平。2015—2019 年，耕层厚度主要集中在 2 级（较高）水平。从 2015 年到 2019 年，1 级（高）、2 级（较高）水平监测点的占比有所增加，分别从 25.6%、25.6%增加到 30.9%、31.8%；而 3 级（中）、4 级（较低）、5 级（低）水平监测点的占比有所下降，分别从 25.6%、11.6%、11.6%下降到 21.8%、10.9%、4.6%（图 3-126）。

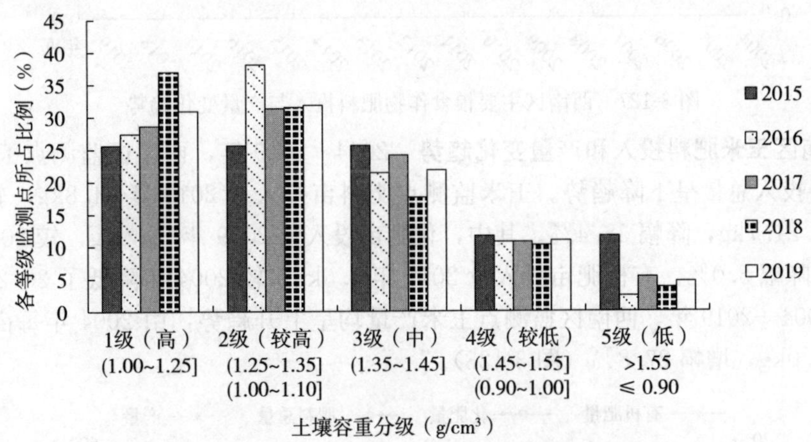

图 3-126　2015—2019 年西南区土壤容重各等级区间所占比例

三、肥料投入与利用情况

（一）肥料投入现状

2019 年，西南区监测点肥料亩总投入量（折纯，下同）平均值 38.6kg，其中，有机肥亩投入量平均值 11.3kg，化肥亩投入量平均值 27.3kg，有机肥和化肥之比 1∶2.4。肥料亩总投入中，氮肥（N）投入 20.6kg，磷肥（P_2O_5）8.3kg，钾肥（K_2O）9.7kg，投入量依次：肥料氮＞肥料钾＞肥料磷，氮∶磷∶钾为 1∶0.40∶0.47。其中化肥亩投入中，氮肥（N）投入 16.4kg，磷肥（P_2O_5）6.0kg，钾肥（K_2O）5.0kg，投入量依次：

化肥氮>化肥磷>化肥钾，氮：磷：钾为 1：0.37：0.31。

（二）主要粮食作物肥料投入和产量变化趋势

1. 主要粮食作物（玉米、水稻）肥料投入与产量变化趋势

2004—2019 年，西南区监测点主要粮食作物（玉米、水稻）肥料单位面积投入总量呈下降趋势。主要粮食作物（玉米、水稻）监测点肥料亩投入量 2019 年 37.0kg，较 2004 年每亩减少了 4.6kg，降幅 11.1%。其中，化肥亩投入量 2019 年 27.3kg，较 2004 年每亩增加了 1.2kg，增幅 4.6%。有机肥亩投入量 2019 年 9.7kg，较 2004 年每亩降低了 5.8kg，降幅 36.7%。2004—2019 年，西南区监测点主要粮食作物（玉米、水稻）产量均呈上升趋势，由 2004 年每亩 525.0kg 增加到 714.0kg，增幅 36.0%（图 3-127）。

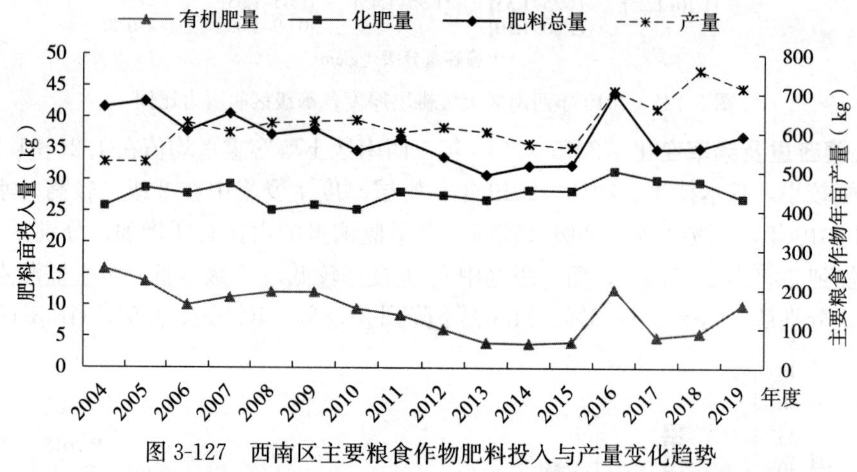

图 3-127　西南区主要粮食作物肥料投入与产量变化趋势

2. 西南区玉米肥料投入和产量变化趋势　2004—2019 年，西南区监测点玉米肥料单位面积肥料投入总量呈下降趋势。玉米监测点肥料亩投入量 2019 年 34.8kg，较 2004 年每亩下降了 21.7kg，降幅 38.4%。其中，化肥亩投入量 2019 年 29.2kg，较 2004 年减少了 1.5kg，降幅 5.0%。有机肥亩投入量 2019 年 5.6kg，较 2004 年降低了 20.2kg，降幅 78.3%。2004—2019 年，西南区监测点玉米产量均呈上升趋势，由 2004 年每亩 378.0kg 增加到 483.0kg，增幅 27.8%（图 3-128）。

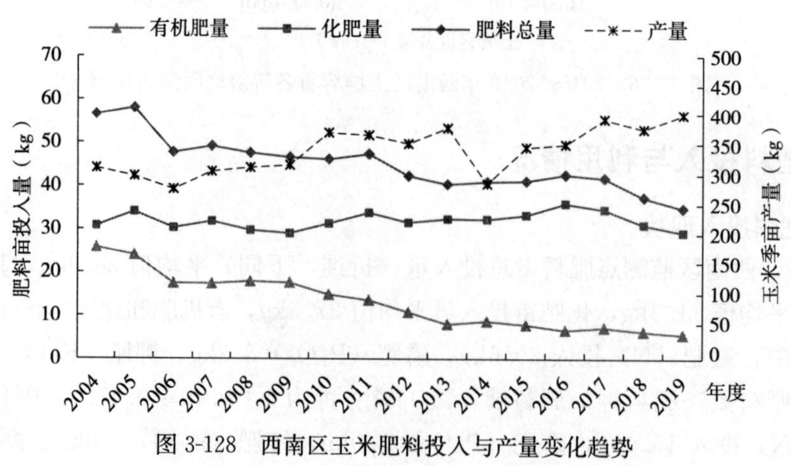

图 3-128　西南区玉米肥料投入与产量变化趋势

3. 西南区水稻肥料投入和产量变化趋势 2004—2019 年，西南区监测点水稻肥料单位面积投入总量呈曲折式下降趋势。水稻监测点肥料亩投入量 2019 年 28.4kg，较 2004 年减少了 0.5kg，降幅 1.6%。其中，化肥亩投入量 2019 年 24.9kg，较 2004 年增加了 3.6kg，增幅 17.1%。有机肥亩投入量 2019 年 3.5kg，较 2004 年降低了 4.1kg，降幅 53.9%。2004—2019 年，西南区监测点水稻产量均呈上升趋势，由 2004 年每亩 422.0kg 增加到 526.0kg，增幅 24.7%（图 3-129）。

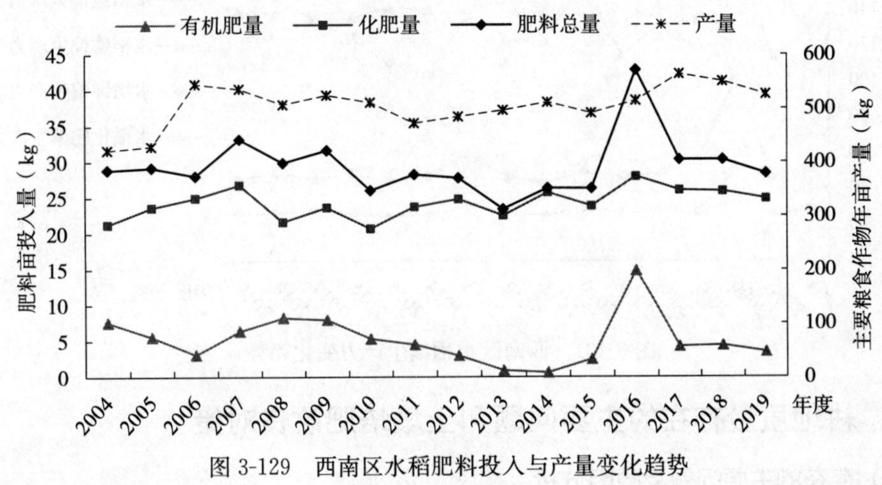

图 3-129 西南区水稻肥料投入与产量变化趋势

（三）偏生产力

1. 玉米 2004—2019 年，西南区监测点玉米化肥偏生产力（PFP）整体略有上升，2019 年化肥偏生产力 16.8kg/kg，2004 年 15.6kg/kg，上升了 8.8%。肥料氮偏生产力变幅较平稳，略有上升，2019 年为 33.1kg/kg，比 2004 年上升了 13.2%。肥料磷和钾偏生产力较不稳定，呈波动式上升趋势，肥料磷偏生产力从 2004 年的 49.4kg/kg 上升到 2019 年的 89.5kg/kg，增幅为 81.3%，肥料钾偏生产力从 2004 年的 72.8kg/kg 上升到 2019 年的 97.6kg/kg，增幅为 34.2%。肥料氮偏生产力明显低于肥料磷和肥料钾（图 3-130）。

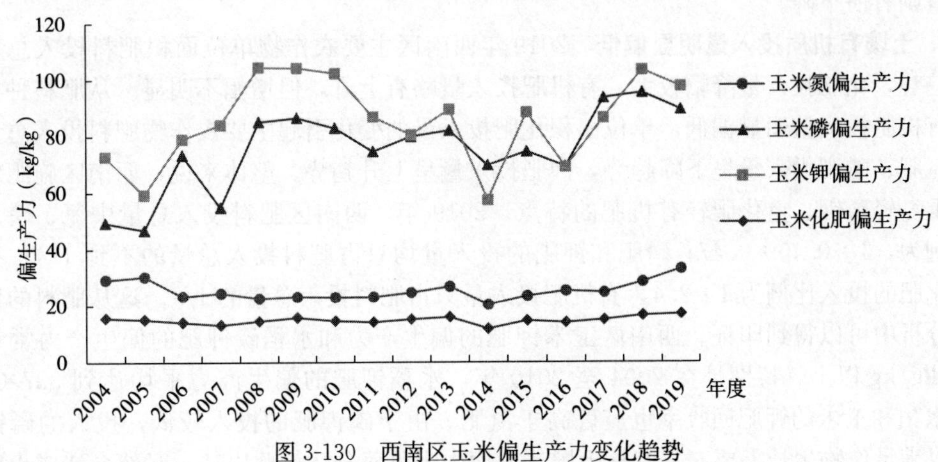

图 3-130 西南区玉米偏生产力变化趋势

2. 水稻 2004—2019 年，西南区监测点水稻化肥偏生产力（PFP）整体较为平稳，年度变化较小，2019 年为 26.4kg/kg、较 2004 年 28.6kg/kg 降低了 7.8%。其中，2004 年肥料氮偏生产力平均值为 51.4kg/kg，2019 年为 45.3kg/kg，下降了 6.1kg/kg，降幅为 11.7%；肥料磷和钾偏生产力变化波动较大，2019 年肥料磷、钾偏生产力平均值分别为 139.1kg/kg、134.6kg/kg。肥料氮偏生产力明显低于肥料磷和肥料钾（图 3-131）。

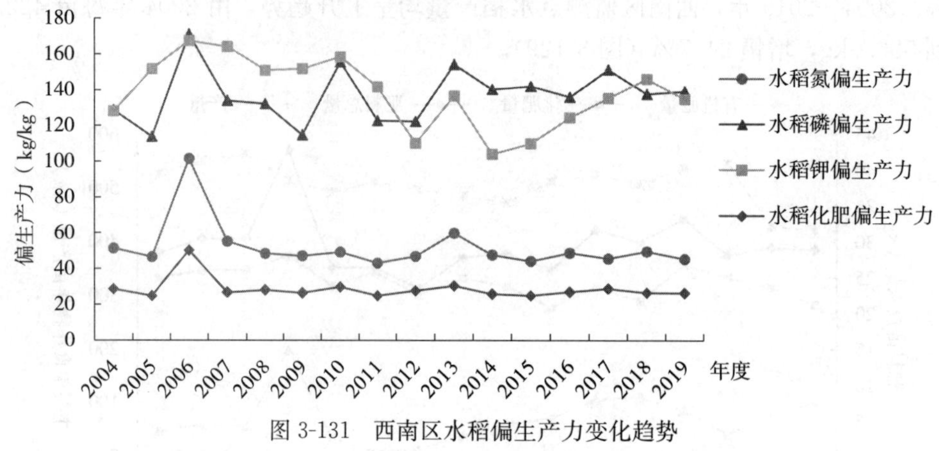

图 3-131　西南区水稻偏生产力变化趋势

四、耕地质量存在的主要问题和土壤培肥改良对策

（一）存在的主要问题及原因分析

1. 土壤供肥能力尚不能完全适应目前粮食生产高产优质的需要　2019 年，西南区土壤有机质、全氮、有效磷、速效钾、缓效钾平均含量分别为 26.0g/kg、1.64g/kg、21.4mg/kg、132mg/kg 和 390mg/kg，其中土壤有机质、全氮、速效钾、缓效钾的平均值处于 2 级水平，有效磷的平均值处于 3 级水平。2019 年西南区耕地土壤肥力虽然有所提升，但整体土壤养分仍处于中等水平，土壤供肥能力尚不能完全适应目前粮食生产高产优质的需求。从土壤养分含量变化趋势看，土壤有机质、有效磷含量和耕层厚度均略有提升，但提升幅度不大，土壤速效钾和缓效钾均呈增加趋势，土壤容重基本稳定，而土壤全氮含量则有所下降。

2. 土壤有机质投入量明显偏低　2019 年西南区主要农作物单位面积肥料投入总量呈下降趋势，化肥投入量降幅较大，有机肥投入量略有上升，但增幅不明显。从肥料种类上看，有机肥投入量明显偏低，单位面积化肥投入量的变化引起主要农作物肥料投入总量变化，氮肥、磷肥投入量呈下降趋势，钾肥投入量呈上升趋势。整体来说，西南区施肥依然存在重氮轻磷钾、重化肥轻有机肥的特点。2019 年，西南区肥料投入总量中氮、磷、钾的比例为，1∶0.40∶0.47，磷肥和钾肥的投入量均只占肥料投入总量的不到 1/4；有机肥与化肥的投入比例为 1∶2.4，有机肥投入量只占肥料投入总量的 1/4。这从肥料的偏生产力分析中可以得到印证。西南区玉米钾肥的偏生产力和水稻磷钾肥的偏生产力常年在 100.0kg/kg 以上，特别是在 2004 至 2010 年，水稻钾肥的偏生产力平均达到 337.0kg/kg；水稻和玉米的钾肥回收率也显著高于氮肥。由于磷钾肥的投入较低，投入的磷钾肥不足以满足作物生长需要，只有从土壤养分库中吸收养分，长此以往，必然会造成土壤养分的逐渐耗竭，导致土壤肥力下降。

3. 土壤耕作层变浅　2019年，西南区土壤耕层厚度平均为21.7 cm，仅处于中等水平，而且土壤耕层厚度处于中、低水平的监测点占总监测点数的比例达到60.5%。由于该区域耕地大部分位于紫色丘陵区、石漠化地区、石灰岩地区，土壤发育时间短，土层本就浅薄，同时受地形、降雨等因素和不合理的耕作方式影响，水土流失严重，进一步加剧了土壤耕作层流失。

4. 土壤酸碱度呈下降趋势　西南区耕地土壤总体呈中性偏酸的特性，监测点的碱性土仅占23.2%，土壤酸碱度呈下降趋势，分析原因，可能是化肥的过量使用，特别是大量酸性或生理酸性肥料的施用造成土壤酸碱度下降。同时，该区域雨热同季、土壤淋溶强、大量盐基离子流失，也是造成土壤酸化的原因之一。

（二）培肥改良对策

1. 增施有机肥，降低化肥投入总量，调整肥料投入结构　针对西南区有机肥施用量普遍较低的问题，西南区应进一步增施有机肥，改善土壤结构，结合畜禽粪污综合利用、秸秆综合利用，在粮食作物上，推广秸秆还田、沼渣沼液还田、畜禽粪污腐熟还田等技术，在经济作物还可开展有机肥替代化肥、间作套作绿肥等试验示范推广，增加土壤有机质，提高土壤基础地力。根据区域土壤养分现状，降低化肥投入总量，调整肥料投入结构，减（控）氮、稳磷、增钾，并有针对性施用微肥。

2. 开展土壤退化治理，特别是土壤酸化治理　在土壤酸化严重的区域，要开展酸化治理。一是减少化肥的投入总量，特别要注意不用或少用酸性、生理酸性肥料；二是适当使用生石灰、生物质炭等土壤酸化调理剂，施用钙、镁碱基含量较高的钙镁磷肥；三是在雨季加强田间排水，在旱季加强灌溉，从而减缓土壤硝酸盐过度积累。

3. 防治水土流失，加强田间基础设施建设　针对西南区山高坡陡、水土流失严重的问题，一方面，在丘陵区、山区要推广坡改梯技术，提高耕地土壤保土、保水、保肥能力。积极地进行保护性耕作，实施免耕等耕作方式，尽量减少对土层的扰动。推广间作、套作、秸秆覆盖等技术，种植牧草护坡，推广植物篱技术，减少地表径流。另一方面，加强田间基础设施建设，提高耕地粮食综合生产能力。在地势高、水源无保障的山区，修建山坪塘、集水池、集雨窖，建设提灌设施和沟渠，强化灌溉保障能力；在地势低洼的地区要配套建设“外三沟”（排水沟、灌溉沟、拦洪沟）和“内三沟”（围边沟、十字沟、内厢沟），提高降渍排涝和防洪能力。

第七节　华 南 区

华南区包括福建东南部、广东中南部、广西南部和云南南部，总耕地面积820万 hm^2，占全国耕地总面积的6.1%。该区北与华中、华东地区相接，南面毗邻辽阔的南海和南海诸岛，与菲律宾、马来西亚、印度尼西亚、文莱等国相望。该区包括闽南粤中农林水产区、粤西桂南农林区、滇南农林区和琼雷及南海诸岛农林区4个二级农业区。主要土壤类型为水稻土、赤红壤、砖红壤、石灰（岩）土、紫色土等，存在“粘、酸、瘦、薄”等障碍因素，耕性较差。

2019年，华南区国家级耕地质量监测点共有66个，上述4个二级农业区分布有监测点 18 个、20 个、9 个和 19 个。根据农业农村部耕地质量监测保护中心印发的《全国九大农区及省级耕地质量监测指标分级标准（试行）》，华南区耕地质量监测主要指标分级标准见表 3-7。

表 3-7 华南区耕地质量监测主要指标分级标准

指标	单位	分级标准				
		1 级（高）	2 级（较高）	3 级（中）	4 级（较低）	5 级（低）
有机质	g/kg	＞35.0	30.0～35.0	20.0～30.0	10.0～20.0	≤10.0
pH	—	6.0～7.0	7.0～7.5，5.5～6.0	7.5～8.0，5.0～5.5	8.0～8.5，4.5～5.0	＞8.5，≤4.5
全氮	g/kg	＞2.00	1.50～2.00	1.00～1.50	0.50～1.00	≤0.50
有效磷	mg/kg	＞40.0	20.0～40.0	10.0～20.0	5.0～10.0	≤5.0
速效钾	mg/kg	＞150	100～150	75～100	50～75	≤50
缓效钾	mg/kg	＞500	300～500	200～300	100～200	≤100
耕层厚度	cm	＞25.0	20.0～25.0	15.0～20.0	10.0～15.0	≤10.0
土壤容重	g/cm^3	1.00～1.20	1.20～1.30	1.30～1.40，0.90～1.00	1.40～1.50	＞1.50，≤0.90

一、耕地质量等级情况

2019 年该区耕地质量平均等级为 5.36 等（图 3-132），耕地质量水平总体处于中等水平，其中评价为一至三等级的耕地面积为 206.67 万 hm^2，占华南区耕地总面积的 25.3%。主要分布在漳州平原、珠江三角洲平原、潮汕平原、浔江平原、玉林盆地、蒙自盆地等区域，以水稻土、赤红壤、潮土为主，没有明显障碍因素。评价为四至六等级的耕地面积为 326.67 万 hm^2，占该区耕地总面积的 40.1%。主要分布在南宁盆地、西江流域、文山、临沧、普洱市丘陵地区，以水稻土、赤红壤、红壤、砖红壤为主，基础地力中等，灌溉条件一般，部分耕地存在盐渍化、潜育化等障碍因素。评价为七至十等级的耕地面积为 286.67 万 hm^2，占该区耕地总面积的 34.5%。主要分布在普洱市和保山市山区、右

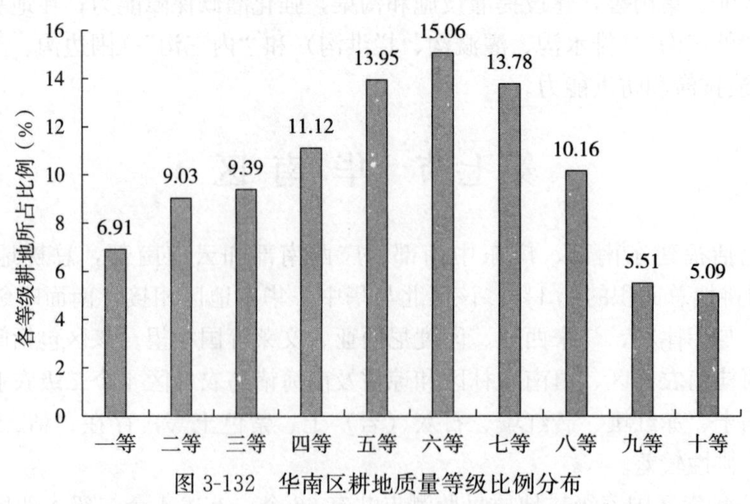

图 3-132 华南区耕地质量等级比例分布

江流域石灰岩地区、雷州半岛和海南岛西北部沿海区域，以紫色土、石灰（岩）土、风沙土为主，基础地力相对较差，农田基础设施缺乏，部分耕地存在酸化、盐渍化、瘠薄等障碍因素。对丘陵山地的冷底田、湖洋田，应建设田间渠道和环山沟，及时排水，提高土壤温度；石灰岩地区应加强水土保持，构筑蓄水池；沿海地区应加强排灌渠道建设，引淡洗酸。

二、耕地质量主要指标性状

（一）土壤有机质现状及演变趋势

1. 土壤有机质现状　2019 年，从耕地质量长期定位监测数据来看，华南区土壤有机质平均含量 27.3g/kg，主要集中在（20.0～30.0] g/kg 和（10.0～20.0] g/kg 区间。全区土壤有机质含量有效监测点数 66 个，根据华南区耕地质量监测主要指标分级标准，处于 1 级（高）水平的监测点有 16 个，占监测点总数 24.2%；处于 2 级（较高）水平的监测点有 8 个，占 12.1%；处于 3 级（中）水平的监测点有 19 个，占 28.8%；4 级（较低）水平的监测点有 20 个，占 30.3%；处于 5 级（低）水平的监测点有 3 个，占 4.6%。从耕地质量等级调查评价数据来看，华南区土壤有机质平均含量 25.9g/kg，主要集中在（20.0～30.0] g/kg 区间，共占调查点总数的 48.7%。总体来看，华南区耕地土壤有机质含量监测和调查结果类似，均处于中级水平（图 3-133）。

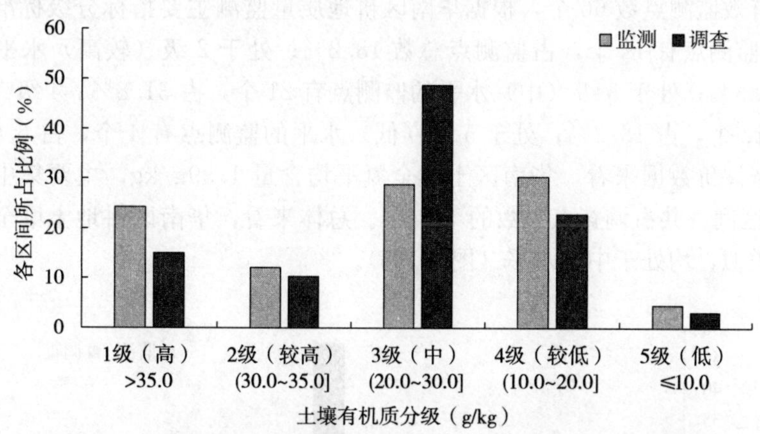

图 3-133　2019 年华南区土壤有机质含量各等级区间所占比例

2. 含量及频率变化　2004—2019 年，华南区耕地质量监测点土壤有机质平均含量变化较大，由 2004 年的 30.3g/kg 降低到 2019 年的 27.3g/kg，降低了 9.5%，年降低 0.2g/kg，其间，以 2015 年为分界点，呈先升后降趋势。2004—2019 年，华南区监测点土壤有机质含量主要集中在 1 级（高）和 3 级（中）区间。其中，位于 1 级（高）区间的监测点占比先由 2004 年的 38.9%上升到 2015 年的 56.0%，较长时间处于占比较高水平，但 2015 年之后占比开始逐步降低，2019 年占比已降为 24.2%；位于 3 级（中）区间的监测点占比也相对较高，占比由 2004 年的 22.2%上升到 2019 年的 28.8%；位于 2 级（较高）和 4 级（较低）区间的点位占比则相对较低，较长时间处于 25.0%以下水平，但 2016 年开始，4 级（较低）区间的点位占比上升较为明显。2015 年之前一直没有点位位于 5 级（低）区间，2016 年开始有少量的点位处于该区间。相比以往，2015 年之后该区监测点在有机质各含量等级区间占比分布趋于相对均匀（图 3-134）。

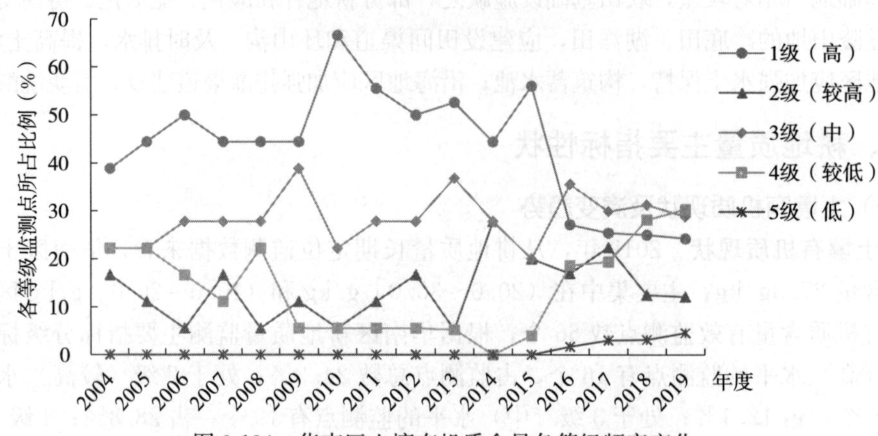

图 3-134　华南区土壤有机质含量各等级频率变化

（二）土壤全氮现状及演变趋势

1. 土壤全氮现状　2019 年，从耕地质量长期定位监测数据来看，华南区土壤全氮平均含量 1.49g/kg，主要集中在（1.00～1.50］g/kg 和（1.50～2.00］g/kg 区间。全区土壤全氮含量有效监测点数 66 个，根据华南区耕地质量监测主要指标分级标准，处于 1 级（高）水平的监测点有 12 个，占监测点总数 18.2%；处于 2 级（较高）水平的监测点有 17 个，占 25.8%；处于 3 级（中）水平的监测点有 21 个，占 31.8%；4 级（较低）水平的监测点有 12 个，占 18.2%；处于 5 级（低）水平的监测点有 4 个，占 6.0%。从耕地质量等级调查评价数据来看，华南区土壤全氮平均含量 1.39g/kg，主要集中在（1.00～1.50］g/kg 区间，共占调查点总数的 47.4%。总体来看，华南区耕地土壤全氮监测和调查结果基本类似，均处于中级水平（图 3-135）。

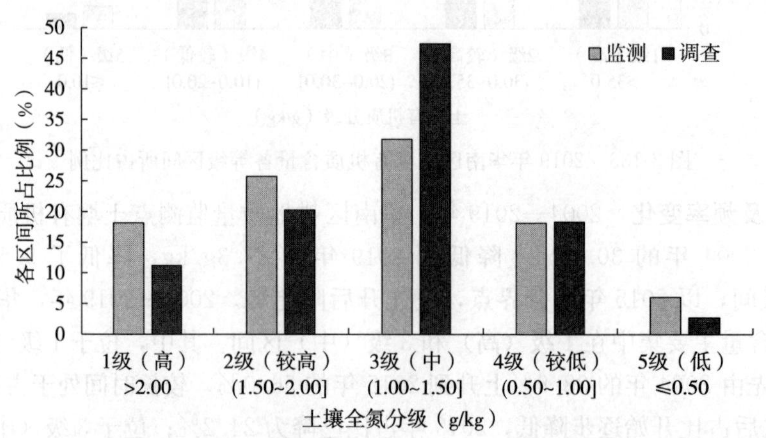

图 3-135　2019 年华南区土壤全氮含量各等级区间所占比例

2. 含量及频率变化　2004—2019 年，华南区耕地质量监测点土壤全氮平均含量变化较大，由 2004 年的 1.80g/kg 降低到 2019 年的 1.49g/kg，降低了 17.2%，年降低 0.02g/kg。期间，以 2015 年为分界点，呈先升后降趋势，情况与有机质指标类似。近 4

年该区也呈连续下降趋势，2019 年较 2016 年土壤全氮含量降低 0.30g/kg，降幅为 15.8%。2004—2019 年，华南区监测点土壤全氮含量在 1 级（高）和 2 级（较高）区间的占比相对较多。其中，位于 1 级（高）区间的监测点占比先由 2004 年的 42.9%上升到 2015 年的 48.0%，长期处于较高占比水平，但 2015 年之后占比开始逐步降低，2019 年占比已降为 18.2%；位于 2 级（较高）区间的监测点占比也相对较高，占比由 2004 年的 19.1%上升到 2016 年的 42.9%，但 2017、2018 两年占比则大幅下降，2019 年则有所回升；位于 3 级（中）区间的点位占比居中且呈上升趋势，由 2004 年的 19.1%上升到 2019 年的 31.8%；位于 4 级（较低）区间的监测点占比较低，以 2014 年为分界点，呈 V 字形先降后升，目前占比为 18.2%；位于 5 级（低）区间的监测点占比最少，不少年份没有监测点位于该区间，近两年占比有所增加，2019 年占比 6.1%。总体上，2015 年之后该区监测点占比在全氮含量各等级区间趋于相对均匀分布（图 3-136）。

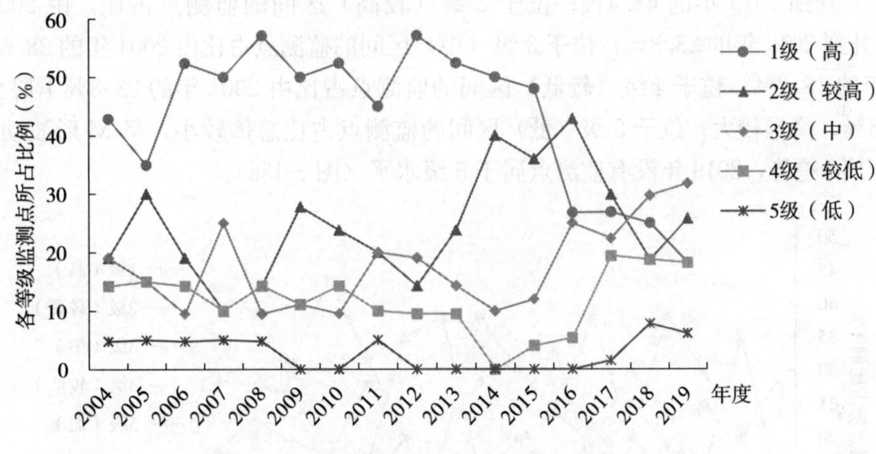

图 3-136　华南区土壤全氮含量各等级频率变化

（三）土壤有效磷现状及演变趋势

1. 土壤有效磷现状　2019 年，从耕地质量长期定位监测数据来看，华南区土壤有效磷平均含量 45.8mg/kg，主要集中在>40.0mg/kg 和（20.0～40.0］mg/kg 区间。全区土壤有效磷含量有效监测点数 66 个，根据华南区耕地质量监测主要指标分级标准，处于 1 级（高）水平的监测点有 28 个，占监测点总数 42.4%；处于 2 级（较高）水平的监测点有 19 个，占 28.8%；处于 3 级（中）水平的监测点有 12 个，占 18.2%；4 级（较低）水平的监测点有 7 个，占 10.6%；没有处于 5 级（低）水平的监测点。从耕地质量等级调查评价数据来看，华南区土壤有效磷平均含量 26.5mg/kg，主要集中在（20.0～40.0］mg/kg 区间，共占调查点总数的 38.2%。总体来看，华南区耕地土壤有效磷含量监测和调查结果存在较大偏差，这主要是因为监测的点位分布相比调查的要少很多，点位的布局差异导致的（图 3-137）。

2. 含量及频率变化　2004—2019 年，华南区耕地质量监测点土壤有效磷平均含量总体呈上升趋势。由 2004 年的 26.7mg/kg 上升至 2019 年的 45.8mg/kg，增幅达 71.4%，年均增加 1.3mg/kg。2004—2019 年，华南区监测点土壤有效磷含量在 1 级至 4 级各等级区间监测点占比呈相对均匀分布，5 级区间分布相对较少。位于 1 级（高）区间的监测点由 2004 年

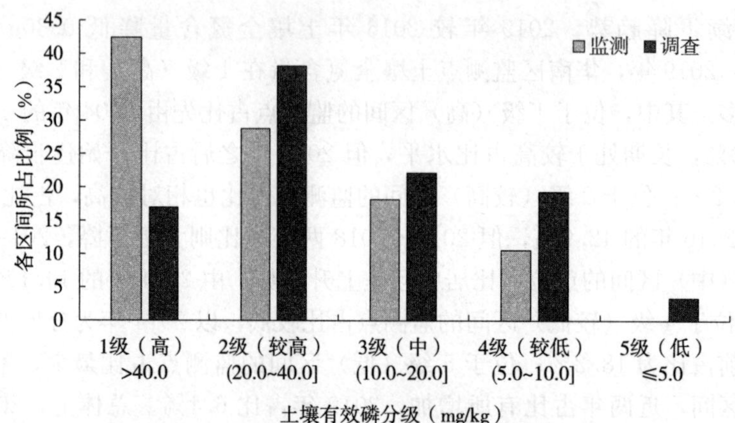

图 3-137　2019 年华南区土壤全氮含量各等级区间所占比例

的 23.8%上升到 2019 年的 42.4%；位于 2 级（较高）区间的监测点占比，由 2004 年的 14.3%上升到 2019 年的 28.8%；位于 3 级（中）区间的监测点占比由 2004 年的 28.6%下降到 2019 年的 18.2%；位于 4 级（较低）区间的监测点占比由 2004 年的 23.8%下降到 2019 年的 10.6%，降幅较大；位于 5 级（低）区间的监测点占比总体较小，呈 M 形波动，2014 年之后呈下降趋势，2019 年没有监测点属于 5 级水平（图 3-138）。

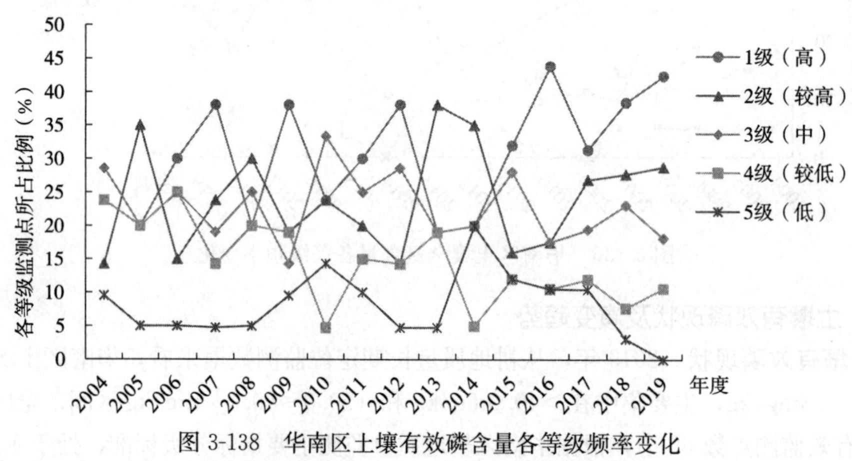

图 3-138　华南区土壤有效磷含量各等级频率变化

（四）土壤速效钾现状及演变趋势

1. 土壤速效钾现状　2019 年，从耕地质量长期定位监测数据来看，华南区土壤速效钾平均含量 106mg/kg，在各区间分布相对均匀。全区土壤速效钾含量有效监测点数 65 个，根据华南区耕地质量监测主要指标分级标准，处于 1 级（高）水平的监测点有 14 个，占监测点总数 21.5%；处于 2 级（较高）水平的监测点有 13 个，占 20.0%；处于 3 级（中）水平的监测点有 10 个，占 15.4%；4 级（较低）水平的监测点有 11 个，占 16.9%；处于 5 级（低）水平的监测点有 17 个，占 26.2%。从耕地质量等级调查评价数据来看，华南区土壤速效钾平均含量 88mg/kg，主要集中在（50～75］mg/kg 和≤50mg/kg 区间，共占调查点总数的 55.5%。总体来看，华南区耕地土壤速效钾含量监测和调查结果存在较大偏差，这也是因为监测的点位分布相比调查的要少很多，点位的布局差异导致的（图 3-139）。

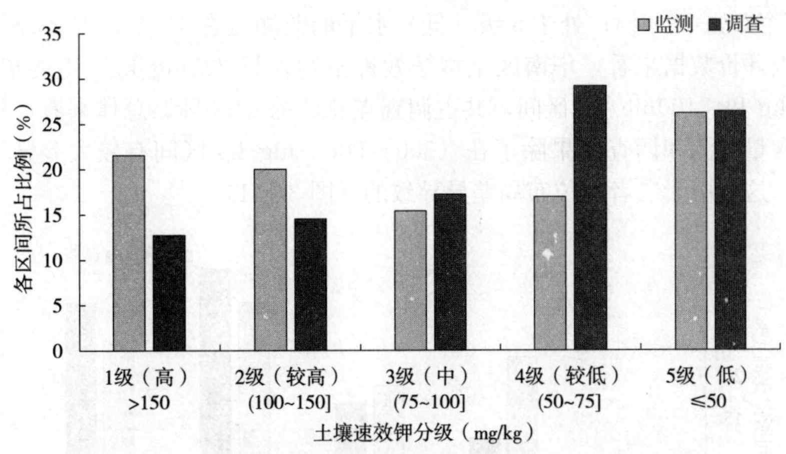

图 3-139　2019 年华南区土壤速效钾含量各等级区间所占比例

2. 含量及频率变化　华南区耕地质量监测点土壤速效钾平均含量总体呈上升趋势，由 2004 年的 74mg/kg 平均含量快速上升到 2019 年 106mg/kg，增幅为 43.3%，年均增加 2mg/kg。2004—2019 年，华南区监测点土壤速效钾含量在各个分级区间上的分布年际间变化较大，其中在 4 级（较低）和 5 级（低）区间分布相对较多，在 1 级和 2 级区间分布相对较少。位于 1 级（高）区间的监测点占比由 2004 年的 5.0%上升到 2019 年的 21.5%；位于 2 级（较高）区间的监测点占比由 2004 年的 10.0%上升到 2019 年的 20.0%；位于 3 级（中）区间的监测点占比由 2004 年的 30.0%下降到 2019 年的 15.4%，降幅较大；位于 4 级（较低）区间占比相对较高，由 2004 年的 10.0%上升到 2019 年的 16.9%；位于 5 级（低）区间占比相对较高，由 2004 年的 45.0%降低到 2019 年的 26.2%（图 3-140）。

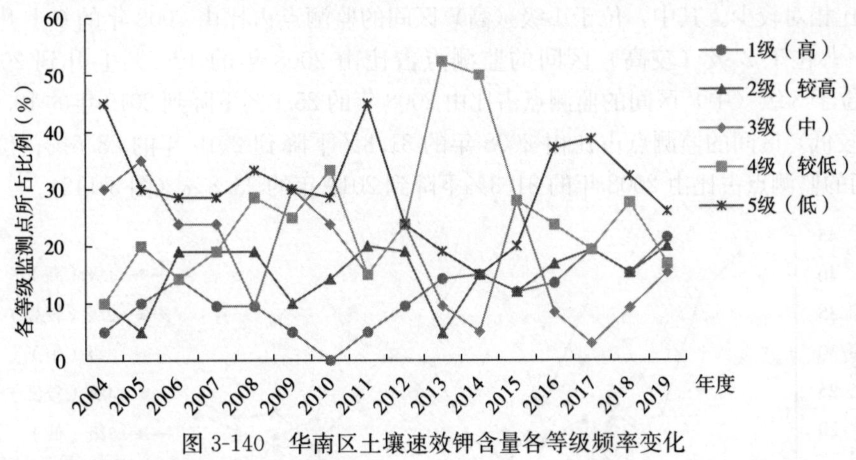

图 3-140　华南区土壤速效钾含量各等级频率变化

（五）土壤缓效钾现状及演变趋势

1. 土壤缓效钾现状　2019 年，从耕地质量长期定位监测数据来看，华南区土壤缓效钾平均含量 284mg/kg，主要集中在（100～200］mg/kg 和≤100mg/kg 区间。全区土壤缓效钾含量有效监测点数 63 个，根据华南区耕地质量监测主要指标分级标准，处于 1 级（高）水平的监测点有 4 个，占监测点总数 6.3%；处于 2 级（较高）水平的监测点有 14 个，占 22.2%；处于 3 级（中）水平的监测点有 12 个，占 19.1%；4 级（较低）水平的监测点有 18 个，占 28.6%；处于 5 级（低）水平的监测点有 15 个，占 23.8%。从耕地质量等级调查评价数据来看，华南区土壤缓效钾平均含量 224mg/kg，主要集中在（100～200］mg/kg 和≤100mg/kg 区间，共占调查点总数的 61.0%。总体来看，华南区耕地土壤缓效钾含量监测和调查结果除了在（300～500］mg/kg 区间有较大差异外，其他区间分布类似，这是由于二者点位布局差异导致的（图 3-141）。

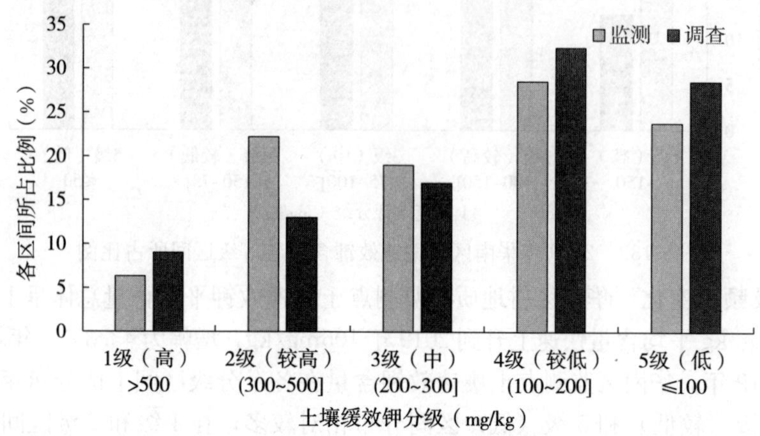

图 3-141　2019 年华南区土壤缓效钾含量各等级区间所占比例

2. 含量及频率变化　分析 2008—2019 年监测数据，华南区耕地质量监测点土壤缓效钾平均含量变化总体呈上升趋势，由 2008 年的 169mg/kg 上升至 2019 年的 284mg/kg，增幅为 68.0%，跃升了一个等级，年均增加 11mg/kg。2008—2019 年，华南区监测点在土壤缓效钾含量各等级区间上的分布年际间变化较大，主要位于 3 级至 5 级区间，在 1 级和 2 级区间分布的占比相对较少。其中，位于 1 级（高）区间的监测点占比由 2008 年的 0 上升到 2019 年的 6.4%；位于 2 级（较高）区间的监测点占比由 2008 年的 12.5%上升到 2019 年的 22.2%；位于 3 级（中）区间的监测点占比由 2008 年的 25.0%下降到 2019 年的 19.1%；位于 4 级（较低）区间的监测点占比由 2008 年的 31.3%下降到 2019 年的 28.6%；位于 5 级（低）区间的监测点占比由 2008 年的 31.3%下降到 2019 年的 23.8%（图 3-142）。

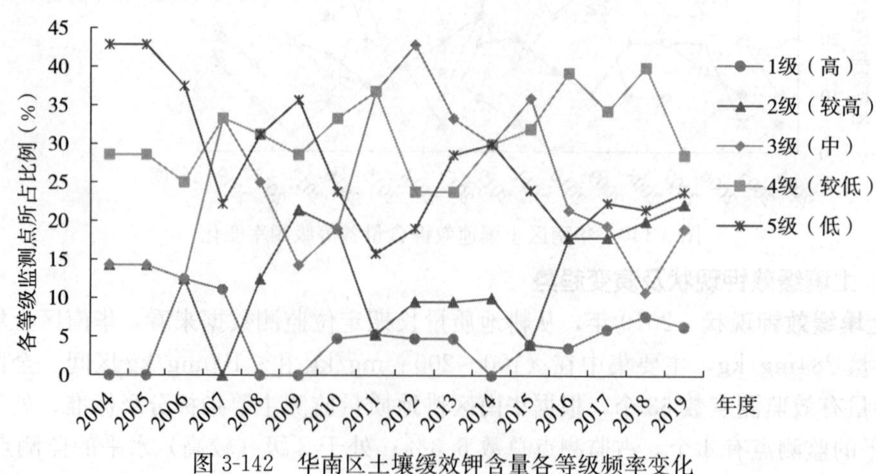

图 3-142　华南区土壤缓效钾含量各等级频率变化

（六）土壤 pH 现状及演变趋势

1. 土壤 pH 现状　2019 年，从耕地质量长期定位监测数据来看，华南区耕地土壤 pH 平均值 5.9，主要集中在（5.5～6.0]、（7.0～7.5] 区间。全区耕地土壤 pH 有效监测点数 66 个，根据华南区耕地质量监测主要指标分级标准，处于 1 级（高）水平的监测点有 18 个，占监测点总数 27.3%；处于 2 级（较高）水平的监测点有 27 个，占 40.9%；处于 3 级（中）水平的监测点有 18 个，占 27.3%；处于 4 级（较低）水平的监测点有 3 个，占 4.5%；5 级（低）水平以上监测点没有分布。从耕地质量等级调查评价数据来看，华南区耕地土壤 pH 平均值 5.7，主要集中在（5.0～5.5]、（7.5～8.0] 区间，共占调查点总数的 35.7%。总体来看，华南区耕地土壤 pH 监测和调查平均值相近，但点位在各区间分布存在较大差异，监测结果偏向于高等级区间，调查结果偏向于中等级区间，差异主要由点位布局不同所致（图 3-143）。

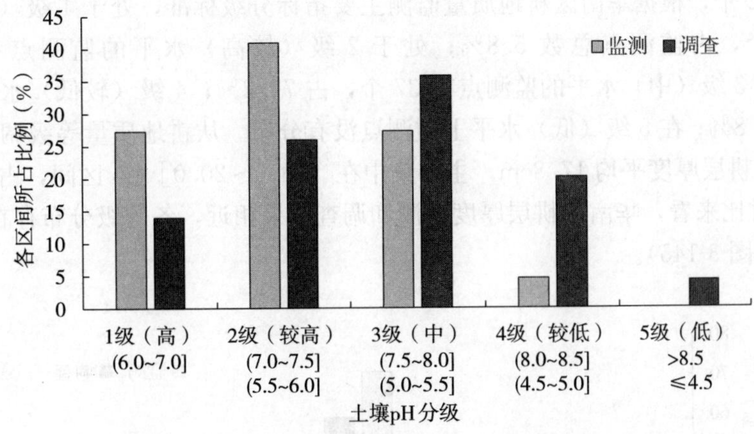

图 3-143　2019 年华南区土壤 pH 各等级区间所占比例

2. 土壤 pH 及频率变化　2004—2019 年监测数据，华南区耕地质量监测点土壤 pH 平均值变化不大，维持在 5.6～5.9。监测点土壤 pH 主要集中在 2 级和 3 级区间。各等

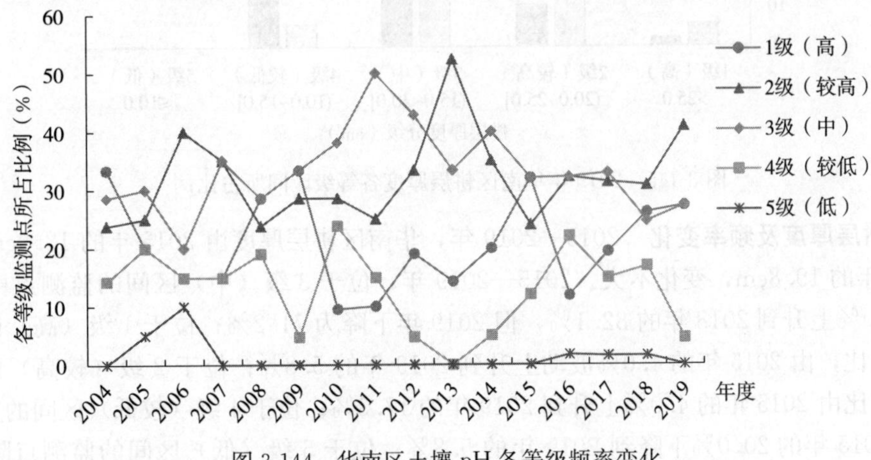

图 3-144　华南区土壤 pH 各等级频率变化

级变化为：位于1级（高）区间的监测点总体上占比由2004年的33.3%下降到2019年的27.3%，但期间占比波动较大；位于2级（较高）区间的监测点占比由2004年的23.8%上升到2019年的40.9%，期间波动剧烈，2013年占比高达52.4%；位于3级（中）区间的点位占比呈倒V字形变化趋势，先由2004年的28.6%上升到2011年的50.0%，后又下降至2019年的27.3%；位于4级（较低）区间的监测点占比相对较低，由2004年的14.3%下降到2019年的4.6%，期间变化较大，2013年没有点位分布；位于5级（低）区间的监测点占比最少，不少年份没有监测点位于该区间（图3-144）。

（七）耕层厚度现状及演变趋势

1. 耕层厚度现状 2019年，从耕地质量长期定位监测数据来看，华南区耕层厚度平均为19.8cm，主要集中在（15.0～20.0］cm区间，总体处于中等水平。全区耕层厚度有效监测点数52个，根据华南区耕地质量监测主要指标分级标准，处于1级（高）水平的监测点有3个，占监测点总数5.8%；处于2级（较高）水平的监测点有9个，占17.3%；处于3级（中）水平的监测点有37个，占71.2%；4级（较低）水平的监测点有3个，占5.8%；在5级（低）水平上监测点没有分布。从耕地质量等级调查评价数据来看，华南区耕层厚度平均17.8cm，主要集中在（15.0～20.0］cm区间，占调查点总数的59.6%。对比来看，华南区耕层厚度监测和调查结果相近，各等级分布存在一定偏差，但差别不大（图3-145）。

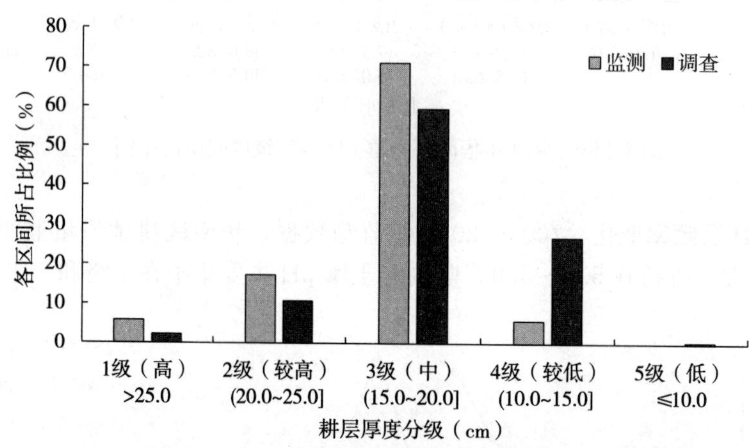

图3-145　2019年华南区耕层厚度各等级区间所占比例

2. 耕层厚度及频率变化 2015—2019年，华南区耕层厚度由2015年的18.9cm增加到2019年的19.8cm，变化不大。2015—2019年，位于3级（中）区间的监测点由2015年的72.0%上升到2018年的82.1%，但2019年下降为71.2%；位于1级（高）区间的监测点占比，由2015年的4.0%波动上升到2019年的5.8%；位于2级（较高）区间的监测点占比由2015年的4.0%上升到2019年的17.3%；位于4级（较低）区间的监测点占比由2015年的20.0%下降到2019年的5.8%；位于5级（低）区间的监测点除2016年有少量分布外，其他年份没有点位分布（图3-146）。

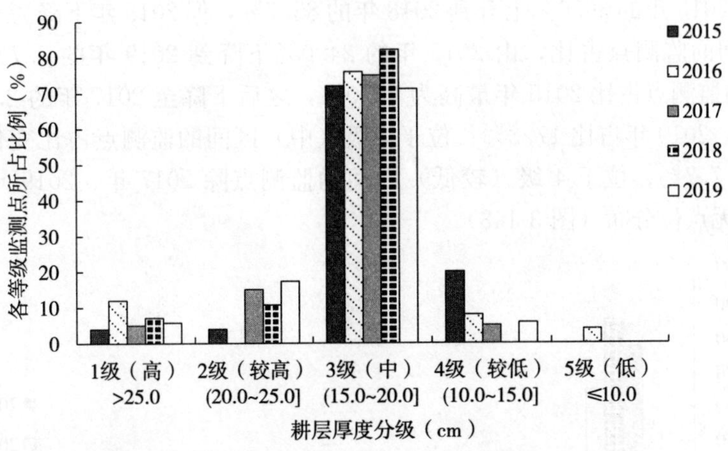

图 3-146 2019 年华南区耕层厚度各等级频率变化

（八）土壤容重现状及演变趋势

1. 土壤容重现状 2019 年，从耕地质量长期定位监测数据来看，华南区耕地土壤容重平均为 1.19g/cm³，主要集中在（1.00～1.20］g/cm³区间，总体处于高等水平。全区耕地土壤容重有效监测点数 52 个，根据华南区耕地质量监测主要指标分级标准，处于 1 级（高）水平的监测点有 34 个，占监测点总数 65.4%；处于 2 级（较高）水平的监测点有 9 个，占 17.3%；处于 3 级（中）水平的监测点有 4 个，占 7.7%；4 级（较低）水平的监测点有 1 个，占 1.9%；在 5 级（低）水平上监测点有 4 个，占 7.7%。从耕地质量等级调查评价数据来看，华南区耕地土壤容重平均 1.24g/cm³，点位主要集中在（1.00～1.20］g/cm³和（1.20～1.30］g/cm³区间，占调查点总数的 46.1%。对比来看，华南区耕地土壤容重监测和调查结果基本相近，监测的等级结果总体比调查的偏高些，主要由点位分布的差异导致（图 3-147）。

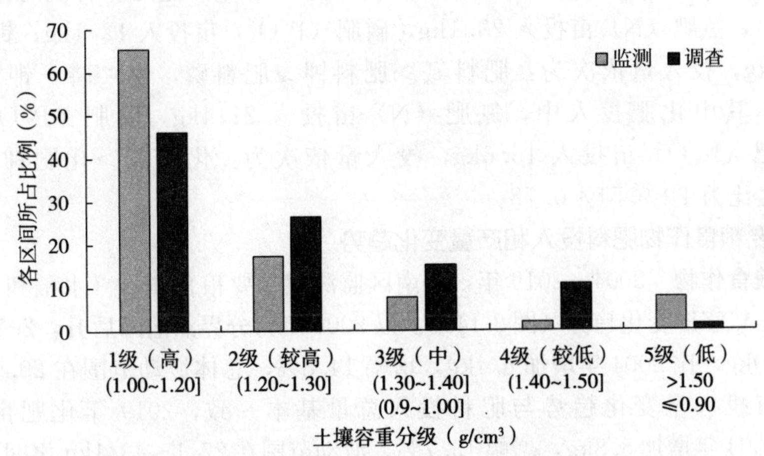

图 3-147 2019 年华南区耕地土壤容重各等级区间所占比例

2. 土壤容重及频率变化 2015—2019 年，华南区耕地土壤容重，由 2015 年的 1.09g/cm³增加到 2019 年的 1.19g/cm³，变化不大。2015—2019 年，位于 1 级（高）区间的监测点由 2015 年的 36.0%上升到 2018 年的 85.7%，但 2019 年下降为 65.4%；位于 5 级（低）区间的监测点占比，由 2015 年的 24.0%下降到 2019 年的 7.7%；位于 2 级（较高）区间的监测点占比 2015 年最高为 20.0%，之后下降至 2017 年的 2.8%，近两年又呈上升趋势，2019 年占比 17.3%；位于 3 级（中）区间的监测点占比变化与 2 级的类似，2019 年为 7.7%；位于 4 级（较低）区间的监测点除 2017 年、2019 年有少量占比外，其他年份无点位分布（图 3-148）。

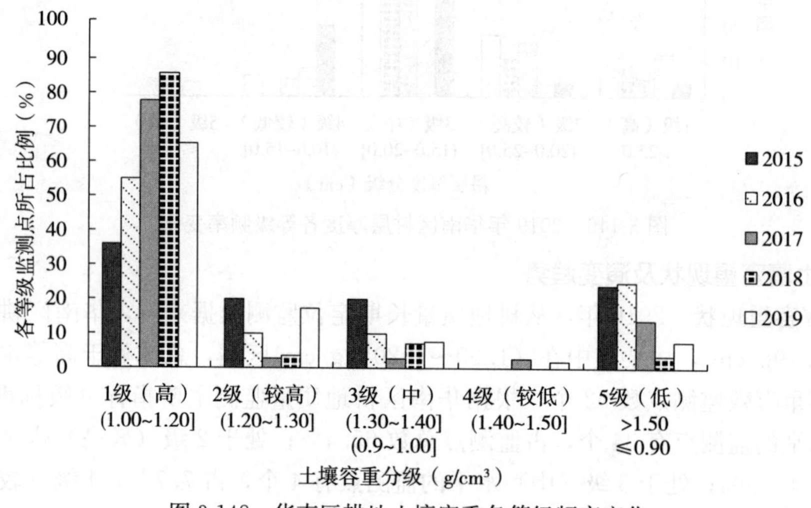

图 3-148　华南区耕地土壤容重各等级频率变化

三、肥料投入与利用情况

（一）肥料投入现状

2019 年，华南区监测点肥料亩总投入量（折纯，下同）平均值 55.2kg，其中，有机肥亩投入量平均值 6.3kg，化肥亩投入量平均值 48.8kg，化肥和有机肥之比为 7.7。肥料总投入中，氮肥（N）亩投入 23.1kg，磷肥（P_2O_5）亩投入 12.1kg，钾肥（K_2O）亩投入 20.0kg，投入量依次为：肥料氮＞肥料钾＞肥料磷，氮∶磷∶钾之比为 1∶0.53∶0.86。其中化肥投入中，氮肥（N）亩投入 21.4kg，磷肥（P_2O_5）亩投入 10.9kg，钾肥（K_2O）亩投入 16.6kg，投入量依次为：化肥氮＞化肥钾＞化肥磷，氮∶磷∶钾之比为 1∶0.51∶0.78。

（二）主要粮食作物肥料投入和产量变化趋势

1. 主要粮食作物　2004—2019 年，华南区监测点主要粮食作物（水稻和玉米）肥料亩投入总量呈 V 字形变化趋势（图 3-149），以 2006 年为分界点前降后升，2019 年肥料亩投入量为 50.0kg，比 2004 年增加 6.4kg，增幅 14.8%，总体波动范围在 29.6～50.0kg。其中，化肥亩投入量变化趋势与肥料投入总量基本一致，2019 年化肥亩投入量为 43.1kg，比 2004 年增加 5.8kg，增幅 15.7%，波动范围在 27.1～43.1kg 之间；有机肥亩投入量总体水平较低，多年平均投入水平为 5.1kg，远低于化肥投入水平（多年平均为 38.4kg），有机肥占肥料总投入比重在 6.2%～18.9%之间波动，占比平均值为 11.5%。

2004—2019 年，华南区监测点主要粮食年亩产量总体呈前升后降的趋势，以 2014 年为界，2014 年之前总体呈缓慢上升趋势，由 2004 年的 819.0kg，增加到 2014 年的 857.0kg，增幅为 4.7%，之后则急剧下降，近些年又呈逐步回升趋势，2019 年恢复到 841.0kg，这可能与监测点位调整和种植结构调整有关。比较分析华南区肥料投入与主要粮食年产量间关系，数据相关度不高，即肥料投入的变化趋势与产量变化关联度不强。

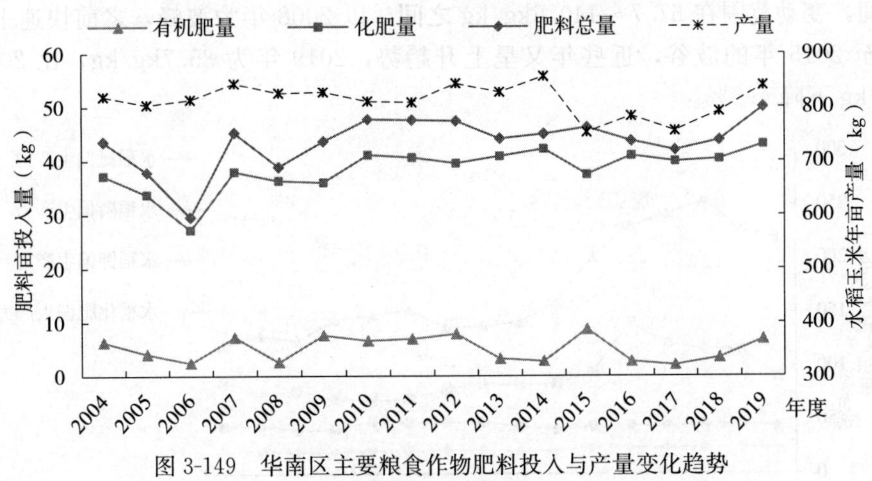

图 3-149 华南区主要粮食作物肥料投入与产量变化趋势

2. 水稻 2004—2019 年，华南区监测点水稻季肥料亩投入总量呈波动上升趋势，2019 年水稻肥料亩投入总量为 27.4kg，比 2004 年增加 5.4kg，增幅为 24.5%，年际间波动范围在 19.1～27.0kg。其中，化肥亩投入量呈稳定增加趋势，由 2004 年的 19.4kg 增加到 2019 年的 23.9kg，增加 4.5kg，增幅 23.0%，年际间波动范围在 18.1～24.2kg；有机肥亩投入量总体水平较低，多年平均投入水平为 2.5kg，远低于化肥多年平均投入水平 20.9kg，有机肥占肥料总投入比重在 4.8%～18.1%之间波动，占比平均值为 10.3%（图 3-150）。

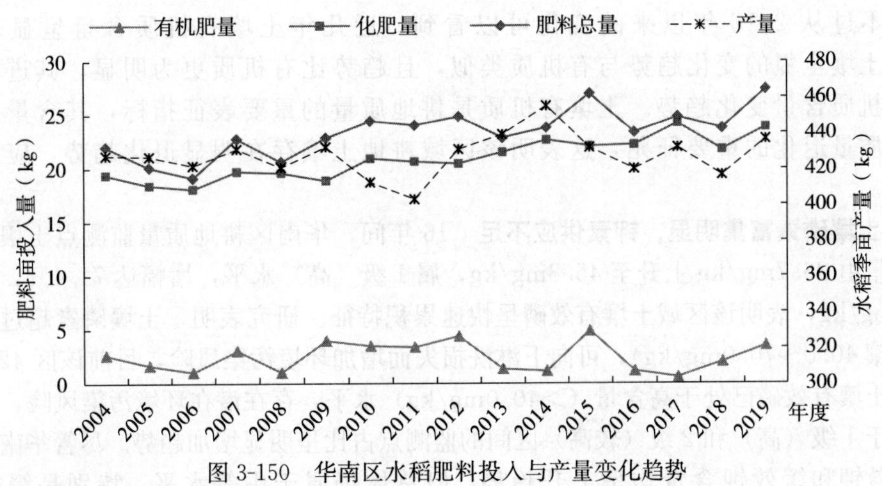

图 3-150 华南区水稻肥料投入与产量变化趋势

（三）偏生产力

水稻 2004—2019 年，华南区监测点水稻化肥偏生产力（PFP）总体波动较小，呈稳步下降趋势，2019 年化肥偏生产力为 20.7kg/kg，2004 年为 23.9kg/kg，下降了

13.4%（图 3-151）。肥料氮偏生产力变化幅度较小，波动范围在 40.7～49.2kg/kg 之间，2019 年比 2004 年下降 0.9%。肥料磷偏生产力变化幅度很大，变化范围在 119.5～254.4kg/kg 之间，2004 至 2006 年呈高位上升达最高峰的 254.4kg/kg，之后呈快速下降趋势，2019 年已下降到 119.5kg/kg，下降幅度为 45.4%；肥料钾偏生产力变化幅度介于氮磷之间，变动范围在 67.7～140.6kg/kg 之间，以 2008 年为波峰，之前快速上升，之后下降至 2015 年的波谷，近些年又呈上升趋势，2019 年为 85.7kg/kg，比 2004 年的 89.8kg/kg 下降 4.5%。

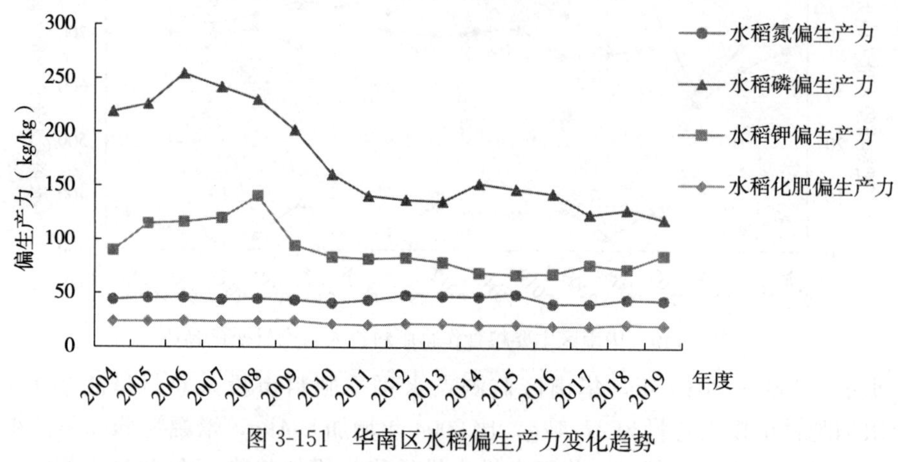

图 3-151　华南区水稻偏生产力变化趋势

四、耕地质量存在的主要问题及原因分析和土壤培肥改良对策

（一）主要问题与原因

1. 土壤有机质下降明显，耕地存在退化风险　2004—2019 年，华南区土壤有机质含量以 2015 年为分界点，呈先升后降趋势，尽管在一定程度上受到近年点位分布变化影响，不过从 2016 年以来的变化可以看到，近几年土壤有机质含量呈显著下降趋势。土壤全氮的变化趋势与有机质类似，且趋势比有机质更为明显，其进一步印证了有机质含量变化趋势。土壤有机质是耕地质量的重要表征指标，其含量的下降是耕地质量退化的重要征兆，这表明该区域耕地土壤存在明显退化趋势，应引起足够重视。

2. 土壤磷素富集明显，钾素供应不足　16 年间，华南区耕地质量监测点土壤有效磷平均含量由 26.7mg/kg 上升至 45.8mg/kg，属 1 级（高）水平，增幅达 71.4%，年均增加 1.3mg/kg，表明该区域土壤有效磷呈快速累积特征。研究表明，土壤磷素超过一定阈值（红壤 40.0～70.0mg/kg），可向下淋洗损失而增加环境污染风险，目前该区 42.4%的监测点土壤有效磷已处于高含量（>40.0mg/kg）水平，存在潜在环境污染风险，而且近些年处于 1 级（高）和 2 级（较高）区间的监测点占比呈明显增加趋势。尽管华南区耕地土壤速效钾和缓效钾含量均呈上升趋势，但总体仍属于中等水平，特别是缓效钾约 52.0%的点位处于较低和低等水平，表明该区域存在较大比例的耕地土壤向作物供给钾素养分的能力仍不足。

3. 肥料投入不均衡，耕地培肥严重不足　化肥养分投入不均衡，磷肥投入明显过量。

华南区主要粮食作物种植氮肥（N）亩投入 21.4kg，磷肥（P_2O_5）亩投入 10.9kg，钾肥（K_2O）亩投入 16.6kg，与该区主要粮食作物（水稻）推荐化学氮肥（N）亩施肥量 18.0～22.0kg，化学磷肥（P_2O_5）亩施肥量 5.0kg，化学钾肥（K_2O）亩施肥量15.0～18.0kg 相比，明显存在磷肥投入过量的问题，这也是造成华南区耕地土壤磷过高的主要原因。另外，肥料投入过度依赖化肥，有机肥投入严重不足。有机肥多年平均亩投入水平为 5.1kg，远低于化肥亩投入水平（多年平均为 38.4kg），有机肥占肥料总投入仅为 11.5%。较多的研究表明，有机肥占比在 50.0%左右时有利于土壤质量提升，是实现藏粮于地的最佳施肥结构。

4. 作物有效耕层浅薄，不利于粮食稳产高产 农作物最佳耕层厚度应为 20.0～25.0cm，华南区耕层厚度平均仅 19.8cm，处于 3 级（中）水平，耕层相对较浅，这可能跟长期机械碾压、耕作深度较浅等因素作用下逐步形成犁底层有关。较浅的耕层影响降水渗入土壤深层，阻止作物根系下扎，不利于蓄水保墒和根系发育吸收深层土壤水分和养分，降低了作物的抗逆能力。

（二）培肥改良对策

1. 加强土壤培肥，遏止土壤退化

一是持续推行秸秆还田。华南地区一年三熟的种植制度下，在早稻收割后，可将秸秆就地粉碎，并保持一定的水层，通过化学腐熟剂、生物腐熟剂的双重作用，实现秸秆在短期内（两茬间约 2 周时间）快速腐熟还田，从而不影响晚稻插秧，是一种比较适宜的秸秆还田提升土壤有机质的主推模式。

二是扩大绿肥种植。种植绿肥翻压还田是培育耕地质量的良好举措。一可增加土壤氮素和活性有机物质。二可富集与转化土壤养分。三可有效改善土壤理化性状，加速土壤熟化，促进土壤团粒结构形成，增加土壤水肥保障功能，还可以防止水土流失，减少田间杂草生长。因此该区域应结合种植岔口，科学合理地选择绿肥作物进行大规模种植。多年种植绿肥，肥效更加明显，是用养结合、科学利用耕地资源的良好生态培肥模式。

三是补贴引导增施商品有机肥。目前而言，有机肥培肥地力的技术措施已经非常成熟，关键是需要采取强有力的政策措施，来确保区域耕地质量的稳步提升。近年来，各级农业部门逐步重视耕地质量管护工作，实施耕地保护与提升行动，地力提升的效果已经呈现良好的势头，应长期坚持开展这项工作。特别是应针对有机肥投入成本高、施用困难等问题，通过补贴并借助农业机械化等政策措施，围绕中低产田实施有机肥增施提质工程，可以有效快速的提高耕地质量水平，改良中低产田。

2. 一增一减平衡养分，控制风险

（1）增施钾肥。华南的砖红壤和赤红壤区一直被认为是我国钾素最缺乏的地区，尽管随着测土配方施肥的推广普及，土壤钾素养分有提升趋势，但仍有较大比例的耕地土壤钾素养分不足，这与华南区土壤成土母质含钾量偏低，气候上高温多雨，土壤风化强烈、淋溶严重，钾素易于流失有关，再加上该地区复种指数较高，作物生长量大，从土壤带走的养分较多。针对这一问题，首先应加大缺钾（速效钾低于 80mg/kg）农田的钾肥投入，除为作物提供足够的钾素养分外，还应适当盈余，以逐年提升土壤钾

肥供应能力；其次，需因作物施用钾肥，甚至因轮作模式调配施用。如在稻—稻轮作中，晚稻比早稻更易缺钾，晚稻施钾的效果优于早稻。另外，施用方法上应以基施为主，在施足有机肥的情况下，亦可基、追各半，但追肥宜早；对砂质土壤，宜分次施用，以减少钾素的流失。

（2）减控磷肥。累积在农田土壤的磷素易于流失，从而引发水体污染问题。针对华南区耕地土壤磷素累积较快的问题，应增加科学配方肥料的市场占比。通过项目示范、政策补贴推动肥料企业生产低磷配方肥料，通过农技推广和政策引导，逐步扩大市场上低磷配方肥料的市场占比。另外，应分级划定水体保护等级区域，明确制定农田磷面源污染控制政策和技术策略，避免风险逐步累积。华南地区年降雨量非常高，过高的土壤磷素含量极易向环境流失，应根据当地磷环境阈值，严格控制磷肥的投入，特别是菜田和经济作物更需严格控制磷肥施用。

3. 加深耕层，增强水肥保障能力 耕层较浅的土壤应根据土壤质地类型来加深耕层厚度。一般壤性或黏性土壤，可通过深耕深松增加耕层厚度，能改善土壤结构，使土壤疏松通气，而砂性土壤或有浅位漏砂层的土壤则应保护犁底层，以利于保水保肥，不去轻易打破犁底层，否则会导致漏水漏肥，可配合有机肥施用增强耕地水肥保障能力。

第八节 甘 新 区

甘新区包括新疆全境、甘肃河西走廊、宁夏中北部及内蒙古西部，总耕地面积 773.33 万 hm^2，占全国耕地总面积的 5.7%，种植制度为一年一熟。其最西端在新疆阿克陶县乌孜别里山口以西，最北端在新疆布尔津县北部友谊峰以北，最东端为内蒙古的乌拉特前旗，最南端在新疆和田地区以东。该区包括蒙宁甘农牧区、北疆农牧林区、南疆农牧林区 3 个二级农业区，耕地主要土壤类型为棕钙土、灰钙土、荒漠土等，影响耕地农业生产的障碍因素包括水土流失、土壤沙化、盐碱化及土壤养分贫瘠等。

2019 年，甘新区共有耕地质量监测点 53 个，分布在上述 3 个二级农业区的点数分别为 35 个、10 个和 8 个。根据农业农村部耕地质量监测保护中心印发的《全国九大农区及省级耕地质量监测指标分级标准（试行）》，甘新区耕地质量监测主要指标分级标准见表 3-8。

表 3-8 甘新区耕地质量监测主要指标分级标准

指标	单位	分级标准				
		1 级（高）	2 级（较高）	3 级（中）	4 级（较低）	5 级（低）
有机质	g/kg	>25.0	20.0～25.0	15.0～20.0	10.0～15.0	≤10.0
全氮	g/kg	>1.80	1.50～1.80	1.00～1.50	0.50～1.00	≤0.50
有效磷	mg/kg	>40.0	30.0～40.0	20.0～30.0	10.0～20.0	≤10.0
速效钾	mg/kg	>250	200～250	150～200	100～150	≤100
缓效钾	mg/kg	>1 200	1 000～1 200	800～1 000	600～800	≤600
pH	—	6.5～7.5	7.5～8.5	8.5～9.0	5.5～6.5	>9.0，≤5.5

（续）

指标	单位	分级标准				
		1级（高）	2级（较高）	3级（中）	4级（较低）	5级（低）
耕层厚度	cm	＞30.0	20.0～30.0	15.0～20.0	10.0～15.0	≤10.0
土壤容重	g/cm^3	1.10～1.25	1.25～1.35	1.35～1.45， 1.00～1.10	1.45～1.55	＞1.55， ≤1.00

一、耕地质量等级情况

总的来看，2019 年该区耕地质量平均等级为 5.02 等，耕地质量处于中等水平，其中评价为一至三等级的耕地面积为 173.33 万 hm^2，占甘新区耕地总面积的 22.4%。主要分布在河套平原、河西走廊中西部、鄂尔多斯盆地及塔里木盆地西南部、准噶尔盆地南部、伊犁河谷等平原低阶、平原中阶、山间盆地及宁夏平原引黄灌区上游。这部分耕地有稳定的灌溉水源和充足的光热，有机质含量高，以灌淤土、潮土、灌漠土为主，没有明显的障碍因素。评价为四至六等级的耕地面积为 420 万 hm^2，占该区耕地总面积的 54.6%。主要分布于平原中阶、平原低阶、山地坡中、平原高阶等地形区域，其中，北疆农牧林区、南疆农牧林区及宁夏引黄灌区占比较大。这部分耕地以具有一定灌溉条件的灌淤土、潮土、灰漠土为主，部分耕地水利设施不配套，生产力水平不高，存在障碍层次、盐碱、瘠薄等障碍因素。评价为七至十等级的耕地面积为 180 万 hm^2，占该区耕地总面积的 23.1%。主要分布在准噶尔盆地北部及西南、东南部，塔里木盆地西北部、河西走廊东部及宁夏平原引黄灌区下游地区。以棕钙土、灰漠土、棕漠土为主，这部分耕地水资源缺乏、盐分含量高，沙化、荒漠化严重，有效灌溉程度低、土壤养分贫瘠、生产力水平较低。在耕地土壤盐渍化严重的地区，应通过工程、农艺、生物、化学等综合配套措施改良盐碱地，同时，完善灌排系统，灌水洗盐，井河轮灌，降低地下水位。在风蚀沙化严重地区，改常规耕作为留高茬免耕（或少耕）覆盖保护性耕作，改顺风向种植为垂直风向种植，防止土壤风蚀沙化。同时，通过建设农田防护林网、构建生物篱带、粮草轮作等措施增加风蚀沙化农田的植被覆盖率。针对耕层浅、养分贫

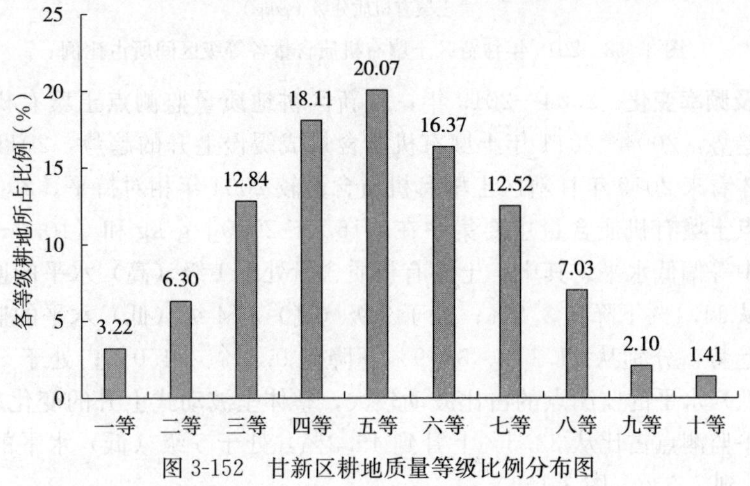

图 3-152　甘新区耕地质量等级比例分布图

瘠、保水保肥能力差等障碍因素，因地制宜开展秸秆粉碎翻压还田、秸秆免耕覆盖还田，提高耕地地力。针对水资源匮乏、利用效率低的问题，通过实施节水灌溉技术提高灌溉水和肥料利用率（图3-152）。

二、耕地质量主要指标性状

（一）土壤有机质现状及演变趋势

1. 土壤有机质现状 2019年，从耕地质量长期定位监测数据来看，甘新区土壤有机质平均含量16.1g/kg，主要集中在（15.0～20.0］g/kg和（10.0～15.0］g/kg区间（图3-153）。全区土壤有机质含量有效监测点数53个，根据甘新区耕地质量监测主要指标分级标准，处于1级（高）水平的监测点有2个，占监测点总数3.8%；处于2级（较高）水平的监测点有5个，占9.4%；处于3级（中）水平的监测点有24个，占45.3%；4级（较低）水平的监测点有18个，占34.0%；处于5级（低）水平的监测点有4个，占7.5%。从耕地质量等级调查评价数据来看，甘新区土壤有机质平均含量14.6g/kg，主要集中在（15.0～20.0］g/kg和（10.0～15.0］g/kg区间，共占调查点总数的67.7%。总体来看，甘新区土壤有机质处于中等偏低水平，耕地质量长期定位监测点和调查评价监测点的土壤有机质，均集中分布在3级（中）和4级（较低）水平。

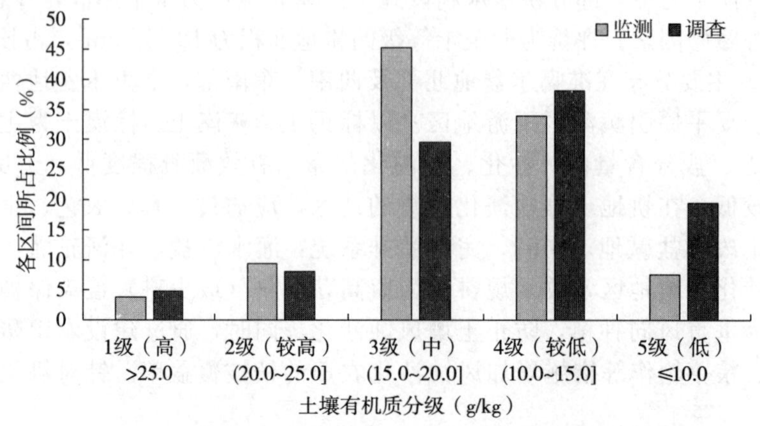

图3-153 2019年甘新区土壤有机质含量各等级区间所占比例

2. 含量及频率变化 2004—2019年，甘新区耕地质量监测点土壤有机质呈缓慢上升后下降的趋势，2004—2011年土壤有机质含量成缓慢上升的趋势，2011—2019年略有下降。整体看来2019年甘新区土壤有机质含量较2004年相对持平。2004—2019年，甘新区监测点土壤有机质含量主要集中在（15.0～20.0］g/kg和（10.0～15.0］g/kg区间，处于中等偏低水平。其中，土壤有机质含量处于1级（高）水平的监测点占比呈下降趋势，从11.1%下降到3.8%；处于2级（高）和4级（低）水平的监测点占比呈略有下降的趋势，分别从11.1%、38.9%下降到9.4%、34.0%；处于3级（中）水平和5级（低）水平的监测点的占比波动较大，整体呈波动式上升的变化趋势，处于3级（中）水平监测点占比从33.3%上升到45.3%，处于5级（低）水平的监测点占比从5.6%上升到7.5%（图3-154）。

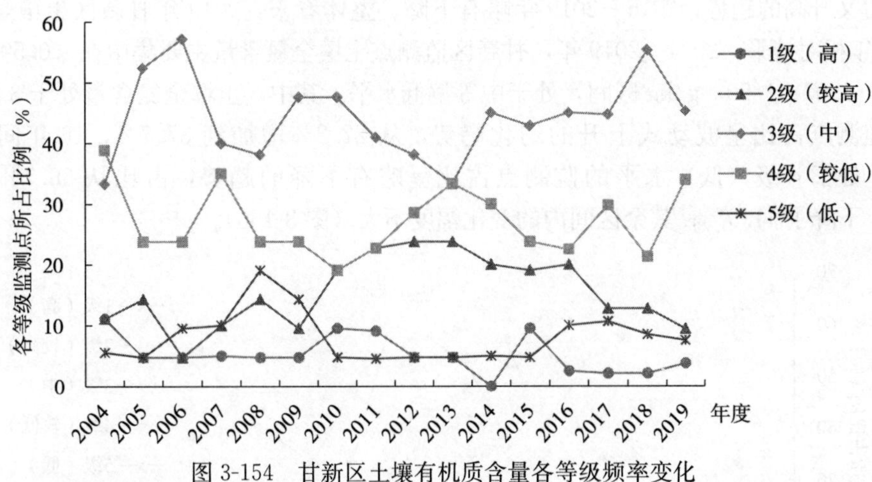

图 3-154　甘新区土壤有机质含量各等级频率变化

（二）土壤全氮现状及演变趋势

1. 土壤全氮现状　2019 年，从耕地质量长期定位监测数据来看，甘新区土壤全氮平均含量 0.90g/kg，主要集中在（0.50～1.00］g/kg 和（1.00～1.50］g/kg 区间。全区土壤全氮含量有效监测点数 53 个，根据甘新区耕地质量监测主要指标分级标准，没有处于 1 级（高）和 2 级（较高）水平的监测点；处于 3 级（中）水平的监测点有 20 个，占监测点总数的 37.7%；4 级（较低）水平的监测点有 29 个，占比为 54.7%；处于 5 级（低）水平的监测点有 4 个，占 7.5%。从耕地质量等级调查评价数据来看，甘新区土壤全氮平均含量为 0.80g/kg，同样集中在（0.50～1.00］g/kg 和（1.00～1.50］g/kg 区间内，分布在 4 级（较低）水平的调查点占调查点总数的 65.3%；其次是分布在 3 级（中）和 5 级（低），占比分别为 19.4%和 13.9%；有 1.4%的调查点土壤全氮处于 2 级（较高水平）。总体来看，甘新区土壤全氮处于中等偏低水平，土壤全氮含量主要集中分布在 3 级（中）和 4 级（较低）区间内（图 3-155）。

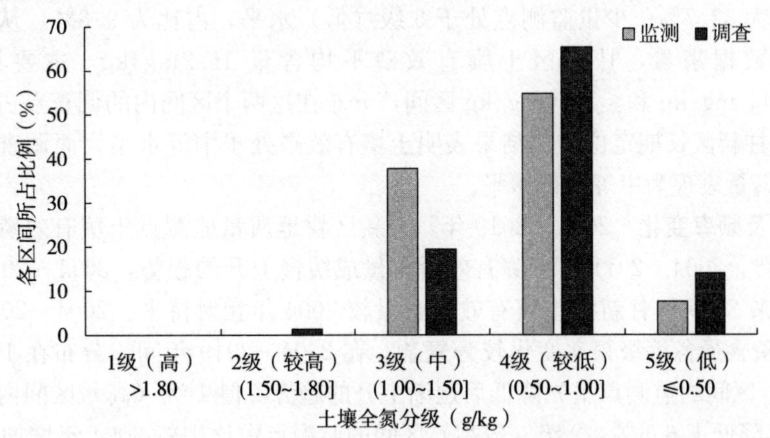

图 3-155　2019 年甘新区土壤全氮含量各等级区间所占比例

2. 含量及频率变化　2004—2019 年，甘新区耕地质量监测点土壤全氮整体呈现先上升后下降的趋势，其中，2004—2014 年土壤全氮含量呈缓慢上升的趋势，2014—2016 年表现为降低后又升高的趋势，2016—2019 年略有下降。整体看来，2019 年甘新区土壤全氮含量较 2004 年相对持平。2004—2019 年，甘新区监测点土壤全氮含量主要集中在（0.50～1.00] g/kg 和（1.00～1.50] g/kg 区间，处于中等偏低水平。其中，土壤全氮含量处于 3 级（中）水平的监测点占比呈波动式上升的幻化趋势，从 22.2%增加到 37.7%，16 年间增加了 15.5%；处于 4 级（低）水平的监测点占比呈略有下降的趋势，占比从 66.7%降低为 54.7%，下降了 11.9%；其余区间内的变化幅度不大（图 3-156）。

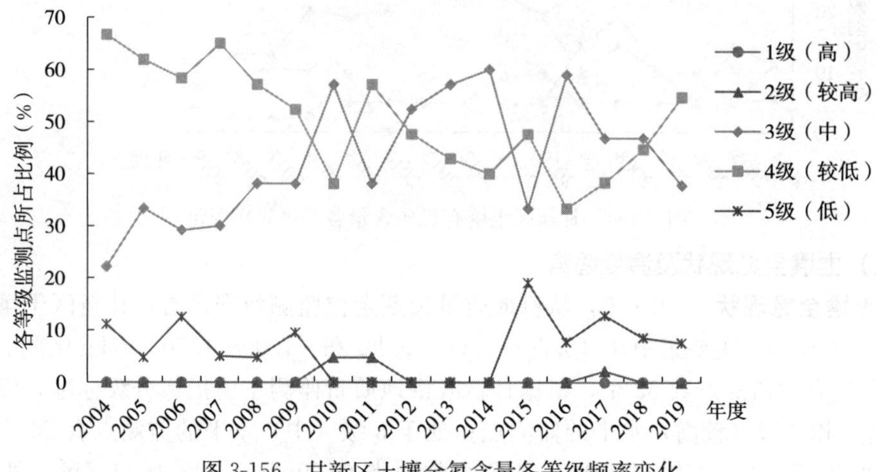

图 3-156 甘新区土壤全氮含量各等级频率变化

（三）土壤有效磷现状及演变趋势

1. 土壤有效磷现状 2019 年，从耕地质量长期定位监测数据来看，甘新区土壤有效磷平均含量 28.0mg/kg，处于 3 级（中）水平（图 3-157）。全区土壤有效磷含量有效监测点数 52 个，根据甘新区耕地质量监测主要指标分级标准，处于 1 级（高）水平的监测点有 11 个，占监测点总数 21.2%；处于 2 级（较高）水平的监测点有 9 个，占 17.3%；处于 3 级（中）水平的监测点有 10 个，占 19.2%；4 级（较低）水平的监测点最多，有 17 个，占比为 32.7%；少量监测点处于 5 级（低）水平，占比为 9.6%。从耕地质量等级调查评价数据来看，甘新区土壤有效磷平均含量 16.2mg/kg，主要集中分布在（10.0～20.0] mg/kg 和≤10.0mg/kg 区间，分布在这两个区间内的调查点占调查点总数的 79.2%。甘新区长期定位监测结果表明土壤有效磷处于中等水平，而调查评价结果中土壤有效磷含量表现为中等偏低水平。

2. 含量及频率变化 2004—2019 年，甘新区耕地质量监测点土壤有效磷呈缓慢上升后下降的趋势，2004—2011 年土壤有效磷含量成缓慢上升的趋势，2011—2019 年略有下降。整体看来 2019 年甘新区土壤有效磷含量较 2004 年相对持平。2004—2019 年，甘新区土壤有效磷含量各等级频率变化较为复杂。在 2004—2019 年间，分布在 1 级（高）和 2 级（较高）区间的监测点呈先降低后逐渐上升的趋势，但 1 级（高）区间内的监测点占比较 2004 年降低了 6.6%，2 级（较高）区间的监测点占比则较 2004 年增加了 6.2%；4 级（较低）和 5 级（低）区间频率变化较大，其中 4 级（较低）区间内的监测点占比较 2004 年增加了 21.6%，而 5 级（低）区间内的占比则降低了 18.2%；分布在 3 级（中）区间内的监测点占比变幅不大（图 3-158）。

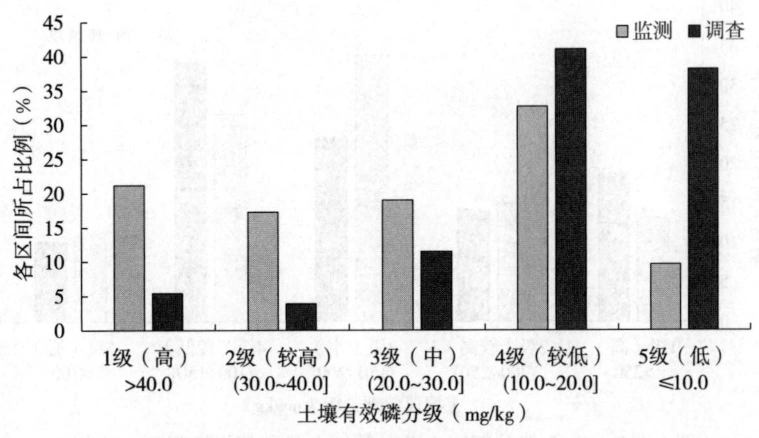

图 3-157　2019 年甘新区土壤有效磷含量各等级区间所占比例

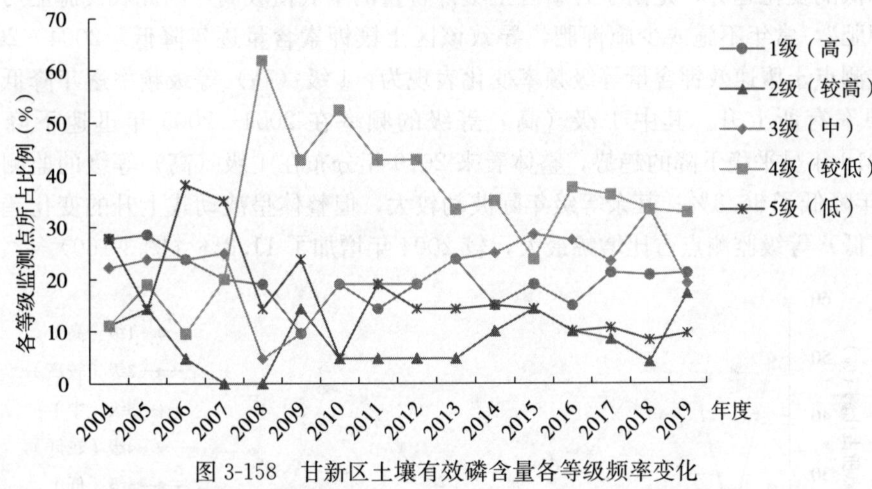

图 3-158　甘新区土壤有效磷含量各等级频率变化

（四）土壤速效钾现状及演变趋势

1. 土壤速效钾现状　2019 年，从耕地质量长期定位监测数据来看，甘新区土壤速效钾平均含量 172mg/kg，主要集中在（150～200］mg/kg 和（100～150］mg/kg 区间内，呈典型正态分布（图 3-159）。全区土壤速效钾含量有效监测点数 53 个，根据甘新区耕地质量监测主要指标分级标准，处于 1 级（高）水平的监测点有 7 个，占监测点总数 13.2%；处于 2 级（较高）水平的监测点有 8 个，占 15.1%；处于 3 级（中）水平的监测点有 18 个，占 34.0%；4 级（较低）水平的监测点有 14 个，占 26.4%；处于 5 级（低）水平的监测点有 6 个，占 11.3%。从耕地质量等级调查评价数据来看，甘新区土壤速效钾平均含量 182mg/kg，同样集中在（150～200］mg/kg 和（100～150］mg/kg 区间内，分布在这两个等级区间内的调查点数共占调查点总数的 56.6%，分布在＞250mg/kg 区间内的调查点占比为 18.9%，（200～250］mg/kg 的调查点占比为 14.3%，≤100mg/kg 的调查点占比为 10.3%。总体来看，甘新区土壤速效钾处于中等水平。

2. 含量及频率变化　2004—2019 年，甘新区土壤速效钾含量变化趋势呈缓慢下降，由 2004 年的 232mg/kg 下降至 2018 年 172mg/kg，降幅达 25.9%。甘新区土壤速效钾呈

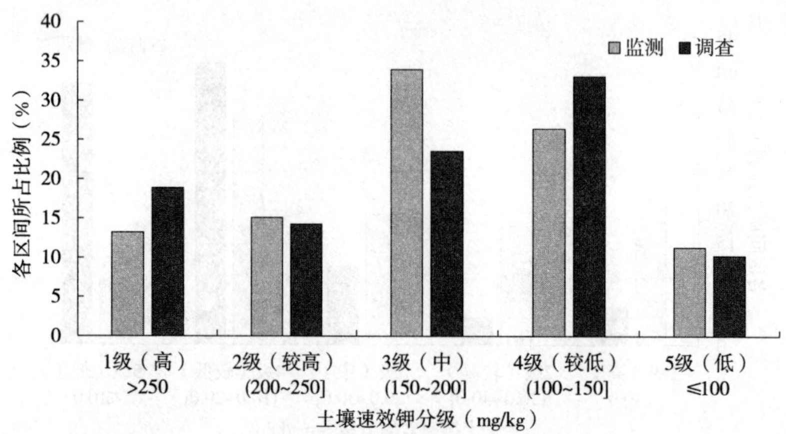

图 3-159　2019 年甘新区土壤速效钾含量各等级区间所占比例

现逐年降低的变化趋势，是由于甘新区土壤钾含量的本底值较高，因此农民施肥习惯“重氮磷轻钾肥”，常年不施或少施钾肥，导致该区土壤钾素含量逐年降低。2004—2019 年，甘新区监测点土壤速效钾含量等级频率变化表现为：1 级（高）等级频率逐年降低，而其余等级频率有所上升。其中 1 级（高）等级的频率在 2004—2005 年迅速下降后，在 2005—2018 年呈平稳下降的趋势，整体看来 2019 年分布在 1 级（高）等级的监测点比例较 2004 年降低了 36.8%；其余等级年际波动较大，但整体呈波动式上升的变化趋势，其中 5 级（低）等级监测点占比增幅最大，较 2004 年增加了 11.3%（图 3-160）。

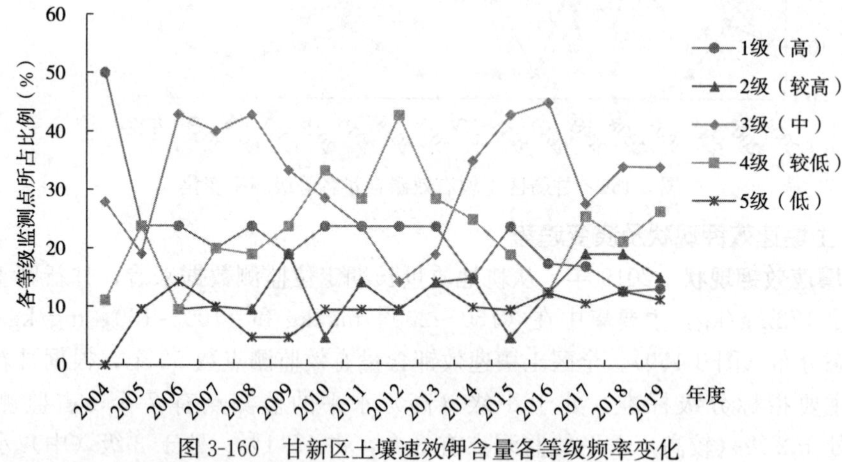

图 3-160　甘新区土壤速效钾含量各等级频率变化

（五）土壤缓效钾现状及演变趋势

1. 土壤缓效钾现状　2019 年，从耕地质量长期定位监测数据来看，甘新区土壤缓效钾平均含量为 903mg/kg，主要集中在（800～1 000］mg/kg 区间内（图 3-161）。全区土壤缓效钾含量有效监测点数 51 个，根据甘新区耕地质量监测主要指标分级标准，处于 1 级（高）和 2 级（较高）水平的监测点均有 7 个，共占监测点总数 27.4%；处于 3 级（中）水平的监测点有 20 个，占 39.2%；4 级（较低）水平的监测点有 11 个，占 21.6%；处于 5 级（低）水平的监测点有 6 个，占 11.8%。从耕地质量等级调查评价数据来看，甘新区土壤缓效钾平均含量 1 021mg/kg，处于 2 级（较高）水平。各等级区间内均有分布，其中1级（高）区间内的占比最高，为27.8%；其次是3级（中），占比为23.6；分布在2级（较高）和4级（较低）区间内的调查点占比分别为18.2%和19.7%。总体来看，甘新区土壤缓效钾处于较高水平。

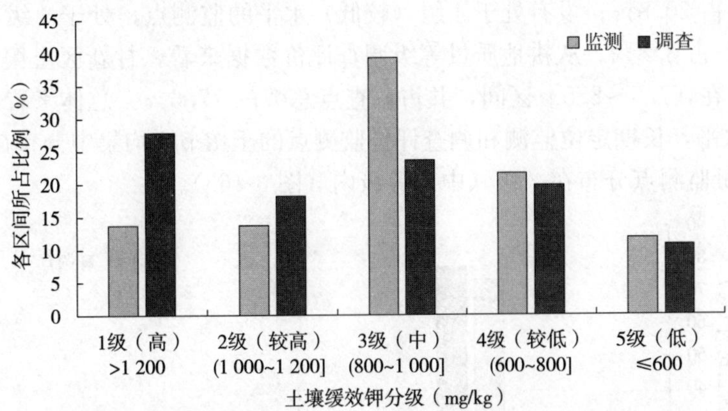

图3-161　2019年甘新区土壤缓效钾含量各等级区间所占比例

2. 含量及频率变化　2011—2019年，甘新区耕地质量监测点土壤缓效钾呈波动式上升的变化趋势，从2004年的613mg/kg增加至2019年903mg/kg，增幅为47.3%。2011—2019年，甘新区监测点土壤缓效钾含量主要集中在（1 000～1 200］mg/kg和(800～1 000］mg/kg区间，处于中等偏高水平。与2011年监测点土壤缓效钾等级频率相比较，土壤缓效钾含量处于1级（高）水平的监测点占比呈上升趋势，从2011年的5.9%增加到2019年的13.7%；处于2级（高）水平的监测点占比呈逐年下降的趋势，占比从41.2%下降到13.7%；处于3级（中）水平和4级（较低）水平的监测点的占比波动较大，整体呈波动式上升的变化趋势，处于3级（中）水平监测点占比从23.5%上升到39.2%，处于4级（较低）水平的监测点占比从17.6%上升到21.6%；处于5级（低）水平的监测点占比变化相对较为平稳（图3-162）。

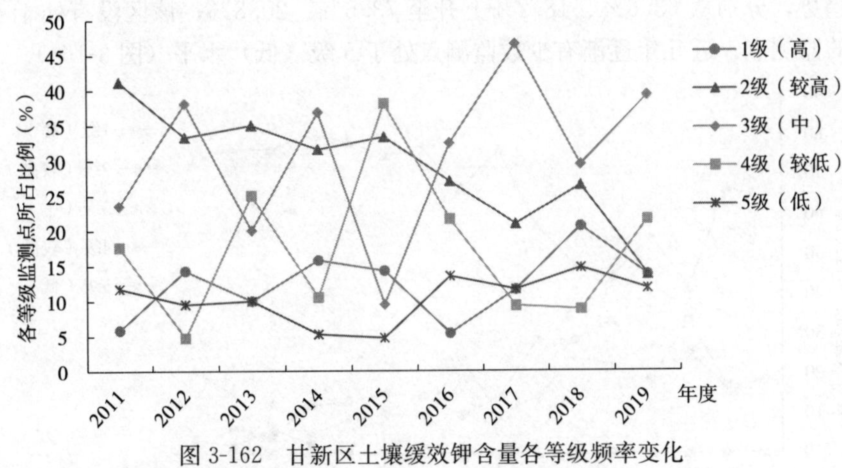

图3-162　甘新区土壤缓效钾含量各等级频率变化

（六）土壤pH现状及演变趋势

1. 土壤pH现状　2019年，从耕地质量长期定位监测数据来看，甘新区土壤pH平均值为 8.4，主要集中在（7.5～8.5］区间。全区土壤 pH 有效监测点数 53 个，根据甘新区耕地质量监测主要指标分级标准，处于 1 级（高）水平的监测点有 1 个，占监测点总数 1.9%；处于 2 级（较高）水平的监测点有 39 个，占 73.6%；处于 3 级（中）水平的监测点有 11 个，占 20.8%；没有处于 4 级（较低）水平的监测点；处于 5 级（低）水平的监测点有 2 个，占 3.8%。从耕地质量等级调查评价数据来看，甘新区土壤 pH 平均值为 8.2，主要集中在（7.5～8.5］区间，共占调查点总数的 77.6%。总体来看，甘新区土壤 pH 处于较高水平，长期定位监测和调查评价监测点的土壤 pH 均集中分布在 2 级（较高）等级内，有少量监测点分布在 3 级（中）等级内（图 3-163）。

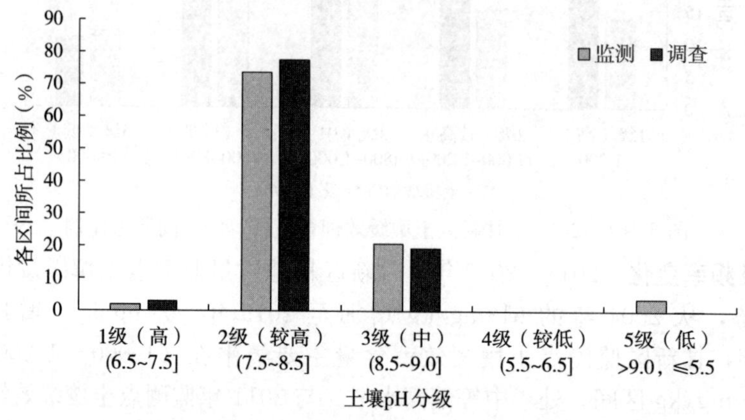

图 3-163　2019 年甘新区土壤 pH 各等级区间所占比例

2. 土壤 pH 及频率变化　2004—2019 年，甘新区土壤 pH 变化趋势较为平稳，变化幅度不明显，该区土壤 pH 变化整体稳定在中性偏碱区间，并无土壤酸化的现象发生。2004—2019 年，甘新区监测点土壤 pH 主要集中在（7.5～8.5］区间，该区土壤呈中性偏碱。其中，土壤 pH 处于 1 级（高）水平的监测点占比呈下降趋势，且下降幅度较为明显，其占比从 18.2%下降到 1.9%；处于 2 级（高）和 3 级（中）水平的监测点占比呈上升的变化趋势，分别从 63.6%、18.2%上升至 73.6%、20.8%；该区没有处于 4 级（较低）水平的监测点；近几年逐渐有少数监测点处于 5 级（低）水平（图 3-164）。

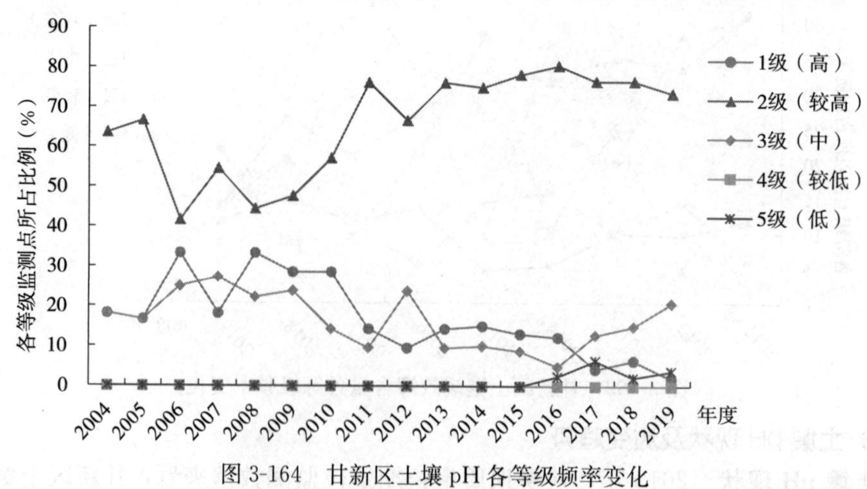

图 3-164　甘新区土壤 pH 各等级频率变化

（七）耕层厚度现状及演变趋势

1. 耕层厚度现状　2019 年，从耕地质量长期定位监测数据来看，甘新区平均耕层厚度为 23.8cm，处于 2 级（较高）水平。全区耕层厚度有效监测点数 53 个，根据甘新区耕地质量监测主要指标分级标准，没有处于 1 级（高）水平的监测点；处于 2 级（较高）水平的监测点有 34 个，占监测点总数的 64.2%；处于 3 级（中）水平的监测点有 19 个，占比为 35.8%；没有处于 4 级（较低）和 5 级（低）水平的监测点。从耕地质量等级调查评价数据来看，甘新区平均耕层厚度为 27.4 cm。调查点土壤耕层厚度主要集中在（20.0～30.0］cm 和（15.0～20.0］cm 区间内，共占调查点总数的 99.8%。总体来看，甘新区耕层厚度处于较高水平（图 3-165）。

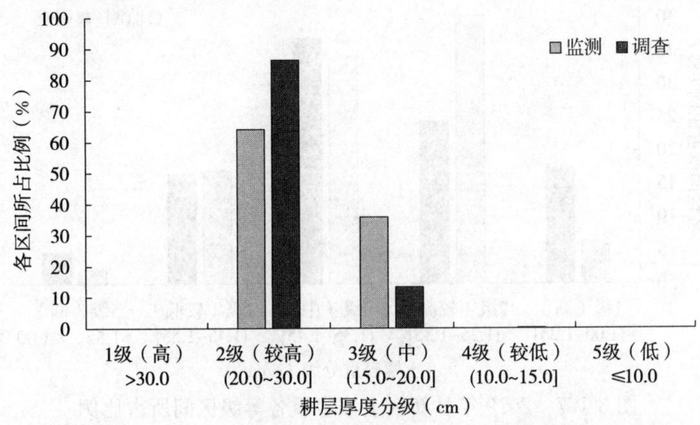

图 3-165　2019 年甘新区土壤耕层厚度各等级区间所占比例

2. 耕层厚度及频率变化　2015—2019 年，甘新区耕层厚度呈逐年增加的变化趋势，可能是由于近年来机械化耕种程度大幅提高，机械深翻打破传统犁底层，使得土壤耕层厚度增加。2015—2019 年，甘新区监测点耕层厚度在 1 级（高）等级区间的占比呈逐年增加的变化趋势；2 级（较高）的占比表现为先降低后升高的趋势，但 2019 年占比与 2015 年相对持平；3 级（中）等级区间的监测点占比的变化趋势则表现先升高后降低再升高（图 3-166）。

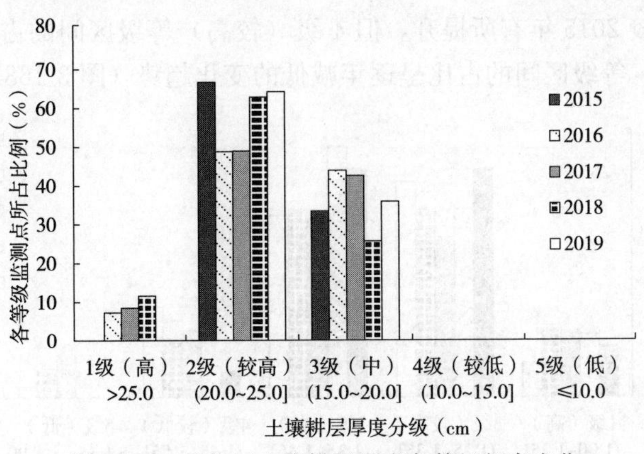

图 3-166　甘新区土壤耕层厚度各等级频率变化

（八）土壤容重现状及演变趋势

1. 土壤容重现状　2019 年，从耕地质量长期定位监测数据来看，甘新区土壤容重平均值为1.38g/cm³。全区土壤容重有效监测点数53个，根据甘新区耕地质量监测主要指标分级标准，处于1级（高）水平的监测点有3个，占监测点总数的6.4%；处于2级（较高）水平的监测点有19个，占监测点总数的40.4%；处于3级（中）水平的监测点有16个，占比为34.0%；处于4级（较低）和5级（低）水平的监测点分别有8个和1个，占比分别为17.0%和2.1%。从耕地质量等级调查评价数据来看，甘新区土壤容重平均值为1.37g/cm³。调查点土壤耕层厚度主要集中在（1.25～1.35] g/cm³和（1.35～1.45] g/cm³区间内，共占调查点总数的74.5%，其次是分布在（1.00～1.25] g/cm³区间内，该区间内的调查点占比为17.3%。总体来看，甘新区耕层厚度处于中等偏高水平（图3-167）。

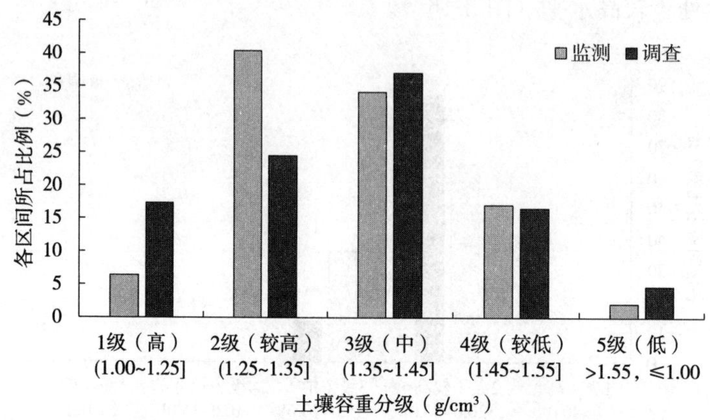

图3-167　2019年甘新区土壤容重各等级区间所占比例

2. 土壤容重及频率变化　2015—2019年，甘新区土壤容重呈逐年增加后略有降低的变化趋势。2015—2019年，甘新区监测点土壤容重在1级（高）等级区间的占比呈先增加后降低的变化趋势，2019年1级（高）区间内的监测点占比较2015年降低了3.1%；2级（较高）的占比表现为先降低后升高的趋势，但2019年占比与2015年相对持平；3级（中）等级区间的监测点占比的变化趋势则表现先升高后降低后趋于平稳，2019年该等级内监测点占比较2015年降低了8.8%；2019年处于4级（较低）和5级（低）等级区间内的监测点占比均较2015年有所提升，但4级（较高）等级区间的占比变化趋势呈逐年升高，而5级（低）等级区间的占比呈逐年减低的变化趋势（图3-168）。

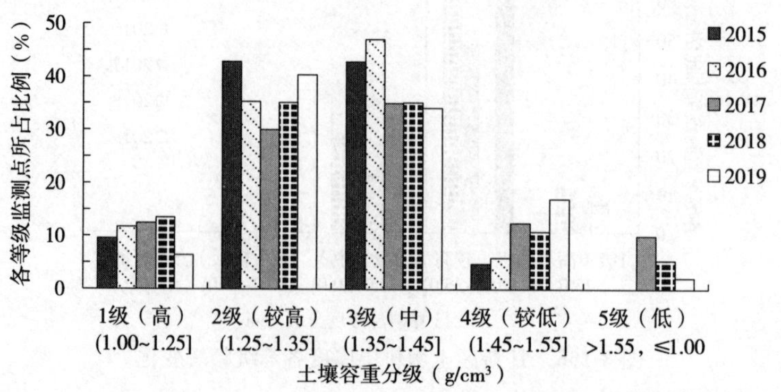

图3-168　甘新区土壤容重各等级频率变化

三、肥料投入与利用情况

（一）肥料投入现状

2019年，甘新区主要作物监测点肥料亩总投入量（折纯，下同）平均值51.9kg，其中，有机肥亩投入量平均值17.6kg，化肥亩投入量平均值34.3kg，化肥和有机肥之比为1.95∶1。肥料亩总投入中，氮肥（N）投入28.9kg，磷肥（P_2O_5）投入13.7kg，钾肥（K_2O）投入9.2kg，投入量依次：肥料氮＞肥料磷＞肥料钾，氮∶磷∶钾之比为1∶0.48∶0.32。其中化肥亩投入中，氮肥（N）投入21.1kg，磷肥（P_2O_5）投入10.1kg，钾肥（K_2O）投入3.2kg，投入量依次：化肥氮＞化肥磷＞化肥钾，氮∶磷∶钾之比为1∶0.48∶0.15。

（二）主要粮食作物肥料投入和产量变化趋势

2004—2019年，甘新区主要种植作物监测点，肥料单位面积投入总量呈现先波动式上升后逐渐下降的变化趋势，监测点肥料亩投入量2019年为51.9kg，较2004年增加了3.3kg，增幅为6.9%。其中，2019年化肥亩投入量较2004年增加了0.5kg，增幅为1.6%；有机肥用量在2004—2018年间呈现先上升后下降又逐渐上升的变化趋势，2019年有机肥亩投入量较2004年增加了2.8kg。增幅为19.0%。2004—2019年，甘新区主要作物年产量呈波动上升的变化趋势，主要作物年亩产量由2004年的1 137.4kg增加至2019年的1 403.3kg，增幅为23.4%（图3-169）。

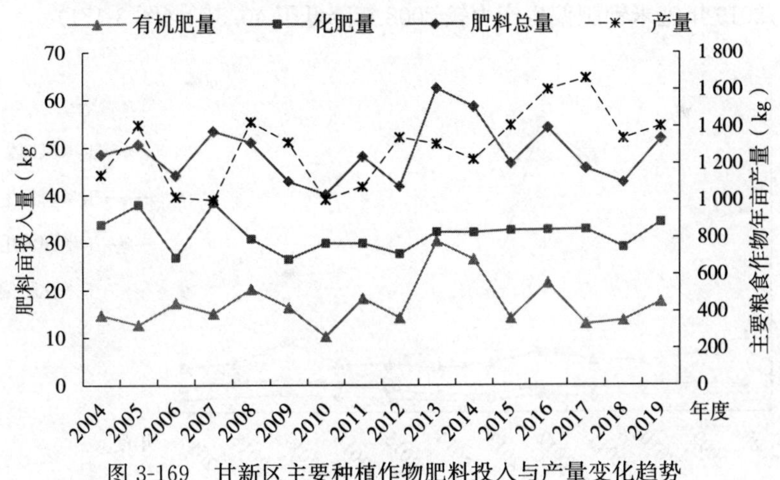

图3-169　甘新区主要种植作物肥料投入与产量变化趋势

（三）偏生产力

1. 小麦　2004—2019年，甘新区监测点小麦化肥偏生产力（PFP）整体情况，2019年小麦化肥偏生产力12.7kg/kg，较2004年8.8kg/kg，增加了44.4%。氮肥偏生产力变化趋势较为平稳，2019年小麦的氮肥偏生产力为21.0kg/kg，较2004年的23.3kg/kg降低了2.3kg/kg，降幅为10.0%；磷肥偏生产力呈现先上升后降低，趋于平稳后又呈现先上升后降低的变化趋势，但整体看来，2019年小麦磷肥偏生产力与2004年相比，增加了26.8kg/kg。而该地区钾肥的偏生产力在2004—2019年间出现波动变化的趋势，但整体呈现增加的趋势，出现这种变化趋势的原因可能和该地区钾肥施用的习惯相关（图 3-170）。

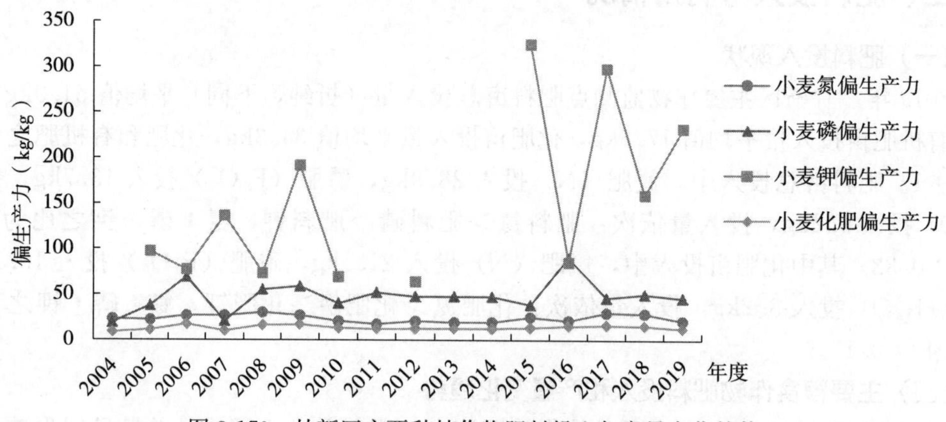

图 3-170　甘新区主要种植作物肥料投入与产量变化趋势

2. 玉米　2008—2019 年，甘新区监测点玉米化肥偏生产力（PFP）整体情况，2019 年化肥偏生产力 17.1kg/kg，2004 年 26.5kg/kg，降低了 9.4kg/kg，降幅为 35.4%。玉米氮肥偏生产力变化较为平稳，整体呈现先降低后缓慢上升再降低的变化趋势，由 2004 年的 38.4kg/kg 降为 2019 年的 31.9kg/kg，降幅为 17.0%；磷肥偏生产力呈现缓慢降低的变化趋势，但整体看来，2019 年小麦磷肥偏生产力与 2004 年相比，降低了 42.2kg/kg，降幅为 40.9%。而甘新区玉米钾肥的偏生产力在 2008—2019 年间变化幅度较大，整体呈现波动式降低的趋势，2019 年玉米钾肥偏生产力较 2008 年降低了 40.5%（图 3-171）。

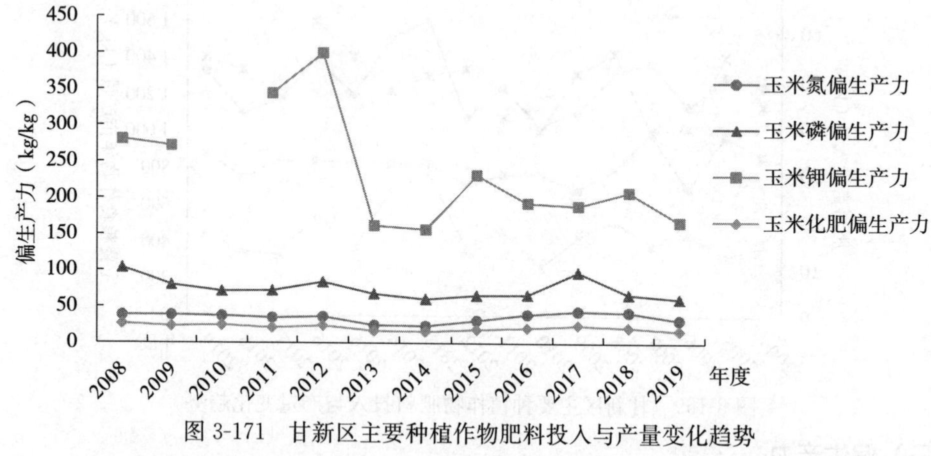

图 3-171　甘新区主要种植作物肥料投入与产量变化趋势

四、耕地质量存在的主要问题及原因分析和土壤培肥改良对策

甘新区气候条件差、地形地貌复杂、耕地分布零碎，所处土层深厚，质地中等，海拔高度差异大，土壤质量差别较大，普遍耕种时间长，熟化程度高，有机质及养分含量中等，主要障碍因素是水分条件制约较大，灌溉保证率偏低，一些地区灌溉条件无法保障。

（一）耕地质量存在的问题及原因分析

一是耕地土壤养分不均衡。甘新区耕地土壤有机质和全氮处于中等偏低水平，土壤速效钾处于中等水平，而土壤缓效钾和有效磷处于较高水平。该地区的施肥结构不均衡，施肥以化肥为主，有机肥投入较少；氮磷肥施用较多，而钾肥施用较少。有机肥投入较少不仅对土壤有机质、全氮的提升造成影响，同时会影响土壤养分有效性的提高。此外，由于该地区农民常年施肥习惯为“重氮磷轻钾肥”，氮磷肥使用较多，促进植物对土壤氮磷的吸收，但受作物自身生理因素的影响，对钾素的吸收也相应增加，导致了该地区土壤养分的不均衡。

二是水资源严重短缺。甘新区主要以内陆河流为主，从西到东分布有疏勒河、黑河、石羊河 3 个水系。但目前，随着人口的发展，灌溉面积日益增加，地表水用量增加。为了保证农作物的适时灌溉，近年来大量开采地下水用于农业补充灌溉，使得地下水呈负均衡状态。

三是盐化问题日趋严重。甘新区处于内陆盐区，降雨少，土壤中有害盐类淋溶弱，干旱荒漠气候的强烈蒸发作用，随时都加剧着土壤表层的积盐过程；加上地下水、地表径流缺少排泄外流出路，洗盐效果差，盐分囤积低洼下游区域，使土壤次生盐化随时可以发生，轻者成盐化土，重者成盐土，不能耕种。除自然因素外，人类不合理的生产活动，也是造成土壤盐化的重要原因：如不合理的灌溉，串浇漫灌，抬高渠底等使地下水位上升，加剧了土壤次生盐渍化过程；耕种管理粗放，土地不平，浇水后容易发生盐斑；雨后不及时中耕松土，常年不使用有机肥料，造成土壤板结，加剧了土壤积盐。土壤盐化使耕地利用价值降低，一部分耕地不得不弃耕荒芜。

四是耕地土壤出现沙化问题。甘新区部分地区毗邻沙漠，耕地土壤以风沙土为主，耕层养分含量低，沙黏比大，作物生长期间极易受风沙危害，产量水平较低。除此之外，风沙还不断侵蚀原有耕地，部分良田被吞没。风沙危害致使作物减产的原因主要有两个：一是风沙土本身肥力低，跑水、跑肥严重，作物没有良好的土壤基础，正常年份产量就不高，再遇上高温、干热风等不良气候的情况下，植株因发生生理性失水而枯萎，籽粒干秕造成减产。二是作物生长期间，尤其是幼苗期，直接受风沙侵袭，使植株地上部分损伤干枯，影响了作物正常生长而减产。

（二）土壤培肥改良对策

针对该区存在的问题，应坚持用养结合，在保证耕地地力的基础上，实现经济、社会、生态环境的同步发展。针对不同耕地质量问题提出相应改良措施如下：

1. 瘠薄型耕地　瘠薄型耕地的改良措施主要是科学施肥，培肥地力。为了提高地力，必须坚持用养结合，有机肥料与无机肥并重，走增施有机肥、发展绿肥、合理施用化肥相结合的道路。①加强管理，提高农家肥的数量和质量，推行圈养、薄垫勤垫等积肥方法，提高农家肥的数量和质量，以减少损失，扩大肥源；②扩大绿肥种植，用地养地结合，通过种植绿肥改善土壤理化性状、减少土壤返盐；③合理使用化肥，注意氮磷配比，根据各类作物的生长发育规律，研究采用相应的施肥方法，实行氮、磷及其他肥料的合理配比。

2. 干旱灌溉型耕地　干旱灌溉型耕地的改良主要是解决水源问题。干旱灌溉型中低产田地处位置具备水资源开发条件，在这类地区应增加适当数量的水井，修筑一定数量的调水、蓄水工程，以保证一年一熟地浇水 2～3 次。田间工程及平整土地也可以有效解决水源问题：一是平田整地采取小畦浇灌，节约用水，扩大浇水面积；二是积极发展管灌，提高水的利用率；三是增修 U 形渠，节约水资源；四是进一步修复和提高电灌的潜力，扩大灌溉面积；五是采取多种措施，利用好河水，增加灌溉面积。

3. 盐碱型耕地 盐碱型耕地的改良主要采取工程、生物、农艺等措施综合治理盐碱，抑制盐分上升，协调土壤养分；扩大豆类和绿肥种植，提高农家肥料的数量和质量，增施有机肥，综合治理盐害。加强耕作保墒，浅灌勤灌，增施有机肥料，合理配方施肥，减少水分和养分损失。统筹规划，水利配套，造林护田，草田轮作，培肥土壤。推广耐盐碱作物，如棉花、茴香等，推广防碱栽培技术，如地膜覆盖、膜下滴灌等。

4. 沙化型耕地 沙化型耕地可以通过工程和农艺措施来改良。工程技术措施包括：建设农田防护林带、林网，减少风沙危害；保护村庄农田附近沙窝里的天然杂草、灌木，使其不受破坏；坚持在风沙口办林场，植树种草，或用砾石麦草网格法，或栽培沙生植物，或盖土压沙等固定沙丘。农艺措施包括：种植苜蓿、豌豆等绿色作物，施用墙土、黏土，增加土壤黏粒，深翻底层，增施有机肥料等。

第九节 青 藏 区

青藏区包括西藏、青海大部、甘肃甘南及天祝、四川西部、云南西北部，总耕地面积 86.67 万 hm^2，占全国耕地总面积的 0.7%。该区海拔高，光照充足、昼夜温差大。种植制度为一年一熟，以种植喜温凉的青稞、豌豆为主。包括藏南农牧区、川藏林农牧区、青甘牧农区和青藏高寒地区 4 个二级农业区。该区域耕地质量等级不高，高等级耕地主要分布在川藏林农牧区，以亚高山草甸土、冷棕钙土为主，海拔低、水热条件好，没有明显的障碍因素，应兴修水利、发展灌溉，严格控制坡地耕垦。中低等级耕地主要分布在青藏高寒牧区，以高山草原土、高山草甸草原土、高山荒漠草原土、高山漠土为主，这部分耕地海拔高、气候干燥、气温低，且土层较薄、土壤养分贫瘠，耕地生产能力较低。

2019 年，青藏区耕地质量监测点共有 12 个。其中，青甘牧农区 7 个，藏南农牧区 3 个，川藏林农牧区 2 个，青藏高寒地区没有监测点分布。根据农业农村部耕地质量监测保护中心印发的《全国九大农区及省级耕地质量监测指标分级标准（试行）》，青藏区耕地质量监测指标分级标准详见表 3-9。

表 3-9 青藏区耕地质量监测指标分级标准

指标	单位	分级标准				
		1 级（高）	2 级（较高）	3 级（中）	4 级（较低）	5 级（低）
有机质	g/kg	>35.0	30.0～35.0	20.0～30.0	10.0～20.0	≤10.0
全氮	g/kg	>2.00	1.50～2.00	1.00～1.50	0.75～1.00	≤0.75
有效磷	mg/kg	>40.0	20.0～40.0	10.0～20.0	5.0～10.0	≤5.0
速效钾	mg/kg	>250	200～250	150～200	100～150	≤100
缓效钾	mg/kg	>1 200	1 000～1 200	800～1 000	600～800	≤600
pH	—	6.5～7.5	7.5～8.5	8.5～9.0	5.5～6.5	>9.0，≤5.5
耕层厚度	cm	>25.0	20.0～25.0	15.0～20.0	10.0～15.0	≤10.0
土壤容重	g/cm³	1.10～1.25	1.25～1.35	1.35～1.45	1.45～1.55	>1.55

一、耕地质量等级情况

总的来看，2019 年该区耕地质量平均等级为 7.35 等，耕地质量处于较低水平，其中评价为一至三等级的耕地面积为 2 万 hm^2，占该区耕地总面积的 1.7%。零星分布于柴达木盆地、共和盆地洪积扇前缘或河谷阶地，金沙江、雅砻江、大渡河、怒江流域及岷江上游河流低谷阶地等处，以水稻土、灰棕漠土、棕钙土为主。这部分耕地基础地力较高，没有明显障碍因素。评价为四至六等级的耕地面积为 34.67 万 hm^2，占该区耕地总面积的 32.6%。散布于滇西北、川西北高原山地坡下及河流低谷阶地，藏东南低海拔地区及藏南河流宽谷阶地，及柴达木盆地、海南台地洪积扇中部、河流高阶地及山地坡下，甘南高原东部山地坡下、祁连山山地，以栗钙土、灰褐土、褐土为主，存在砂砾层等障碍层次，这部分耕地地块较为破碎，土壤肥力较差，土层浅薄，灌溉能力较差。评价为七至十等级的耕地面积为 70 万 hm^2，占该区耕地总面积的 65.8%。主要集中在横断山区、青藏高寒地区山地中上部，甘南高原西部及祁连山山地中上部，以及环青海湖区、青南高寒地区山地中上部，以亚高山草甸土、黑钙土、栗钙土为主，这部分耕地海拔高、积温低，且土层较薄、土壤养分贫瘠，灌溉能力差，耕地生产能力低。应通过改善农田灌排条件、持续推进有机质提升工程、加强坡耕地治理等措施，提升耕地综合生产能力。对高海拔生态脆弱地区，应加强农业生态保护，建设防护林网，改善农业生态环境（图 3-172）。

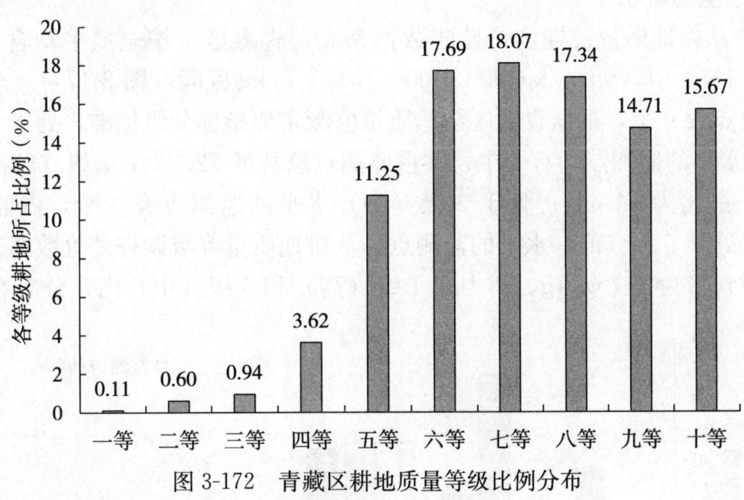

图 3-172 青藏区耕地质量等级比例分布

二、青藏区耕地质量主要指标现状

（一）土壤有机质现状

2019 年，从耕地质量长期定位监测数据来看，青藏区土壤有机质平均含量 26.6g/kg，主要集中分布在（30.0～35.0］g/kg 区间内（图 3-173）。全区土壤有机质含量有效监测点数 10 个，根据青藏区耕地质量监测主要指标分级标准，处于 1 级（高）水平的监测点有 2 个，占监测点总数 20.0%；处于 3 级（中）水平的监测点有 5 个，占比为 50.0%；4 级（较低）水平的监测点有 3 个，占 30.0%；没有处于 2 级（较高）和 5 级

（低）水平的监测点。从耕地质量等级调查评价数据来看，青藏区土壤有机质平均含量 30.0g/kg，处于在 1 级（高）水平内的监测点占比最大，为 34.8%；其次是 3 级（中）水平的监测点占比，为 26.3%；2 级（较高）和 4 级（较低）水平的监测点占比分比为 10.8%和 24.1%；5 级（低）水平的监测点占比最低，仅占调查点总数的 4.0%。总体来看，青藏区土壤有机质处于中等偏高水平。

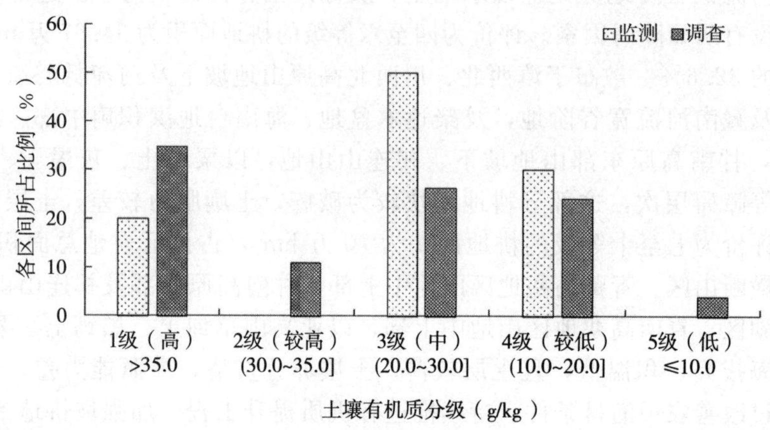

图 3-173　2019 年青藏区土壤有机质含量各等级区间所占比例

（二）土壤全氮现状

2019 年，从耕地质量长期定位监测数据来看，青藏区土壤全氮平均含量 1.90g/kg，主要集中在（1.50～2.00］g/kg 和（1.00～1.50］g/kg 区间（图 3-174）。全区土壤全氮含量有效监测点数 9 个，根据青藏区耕地质量监测主要指标分级标准，处于 1 级（高）和 4 级（较高）水平的监测点均有 1 个，共占监测点总数的 22.2%；2 级（较高）水平的监测点有 4 个，占比为 44.4%；处于 3 级（中）水平的监测点有 3 个，占监测点总数的 33.4%；没有处于 5 级（低）水平的监测点。从耕地质量等级调查评价数据来看，青藏区土壤全氮平均含量为 1.70g/kg，集中在 1 级（高）和 3 级（中）内，分布在这两个水平

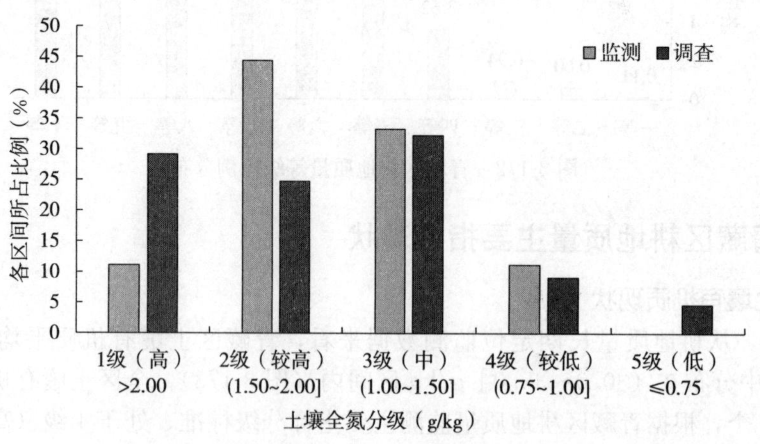

图 3-174　2019 年青藏区土壤全氮含量各等级区间所占比例

的调查点分别占调查点总数的29.2%和32.3%；其次是分布在2级（较高）水平的监测点数，占比为24.7%；有少量的调查点土壤全氮处于4级（较低）和5级（低）水平，占比分别为9.1%和4.7%。总体来看，青藏区土壤全氮处于较高水平。

（三）土壤有效磷现状

2019年，从耕地质量长期定位监测数据来看，青藏区土壤有效磷平均含量41.0mg/kg，处于1级（高）水平。全区土壤有效磷含量有效监测点数10个，根据青藏区耕地质量监测主要指标分级标准，处于1级（高）水平的监测点有4个，占监测点总数40.0%；处于2级（较高）和3级（中）水平的监测点均有3个，占比均为30.0%；没有处于4级（较低）和5级（低）水平的监测点。从耕地质量等级调查评价数据来看，青藏区土壤有效磷平均含量25.1mg/kg，主要集中分布在（20.0～40.0］mg/kg和（10.0～20.0］mg/kg区间。分布在2级（较高）和3级（中）水平内的调查点分别占调查点总数的30.0%和31.7%，其次是4级（较低）水平的监测点，占比为18.7%；有14.9%的调查点土壤有效磷含量处于1级（高）水平；少量调查点分布在5级（低）水平，占比仅为4.6%。青藏区长期定位监测和调查评价结果均表明土壤有效磷处于较高水平（图3-175）。

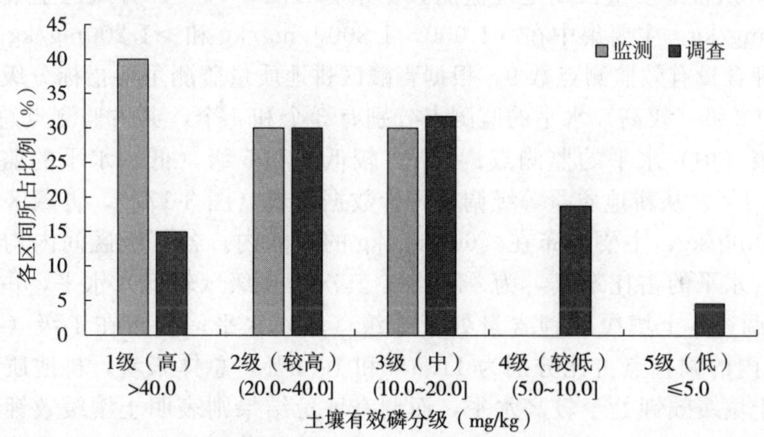

图3-175　2019年青藏区土壤有效磷含量各等级区间所占比例

（四）土壤速效钾现状

2019年，从耕地质量长期定位监测数据来看，青藏区土壤速效钾平均含量169mg/kg，主要集中在（100～150］mg/kg和≤100mg/kg区间内。全区土壤速效钾含量有效监测点数10个，根据青藏区耕地质量监测主要指标分级标准，处于1级（高）水平的监测点有2个，占监测点总数20.0%；没有处于2级（较高）水平的监测点；处于3级（中）水平的监测点有1个，占10.0%；4级（较低）水平的监测点有3个，占30.0%；处于5级（低）水平的监测点有4个，占40.0%。从耕地质量等级调查评价数据来看，青藏区土壤速效钾平均含量159mg/kg，同样集中在（100～150］mg/kg和≤100mg/kg区间内。分布在5级（低）水平的调查点数占比最大，占调查点总数的32.9%；其次是分布在4级（较低）水平的调查点占比，为25.1%；1级（高）和3级（中）的调查点占比分别为16.1%和16.8%，2级（较高）水平的调查点占比最低，仅为9.1%。总体来看，青藏区土壤速效钾处于较低水平（图3-176）。

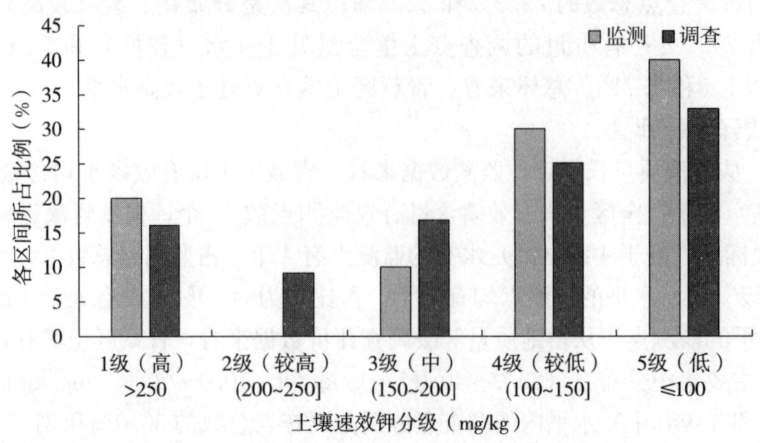

图 3-176　2019 年青藏区土壤速效钾含量各等级区间所占比例

（五）土壤缓效钾现状

2019 年，从耕地质量长期定位监测数据来看（图 3-177），青藏区土壤缓效钾平均含量为1 033mg/kg，主要集中在（1 000～1 200］mg/kg 和＞1 200mg/kg 区间内。全区土壤缓效钾含量有效监测点数 9，根据青藏区耕地质量监测主要指标分级标准，处于 1 级（高）和 2 级（较高）水平的监测点分别有 3 个和 4 个，共占监测点总数 77.8%；没有处于 3 级（中）水平的监测点；4 级（较低）和 5 级（低）水平的监测点均有 1 个，各占 11.1%。从耕地质量等级调查评价数据来看（图 3-177），青藏区土壤缓效钾平均含量 759mg/kg，主要分布在≤600mg/kg 的区间内。各等级区间内均有分布，其中 5 级（低）水平的占比最高，为 44.0%；其次是 4 级（较低）水平，占比为 20.2；有 13.6%的调查点土壤缓效钾含量处于 3 级（中）水平；分布在 1 级（高）和 2 级（较高）区间内的调查点占比分别为 11.6%和 10.6%。总体来看，耕地质量监测结果表明青藏区土壤缓效钾处于较高水平，而调查评价结果则表明土壤缓效钾处于较低水平，二者出现较大反差的原因可能是由于监测点数量差异而造成的，青藏区耕地质量

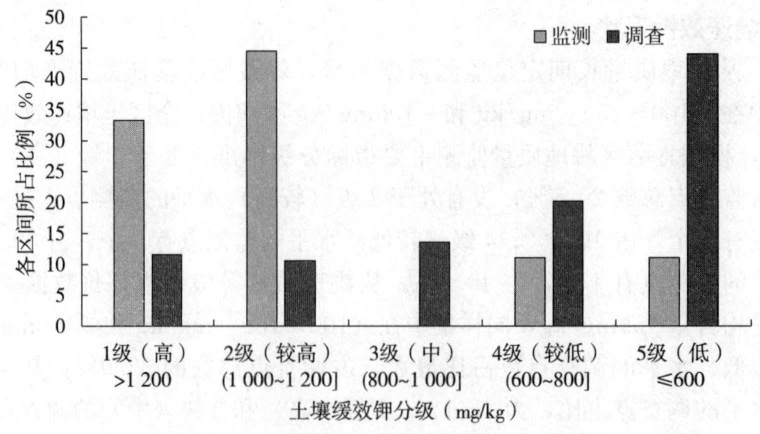

图 3-177　2019 年青藏区土壤缓效钾含量各等级区间所占比例

长期定位监测点数为 12 个，土壤缓效钾含量的有效监测点数仅为 9 个，这与调查评价 1 687 个有效监测点数有明显的差距，因此造成了较大的差异。

（六）土壤 pH 现状

2019 年，从耕地质量长期定位监测数据来看，青藏区土壤 pH 平均值为 8.3，主要集中在（7.5～8.5］区间内。全区土壤 pH 有效监测点数 10 个，根据青藏区耕地质量监测主要指标分级标准，处于 1 级（高）水平的监测点有 1 个，占监测点总数 10.0%；处于 2 级（较高）水平的监测点有 8 个，占 80.0%；处于 3 级（中）水平的监测点有 1 个，占 10.0%；没有处于 4 级（较低）和 5 级（低）水平的监测点。从耕地质量等级调查评价数据来看，青藏区土壤 pH 平均值为 7.8，同样集中分布在（7.5～8.5］区间内。处于 2 级（较高）水平的调查点占比最大，占调查点总数的 61.3%；其次是处于 1 级（高）和 3 级（中）水平的调查点占比，分别为 14.8%和 12.3%；少量调查点土壤 pH 处于 4 级（较低）和 5 级（低）水平，占比分别为 8.0%和 3.6%。总体来看，青藏区土壤 pH 处于较高水平，长期定位监测和调查评价监测点的土壤 pH 均集中分布在 2 级（较高）等级（图 3-178）。

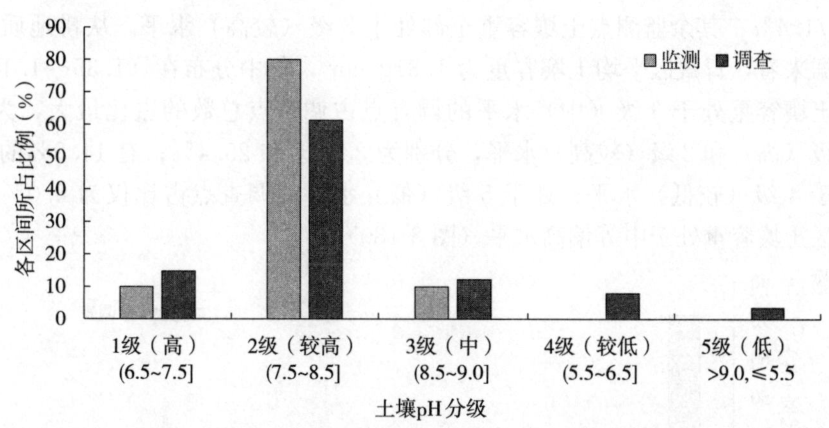

图 3-178　2019 年青藏区土壤土壤 pH 各等级区间所占比例

（七）耕层厚度现状

2019 年，从耕地质量长期定位监测数据来看，青藏区平均耕层厚度为 23.2cm，集中分布在（15.0～20.0］cm 区间内。全区耕层厚度有效监测点数 10 个，根据青藏区耕地质量监测主要指标分级标准，处于 1 级（高）水平的监测点有 2 个，占监测点总数的 20.0%；处于 2 级（较高）水平的监测点有 3 个，占监测点总数的 30.0%；处于 3 级（中）水平的监测点有 5 个，占比为 50.0%；没有处于 4 级（较低）和 5 级（低）水平的监测点。从耕地质量等级调查评价数据来看，青藏区平均耕层厚度为 20.4 cm，同样集中分布在（15.0～20.0］cm 区间内。土壤耕层厚度处于 1 级（高）水平的调查点占调查点总数 14.6%，2 级（较高）水平的占 21.4%，3 级（中）水平的占 42.8%，4 级（较低）水平的占 18.4%，5 级（低）水平的占 2.8%。总体来看，青藏区耕层厚度处于中等偏高水平（图 3-179）。

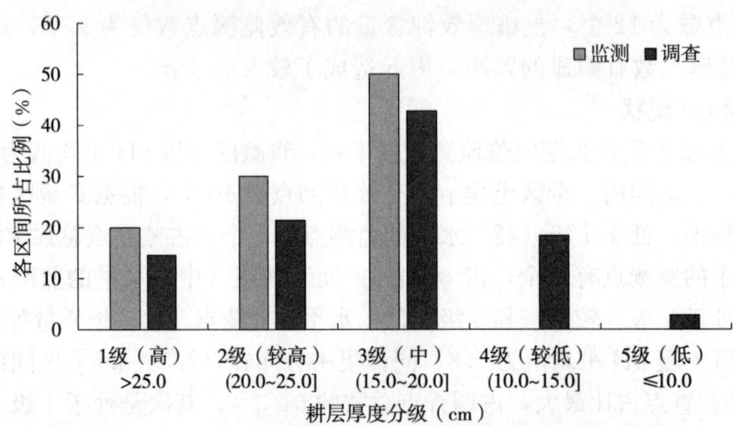

图 3-179　2019 年青藏区土壤耕层厚度各等级区间所占比例

（八）土壤容重现状

2019 年，从耕地质量长期定位监测数据来看，青藏区平均土壤容重为 1.25g/cm³，集中分布在（1.00～1.25］g/cm³区间内。全区土壤容重有效监测点数 7 个，根据青藏区耕地质量监测主要指标分级标准，土壤容重处于 1 级（高）水平的监测点有 5 个，占监测点总数的 71.4%；其余监测点土壤容重全部处于 2 级（较高）水平。从耕地质量等级调查评价数据来看，青藏区平均土壤容重为 1.31g/cm³，集中分布在（1.35～1.45］g/cm³区间内。土壤容重处于 3 级（中）水平的调查点占调查点总数的占比最大，为 30.4%；其次是 1 级（高）和 2 级（较高）水平，分别为 23.3%和 25.4%；有 14.9%的调查点土壤容重处于 4 级（较低）水平；处于 5 级（低）水平的调查点占比仅为 6.0%。总体看来，青藏区土壤容重处于中等偏高水平（图 3-180）。

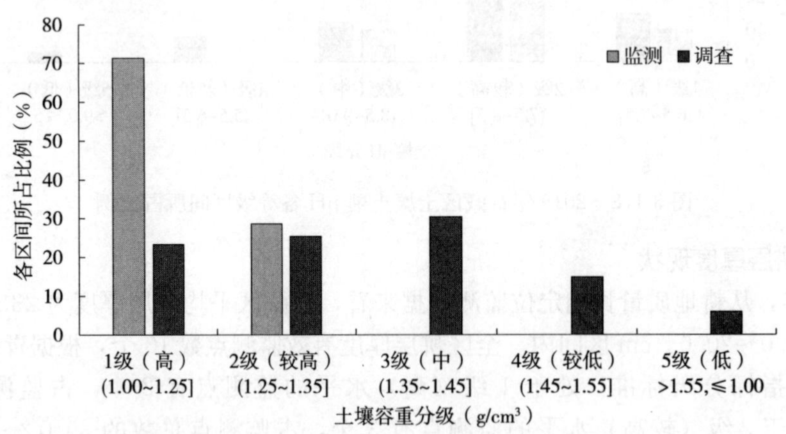

图 3-180　2019 年青藏区土壤容重各等级区间所占比例

三、肥料投入与利用情况

（一）肥料投入现状

2019 年，青藏区主要作物（青稞）监测点肥料亩总投入量（折纯，下同）平均值 31.6kg，其中，有机肥亩投入量平均值 15.7kg，化肥亩投入量平均值 15.9kg，化肥和有机肥之比为 1.01∶1。肥料亩总投入中，氮肥（N）投入 15.4kg，磷肥（P_2O_5）投入 11.2kg，钾肥（K_2O）投入 5.1kg，投入量依次：肥料氮＞肥料磷＞肥料钾，氮∶磷∶钾之比为 1∶0.73∶0.33。其中化肥亩投入中，氮肥（N）投入 6.4kg，磷肥（P_2O_5）投入 6.2kg，钾肥（K_2O）投入 3.4kg，投入量依次：化肥氮＞化肥磷＞化肥钾，氮∶磷∶钾之比为 1∶0.97∶0.53。由此可以看出，青藏区肥料投入"重氮磷轻钾肥"，这也是导致该地区土壤钾素含量偏低的重要原因。2016—2019 年，青藏区青稞种植区域年产量呈逐年上升的变化趋势，青稞年亩产量由 2016 年的 531.7kg 增加至 2019 年的 650.6kg，增幅为 22.4%（图 3-181）。

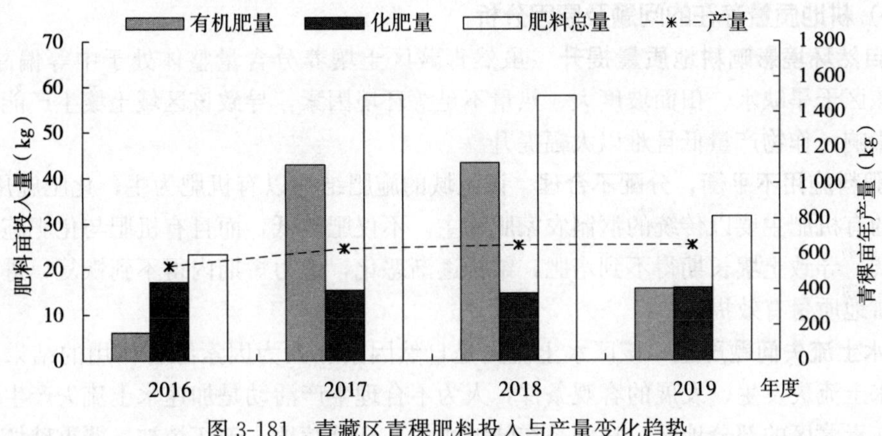

图 3-181　青藏区青稞肥料投入与产量变化趋势

（二）偏生产力

2016—2019 年，青藏区监测点青稞化肥偏生产力（PFP）整体情况，2019 年青稞化肥偏生产力 39.0kg/kg，2016 年 46.6kg/kg，降低了 16.3%。氮肥偏生产力变化趋势较为平稳，呈现先降低后缓慢上升的变化趋势，2019 年青稞的氮肥偏生产力为 32.8kg/kg，较 2016 年的 38.8kg/kg 降低了 6.0kg/kg，降幅为 15.5%；磷肥偏生产力呈现先上升后略有降低，但整体看来，2019 年青稞磷肥偏生产力与 2016 年相比，增加了 7.0kg/kg，增幅为 14.0%。而该地区钾肥的偏生产力在 2004—2019 年间变化幅度较大，但整体呈现增加的趋势，2019 年青稞的钾肥偏生产力为 176.4kg/kg，较 2016 年的 144.9kg/kg，增加了 31.4kg/kg，增幅达到 21.7%。青藏区青稞的钾肥偏生产力呈波动式变化可能和当地钾肥施用习惯有关（图 3-182）。

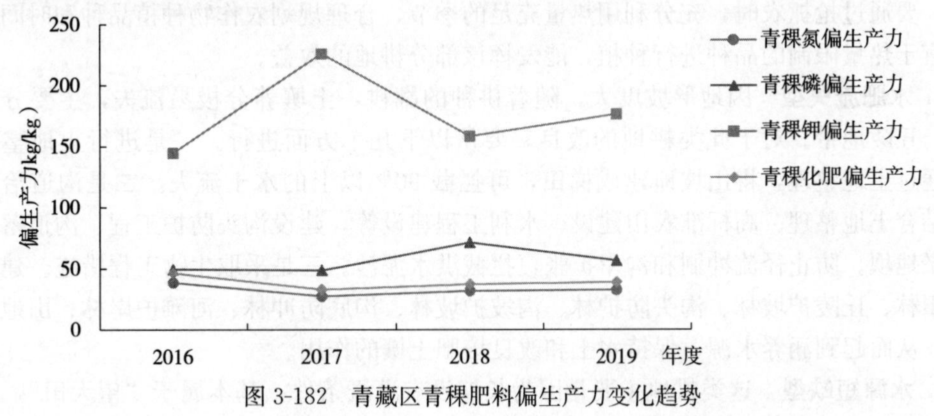

图 3-182　青藏区青稞肥料偏生产力变化趋势

四、耕地质量存在的主要问题、原因和培肥改良对策

2019 年耕地质量监测结果表明，青藏区投入养分含量不均衡，有机质和土壤氮磷处于中等偏高水平，而土壤钾素含量处于较低水平；耕层厚度达到了较高水平，土壤容重处于中等偏高水平，土壤整体中性偏碱。由于青藏区地处青藏高原，自然环境复杂，由于地势高，高寒是本区主要的自然特点，气候寒冷，作物生长期短，气候因素和地理位置导致青藏区土壤中存在着较多制约农业生产的障碍因素。

（一）耕地质量存在的问题及原因分析

1. 自然环境影响耕地质量提升 虽然青藏区土壤养分含量整体处于中等偏高水平，但由于该区干旱缺水、田面坡度大、热量不足等环境因素，导致该区域土壤生产能力发挥受到了影响，作物产量低且难以大幅提升。

2. 肥料施用不平衡，分配不合理 该区域的施肥结构以有机肥为主，化肥施用较少，但施用的有机肥主要以传统的沤制农家肥为主，不仅肥效低，而且有机肥与化肥施用比例严重失调，导致土壤长期得不到培肥，结构逐渐恶化，地力短期内得不到恢复，进而影响该区域耕地质量有效提升。

3. 水土流失问题严重 该区水土流失是自然因素和人为因素综合作用的结果。自然因素是水土流失发生、发展的客观条件，人为不合理生产活动是加速水土流失产生的主要原因。在青藏区的部分地区，特别是在陡坡耕作，开垦荒地、破坏植被，严重破坏了土壤固有的稳定性及植被的保护作用，加速了土壤的侵蚀，导致了水土流失。

（二）土壤培肥改良措施

青藏区影响作物生长的障碍因子主要有干旱缺水、田面坡度大、热量不足、土壤养分含量低且比例不协调等，这些因素影响了土壤生产能力发挥，从而导致农作物产量低而不稳。通过总结农民群众因土耕作、因土种植、因土施肥、因土改良利用等方面的经验，提出针对不同耕地质量的障碍因子，通过发展节水灌溉、地膜栽培、平衡施肥、坡改梯等技术措施，消除或减轻限制农业产量提高的各种障碍的因素，提高耕地基础地力。针对水热限制型、水肥流失型和水源短缺型提出相应的改良提升措施如下：

1. 水热限制型 指受海拔高度影响，地形部位为中高山的土壤，水热条件成为农作物生长的限制因素。由于全年仅有夏季才会有充足的热量，受到积温的限制，不利于作物生长。要通过抢抓农时，充分利用热量充足的季节，合理规划农作物种植品种和时间，选用适宜于热量限制的品种进行种植，能发挥该部分耕地的效益。

2. 水肥流失型 因地形坡度大，随着耕种的翻耕，土壤养分极易流失，主要分布在山坡、丘陵地带。对于此类耕地的改良，要从以下几个方面进行。一是进行土地整理工程。通过土地整理，将山坡地建成梯田，可拦截 90%以上的水土流失。二是沟道治理工程。结合土地整理、高标准农田建设、水利工程建设等，建设沟头防护工程、沟道蓄水工程和淤地坝。防止径流冲刷和沟岸扩张，拦截洪水泥沙。三是采取生物工程措施。建设塬地护田林、丘陵护坡林、沟头防护林、沟坡护坡林、沟底防冲林、河滩护岸林、山地水源林等，从而起到涵养水源、保持水土和改良培肥土壤的作用。

3. 水源短缺型 这类耕地主要是因为长期没有灌溉条件，基本属于“望天田”，常年

缺水，作物产量很低。大部分区域水源难以解决，短期内也无法改善灌溉条件，要通过改变耕作方式，加强田间水肥管理，通过覆膜保水，修建集雨水窖和涝池拦截雨水等措施缓解缺水局面。

4. 养分失衡型　在改良养分失衡型耕地时，应增施农家肥、有机肥和补充使用钾肥及中微量元素等，同时可以施用土壤调理剂，进行秸秆还田、种植绿肥以提高土壤有机物含量，逐步提升地力。

第十节　小　结

一、农业区耕地质量存在问题及原因分析

根据耕地质量监测分析结果，总体来说，九大区域耕地土壤有机质及养分指标均发展态势良好，绝大多数区域监测指标呈增加趋势，但仍存在以下问题：

（一）耕地土壤有机质含量有待提高，土壤养分不均衡，部分区域磷素累积过快

（1）从监测结果来看，2019 年土壤有机质含量以东北区最高为 35.8g/kg，其次长江中下游区为 30.0g/kg，甘新区最低仅为 16.1g/kg，大多数农业区年度平均值在中级区间。徐明岗等人的研究表明，我国耕地土壤肥力水平整体偏低，耕地土壤有机质含量低于 1.0%的面积占 26.0%，与欧洲土壤相比，我国耕地土壤的有机质含量不及欧洲同类土壤的一半，有机质含量仍有待进一步提升。

（2）存在耕地养分不均衡现象，部分区域磷素累积过快，有淋溶风险。如黄淮海区部分点位存在氮低磷钾高问题，华南区磷素富集明显，钾素供应不足。局部区域科学施肥水平不够也加重了耕地养分的不均衡现象。磷素的累积趋势可能与近年来农民对投入磷肥的重视程度增加有关。此外，长期耕作及土壤自然风化使 pH 降低，也导致土壤中磷活性的增加。研究表明，土壤磷素可通过径流损失或在超过一定阈值时向下淋洗损失而增加环境污染风险，因此磷素的累积存在一定的环境污染风险。

（二）土壤酸碱度指标呈恶化趋势，局部区域存在酸化或盐碱障碍

根据监测结果分析，东北区、长江中下游区、西南区均存在酸化风险，黄淮海区土壤酸碱度指标呈恶化趋势，内蒙古及长城沿线区和甘新区部分土壤盐渍化程度高。土壤 pH 主要与母质有关，其酸化是土壤形成和发育过程中普遍存在的自然过程，但人为原因加快了土壤酸化的进程：一是酸雨沉降导致土壤酸化；二是化肥的过量施用带入了大量的酸根离子，氮肥投入过高和不适宜的磷肥和钾肥品种均会影响土壤的酸碱度；三是有机肥施用不足导致土壤缓冲能力下降等。pH 偏酸或偏碱均不利于作物生长，且将影响土壤中养分循环、促进有害元素活化等。土壤盐渍化与土壤自身特性有关，部分区域大水漫灌、排水不畅以及不合理的耕作措施加重次生盐渍化，从而产生土壤板结、养分含量降低等问题。

（三）土壤耕层变浅，部分区域水土流失严重

一般而言，农作物较佳的耕层厚度为 20.0～25.0cm。2019 年九大区土壤耕层厚度平均值虽在 19.2～23.8cm 之间，部分区域存在耕层变浅的风险。东北区由于土壤侵蚀造成水土流失情况严重，耕层厚度较初垦时下降 40.0～50.0cm；内蒙古及长城沿线区

和黄土高原区坡地面积大，地表径流对土壤的冲刷侵蚀力强，地形原因限制了大型农机具的使用。大多数农业区随机械化作业面积增加，频繁的机械碾压增加了土壤容重，免耕等农技措施减少了翻耕次数，部分区域分散小农户采用小型农机具翻耕深度较浅等均限制了耕层厚度的增加。整体来说，九大农业区均存在耕层厚度变浅趋势，部分区域水土流失严重，影响作物根系发育，土壤通透性变差，保水保肥能力下降，抗旱、防涝等能力降低。

（四）施肥结构不合理，肥料利用率低

2019年九大农业区主要作物（小麦、玉米、水稻、大豆、马铃薯、青稞等）施肥结构不合理，肥料利用率低，主要体现在：化肥施用比例较高，有机肥施用比例较低，氮肥施用量高、磷肥钾肥施用量过低，肥料投入总量仍有降低空间。这与传统的施肥习惯中存在"三重三轻"问题有关，重施化肥、轻施有机肥，重施大量元素肥料、轻施中微量元素肥料，大量元素中又重施氮肥、轻施磷钾肥。徐明岗等人的研究指出，目前我国农田氮素化肥平均施用量已较欧美发达国家高1～2倍，而粮食单产水平较这些国家低10.0%～30.0%。

二、主要改良措施

（一）遵循科学施肥原则，推行精准配方

持续开展耕地质量提升和化肥减量增效等项目，坚持因地适宜施肥，根据土壤肥力条件及作物的需肥特性，充分应用测土配方施肥田间试验结果，科学确定肥料用量、肥料施用方法及肥料种类。一是利用目标产量等方法，结合高产、优质栽培技术，继续推行优化配方施肥，合理选用新型肥料，因缺补缺施用中微量元素肥料，促进化肥减量增效，适当降低肥料的总投入量；二是开展有机肥替代化肥行动，增加秸秆还田面积，增施商品有机肥，开辟有机肥源，做到有机无机肥料合理配施，减少化肥用量，促进耕地土壤有机物质积累；三是调节氮磷钾养分结构，因地按需建立精准施肥套餐，促进氮磷钾养分均衡投入，进一步提高科学施肥技术水平。

（二）开展土壤酸化/盐渍化治理，降低土壤障碍因素影响

根据土壤pH状况开展土壤酸化/盐渍化治理，在酸性土壤上，施用生石灰、钙镁磷肥、贝壳粉等碱性肥料，中和土壤中H^+和Al^{3+}，提高土壤的盐基饱和度以提升pH；在碱性土壤上，增施有机肥以提高土壤缓冲能力，化肥优先选用生理酸性肥料和水溶性肥料，同时增施石膏等碱性土壤调理剂以降低土壤pH。在耕地土壤盐渍化严重的地区，采取工程、农艺、生物、化学等综合配套措施，完善灌排系统，加快农田整治，通过客土改良、增施土壤改良剂等改良盐碱地，逐步降低土壤障碍因素影响。

（三）构建合理的生产管理技术体系，改善土壤物理性状

综合考虑种植结构、耕作方式、水分管理等措施，构建合理的生产管理技术体系，改善土壤物理性状。一是合理轮作、间作、套作，科学调茬倒茬，有助于充分利用土壤营养物质，从而调整土壤供肥特性，减少土传病害和杂草生长；二是增施有机肥，推行秸秆还田，扩大绿肥种植，提高土壤缓冲能力，可疏松土壤、培肥地力，同时降低土壤容重，提高土壤微生物活性；三是促进深松深耕，适时免耕休耕。深耕整地

是改善土壤结构、提高土壤蓄水保墒能力、增强土壤排涝降盐能力、保护农田生态环境的有效措施，适时免耕、休耕可减少耕作对土层的扰动，促进耕地用养结合，实现耕地土壤的可持续发展；四是合理开发与配置水资源，针对坡地及水土流失严重的区域，加强水资源管理，推广坡改梯技术，增加植被覆盖，提高耕地土壤保土、保水、保肥能力。

第四章 主要土壤类型耕地质量监测结果

第一节 水稻土

水稻土是指在长期淹水种稻条件下，经人为水耕熟化和自然成土因素双重作用，产生具有特有剖面结构特征的土壤，是我国重要的土地资源，也是面积最大、分布最广的耕地土壤类型。我国水稻土分布南起热带南海崖县，北抵寒温带的黑龙江省漠河，90%以上的水稻土集中分布于秦岭至淮河一线以南的广大平原、丘陵和山区，以长江中下游平原、四川盆地和珠江三角洲最为集中，其中以江苏建湖一带为典型土壤，东北亦有少量水稻土分布[1]。

目前，我国水稻种植面积 3 300 多万 hm^2，约占全国耕地面积的 1/4，其产量约占全国粮食总产量的 1/2[1]，是我国第一大粮食作物。因此，维持水稻土生产力的稳定输出对我国粮食生产和安全至关重要。水稻土是我国最重要的耕地土壤类型之一，长期受人为灌排、水旱耕作和施肥投入等人为干扰，导致水稻土水分移动频繁，氧化还原多变，物质淋淀明显，层段发育各异，土壤理化性质差异较大，从而不同程度地影响土壤生产力的变化。而土壤生产力高低主要取决于土壤肥力水平及外源肥料的合理施用[2]。长期耕作过程中，水稻土面临着肥力退化、土壤酸化、耕作层变浅和重金属含量超标等问题。因此，建立水稻土长期定位监测点，分析并掌握水稻土养分演变特征和规律，对水稻土合理培肥和作物稳产增产有重要的指导作用。

我国水稻土监测点分布广泛，主要分布在江西（47）、湖南（41）、江苏（39）、广东（37）、四川（29）、安徽（28）、湖北（19）、海南（16）、黑龙江（15）、浙江（14）、广西（14）、福建（13）、重庆（8）、辽宁（8）、云南（7）、河南（6）、吉林（6）、山东（2）、上海（2）、陕西（2）和贵州（2）等省份，共 355 个。监测点始设于 1987 年，1997 年、2004 年和 2016 年分别新增部分监测点。各监测点均设常规施肥区和无肥区两个处理，定位记录施肥种类和数量等管理措施信息，并定期监测土壤常规肥力指标以及作物生物量（茎叶和果实）。监测点种植制度包括一年一熟、一年两熟和一年三熟制，轮作制度以早稻—中稻/晚稻、水稻—小麦、水稻—油菜为主，同时兼种有蔬菜和绿肥等。

本监测报告依托国家级水稻土长期定位监测点 1988—2019 年的监测数据，分析 355 个监测点常规施肥下土壤养分含量和生产力变化趋势，明确水稻土耕地质量变化情况和生产力水平随时间的变化规律，为水稻土合理培肥和生产力高效输出提供科学依据。

一、水稻土耕地质量主要性状

（一）土壤有机质现状与变化趋势

2019 年，水稻土监测点土壤有机质平均值为 31.5g/kg。土壤有机质含量频率分布如图 4-1，有机质含量主要在（20.0～30.0］g/kg 和（30.0～40.0］g/kg 区间，含量频数比例分别为 35.3%和 30.8%；在≤20.0g/kg 和>40.0g/kg 区间，含量频数比例较低，分别为 15.0%和 18.9%。

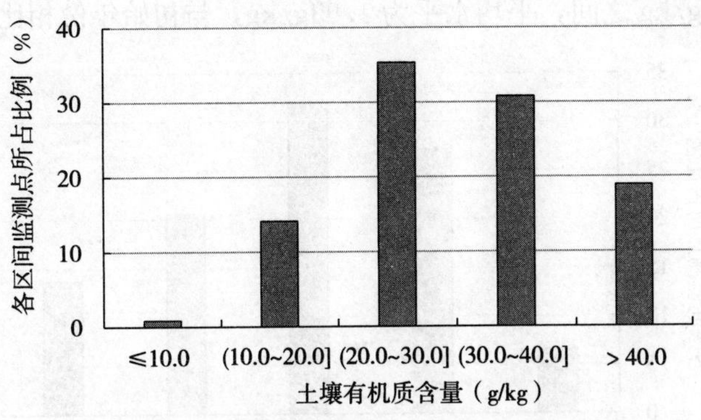

图 4-1　水稻土有机质含量区间所占比例

对 355 个水稻土长期监测点监测结果的分析表明（图 4-2），水稻土 2014—2019 年常规施肥条件下，土壤有机质含量平均值为 31.5g/kg，与 1988—1993 年土壤有机质含量（31.6g/kg）无显著差异；长期施肥管理下水稻土有机质含量无显著升高或降低。

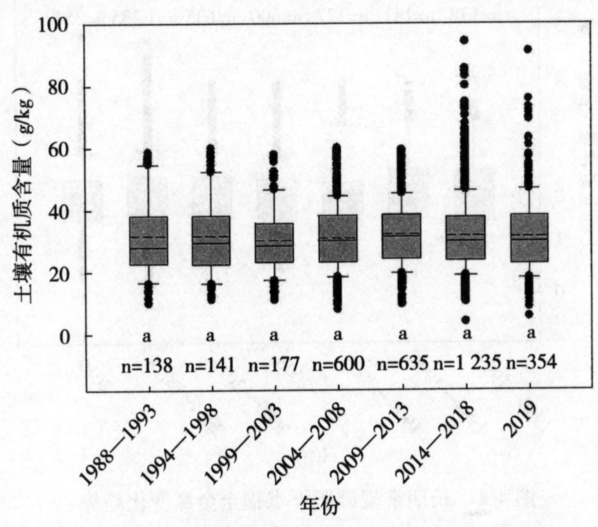

图 4-2　长期常规施肥下水稻土有机质变化趋势

注：实心圆圈“•”为异常值；箱式图的横线从下至上依次为除异常值外的最小值、下四分位数、中位数、上四分位数和最大值，虚线为各项的平均值；箱式图上的不同小写字母表示不同时间段的平均值在 0.05 水平差异显著，n 表示样本数；R^2 表示方程的绝对系数，* 表示方程在 0.05 水平显著，** 表示方程在 0.01 水平显著。下同。

（二）土壤全氮现状与变化趋势

2019 年，水稻土监测点土壤全氮平均值为 1.83g/kg。土壤全氮含量频率分布如图 4-3，全氮含量主要在（1.00～1.50］g/kg、（1.50～2.00］g/kg 和（2.00～2.50］g/kg 区间，含量频数比例分别为 27.1%、32.0%和 20.6%；在≤1.00g/kg 和>2.50g/kg 区间，含量频数比例较低，分别为 6.6%和 13.7%。

对 355 个水稻土长期监测点监测结果的分析表明（图 4-4），水稻土 2014—2019 年常规施肥条件下，土壤全氮含量平均值为 1.84g/kg，监测初期（1988—1993 年）土壤全氮水平在 0.80～3.54g/kg 之间，平均水平为 1.93g/kg，与初始年份相比，无显著升降。

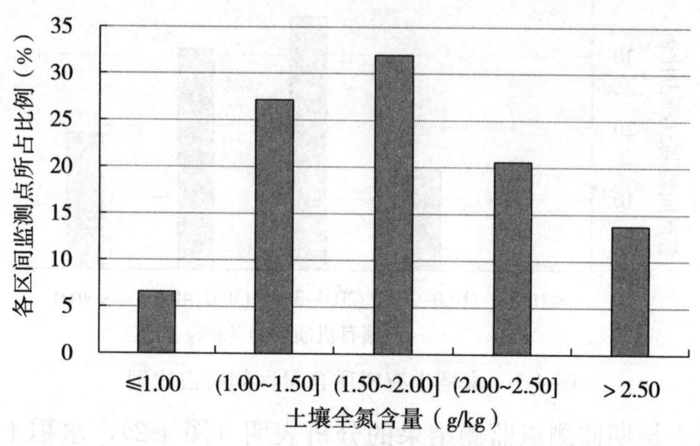

图 4-3 水稻土全氮含量区间所占比例

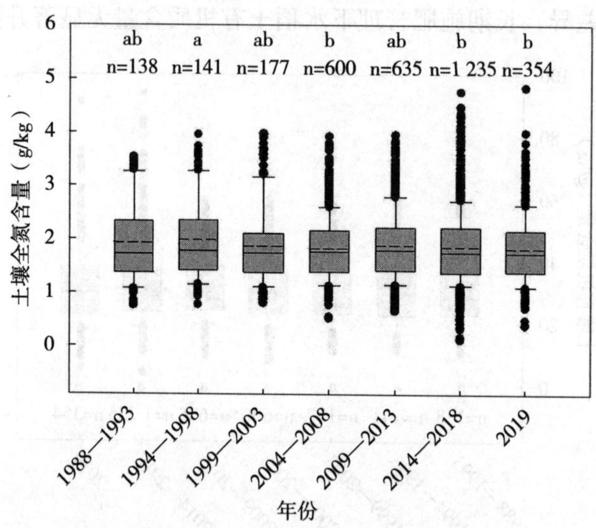

图 4-4 长期常规施肥下水稻土全氮变化趋势

（三）土壤有效磷现状与变化趋势

2019 年，水稻土监测点土壤有效磷平均值为 26.4mg/kg。土壤有效磷含量频率分布如图 4-5，各监测点有效磷含量主要分布在≤30.0mg/kg 区间，其中，≤10.0 mg/kg、（10.0～20.0］mg/kg 和（20.0～30.0］mg/kg 区间比例分别为 20.5%、33.1%和 18.4%，有效磷在（30.0～40.0］mg/kg 和>40.0mg/kg 区间占比分别为

8.5%、19.5%。

对 355 个水稻土长期监测点监测结果的分析表明（图 4-6），水稻土 2014—2019 年常规施肥条件下，土壤有效磷含量平均值为 25.0g/kg，监测初期（1988—1993 年）水稻土有效磷含量平均水平为 16.1mg/kg，较监测起始年份的平均水平提高 55.3%。

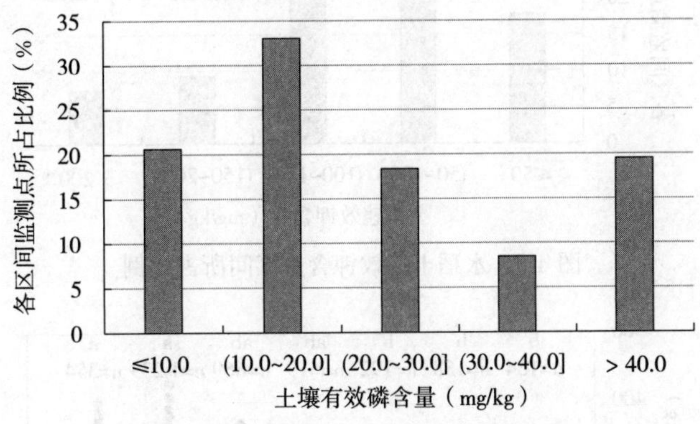

图 4-5　水稻土有效磷含量区间所占比例

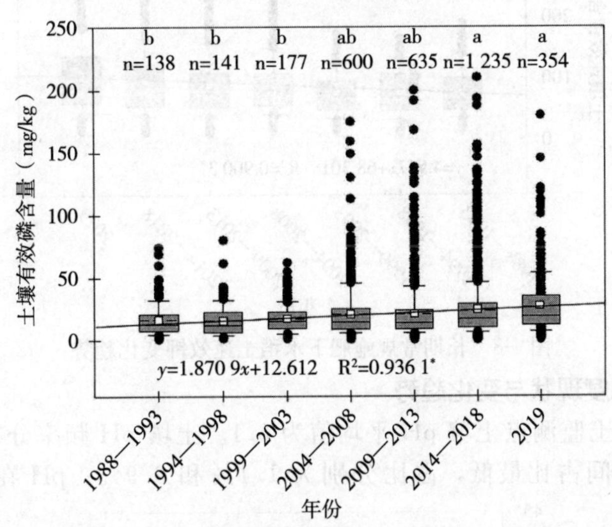

图 4-6　长期常规施肥下水稻土有效磷变化趋势

(四) 土壤速效钾现状与变化趋势

2019 年，水稻土监测点土壤速效钾平均值为 102mg/kg。土壤速效钾含量频率分布如图 4-7，速效钾含量主要在（50～100］mg/kg 和（100～150］mg/kg 区间，含量频数比例分别为 41.5%和 24.0%；≤50mg/kg 和＞200mg/kg 区间的监测点个数占总数的比例较低，分别为 17.8%和 7.3%。

对 355 个水稻土长期监测点监测结果的分析表明（图 4-8），水稻土 2014—2019 年常规施肥条件下，土壤速效钾含量平均值为 99mg/kg，显著高于 1988—1993 年监测初期的平均水平（77mg/kg），提高 28.6%。

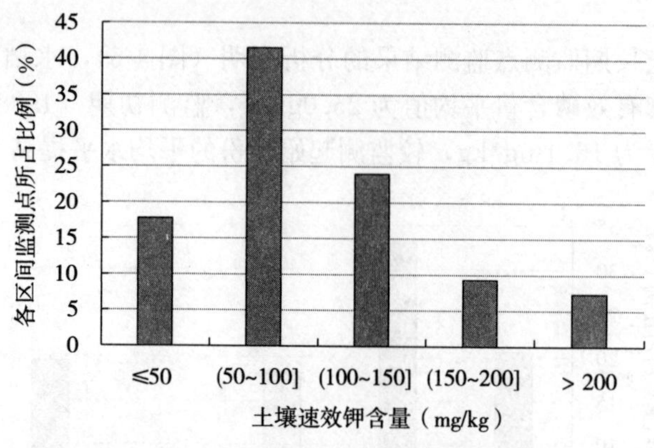

图 4-7　水稻土速效钾含量区间所占比例

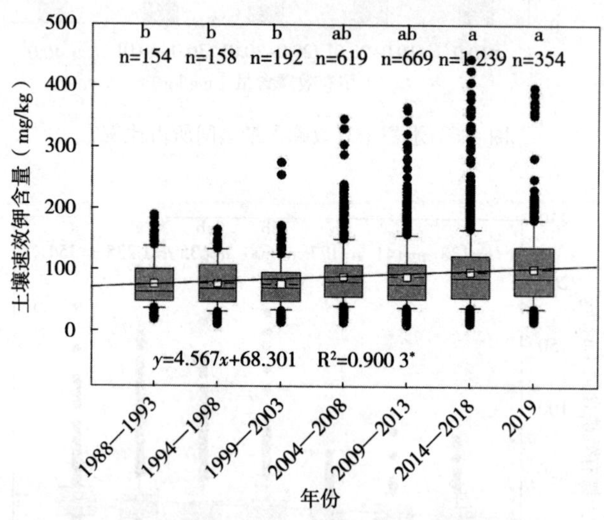

图 4-8　长期常规施肥下水稻土速效钾变化趋势

（五）土壤酸碱度现状与变化趋势

2019 年，水稻土监测点土壤 pH 平均值为 6.1。土壤 pH 频率分布如图 4-9，pH≤4.5 和 pH＞7.5 区间占比最低，占比分别为 1.1％和 9.9％；pH 在（4.5～5.5］和

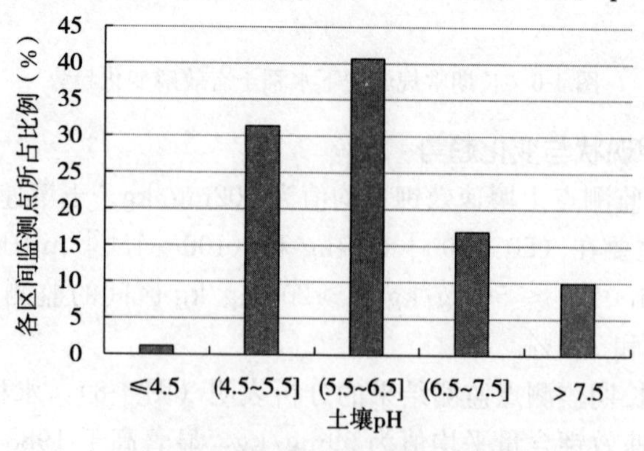

图 4-9　水稻土 pH 区间所占比例

（6.5～7.5］区间的比例分别为 31.4％和 16.9％；（5.5～6.5］区间的比例最高，为 40.7％

对水稻土长期监测点监测结果的分析表明（图 4-10），水稻土 2014—2019 年常规施肥条件下，土壤 pH 平均值为 6.1。土壤 pH 前期快速降低后期趋于稳定，总体呈降低趋势：1988—1993 年间，土壤 pH 平均为 6.4，1999—2003 年间土壤 pH 平均为 6.0，较监测前期显著下降，pH 年均下降 0.022 个单位；2004—2019 年间，土壤 pH 基本保持稳定，维持在 5.9～6.1。

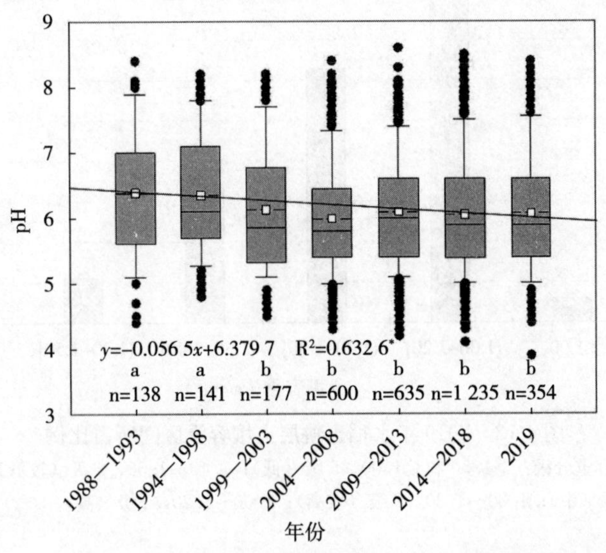

图 4-10　长期常规施肥下水稻土 pH 变化趋势

（六）耕层厚度与土壤容重

长期常规施肥下水稻土耕层厚度和容重见图 4-11 和图 4-12。水稻土耕层厚度平均值为 19.5cm。耕层厚度在（15.0～20.0］cm 和（20.0～25.0］cm 区间占比分别为 68.1％和 16.1％。耕层厚度≤10.0cm、（10.0～15.0］cm 和＞25.0cm 区间占比较低，分别为 1.0％、10.1％和 4.7％。

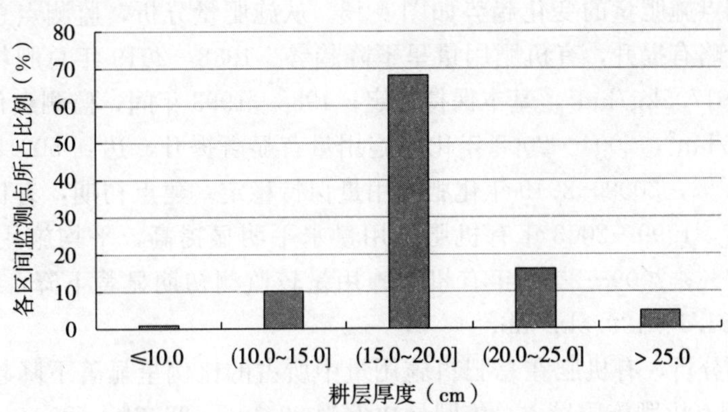

图 4-11　2019 年水稻土耕层厚度区间所占比例

耕层厚度分级：≤10.0，5 级（低）；10.0～15.0，4 级（较低）；15.0～20.0，3 级（中）；20.0～25.0，2 级（较高）；＞25.0，1 级（高）。

2019 年，水稻土耕层土壤容重平均值为 1.23g/cm³，土壤容重水平主要分布在 1 级（高），2 级（较高）和 3 级（中），占监测点总数的 89.5%。耕层土壤容重在（1.00～1.20］g/cm³、（1.20～1.30］g/cm³ 和（1.30～1.40］g/cm³ 区间占比分别为 40.8%、30.4%和 17.3%。耕层土壤容重分布在 4 级（较低）和 5 级（低）水平的占比较低，分别为 5.6%和 4.9%。

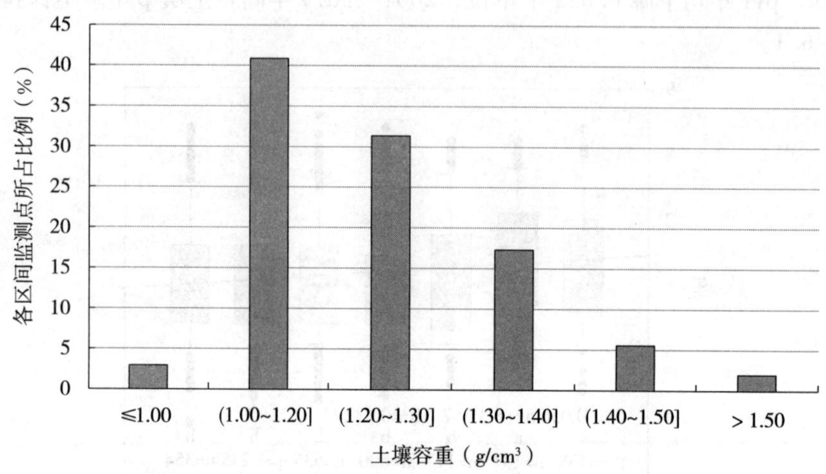

图 4-12　2019 年水稻土耕层土壤容重区间所占比例

土壤容重分级：>1.50 和≤1.00，5 级（低）；1.40～1.50，4 级（较低）；1.30～1.40，3 级（中）；1.20～1.30，2 级（较高）；1.00～1.20，1 级（高）。

二、水稻土施肥量变化趋势

2019 年，水稻土监测点总养分施用量为 617.5kg/hm²，氮磷钾（N：P_2O_5：K_2O）投入比例为 1：0.4：0.6。其中化学氮肥 285.8kg N/hm²，磷肥 111.8kg P_2O_5/hm²，钾肥 152.9kg K_2O/hm²，有机氮磷钾投入量分别为 23.3kg N/hm²，10.1kg P_2O_5/hm²，33.4kg K_2O/hm²。

水稻土监测点施肥量的变化趋势如图 4-13。从施肥量分析，监测点总施肥量保持稳定，化肥施用量略有提升，有机肥用量呈下降趋势。1988—2019 年总肥料施用量的平均水平在 593.3～617.5kg/hm²，基本保持稳定；1988—1993 年间，监测点化肥施用量平均水平为 432.4kg/hm²，2004—2008 年化肥施用量有显著提升，达到 509.5kg/hm²，较建点初期提高 17.8%，2009—2019 年化肥施用量保持稳定。建点初期，有机肥平均施用量为 198.6kg/hm²，1999—2003 年有机肥施用量水平明显提高，平均施用量为 250.2kg/hm²，提高 26.0%；2009—2013 年有机肥施用量较监测初期显著下降，之后较为平稳，平均施用量在 181.1～199.5kg/hm²。

从施肥结构分析，有机肥在总肥料施用量中所占的比例呈显著下降趋势（图 4-13）。1988—2003 年间有机肥施用量占总施肥量比例为 29.1%～32.6%，2004—2008 年间有机肥施用量占比为 27.5%，2009—2019 年有机肥施用比例为 25.1%～27.0%，显著低于 1988—2003 年间有机肥施用比例，32 年间下降约 6 个百分点。

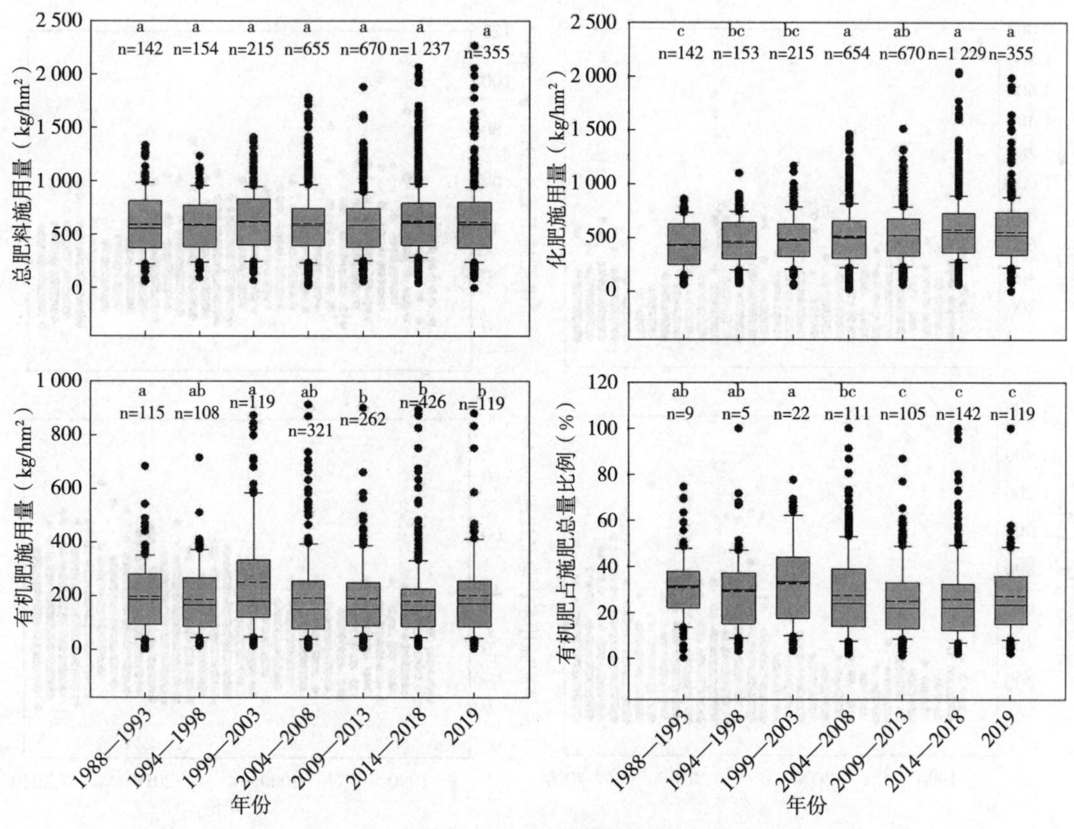

图 4-13　水稻土长期监测点肥料施用数量及结构

从肥料中养分元素的配比来看，总氮肥养分施用量基本稳定，总磷肥养分施用量呈下降趋势，总钾肥养分施用量呈上升趋势（图 4-14）。总氮肥养分施用量占总养分施用量比例平均水平为 53.7%，无显著升降变化；总磷肥养分施用量比例变化趋势表现为 1988—1993 年间养分施用量（28.6%）高于 2014—2019 年间养分施用量（19.6%），监测后期磷肥养分施用量下调；总钾肥养分施用量比例逐年上升，由监测初期的 20.6%提高到 2019 年的 28.5%。

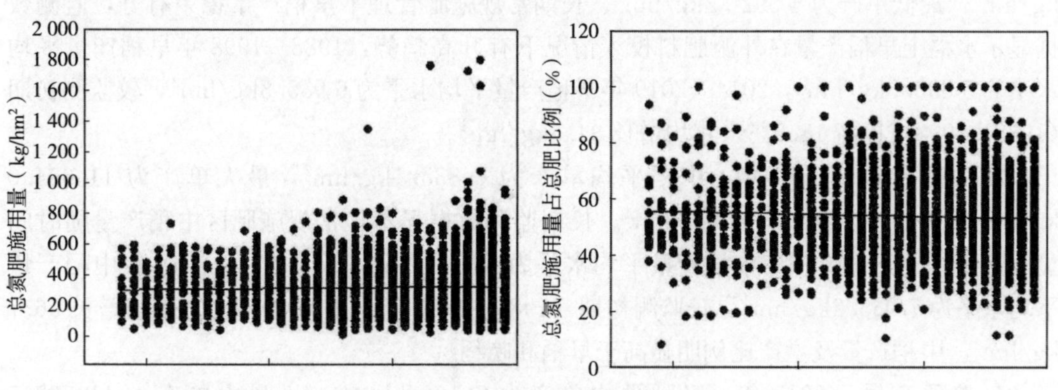

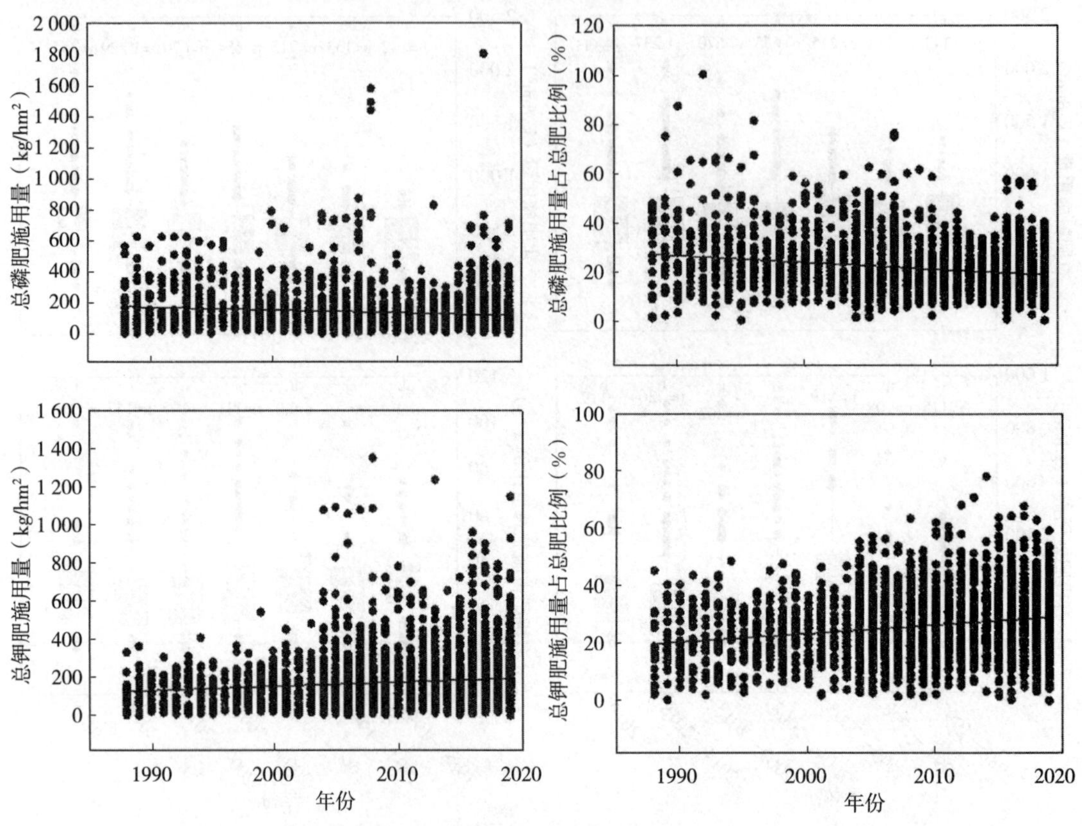

图 4-14　水稻土长期监测点各元素肥料施用量及比例

三、生产力现状及变化趋势

（一）作物产量

监测区常规施肥下主要作物（早稻、中稻、晚稻和小麦）产量变化见图 4-15。

1. 早稻产量　2019 年，早稻平均单产为 7 439.6kg/hm²，最大单产为 10 860.0 kg/hm²，最低单产为 4 592 .2kg/hm²。长期常规施肥管理下早稻产量稳中有升，监测数据显示水稻土早稻产量在外源肥料投入情况下有升高趋势：1988—1998 年早稻产量平均水平为 5 832.5kg/hm²，2014—2019 年早稻产量平均水平为 6 935.3kg/hm²，较监测初期（1988—1993）提高 18.9%，年均增长 34.5kg/hm²。

2. 中稻产量　2019 年，中稻平均单产为 7 835.1kg/hm²，最大单产为 11 634.0 kg/hm²，最低单产为 4 650.0kg/hm²。长期监测数据显示，常规施肥区中稻产量随时间显著升高，1988—1993 年中稻产量平均水平为 6 151.7kg/hm²，2014—2019 年中稻产量平均水平为 7 965.2kg/hm²，较监测初期（1988—1993 年）提高 29.5%，年均增长 56.7 kg/hm²。中稻产量及增产比例明显高于早稻和晚稻。

3. 晚稻产量　2019 年，晚稻平均单产为 7 103.8kg/hm²，最大单产为 11 587.5

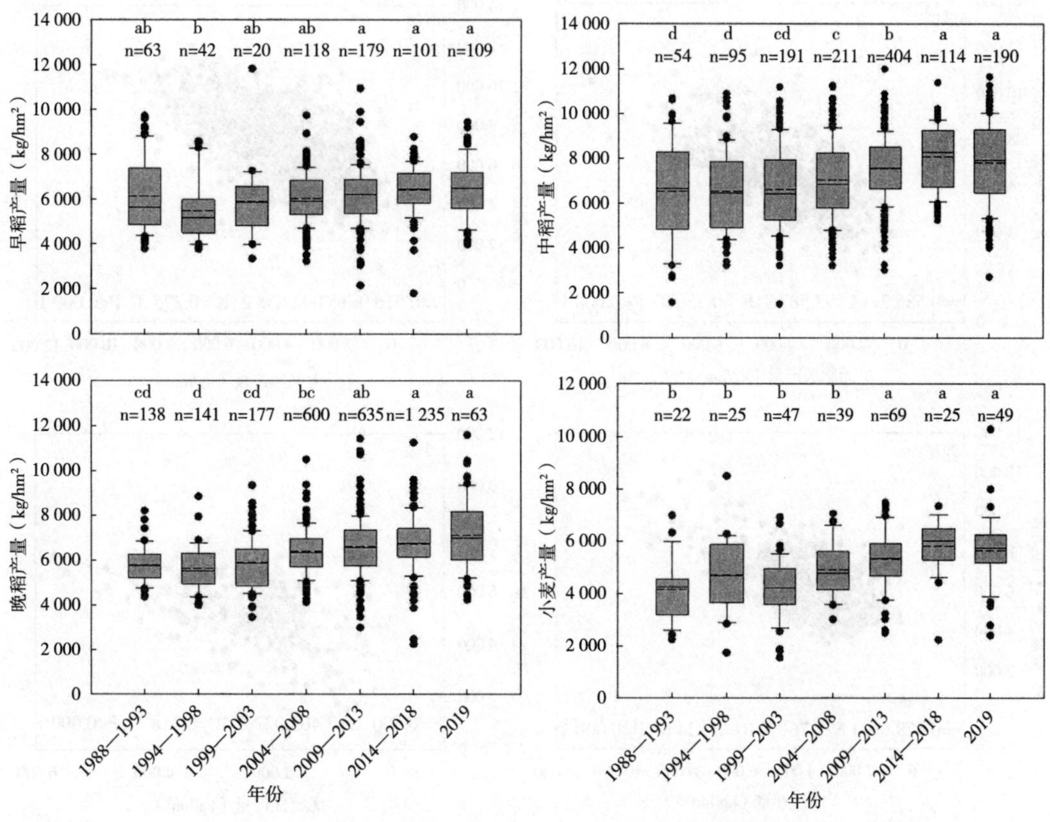

图 4-15　常规施肥区水稻、小麦产量变化趋势

kg/hm²，最低单产为 4 239.0kg/hm²。长期常规施肥管理下水稻土晚稻产量从 1988 年到 2019 年间显著升高，1988—1993 年晚稻产量平均水平为 5 841.0kg/hm²，2014—2019 年晚稻产量平均水平为 6 920.9kg/hm²，较监测初期（1988—1993）提高 18.5%，年均增长 33.7kg/hm²。

4. 小麦产量　2019 年，小麦平均单产为 5 639.4kg/hm²，最大单产为 7 996.5kg/hm²，最低单产为 2 406.0kg/hm²。小麦产区长期监测数据表明，常规施肥下小麦产量呈显著上升趋势。1988—1993 年小麦产量平均水平为 3 604.5kg/hm²，2014—2019 年小麦产量平均水平为 5 693.0kg/hm²，较监测初期（1988—1993）提高 57.9%，年均增长 65.3kg/hm²，常规施肥管理下小麦增产效果优于水稻。

（二）作物产量与基础肥力关系

采用无肥区产量作为衡量土壤基础肥力对作物产量贡献率的指标，以常规施肥区产量与无肥区产量作图，说明土壤基础肥力与作物产量的关系。常规施肥下早稻、中稻、晚稻和小麦产量（y）与无肥区各作物产量（x，基础肥力）显著正相关（图 4-16），土壤基础肥力越高，作物产量越高。水稻土对早稻、中稻、晚稻和小麦产量的肥力贡献率分别为 0.47、0.59、0.59 和 0.46，土壤基础肥力对水稻产量的贡献率高于小麦，而外源肥料投入下小麦增产效应优于水稻。

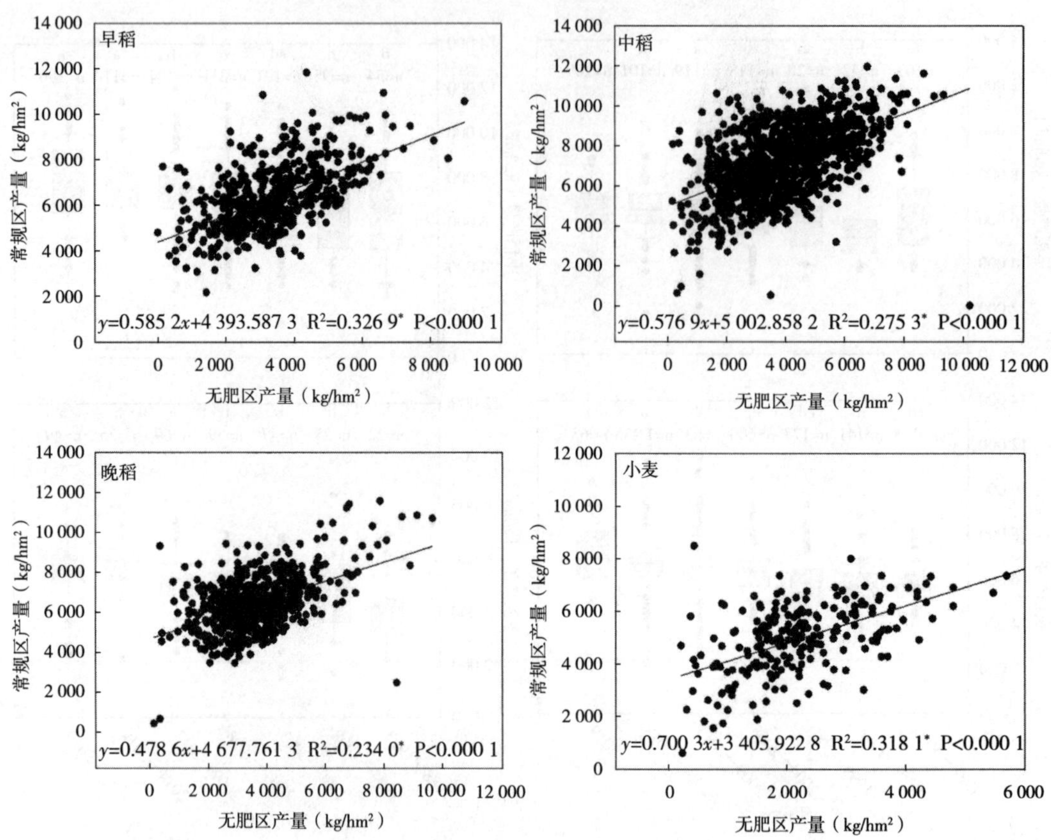

图 4-16　施肥区与无肥区作物产量关系

（三）土壤肥力演变的主控因子分析

图 4-17 中 PC1 轴和 PC2 轴对总方差的贡献率分别为 89.3%和 7.9%，两者对总方差的贡献率达到了 97.3%。由分析结果可以看出，32 年来，水稻土肥力演变的首要决定因

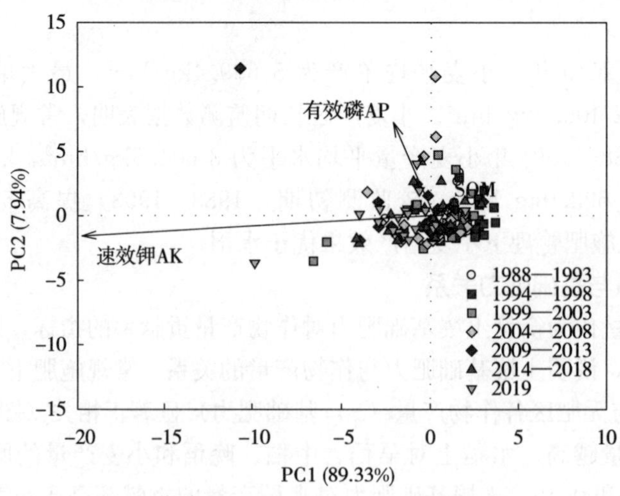

图 4-17　水稻土肥力演变主成分分析

子是土壤速效钾，其次是土壤有效磷，长期培肥下土壤有机质和全氮含量相对稳定，对土壤肥力培育没有产生显著影响，甚至可以说土壤有机质和全氮含量是土壤培肥过程中的主要瓶颈。另外，水稻土 pH 降低可能会阻碍土壤肥力的合理演变。

（四）作物产量的冗余分析

水稻土作物产量的冗余分析如图 4-18，RDA1 轴和 RDA2 轴对总方差的贡献率分别为 95.3%和 3.6%，两者对总方差的贡献率达到了 98.9%。冗余分析结果表明，影响水稻土作物产量的肥力因子主要包括土壤速效钾、土壤有效磷和土壤有机质。其中，对早稻、中稻和晚稻产量影响最大的肥力因子为土壤速效钾，而土壤有效磷对小麦产量影响最大，有机质次之。

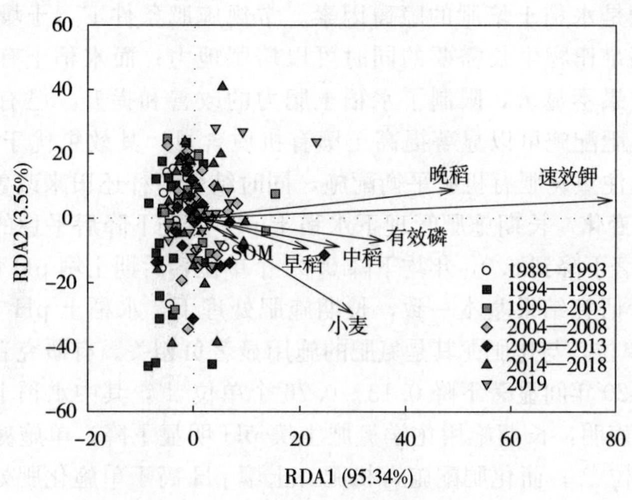

图 4-18　作物产量与土壤肥力响应关系

四、主要问题及措施建议

（一）水稻土耕地质量总体演变趋势

32 年常规施肥管理下，水稻土有机质（31.5～31.7g/kg）和全氮（1.83～1.93g/kg）含量总体稳定。现阶段水稻土有效磷含量平均水平为 26.4mg/kg，显著高于监测前期平均水平（16.1mg/kg），水稻土速效钾含量的平均水平（102mg/kg）也较监测初期（77mg/kg）显著提高。水稻土 pH 由 6.4 下降到 6.1，作物（中稻、晚稻和小麦）产量大幅提升。

1. 水稻土肥力演变　外源肥料投入提高了水稻土氮磷钾等养分元素含量和有效性，而有机质和全氮含量无显著增加。这可能是由于本研究在全国层面上分析土壤养分演变，导致不同区域有机质增减效果相互抵消。已有研究[3]发现不同区域水稻土有机质含量、活性和演变趋势明显不同，东北、华南和西南区土壤有机质平均含量呈下降趋势，而长江中下游地区土壤有机质平均水平明显提高。另外，外源养分投入数量与养分配比也会影响有机质消长变化[4]。

32 年来，水稻土速效养分含量总体呈上升趋势。大量研究显示我国农田土壤磷素的输入输出平衡处于盈余状态[5,6]，且盈余量正以不同速度增长[7]。磷素不参与大气循环，磷肥施入土壤后迅速被土壤矿物吸附或被微生物固持[8]，提高了土壤磷的容量和强度[9]。同时，水稻土有机质的矿化分解作用较强，仍会释放部分无机磷或低分子量活性有机磷[10]。另外，长期肥料投入，尤其是有机肥输入会带来丰富的养分元素，提高土壤有效态或活性养分含量。这些因素共同作用，促进土壤有效磷含量提高。土壤速效钾含量前期无明显提高，后期增幅较大，这可能是由于监测初期钾肥施用量普遍较低，速效钾含量只维持在初期较低水平；监测中期钾肥的施用和效益得到人们的关注和认可，钾肥施用量逐年升高，且作物收获后秸秆及根茬大多还田，外源钾素的增量投入促进土壤速效钾含量迅速提高[11]。

主成分分析结果表明，水稻土肥力演变的主控因子是土壤速效钾和有效磷，而土壤有机质和全氮可能是水稻土培肥的障碍因素。常规施肥条件下，土壤速效钾和有效磷含量显著提高，满足作物生长需要的同时可以培肥地力；而水稻土有机质和全氮含量基本稳定，培肥效果不显著，限制了水稻土肥力的改善和提升。已有研究表明，施用有机肥或有机无机肥配施可以显著提高土壤有机质含量，其效果优于单施化肥[12]。因此，水稻土培肥应注重化肥有机肥平衡配施，同时结合秸秆还田来改善水稻土肥力。

2. 水稻土 pH 变化 长期施肥管理下水稻土 pH 呈先下降后平稳的趋势：前 16 年，土壤 pH 由 6.4 显著下降到 6.0，年均下降 0.02 个单位，后期土壤 pH 稳定在 6.0。该变化趋势与周晓阳[13]研究结果基本一致，长期施肥处理下，水稻土 pH 在前期迅速降低，年均下降 0.05 个单位，与化肥尤其是氮肥的施用显著负相关。有研究者整合分析我国农田耕层土壤 pH 在 20 年间显著下降 0.13～0.76 个单位[14]，其中水稻土酸化趋势更为明显。蔡泽江等研究表明，长期施用化学氮肥土壤 pH 明显下降，单施氮肥降幅最大，18 年降低了 1.5 个单位[15]；而化肥配施有机肥，土壤 pH 高于单施化肥处理，有机肥或秸秆投入对改善和抑制土壤酸化有较好效果[16]。

3. 水稻土生产力变化 常规施肥大幅提升了作物（早稻、中稻、晚稻和小麦）产量。自 1988—2019 年，水稻产量提高 18.5%～29.5%，年均增长 33.7～34.9kg/hm^2，小麦产量提高 58.7%，年均增长 65.3kg/hm^2。施肥管理可以有效提高水稻土作物产量，确保水稻土生产力稳定输出，这与前人研究结果一致[12]，长期施肥可有效提高和维持作物产量稳定性和可持续性。水稻土对早稻、中稻、晚稻和小麦产量的肥力贡献率分别为 0.47、0.53、0.57 和 0.45，土壤基础肥力对水稻产量的贡献率高于小麦，但在外源肥料投入下小麦增产效应更明显。水稻土基础肥力与作物产量呈显著正相关，因此，土壤培肥是粮食产量提升的关键前提。大量的研究结果均证明，有机肥与氮、磷、钾化肥配施对土壤生产力贡献居首，是提高生产力和培肥地力的最佳施肥结构[17]。

具体来说，水稻土长期施肥管理下，中稻增产效果优于早稻和晚稻，而小麦增产效果优于水稻。王家嘉等研究同样发现，水稻土小麦季氮肥利用效率和增产率均显著提高。通过作物产量冗余分析发现，影响作物产量的主要土壤肥力因子是土壤速效钾、有效磷和有机质。对小麦产量影响最大的是土壤有效磷。小麦对土壤磷素水平反应灵敏，磷素营养供应量的高低和迟早，决定干物质积累和营养物质向分配中心转移的进程[18]。刘建玲等[19]研究发现，氮磷肥配合施用下小麦产量显著高于氮肥单施下小麦产量，氮磷肥配施表现出极显著的正交互作用。对水稻产量影响最大的肥力因子是土壤速效钾。我国钾肥资源相对缺乏，水稻土缺钾及钾肥对水稻的增产效应已有较多研究[20]。长期施用钾肥可提高水稻土钾素含量及有效性，提高水稻光合作用和同化产物运输，从而影响水稻产量。综上，水稻土小麦季应注重氮磷肥配施，水稻季需要适当提高钾肥供应。

（二）水稻土耕地质量存在的问题

1. 水稻土肥力提升障碍　长期施肥下水稻土有机质和全氮含量并未显著提高，有机物料投入量较低且呈现降低趋势，是土壤有机质提升的主要限制因子，因此需要改善目前施肥结构，在化肥施用基础上，增加外源有机物料（有机肥和秸秆）的投入。

2. 酸化趋势　1988—2019 年间，我国水稻土 pH 平均值由 6.4 下降至 6.1，土壤 pH 平均值下降了 0.40 个单位，平均每年下降 0.012 个单位，这主要是由于不合理的施肥结构，尤其是长期不平衡施用化肥（多施和偏施）导致的。

（三）水稻土合理利用及培肥措施

水稻土基础肥力水平较高，合理的利用方式和培肥措施是构建水稻土地力提升生产模式的关键因素，结合水稻土近 32 年耕地质量和生产力演化趋势提出水稻土合理利用及培肥措施如下：

1. 合理施肥　土壤肥力以及生产能力的提升需要借助肥料的合理施用，而过量施用化肥会导致土壤板结、酸化等问题，所以应该合理配施化肥和有机肥，并且将重点放在提升有机肥施用比例上，提高有机替代率。小麦季控制氮磷肥施用比例，水稻季提高钾肥施用量，保持土壤养分平衡供给。条件允许的地区可以种植绿肥，增施矿质元素肥料和缓释肥等新型肥料，从而改善耕层理化性状，提高土壤有机质和营养元素含量和有效性。

2. 防治土壤酸化　过去 32 年来，水稻土 pH≤5.5 占 32.0%以上。造成土壤 pH 下降，主要是由于氮肥过量施入，土壤中产生过多的 H^+；同时，有机肥的投入水平较低，中微量元素的缺乏加剧了土壤富铝化过程。因此，需要增加有机肥（物料）的投入，增加中微量元素肥料的投入，通过平衡施肥来降低氮肥的投入量。在酸化严重的地区提倡使用石灰、碱性肥料和硝化抑制剂[21]。

3. 合理耕作　水旱轮作，推荐模式包括稻—菜、稻—麦、稻—油、稻—烟和稻—绿肥（紫云英）轮作。水旱轮作使土壤处于氧化还原交替过程，可促进有机质更新，改善土壤理化形状，减轻病虫害等；推广免耕和秸秆还田配套技术，免耕秸秆覆盖可保护土壤结构，减缓有机质和养分循环及耗损，提高土壤微生物多样性并促进功能释放，尤其是有助于增加固碳自养微生物，从而提高土壤有机碳和养分含量[22]。

参 考 文 献

[1] 龚子同. 中国土壤分类［M］. 北京：科学出版社，2003.

[2] 朱兆良，金继运. 保障我国粮食安全的肥料问题［J］. 植物营养与肥料学报，2013，19（2）：259-273.

[3] 文炯. 长江中下游地区水稻土的有机质特征［D］. 长沙：湖南农业大学，2009.

[4] 刘畅，唐国勇，童成立，等. 不同施肥措施下亚热带稻田土壤碳、氮演变特征及其耦合关系［J］. 应用生态学报，2008，19（7）：1489-1493.

[5] 庄恒扬，曹卫星，沈新平，等．麦—稻两熟集约生产土壤养分平衡与调控研究［J］．生态学报，2000，20（5）：766-770.

[6] 向万胜，童成立，吴金水，等．湿地农田土壤磷素的分布、形态与有效性及磷素循环［J］．生态学报，2001，21（12）：2067-2073.

[7] 鲁如坤，时正元，施建平．我国南方六省农田平衡现状评价和动态变化研究［J］．中国农业科学，2000，33（2）：63-67.

[8] 沈浦．长期施肥下典型农田土壤有效磷的演变特征及机制［D］．北京：中国农业科学院，2014.

[9] 李寿田，周健民，王火焰，等．不同土壤磷的固定特征及磷释放量和释放率的研究［J］．土壤学报，2003，40（6）：908-914.

[10] 黄昌勇．土壤学［M］．北京：中国农业出版社，2000.

[11] 谭德水．长期施钾对北方典型土壤钾素及作物产量、品质的影响［D］．北京：中国农业科学院，2007.

[12] 高洪军，朱平，彭畅，等．黑土有机培肥对土地生产力及土壤肥力影响研究［J］．吉林农业大学学报，2007，29（1）：65-69.

[13] 周晓阳，周世伟，徐明岗，等．长期施肥下我国南方典型农田土壤的酸化特征［J］．植物营养与肥料学报，2015，48（23）：4811-4817.

[14] Guo JH，Liu XJ，Zhang Y，et al. Significant acidification in major Chinese croplands［J］. Science，2010，327（19）：1008-1010.

[15] 蔡泽江，孙楠，王伯仁，等．长期施肥对红壤 pH、作物产量及氮、磷、钾养分吸收的影响［J］．植物营养与肥料学报，2011，17（1）：71-78 .

[16] 高洪军，彭畅，张秀芝，等．长期不同施肥对东北黑土区玉米产量稳定性的影响[J]. 中国农业科学，2015，48（23）：4790-4799.

[17] 戴健．旱地冬小麦产量、养分利用及土壤硝态氮对长期施用氮磷肥和降水的响应［D］．杨凌：西北农林科技大学，2016.

[18] 刘建玲，杨福存，李仁岗，等．长期肥料定位试验栗钙土中磷肥在莜麦上的产量效应及行为研究［J］．植物营养与肥料学报，2006，12（2）：201-207.

[19] 姚源喜，刘树堂，郇恒福．长期定位施肥对非石灰性潮土钾素状况的影响[J]. 植物营养与肥料学报，2004，10（3）：241-244.

[20] 刘志华．水稻土酸化原因及改良对策［J］．福建农业，2011，(7)：8-9.

[21] 钱明媚，肖永良，彭文涛，等．免耕水稻土固定 CO_2 自养微生物多样性［J］．中国环境科学，2015，35（12）：3754-3761.

[22] 王亚跃．水稻土培肥与改良的基本途径［J］．现代化农业，2013，2：21-23.

第二节 潮 土

潮土是在河流沉积物上受地下水影响，并经长期耕作形成的一类半水成土，土体深厚，肥沃宜垦，地势平坦开阔，水热资源充足，适宜各类作物生长，是我国粮、棉、油的主要产地，是各种水果、蔬菜和多种特质优农产品的重要产区。

由于河流泛滥堆积不同沉积物的层理性以及各水系沉积物的成因和性质不同，造成潮土堆积层上粗细颗粒差别很大，土层排列层理多样，对潮土的剖面形态、土壤理化特性、农业生产性状带来重大影响。土壤地下水周期性升降变化，旱作条件下的低腐殖质积累是潮土形成的共同特点。

潮土区地势平坦、土层深厚，生产性状良好，适种性广，其分布地区历来是我国重要的棉粮基地。其土壤有机质含量并不高，但土壤矿质养分含量较丰富，加之土体深厚，结构疏松，易于耕作管理，是生产性能良好的一类耕种土壤。由于其分布范围广泛，类型多样，生产性状差别也很大。由砂质沉积物发育的潮土，砂性重，漏水漏肥，养分含量低，保水供肥能力弱，多属于低产土壤；由黏质沉积物发育的潮土，质地黏重，通透性和耕性差，湿时上层滞水，干时通风跑墒，适耕期短，养分含量较高，但其土壤物理性状差，生产潜力难以发挥；由壤质沉积物发育的潮土，质地适中，水分物理性状好，抗旱抗涝力强，养分含量较高，保肥供肥能力也强，水、肥、气、热协调，通常为高产土壤。

潮土是我国面积最大的一类旱地土壤，面积为 3.8 亿亩，占全国总耕地面积的 16.6%，仅次于水稻土。在我国主要分布于黄淮海平原，长江、辽河中下游开阔的河谷平原区，黄河河套平原也有连片潮土，有些盆地、河谷、山前平原与高山谷地、高原滩地也有小面积分布。东部平原地以山东、河北、河南三省潮土面积较大，均在 6 000 万亩以上，江苏、内蒙古、安徽各占面积在 1 500 万～3 000 万亩之间，辽宁、湖北、山西、天津等省份潮土面积小。

我国潮土监测点主要分布在安徽（8）、北京（9）、甘肃（2）、河北（38）、河南（27）、湖北（5）、湖南（2）、江苏（23）、江西（1）、内蒙古（4）、宁夏（1）、山东（27）、山西（28）、上海（1）、四川（1）、天津（7）、西藏（1）、新疆（4）等省份，共 145 个；其中，黄淮海区 105 个，占监测点总数的 72.4%；长江中下游区 20 个，占 13.8%；黄土高原区 9 个，占 6.2%；甘新区 6 个，占 4.1%；内蒙古及长城沿线区 4 个，占 2.8%；西南区 1 个，占 0.7%。监测点始设于 1988 年，1997 年、2003 年和 2015 年分别新增部分监测点。各监测点均设常规施肥区（农民习惯施肥）、无肥区两个处理，并定位记录施肥种类和数量，作物产量以及管理措施等信息。潮土以种植粮食作物为主，部分种植蔬菜类作物。

依托国家级潮土长期定位监测点 1988—2019 年的监测数据，分析 145 个监测点常规施肥下土壤养分含量和生产力变化趋势，明确潮土耕地质量变化情况和生产力水平随时间的变化规律，进一步分析了土壤肥力演变和作物产量过程的贡献因子，为潮土区耕地质量管理和肥料施用提供科学依据。

一、潮土耕地质量主要性状

（一）土壤有机质现状与变化趋势

2019 年，潮土监测点土壤有机质平均含量为 18.4g/kg。土壤有机质含量频率分布如图 4-19。93.3%的潮土有机质含量分布在 10.0～30.0g/kg 区间范围，其中，(10.0～20.0] g/kg、(20.0～30.0] g/kg 区间的监测点所占比例为 64.7%、28.7%。土壤有机质含量 ≤10.0g/kg 和 >30.0g/kg 所占比例小于 5.0%。

对 145 个潮土长期监测点监测结果的分析表明，常规施肥措施下，潮土 2019 年平均有机质含量（18.4g/kg）分别比 1988—1993 年（10.7g/kg）和 2014—2018 年（18.3g/kg）增加了 72.1%和 0.6%（图 4-20，$P<0.05$）。随着施肥时间增加，潮土有机质含量

整体呈升高趋势。

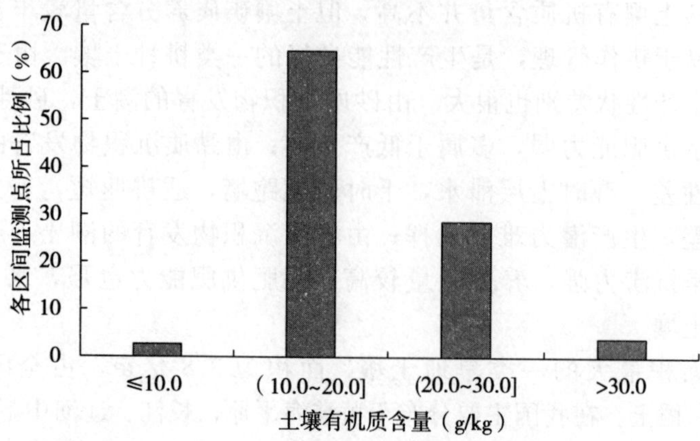

图 4-19　潮土有机质含量区间所占比例

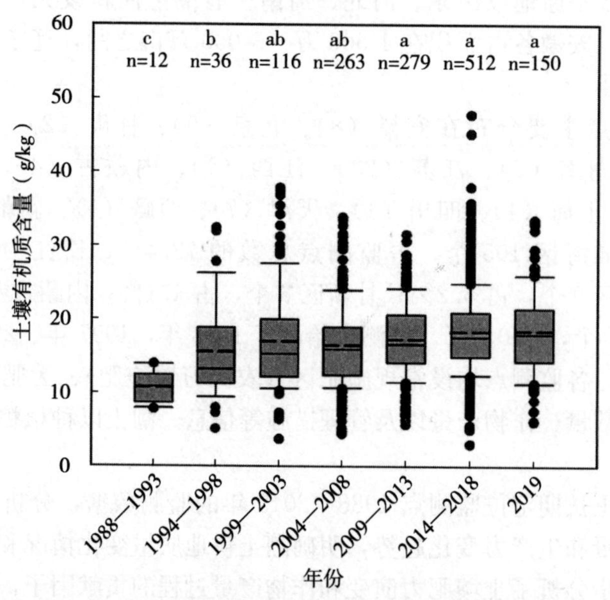

图 4-20　长期常规施肥下潮土有机质变化趋势

注：实心圆圈“•”为异常值；箱式图的横线从下至上依次为除异常值外的最小值、下四分位数、中位数、上四分位数和最大值，虚线为各项的平均值；箱式图上的不同小写字母表示不同时间段的平均值在 0.05 水平差异显著，n 表示样本数；R^2 表示方程的绝对系数，* 表示方程在 0.05 水平显著，** 表示方程在 0.01 水平显著。下同。

（二）土壤全氮土壤现状与变化趋势

2019 年，潮土监测点土壤全氮平均含量为 1.18g/kg，第二次土壤普查时期平均含量为 0.93g/kg，监测点土壤全氮平均含量比第二次土壤普查时期平均含量高 0.25g/kg。监测点土壤全氮主要集中在（1.00～1.50］g/kg 区间。≤0.75g/kg 区间占监测点总数的 8.0%；（0.75～1.00］g/kg 区间占 26.0%；（1.00～1.50］g/kg 区间占 50.0%；（1.50～2.00］g/kg 区间占 12.0%；＞2.00g/kg 的比例较低，仅有 4.0%。(图4-21)。

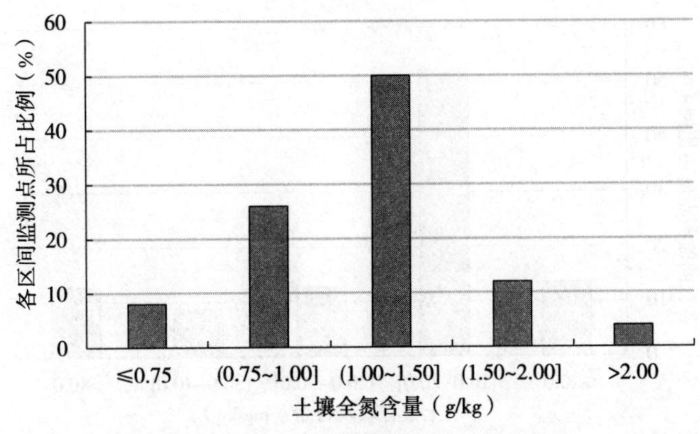

图 4-21 潮土全氮含量区间所占比例

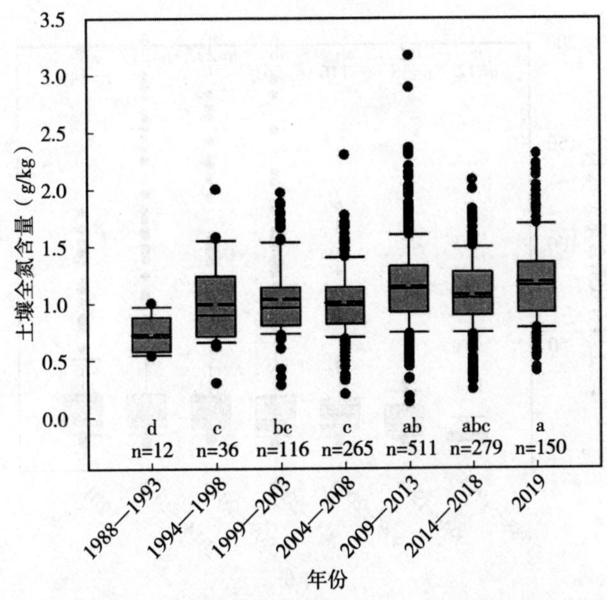

图 4-22 长期常规施肥下潮土土壤全氮变化趋势

历史数据显示（图 4-22）潮土全氮含量呈稳步上升趋势。常规施肥措施下，潮土监测点 2019 年平均全氮含量为 1.18g/kg，相比于监测初始（1988—1993 年）和监测后期（2014—2018 年）土壤平均全氮含量分别增加了 58.3%和 63.5%。

（三）土壤有效磷现状与变化趋势

潮土监测点土壤有效磷含量差别比较大、分布比较分散（图 4-23），平均含量为 24.4mg/kg。土壤有效磷含量在合理区间（20.0～30.0］mg/kg 的监测点仅占 12.7%，缺磷土壤（<10.0mg/kg）占 13.4%，磷含量丰富的（30.0～40.0］mg/kg、>40.0mg/kg 有效磷分级分别占 8.7%和 12.8%，土壤有效磷含量主要集中在（10.0～20.0］mg/kg，占 52.3%。总体来看，潮土有效磷含量比较低，但是也存在局部磷积累现象，土壤有效磷含量高于 45.0mg/kg 就有一定的环境风险，需要注意控制磷肥用量。

土壤有效磷含量变化与历史施磷肥量密切相关，有效磷含量对施磷肥量响应非常敏

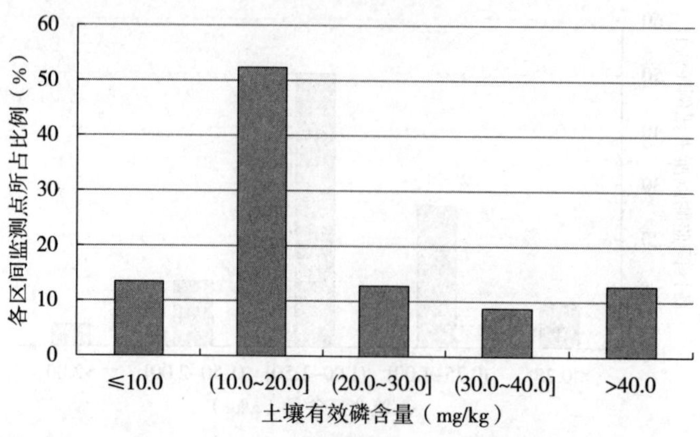

图 4-23　潮土有效磷含量区间所占比例

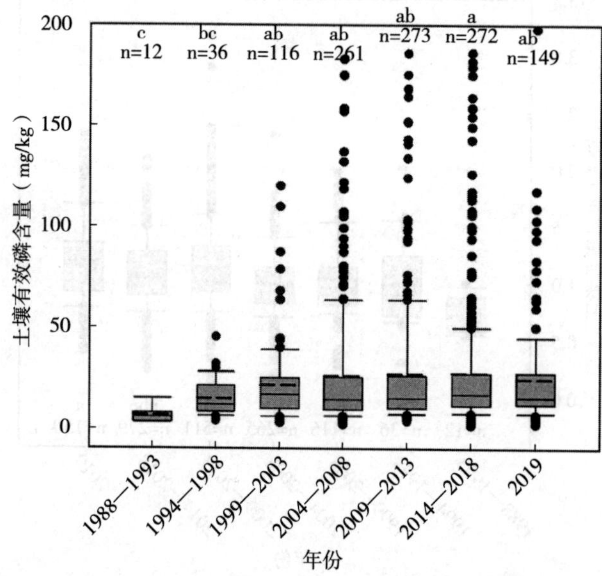

图 4-24　长期常规施肥下潮土有效磷变化趋势

感。总体上潮土有效磷含量呈现增加趋势（图 4-24），常规施肥措施下，潮土监测点 2019 年平均有效磷含量（24.4mg/kg），与 1988—1993 监测初始年份（6.6mg/kg）相比提高了 271.1%，且随着施肥时间增加，有效磷含量有显著升高趋势。

（四）土壤速效钾现状与变化趋势

2019 年，潮土监测点土壤速效钾平均含量为 159mg/kg。监测点土壤速效钾主要集中在（150～200］mg/kg 区间，占比约达到 31.3%左右。（50～100］mg/kg 区间的监测点有 26 个，占监测点总数的 17.3%；（100～150］mg/kg 区间的监测点有 45 个，占监测点总数的 30.0%；＞200mg/kg 的监测点有 32 个，占监测点总数的 21.3%（图 4-25）。

1988—2019 年，潮土速效钾含量动态变化趋势如图 4-26。从速效钾含量动态变化趋势可以看出，潮土速效钾含量呈逐年上升趋势，7 个监测阶段（1988—1993、1994—

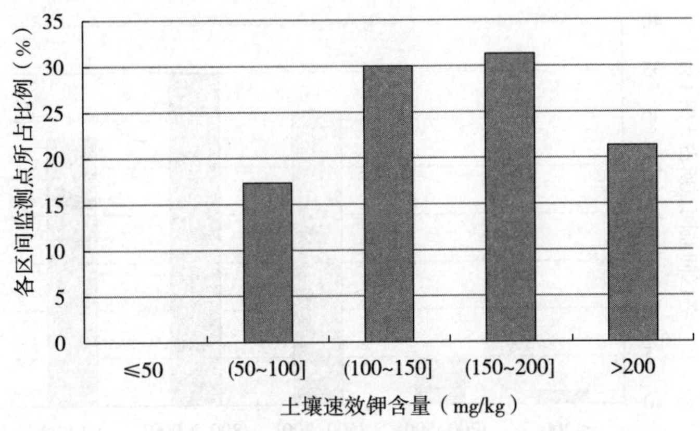

图 4-25　潮土速效钾含量区间所占比例

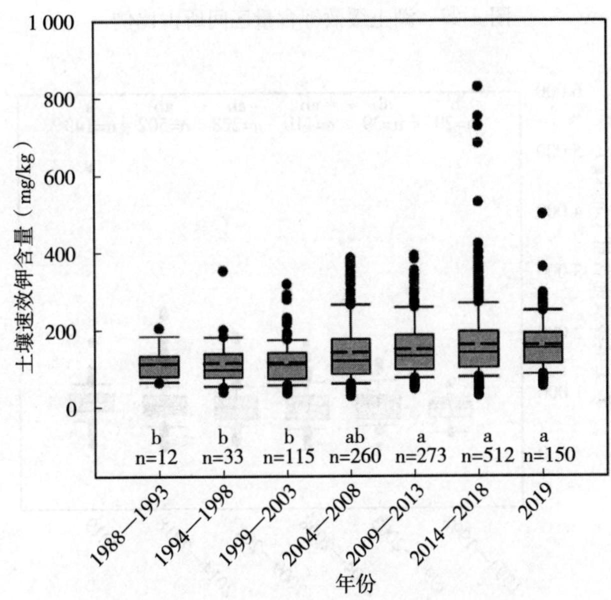

图 4-26　长期常规施肥下速效钾变化趋势

1998、1999—2003、2004—2008、2009—2013、2014—2018、2019）土壤平均速效钾含量分别为 112mg/kg、113mg/kg、115mg/kg、141mg/kg、148mg/kg、160mg/kg、158mg/kg，土壤速效钾平均含量从 1988—1993 年到 2019 年有显著增加趋势（$P<0.05$），提升了 42.3%。后 3 个监测阶段的土壤速效钾含量与前 3 个监测阶段存在显著差异，且随着施肥时间增加呈现增加趋势。

（五）土壤缓效钾现状与变化趋势

2019 年，潮土监测点土壤缓效钾平均含量为 901mg/kg。缓效钾含量在 500mg/kg 以下区间的监测点比例低于 10.0%，土壤缓效钾含量主要集中在（500～1 000］mg/kg 区间，（500～800］mg/kg 区间的监测点有 46 个，占监测点总数的 30.9%；（800～1 000］mg/kg 区间的监测点有 52 个，占监测点总数的 34.9%；＞1 000mg/kg 的监测点有 25 个，占监测点总数的 28.2%（图 4-27）。

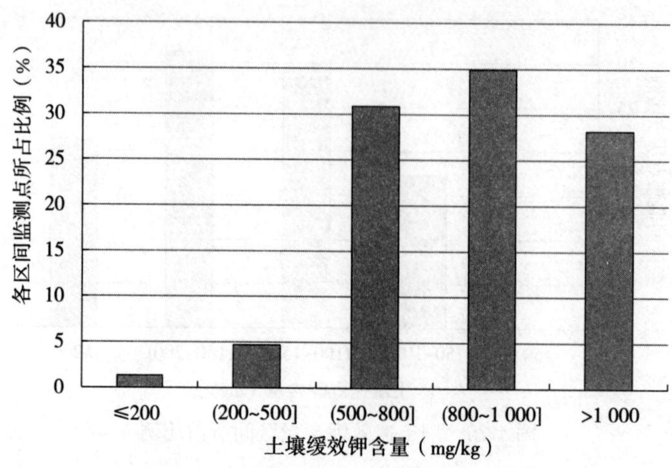

图 4-27　潮土缓效钾含量区间所占比例

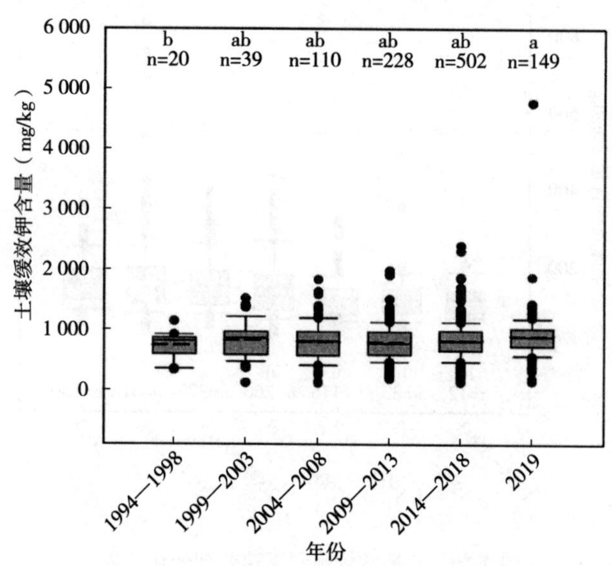

图 4-28　潮土缓效钾含量区间所占比例

从土壤缓效钾动态变化趋势可以看出（图 4-28），土壤缓效钾含量基本稳定且略有上升，潮土监测点的整体分析表明，常规施肥措施下，与 1994—1998 年监测初始年份相比，潮土监测点 2019 年平均缓效钾含量显著提高了 20.8%（$P<0.05$）。

（六）土壤 pH 现状与变化趋势

2019 年，潮土监测点土壤 pH 介于 4.7～9.1 之间，监测点土壤 pH 主要集中在（7.5～8.5］区间。根据 2019 年监测数据（图 4-29），（4.5～5.5］区间的监测点有 4 个，占监测点总数的 2.7%；（5.5～6.5］区间的监测点有 6 个，占监测点总数的 4.0%；（6.5～7.5］区间的监测点有 15 个，占监测点总数的 10.0%；（7.5～8.5］区间的监测点有 91 个，占监测点总数的 60.7%；>8.5 区间的监测点有 34 个，占监测点总数的 22.7%。

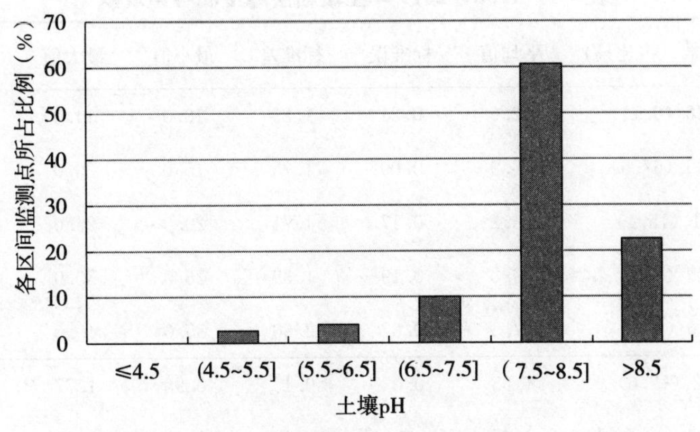

图 4-29　潮土 pH 区间所占比例

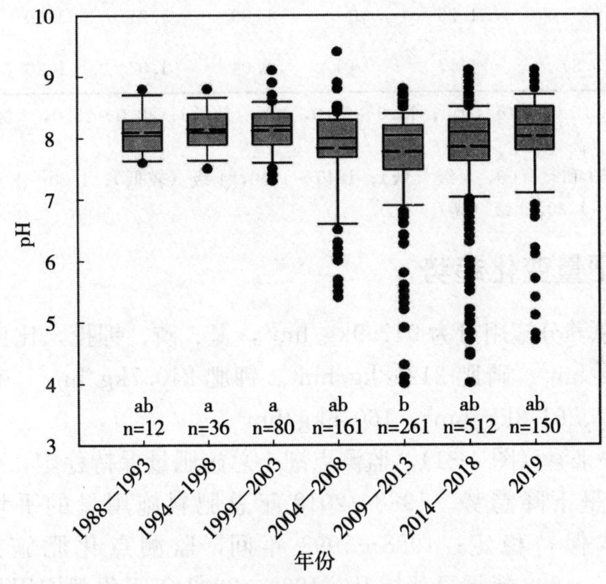

图 4-30　长期常规施肥下潮土 pH 变化趋势

对 145 个潮土长期监测点监测结果的分析表明，潮土 2019 年常规施肥条件下，土壤 pH 平均值为 8.0，比 1988—1993 年土壤 pH 平均值降低了 1.2%，比 2014—2018 年土壤 pH 平均值增加了 2.1%，但未有显著性差异。1988—2019 年潮土 pH 总体呈稳定趋势（图 4-30）。

（七）耕层厚度和容重现状

潮土耕层厚度平均为 20.3 cm，接近于全国土壤耕层厚度平均值（20.5cm）。主要集中分布在（20.0～25.0］cm 和（15.0～20.0］cm 区间，占监测总点数的 82.9%（表 4-1）。潮土耕层土壤容重平均为 1.36g/cm³，略高于全国土壤容重平均值（1.28g/cm³），容重主要分布在（1.20～1.30］g/cm³ 和（1.30～1.40］g/cm³ 区间，占监测点总数的 61.9%（表 4-1）。

表4-1　1988—2019年土壤耕层厚度和容重现状

	样本数（占比%）	平均值	标准误	标准差	最小值	最大值	分类级别
耕层厚度（cm）	36（6.1）	12.6	0.21	1.29	10.0	14.0	5级（低）
	399（67.5）	18.9	0.09	1.75	15.0	20.0	4级（较低）
	91（15.4）	23.2	0.17	1.71	20.0	25.0	3级（中）
	49（8.3）	29.2	0.19	1.39	26.0	30.0	2级（较高）
	16（2.7）	37.5	0.62	2.50	35.0	40.0	1级（高）
土壤容重（g/cm³）	72（12.6）	1.55	0.02	0.15	0.98	1.77	5级（低）
	113（19.8）	1.45	0	0.03	1.41	1.50	4级（较低）
	174（30.4）	1.35	0	0.03	1.31	1.40	3级（中）
	180（31.5）	1.26	0	0.03	1.21	1.30	2级（较高）
	33（5.8）	1.17	0.01	0.04	1.02	1.20	1级（高）

注：耕层厚度分级：≤15.0，5级（低）；15.0～20.0，4级（较低）；20.0～25.0，3级（中）；25.0～30.0，2级（较高）；＞30.0，1级（高）。

土壤容重分级：＞1.50和＜1.00，5级（低）；1.40～1.50，4级（较低）；1.30～1.40，3级（中）；1.20～1.30，2级（较高）；1.00～1.20，1级（高）。

二、潮土施肥量变化趋势

2019年，潮土总养分施用量为947.9kg/hm²，氮、磷、钾投入比例为1∶0.5∶0.4。其中，氮肥494.4kg/hm²、磷肥212.8kg/hm²、钾肥240.7kg/hm²；有机氮磷钾投入量分别为106.1kg/hm²、61.2kg/hm²、160.6kg/hm²。

从年度变化趋势来看（图4-31），监测点潮土总施肥量保持稳定，化肥施用量有较大提升，有机肥用量呈下降趋势。1988—2019年总肥料施用量的平均水平在626.9～950.2kg/hm²，基本保持稳定；1988—1993年间，监测点化肥施用量平均水平为197.8kg/hm²，1994—1998年无显著提升，1999—2003年间化肥施用量较监测初期显著提高，达到了518.7kg/hm²；2004—2008年化肥施用量较前一年无显著变化；2019年化肥施用量保持稳定。建点初期，有机肥平均施用量为431.9kg/hm²，2014—2019年有机肥施用量显著下降，平均施用量为204.6kg/hm²。

从施肥结构分析，有机肥在总肥料施用量中所占的比例总体呈显著下降趋势（图4-31，$P<0.05$）。1988—1993年间有机肥施用量占总施肥量比例的平均水平为74.6%；1994—1998年间有机肥施用量占比为37.4%；2014—2018年有机肥施用比例为16.8%；2019年有机肥施用比例为19.5%，显著低于1988—1993年间有机肥施用比例，下降了约55.1%。

从肥料中养分元素的配比来看（图4-32），总氮肥养分施用量基本稳定，占总养分施用量比例平均水平为54.3%；总磷肥养分施用量呈下降趋势；总钾肥养分施用量比例逐年上升，由监测初期的19.6%提高到2014—2019年间的23.5%。

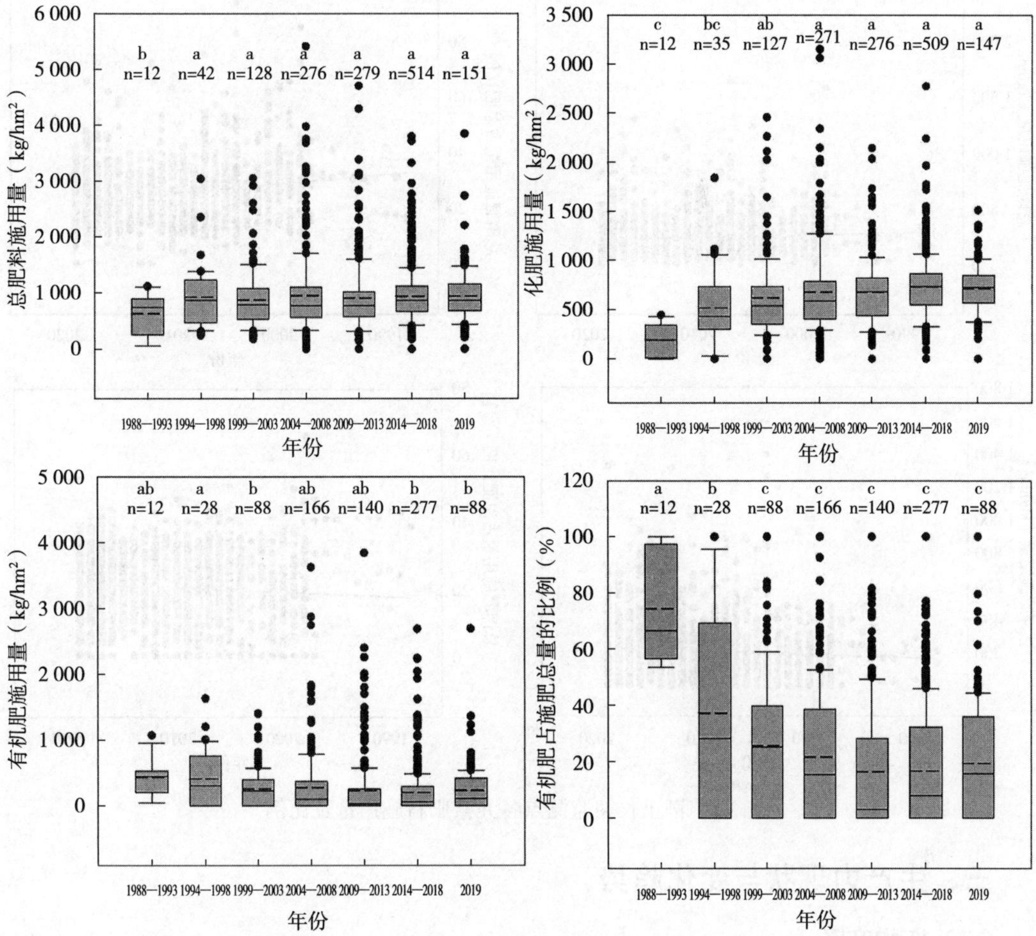

总肥料施用量（kg/hm²）
6 000 5 000 4 000 3 000 2 000 1 000 0
b n=12　a n=42　a n=128　a n=276　a n=279　a n=514　a n=151
1988—1993 1994—1998 1999—2003 2004—2008 2009—2013 2014—2018 2019
年份

化肥施用量（kg/hm²）
3 500 3 000 2 500 2 000 1 500 1 000 500 0
c n=12　bc n=35　ab n=127　a n=271　a n=276　a n=509　a n=147
1988—1993 1994—1998 1999—2003 2004—2008 2009—2013 2014—2018 2019
年份

有机肥施用量（kg/hm²）
5 000 4 000 3 000 2 000 1 000 0
ab n=12　a n=28　b n=88　ab n=166　ab n=140　b n=277　b n=88
1988—1993 1994—1998 1999—2003 2004—2008 2009—2013 2014—2018 2019
年份

有机肥占施肥总量的比例（%）
120 100 80 60 40 20 0
a n=12　b n=28　c n=88　c n=166　c n=140　c n=277　c n=88
1988—1993 1994—1998 1999—2003 2004—2008 2009—2013 2014—2018 2019
年份

图 4-31　潮土长期监测点肥料施用数量及结构

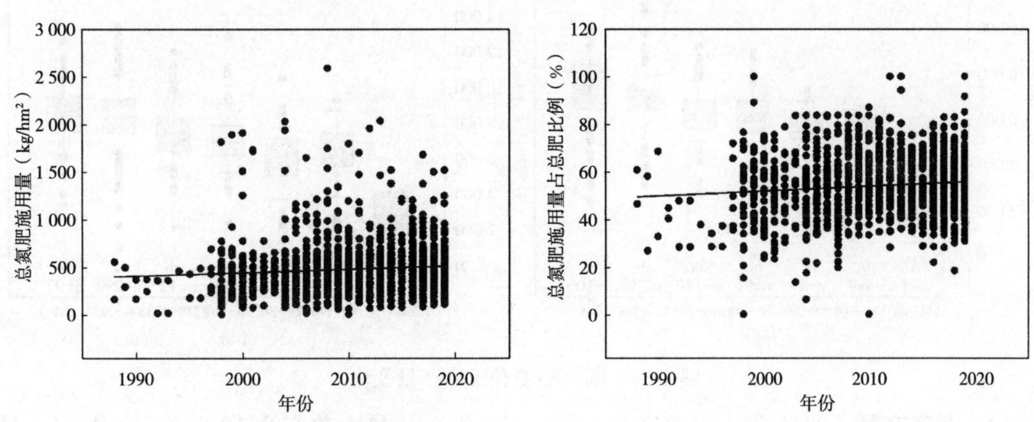

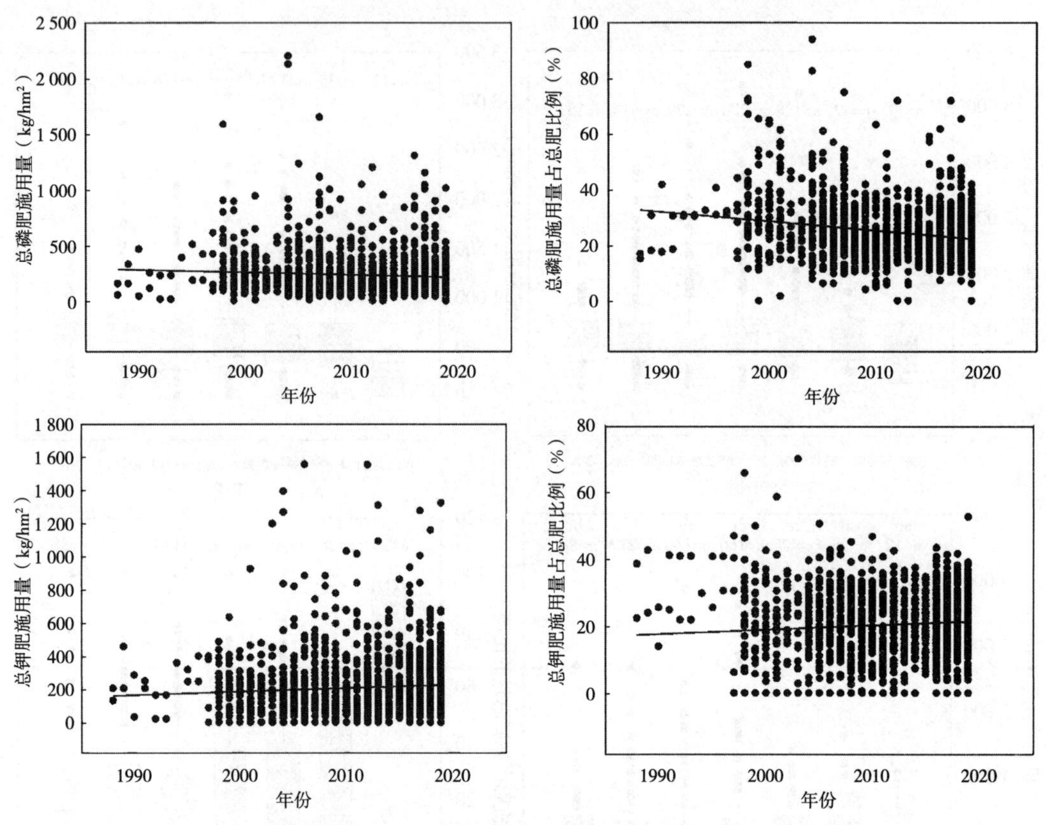

图 4-32　潮土长期监测点各元素肥料施用量及比例

三、生产力现状与变化趋势

（一）作物产量

监测区常规施肥下小麦和玉米产量变化见图 4-33。

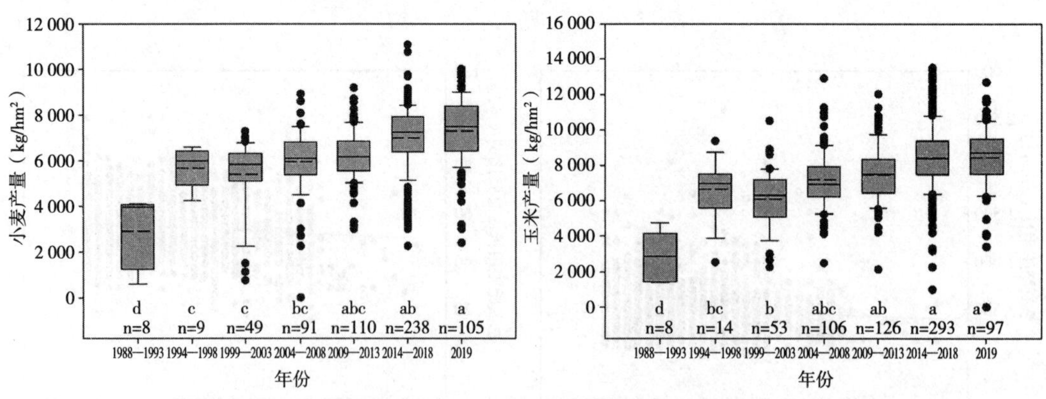

图 4-33　潮土小麦和玉米产量变化

1. 小麦产量　2019 年小麦单产为 7 300.6kg/hm²，最大单产为 10 000.5kg/hm²，最低单产为2 400.0kg/hm²。长期常规施肥管理下小麦产量稳中有升。监测数据显示小麦产量在外源肥料投入情况下有升高趋势：1988—1993 年小麦产量平均水平为 2 571.0kg/hm^2，2014—2019 年小麦产量平均水平为 7 091.0kg/hm^2，较监测初期（1988—1993 年）提高 175.8%，可见，施肥管理对作物产量的稳定和提高有重要影响。

2. 玉米产量　2019 年玉米单产为 8 424.7kg/hm^2，最大单产为 12 679.5kg/hm^2，最低单产为3 399.0kg/hm^2。长期监测数据显示，长期施肥管理下玉米产量显著提升。常规施肥区玉米产量随时间显著升高，1988—1993 年玉米产量平均水平为 2 866.9kg/hm^2，2014—2019 年玉米产量平均水平为 8 440.0kg/hm^2，较监测初期（1988—1993 年）提高 194.4%。

（二）作物产量与基础地力关系

采用无肥区产量作为衡量土壤基础地力对作物产量贡献率的指标，以常规施肥区产量与无肥区产量作图，说明土壤基础地力与作物产量的关系。常规施肥下小麦和玉米产量（y）与无肥区各作物产量（x，基础肥力）极显著正相关（图 4-34），土壤基础地力越高，作物产量越高。潮土对小麦和玉米产量的肥力贡献率分别为 0.49 和 0.51，土壤基础地力对玉米产量的贡献率高于小麦，而外源肥料投入下小麦增产效应优于玉米。

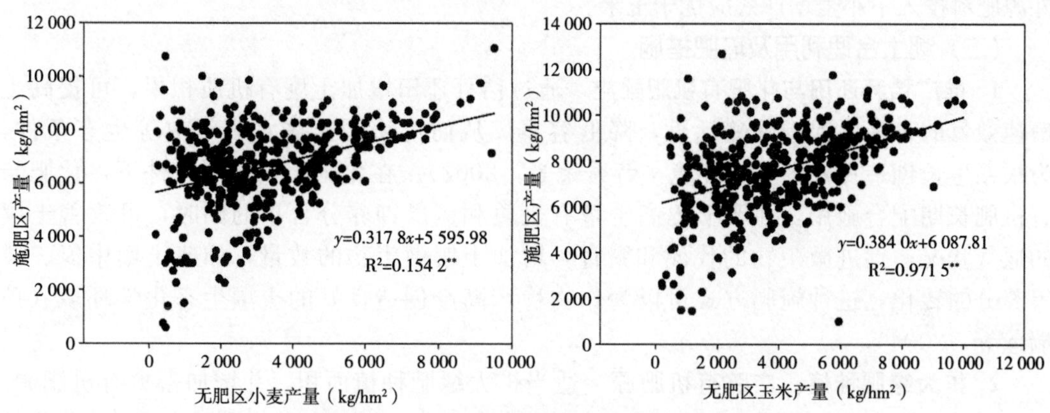

图 4-34　潮土施肥区与无肥区作物产量关系

四、潮土耕地质量主要问题及建设措施

（一）潮土耕地质量总体演变趋势

综合 31 年来常规施肥措施下长期耕地质量监测点土壤养分的变化趋势来看，土壤有机质、全氮、有效磷、速效钾和缓效钾含量均呈现出逐渐上升的趋势，土壤综合肥力较监测初期（1988—1993）得到显著改善。潮土监测点 2019 年平均有机质含量（18.4g/kg）显著高于 1988—1993 年监测初始年份（10.7g/kg）（$P<0.05$）。潮土全氮含量呈稳步上升趋势，常规施肥措施下，潮土监测点 2019 年平均全氮含量（1.18g/kg），与 1988—1993 监测初始年份（0.72）有显著差异（$P<0.05$）。总体上潮土有效磷含量呈现增加趋势，常规施肥措施下，潮土监测点 2019 年平均有效磷含量（24.4mg/kg），与 1988—1993 监测初始年份（6.6mg/kg）有显著差异（$P<0.05$）。潮土速效钾含量呈逐年上升趋势，从 1988—1993 年土壤速效钾平均含量到 2019 年有显著增加趋势（$P<0.05$），提升

了 42.3%。土壤缓效钾含量总体上变化不大，常规施肥措施下，与 1994—1998 年监测初始年份相比，潮土监测点 2019 年平均缓效钾含量提高了 20.8%。监测数据显示，有机质和有效磷的提升幅度最大（72.1%和 271.1%）。这可能与潮土区农民的施肥管理措施密切相关。潮土开垦后至监测初期，作物生长所需的养分主要靠土壤基础养分，土壤养分归还量少，土壤养分亏缺严重，尤其长期不平衡施肥，使得土壤有机质和土壤有效磷含量远低于开垦前的土壤背景值。从监测初期至 2003 年间，随施肥量逐渐增加，土壤有机质和有效磷含量明显的提升，而由于其他生产条件制约和认识不足，且土壤本身钾元素含量高，使得此阶段土壤速效钾含量并未随施肥量的增加而显著提升。从 2004 年至今，人们对肥料和土壤养分的认识逐渐提升，肥料投入与环境保护成本关系得到重视，农民施肥趋于合理，化肥施用量得到控制，从而较监测初期有机质、全氮、有效磷和速效钾含量保持稳步增加的趋势。

就潮土生产力而言，长期不施肥下作物（小麦、玉米）产量维持在较低水平，常规施肥大幅度提升了作物产量，表明施肥是潮土作物高产稳产的关键措施。潮土对小麦和玉米产量的肥力贡献率分别为 0.49 和 0.51，土壤基础地力对玉米产量的贡献率高于小麦，而外源肥料投入下小麦增产效应优于玉米。

（二）潮土合理利用及培肥措施

1. 推广秸秆还田与化肥有机肥配施　通过秸秆还田增加土壤有机质积累，可提高土壤速效氮的含量，促进脲酶活性，降低容重，从而可协调土壤水肥气热等生态条件，为根系生长创造良好的土壤环境（劳秀荣等，2002）。在化肥用量相同条件下，化肥与有机肥长期配合施用，在明显提高土壤有机质和氮磷钾养分含量的同时，可改善土壤的通气状况，促进微生物的代谢和繁育，增加土壤微生物的数量，加速土壤中氮、磷等养分的转化，这种施肥方式可以为作物稳产高产创造良好的土壤生态化学环境（孙瑞莲等，2004）。

2. 扩大绿肥种植，广辟有机肥源　适当扩大绿肥种植面积，并增加畜禽有机肥源。碳氮比适中的猪粪比碳氮比高的玉米秸秆能更好地培肥地力，创造有利于土壤微生物生长繁育的土壤环境（孙瑞莲等，2004）。潮土区需要种植高产豆科绿肥和饲料作物，既可作为绿肥养地，又可发展养殖业，同时家畜粪便还可返还农田，培肥地力。在绿肥种植品种上，要扩大推广苜蓿、紫穗槐及沙打旺等牧草的面积，达到牧草绿肥相结合，促进农业牧业共同发展。

3. 推广应用配方施肥成果　结合测土配方施肥技术，提升肥料的农学效率。依据当地的土壤养分监测资料，搞好区域推荐施肥。实践中，可建设一批集“研究”、“示范”、“培训”、“推广”于一体的综合示范样板，全面做好“测土”、“配方”、“供肥”、“施肥”、“指导”一条龙服务，提高配方施肥水平（周宏美等，2006）。

4. 完善小麦—玉米轮作制施肥技术体系　要改变潮土区多年形成的小麦季肥料重施、玉米季肥料少施的施肥现状，以保证全年均衡增产，应继续研究该轮作制施肥技术的科学性，并提出小麦—玉米轮作体系的科学施肥制度。同时，建议适当进行与大豆和其他作物的轮作。

参 考 文 献

劳秀荣，吴子一，高燕春，2002. 长期秸秆还田改土培肥效应的研究［J］. 农业工程学报，18（2），49-52.

孙瑞莲，朱鲁生，等，2004. 长期施肥对土壤微生物的影响及其在养分调控中的作用［J］. 应用生态学报，15（10）：1907-1910.

周宏美，宋晓，等，2006. 豫东潮土区耕地土壤养分动态监测与培肥途径［J］. 河南农业科学（3）：68-71.

第三节　红　　壤

红壤是我国主要的旱作土壤，受脱硅富铝化和生物富集过程综合影响，缺乏碱素而富含铁铝氧化物，整体呈黄红色。

红壤在我国主要分布于南方热带及亚热带季风气候区，水热条件较好，地多为山地丘陵，水土流失严重，大量土壤表层养分流失，导致土壤肥力下降，养分含量低，还出现不同程度的酸化。

近几十年来，随着人口数量的大量增加，人地矛盾突出，为保障粮食安全，在提高红壤肥力及生产力方面做了大量的研究，湖南红壤区采取撒石灰[1]、绿肥＋旱作作物[2]、有机肥[3]、有机肥配施化肥[4]等措施，在一定程度上稳定或提高了土壤肥力。但整个南方红壤区土壤肥力仍然偏低，秦明周在分析1994年与1980年广西红壤的土壤肥力演变趋势时发现，经过常规施肥及不断调整土壤肥力水平及产业结构后，红壤主要肥力指标仍然呈现逐渐下降的趋势[5]，何电源等也有类似的发现[6]。

在施肥方面，研究人员发现有机肥和磷肥可以显著增加红壤区土壤肥力[4,7-9]。尤其是有机肥不仅可以直接提高作物产量，还可以提高土壤长期肥力和基础地力对产量的贡献率[10]。但土壤有效磷含量大幅度增加，可能会导致磷素流失风险[11]。此外，红壤缺乏中量及微量元素现象也比较严重，导致大部分土壤成为中低产田[12-13]。

红壤国家级耕地质量监测点共32个，涉及广西、云南、福建、江西、湖南、湖北、安徽7个省份，其中广西2个、云南8个、福建5个、江西8个、湖南6个、湖北1个、安徽2个。云南曲靖建点时间最早，在1988年就已建立，其余多在1994—2014年建点，尤其是广西所有的监测点都在2017年才建立。

南方红壤区的降雨量在550～1 800mm之间，多为山地丘陵土壤，土层较薄，监测点的红壤类型包括红泥质棕红壤、泥质黄红壤、红泥土、耕型石灰岩红壤、花岗岩红壤、暗泥质红壤、老冲积山原红壤、砂页岩黄红壤、碳酸盐岩类等。截止2019年秋收，各监测点监测年限多在15年以上，最多的能达到32年，为红壤区的土壤肥力长期动态监测提供了宝贵的资料。

红壤区水热条件较好，多为一年两熟到三熟，作物类型包括甘薯、油菜、甘蔗、椪柑、脐橙、茶树、菠萝、芋头、花生等经济作物。各监测点设对照（不施肥）及常规施肥（农民习惯施肥）两个处理，并详细记录监测点的施肥时间、作物类型、产量、生物量等各种指标。具体监测点概况见表4-2。

表 4-2 监测点概况

地点	年限	作物	作物制度
安徽宣城	2004—2018	油菜/芋头	一年二熟
安徽黄山	2004—2018	油菜/芋头	一年二熟
福建宁德	2004—2018	甘薯	一年二熟
福建龙岩	2004—2018	甘薯	一年二熟
江西宜春	1998—2018	花生/萝卜	一年三熟
江西南昌	2016—2018	水稻	一年二熟
江西吉安	2016—2018	水稻	一年三熟
江西九江	2016—2018	水稻	一年二熟
湖北黄石	2004—2018	花生	一年二熟
湖南邵阳	2016—2018	春玉米/萝卜	一年二熟
湖南益阳	2004—2018	油菜/棉花	一年二熟
湖南郴州	2004—2018	脐橙	一年三熟
湖南湘西	2004—2018	椪柑	一年一熟
湖南永州	1998—2018	春大豆/甘薯	一年二熟
广西北海	2017—2018	甘蔗	一年二熟
广西百色	2017—2018	玉米	一年一熟
广西桂林	2017—2018	水果	一年二熟
云南临沧	1998—2018	玉米	一年三熟
云南曲靖	1988—2018	冬小麦/玉米	一年三熟
云南保山	2016—2018	玉米	一年二熟
云南文山	2015—2018	玉米	一年二熟
云南玉溪	2017—2018	烤烟	一年二熟

一、红壤耕地质量主要性状

（一）土壤有机质现状及变化趋势

2019 年，红壤监测点土壤有机质平均含量为 29.0g/kg。土壤有机质含量频率分布如图 4-35，75.0%分布在 10.0～40.0g/kg 区间范围，其中，(10.0～20.0] g/kg、(20.0～30.0] g/kg 和（30.0～40.0] g/kg 区间的监测点所占比例分别为 40.6%、21.9%和 12.5%。土壤有机质含量≤10.0g/kg 和＞ 40.0g/kg 的比例分别为 0%和 25.0%。

长期定位监测数据显示，我国红壤有机质含量整体上呈现先降低后增加的变化趋势（图 4-36）。与 1988—1993 年红壤有机质含量（平均 33.0g/kg）相比，1994—1998 年、1999—2003 年、2004—2008 年和 2009—2013 年分别降至 26.4g/kg、21.3g/kg、21.2g/kg 和 21.7g/kg，降幅分别为 19.8%、35.5%、35.6%和 34.0%；与 2009—2013 年相比，近 6 年红壤有机质含量呈增加趋势，其中 2014—2018 年和 2019 年，均值增至 27.7g/kg 和 29.0g/kg，增幅分别为 27.5%和 33.6%。

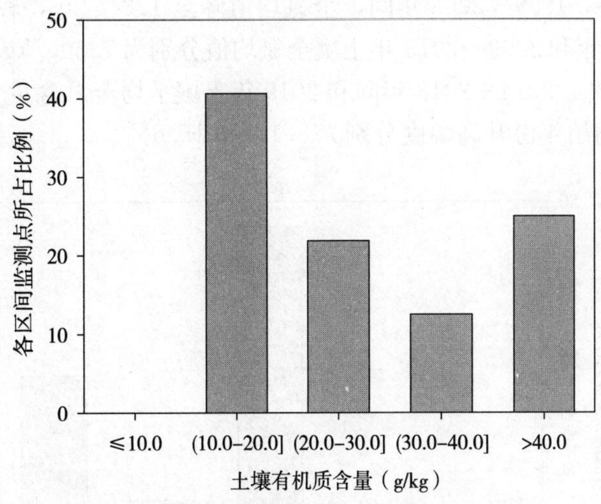

图 4-35　红壤有机质含量各区间所占比例

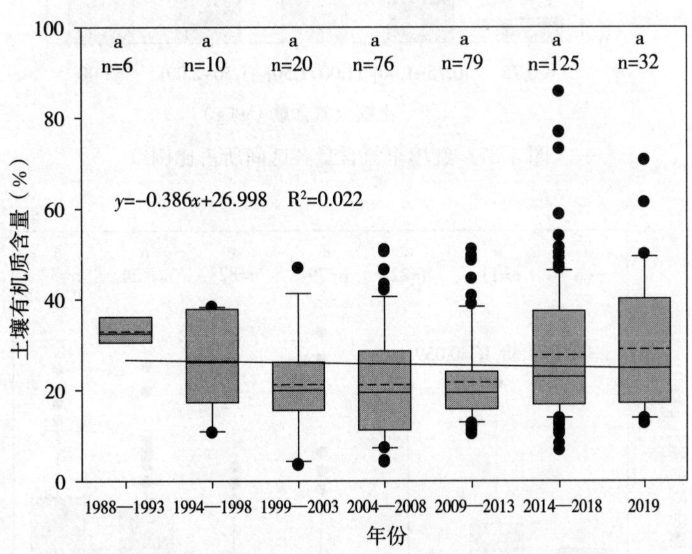

图 4-36　长期常规施肥下红壤有机质变化趋势

注：实心圆圈"·"为异常值；箱式图的横线从下至上依次为除异常值外的最小值、下四分位数、中位数、上四分位数和最大值；虚线为各项的平均值。箱式图上的 n 表示样本数，不同小写字母表示不同时间段的平均值在 0.05 水平差异显著。下同。

（二）土壤全氮现状及变化趋势

2019 年，红壤监测点土壤全氮平均含量为 1.63g/kg。土壤全氮含量频率分布如图 4-37。87.5%的红壤全氮含量大于 1.00g/kg，其中，（1.00～1.50］g/kg、（1.50～2.00］g/kg 及＞2.00g/kg 区间的监测点所占比例为 46.9%、12.5%和 28.1%。土壤全氮含量低于 1.00g/kg 的比例仅为 12.5%。

长期定位监测数据显示，我国红壤全氮含量整体保持稳定，变化幅度小（图 4-38）。监测初始 1988—1993 年土壤全氮含量均值为 1.41g/kg，变化范围为 1.16～1.62g/kg；至 1994—1998 年间，土壤全氮均值为 1.65g/kg，较监测初始增加了 17.0%。此后土壤全氮平均含量呈降低趋势，1999—2003 年间，全氮均值降至 1.27g/kg，较初始监测年份降低 9.9%；2004—2008 年和 2009—2013 年土壤全氮均值分别为 1.30g/kg 和 1.35g/kg，降幅分别为 7.8%和 4.3%。2014—2018 年间和 2019 年土壤平均全氮含量分别为 1.52g/kg 和 1.63g/kg，较监测初始年份升高幅度分别为 8.1%和 15.6%。

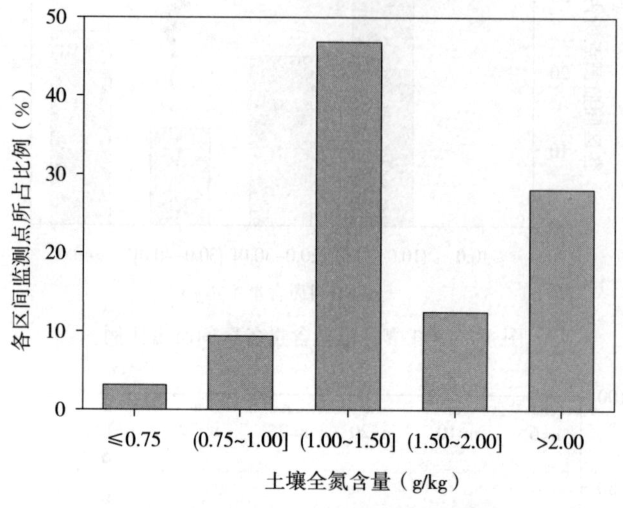

图 4-37　红壤全氮含量各区间所占比例

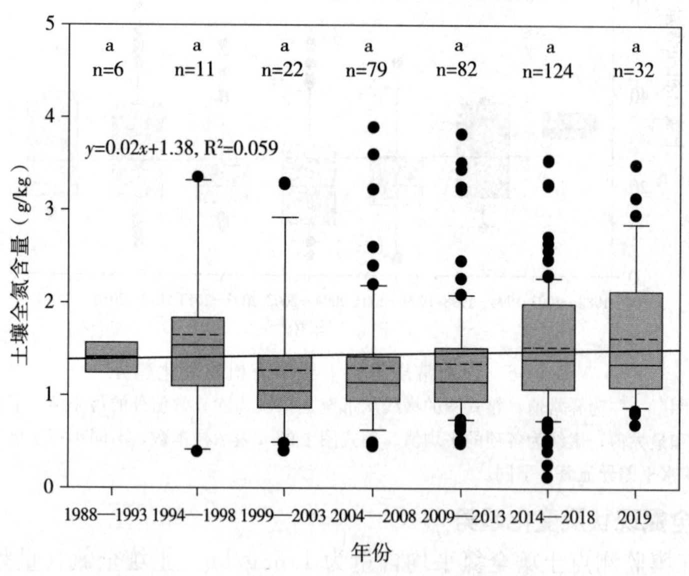

图 4-38　长期常规施肥下红壤全氮变化趋势

（三）土壤有效磷现状及变化趋势

2019 年，红壤监测点土壤有效磷平均含量为 39.8mg/kg。土壤有效磷含量频率分布如图 4-39。56.3%的红壤有效磷含量大于 30.0mg/kg，其中，(30.0～40.0] mg/kg 及＞40.0mg/kg 的监测点所占比例为 9.4%、46.9%。土壤有效磷含量低于 10.0mg/kg 的比例仅为 6.2%。

有效磷的含量在近 31 年呈现升高的趋势（图 4-40）。1988—1993 年均值为 20.5 mg/kg，变化范围在 6.0～33.0mg/kg 之间；1994—1998 年变化幅度在 5.3～63.9mg/kg 之间，均值为 31.5mg/kg；1999—2003 年间，变化幅度在 0.9～77.2mg/kg 之间，均值为 23.6mg/kg；2004—2008 年间，变化幅度在 1.0～170.0mg/kg 之间，均值为 22.8 mg/kg；2009—2013 年间，变化幅度在 3.3～175.2mg/kg 之间，均值为 43.7mg/kg；2014—2018 年间，变化幅度在 1.1～279.6mg/kg 之间，均值为 45.8mg/kg；2019 年均值为 39.8mg/kg，变化范围为 4.2～81.1mg/kg。

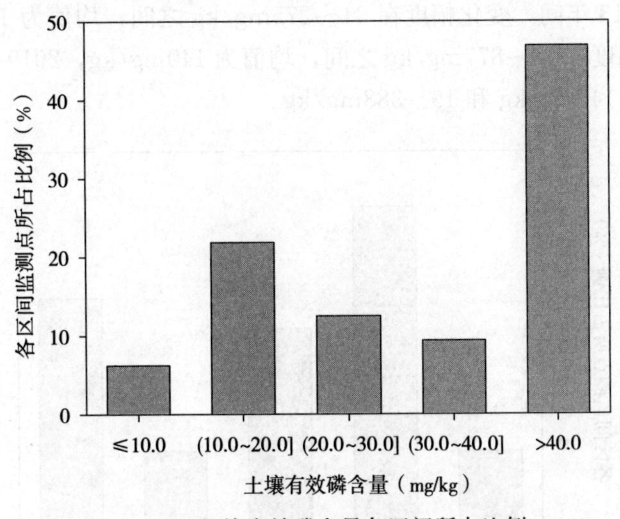

图 4-39　红壤有效磷含量各区间所占比例

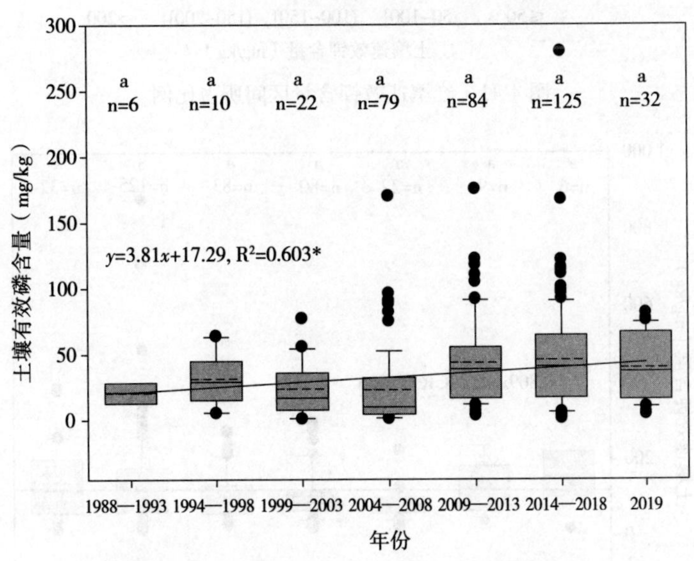

图 4-40　长期常规施肥下红壤有效磷变化趋势

（四）土壤速效钾现状及变化趋势

2019 年，红壤监测点土壤速效钾平均含量为 140mg/kg。土壤速效钾含量频率分布如图 4-41。65.6%的红壤速效钾含量区间范围在 50～200mg/kg，其中，（50～100］mg/kg、

（100～150］mg/kg 区间的监测点所占比例分别为 34.4%、21.9%。土壤速效钾含量低于 50mg/kg 的比例仅为 9.4%，高于 200mg/kg 的比例达到了 25.0%。

长期定位监测数据显示，红壤速效钾含量整体较稳定（图 4-42）。1988—2003 年间，土壤速效钾含量有降低趋势，其中 1988—1993 年均值为 151mg/kg，变化范围在 73～285mg/kg 之间，1994—1998 年变化幅度在 49～237mg/kg 之间，均值为 124mg/kg；1999—2003 年间，变化幅度在 27～224mg/kg 之间，均值为 86mg/kg。此后土壤速效钾含量呈增加趋势，2004—2008 年间，变化幅度在 21～296mg/kg 之间，均值为 105 mg/kg，2009—2013 年间，变化幅度在 31～275mg/kg 之间，均值为 108mg/kg，2014—2018 年间，变化幅度在 18～877mg/kg 之间，均值为 140mg/kg，2019 年土壤速效钾均值和变化幅度分别为 140mg/kg 和 19～388mg/kg。

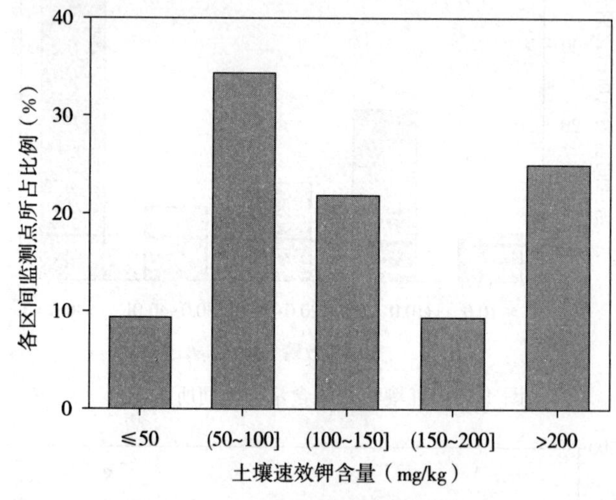

图 4-41　红壤速效钾含量区间所占比例

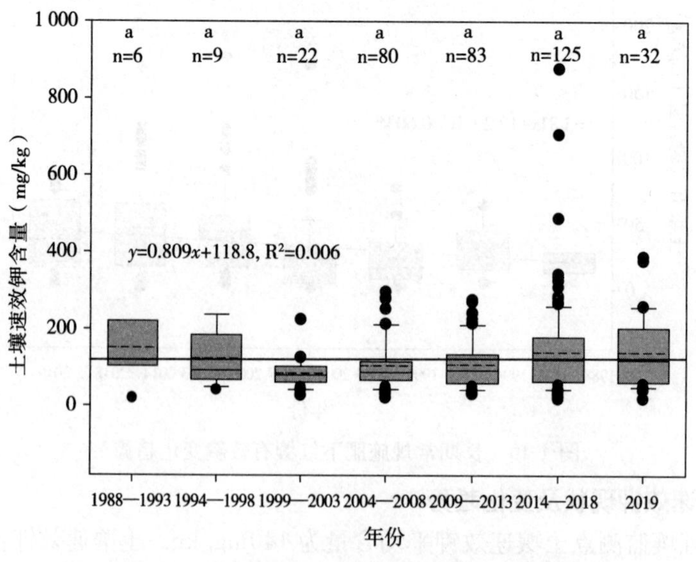

图 4-42　长期常规施肥下红壤速效钾变化趋势

（五）土壤缓效钾现状及变化趋势

2019 年，红壤监测点土壤缓效钾平均含量为 258mg/kg。土壤缓效钾含量频率分布如图 4-43。缓效钾含量≤200mg/kg 和（200～500］mg/kg 区间的监测点所占比例分别为 40.6%和 53.1%。土壤缓效钾含量高于 500mg/kg 的比例仅为 6.3%。

长期定位监测数据显示，我国红壤缓效钾含量整体呈增加趋势（图 4-44）。与初始监测年份 1988—1993 年相比（均值为 189mg/kg），1994—1998 年和 1999—2003 年土壤缓效钾含量略有降低，其平均含量分别为 185 和 162mg/kg，此后呈增加趋势，至 2019 年土壤缓效钾平均含量增至 258mg/kg，增幅为 66.2%。

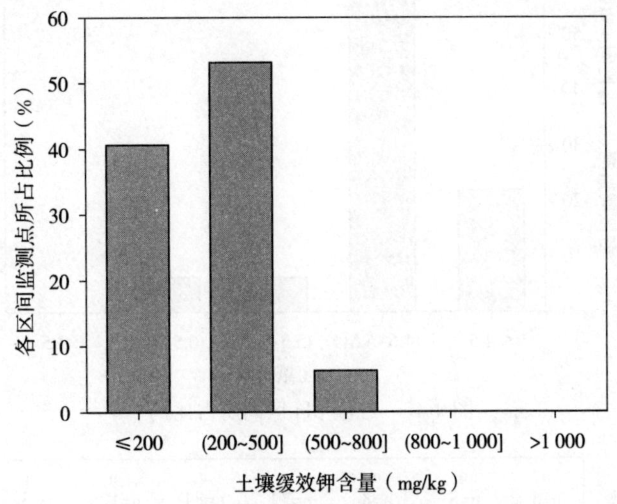

图 4-43　红壤缓效钾含量区间所占比例

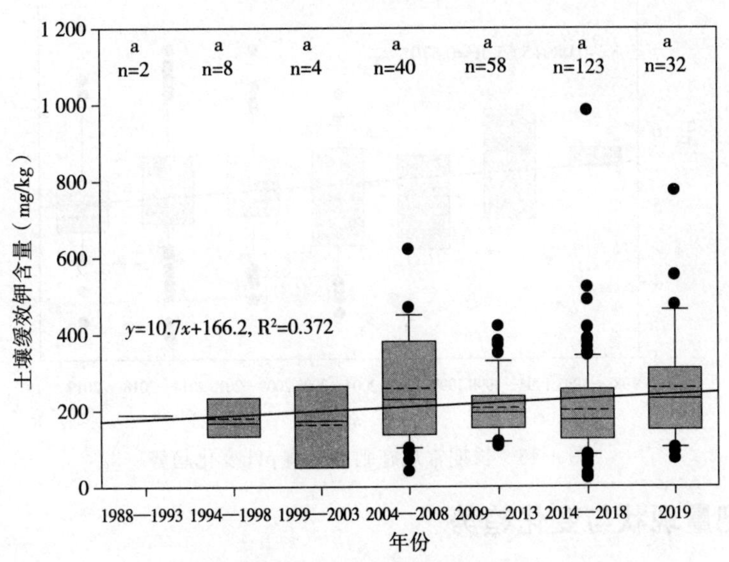

图 4-44　长期常规施肥下红壤缓效钾变化趋势

（六）土壤 pH 现状及变化趋势

2019 年，红壤监测点土壤平均 pH 为 5.1。土壤 pH 频率分布如图 4-45。87.5%的红壤 pH 低于 5.5，其中，土壤 pH 在≤4.5 和（4.5～5.5］区间分别占 21.9%和 65.6%。土壤 pH 高于 5.5 的比例仅为 12.5%，其中，土壤 pH 在（5.5～6.5］和（6.5～7.5］区间各占 6.3%。

长期定位监测数据显示，我国红壤 pH 整体呈降低趋势（图 4-46）。与初始监测年份 1988—1993 年相比（平均 pH 为 5.7），1994—1998 年和 1999—2003 年土壤 pH 分别降低了 0.1 和 0.5 个单位，至 2019 年土壤 pH 降低至 5.1，降低了 0.6 个 pH 单位，土壤酸化趋势明显。

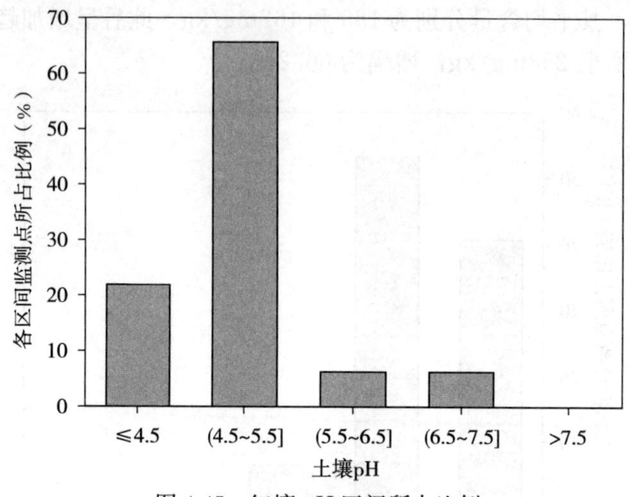

图 4-45　红壤 pH 区间所占比例

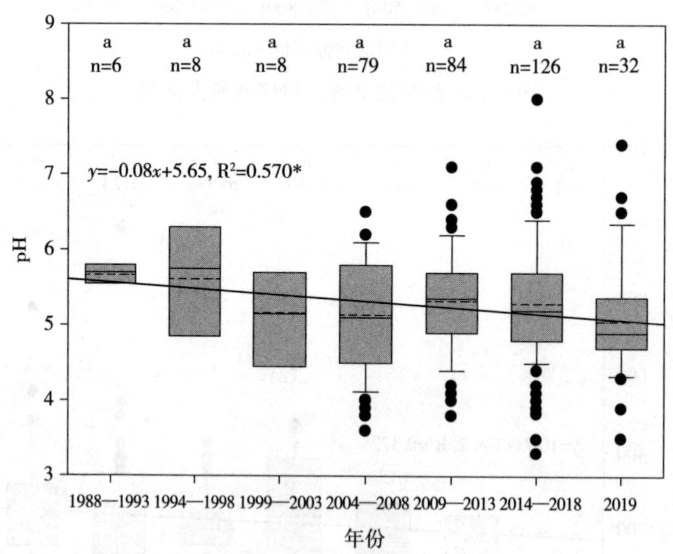

图 4-46　长期常规施肥下红壤 pH 变化趋势

二、施肥量现状与变化趋势

红壤总肥料施用量、化肥施用量和有机肥施用量的变化趋势见图 4-47、图 4-48。2019 年，红壤总肥料施用量为 527.7kg/hm^2，其中氮肥 263.7kg N/hm^2、磷肥 120.3kg P_2O_5/hm^2、钾肥 143.7kg K_2O/hm^2；有机氮磷钾投入量分别为 58.8kg N/hm^2、34.6kg

P_2O_5/hm^2、36.4kg K_2O/hm^2。

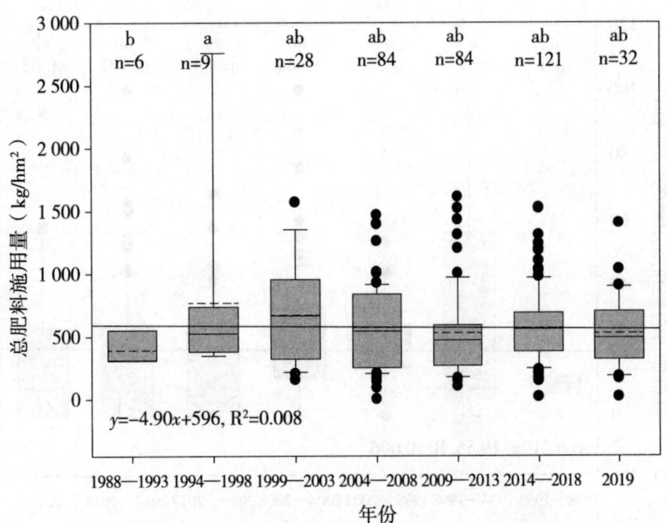

图 4-47　红壤长期监测点总肥料施用量

从总肥料施用量分析（图 4-47），1988—1993 年总肥料施用量平均为 392.9kg/hm²，1994—1998 年总施肥量显著提升，达到 769.1kg/hm²，较之前平均水平提高 95.8%，1999—2003 年总肥料施用量又较之前的 1994—1998 出现了下降，均值为 671.2kg/hm²，下降了 12.7%，之后一直到 2004—2008 年持续下降，此后变幅较小。

在监测点监测初期，有机肥平均施用量为 34.0kg/hm²，而到了 1994—1998 年间，迅速升高到了 152.3kg/hm²，提高幅度多达 3.4 倍，但之后有机肥施用量趋于平稳，到 2009—2013 年呈略微下降的趋势，2014—2018 年有所上升。2004—2018 年有机肥施用量通常在 100.0～150.0kg/hm² 之间（图 4-48）。1988—1993 年间，监测点化肥施用量平均为 358.9kg/hm²，到 1994—1998 年迅速提升至 616.7kg/hm²，之后有所下降，到 2009—2013 年间，下降到了 424.8kg/hm²，而在之后的 2014—2018 年又呈上升的趋势（图 4-48）。

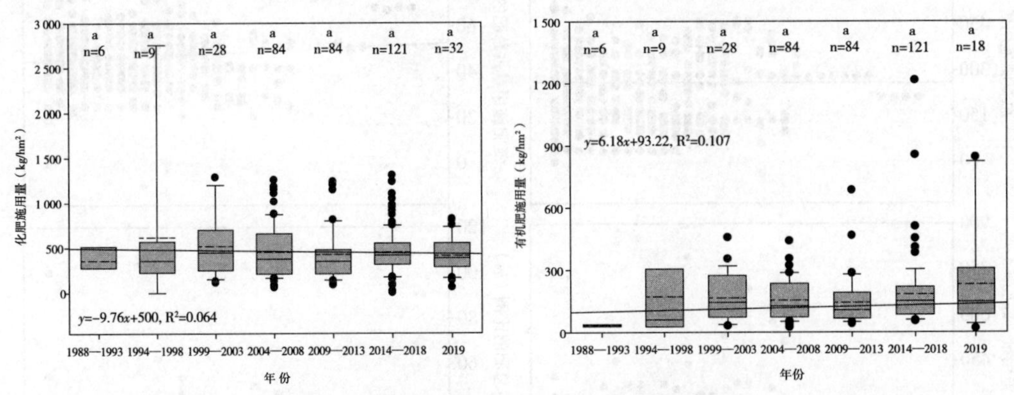

图 4-48　红壤长期监测点化肥和有机肥施用量

从施肥结构分析，有机肥在总肥料施用量中所占的比例呈先上升后下降趋势（图 4-49，$P<0.05$）。在 6 个时间段内，仅在 1994—1998 年其比例较 1988—1993 年显著提升，31 年整体有机肥占总肥的比重为 21.3%，1988—1993 年间有机肥施用量占总施肥量的平

均比例最小，仅有 9.3%，而 1994—2018 年都在 20.0%左右。

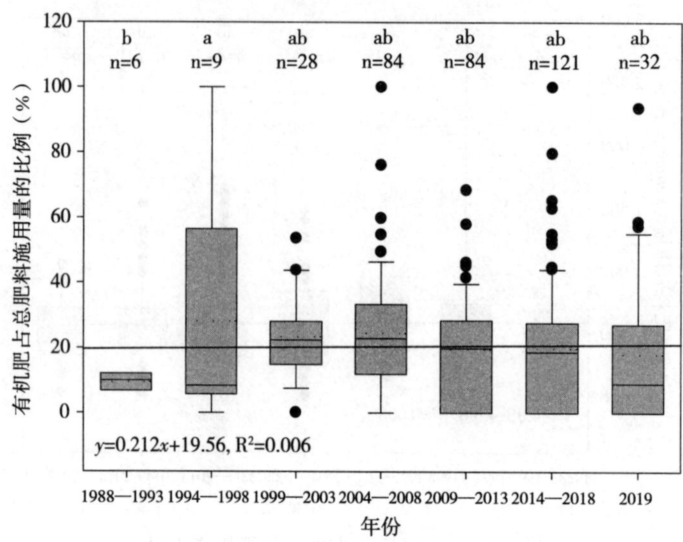

图 4-49　红壤长期监测点有机肥占总肥料施用量比例

对于施入的养分元素量，近 31 年红壤旱地总氮施入量基本保持稳定，基本保持在 250.0kg/hm²，总磷施入量稳定中略有下降，基本保持在 150.0kg/hm²左右，总钾施入量也基本保持稳定，多在 150.0kg/hm²（图 4-50）。总氮在总肥中所占的比重出现少量降低，但都在 40.0%以上，总磷在总肥中所占的比重基本保持稳定，在 30.0%左右，而钾素在总肥中的比重持续上升，由初期的 14.0% 提升到 2014—2018 年的 28.6%，提升幅度提高了一倍多。

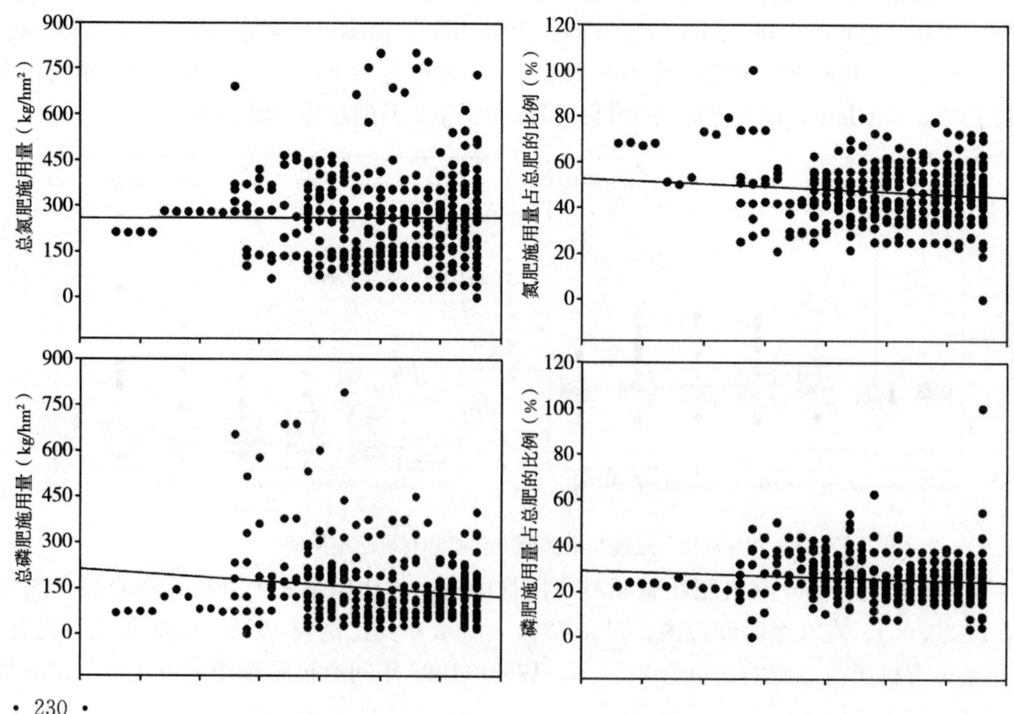

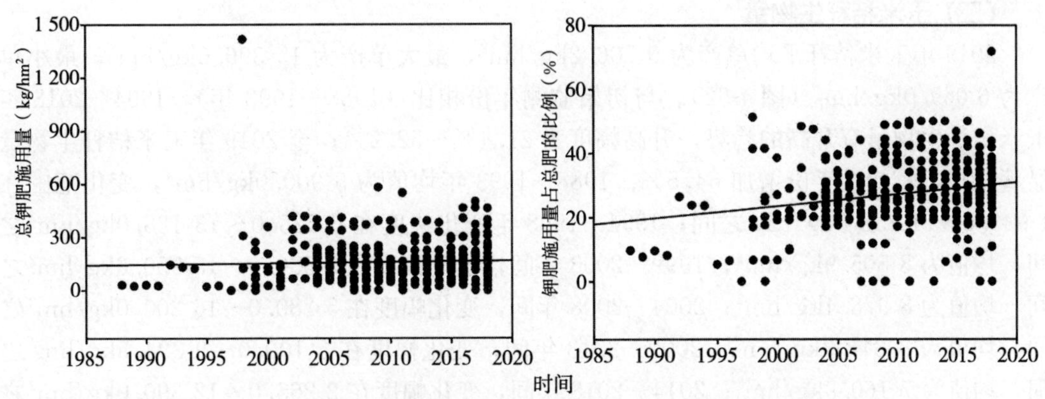

图 4-50　红壤长期监测点各元素肥料施用量及占总肥的比例

三、生产力现状与演变趋势

（一）玉米产量

2019 年玉米籽粒平均单产为 8 344.5kg/hm²，最大单产为 12 966.0kg/hm²，最小单产为 5 340.0kg/hm²。玉米籽粒产量近 31 年呈现显著增加趋势，平均每 5 年增加 469.0kg/hm²（图 4-51）。1988—1993 年均值为 6 032.5kg/hm²，变化范围在 3 630.0～7 245.0kg/hm²之间；1994—1998 年变化幅度在 5 988.0～7 920.0kg/hm²之间，均值为 7 023.3kg/hm²；1999—2003 年间，变化幅度为 1 950.0～8 452.0kg/hm²，均值为 6 332.3kg/hm²；2004—2008 年间，变化幅度在 5 655.0～9 379.5kg/hm²之间，均值为 7 186.8kg/hm²；2009—2013 年间，变化幅度在 6 225.0～11 649.0kg/hm²之间，均值为 8 875.5kg/hm²，2014—2018 年间，变化幅度在 6 003.0～11 904.0kg/hm²之间，均值为 8 850.9kg/hm²。

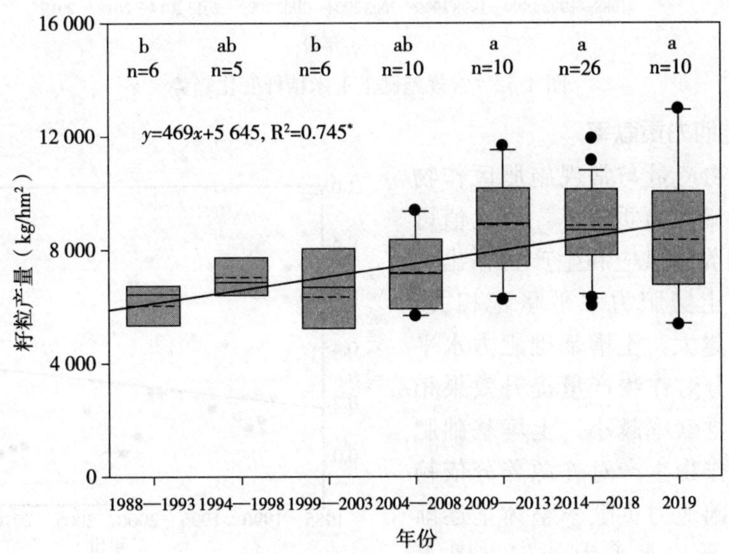

图 4-51　常规施肥下玉米产量变化趋势

（二）玉米秸秆生物量

2019 年玉米秸秆平均单产为 9 706.2kg/hm²，最大单产为 15 396.0kg/hm²，最小单产为 6 069.0kg/hm²（图 4-52）。与初始监测年份相比（1988—1993 年），1994—2018 年玉米秸秆生物量有升高的趋势，升高幅度为 21.4%～52.2%；至 2019 年玉米秸秆生物量显著增加，较初始年份增加 64.5%。1988—1993 年均值为 5 900.0kg/hm²，变化范围在 1 935.0～14 235.0kg/hm²之间；1994—1998 年变化幅度在 6 525.0～13 128.0kg/hm²之间，均值为 8 505.9kg/hm²；1999—2003 年间，变化幅度在 5 550.0～15 950.6kg/hm²之间，均值为 8 978.4kg/hm²；2004—2008 年间，变化幅度在 5 280.0～16 200.0kg/hm²之间，均值为 8 847.3kg/hm²；2009—2013 年间，变化幅度在 5 100.0～9 394.5kg/hm²之间，均值为 7 160.3kg/hm²；2014—2018 年间，变化幅度在 2 265.0～12 390.0kg/hm²之间，均值为 8 215.8kg/hm²。

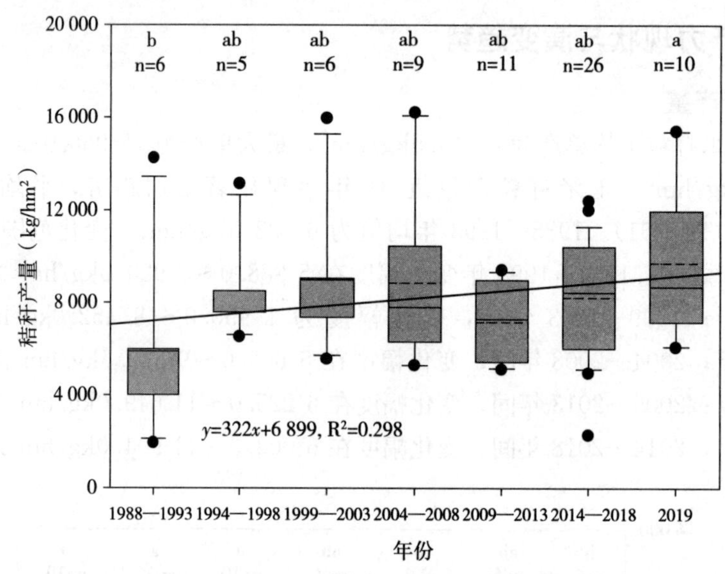

图 4-52　常规施肥下玉米秸秆变化趋势

（三）基础地力贡献率

无肥区作物产量与常规施肥区作物产量之比为基础地力贡献率，该比值可反映农田土壤养分供应和生产力输出的基础能力，与土壤肥力水平呈正相关，即地力贡献率越大，土壤基础肥力水平越高，外源养分对作物产量提升效果相对较弱；地力贡献率越小，土壤基础肥力水平越低，作物生产对外源养分依赖性强。红壤基础地力贡献率整体呈逐渐上升的趋势，平均水平为 0.31（图 4-53），但随着常规施肥年限的增加，基础

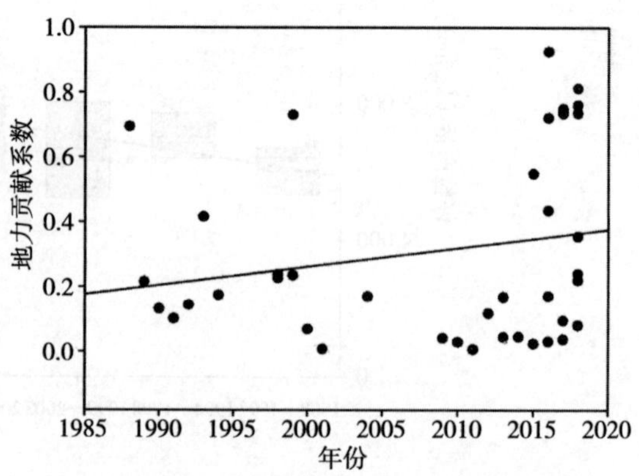

图 4-53　常规施肥下玉米籽粒产量地力贡献系数

地力对玉米产生的影响越来越高。

（四）土壤肥力演变的主控因子分析

由图 4-54 可知，PC1 轴和 PC2 轴对总方差的贡献率分别为 46.7%和 29.3%，均低于 70.0%，主要原因可能是近 31 年土壤肥力各指标整体变化不大，因此对土壤肥力的整体贡献率也较低。但通过主成分分析表明，pH、全氮含量对土壤肥力的贡献率较高。

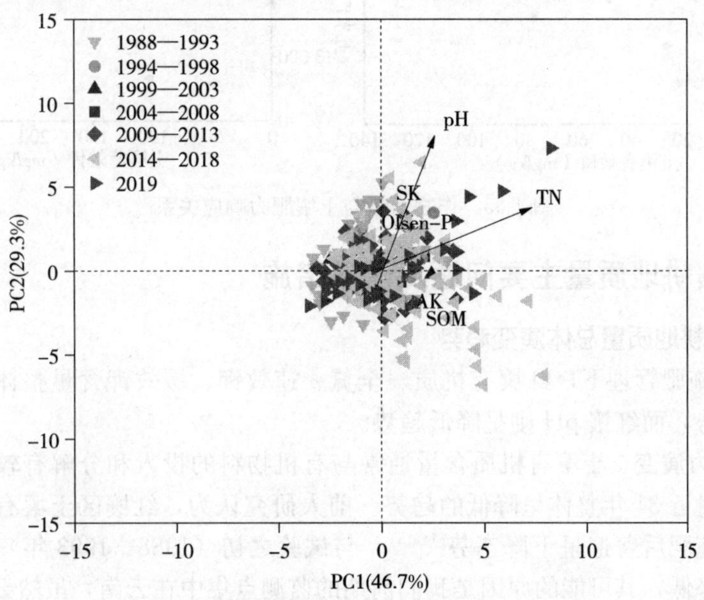

图 4-54　红壤肥力演变的主成分分析

（五）土壤肥力与玉米籽粒产量的关系

通过玉米产量与土壤各肥力指标的拟合，表明土壤有机质、有效磷、速效钾的含量均与玉米产量达到了极显著正相关，全氮与玉米产量之间也达到了显著正相关（图 4-55）。玉米产量与土壤主要养分含量之间均呈正相关线性关系，在主要的土壤肥力指标中，玉米产量对全氮的斜率最大，表明在红壤旱地中，氮仍然是玉米生长的主要限制性因子之一。

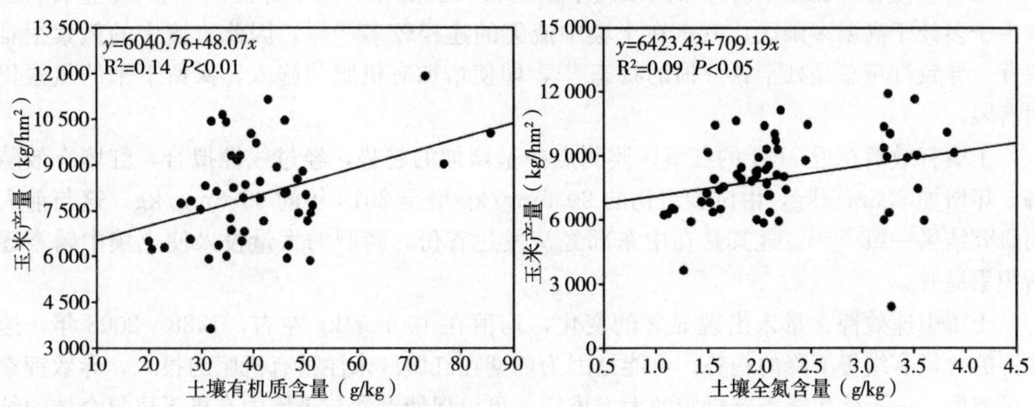

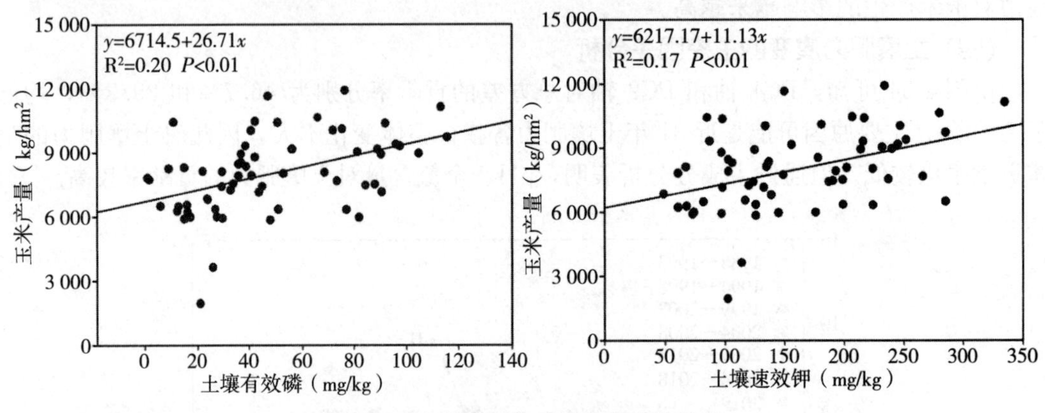

图 4-55　作物产量与土壤肥力响应关系

四、红壤耕地质量主要问题及建设措施

（一）红壤耕地质量总体演变趋势

31 年常规施肥管理下，红壤有机质、全氮、速效钾、缓效钾含量整体较为平稳，有效磷呈上升趋势，而红壤 pH 则呈降低趋势。

1. 红壤肥力演变　土壤有机质含量通常与有机物料的投入和分解有较大关系，红壤土壤有机质含量近 31 年整体呈降低的趋势。前人研究认为，红壤区土壤有机质含量经过长期常规耕作施肥后普遍呈下降态势[14,15]。与试验之初（1988—1993 年）相比，红壤有机质含量有所降低，其可能的原因是我们前期的监测点集中在云南，虽然云南红壤与其他红壤区同为红壤，但云南红壤有机质含量普遍偏高，通常在 3.0%以上[16,17]，基本与东北黑土接近，后期加入了其他省份的红壤，而其他省份的红壤有机质含量普遍偏低，通常在 1.0%～3.0%之间[4,10,13,15,17,18]，远较云南红壤含量低，这就导致后期均值相对于前期有所降低；另一个可能的原因是常规氮磷钾施肥在本研究区域内，仅能使土壤保持一定含量的有机质，即有机质的投入和土壤微生物对有机质的分解整体处于平衡状态。但从近 31 年红壤区监测点有机质含量变化来看，一直到 2013 年，土壤有机质还呈缓慢下降的状态，至 2014—2018 年和 2019 年才呈现出小幅度的升高。

土壤全氮含量在整个研究时间段内未出现较大的变化，基本都在 1.00g/kg 左右，红壤由于多处于高温多雨区，氮素在土壤中流失的途径较多[19,20]，因此土壤中的氮素很难留存，导致红壤总是处于氮亏损的状态[21]，即使增加有机肥的施入，保留下来的氮素仍然有限。

土壤有效磷在近 31 年的红壤区监测点中呈增加的趋势，经过线性拟合，红壤有效磷每 5 年增加 3.8mg/kg，由试验之初的 20.5mg/kg 增至 2019 年的 39.8mg/kg，这与前人的研究结果一致[22,23]，尤其是在中东部经济发达省份，磷肥的大量投入使土壤中磷素逐渐积累提升。

土壤中速效钾含量未出现显著的变化，均值在 100mg/kg 左右。1988—2003 年，速效钾的含量有缓慢下降的趋势，可能是因为前期在红壤区未注重有机肥的投入，导致钾素大量流失，而近些年随着有机肥的大力推广，可以促使钾素与土壤中有机无机复合体的结合，进而增强钾素在土壤中的结合[24,25]，2004—2019 年土壤中钾素含量较以往有所提高，虽然还未达到显著性提升，但整体呈上升趋势。缓效钾在红壤近 31 年中监测点变化未达到显著，多在 200mg/kg 上下波动，即缓效钾在土壤中整体处于平衡状态。

2. 红壤 pH 变化 南方降雨较多使土壤中产生较多的养分流失，进而造成土壤富铝化，有效养分积累困难，红壤区整体 pH 偏低。化学氮肥的过量投入，会导致土壤中 H^+ 富集，土壤 pH 降低。大量研究发现我国南方红壤区土壤整体呈现加速酸化的趋势[26-29]，我们的研究也显示红壤区土壤 pH 由初始年份的 5.7 降至 2019 年的 5.1，降低了 0.6 个 pH 单位，平均每 5 年降低 0.1 个 pH 单位（图 4-46），这种 pH 的降低可能既有自然因素，也有人为因素[29,30]。

3. 红壤生产力的变化 从玉米产量变化来看，较试验之初（1988—1993 年），2019 年玉米产量提升了 38.3%，每 5 年增加 $469kg/hm^2$。在红壤旱地的生产力分析中，红壤旱地的地力贡献率通常在 0.35 左右，即使呈上升趋势，目前也不到 0.40，说明红壤作物产量大部分贡献来自于施肥，但长期施肥并未对土壤肥力有显著的提升，基于肥料大量投入对作物产量的提升不能作为可持续发展农业的道路。

4. 红壤区施肥的变化 施肥量在近 31 年整体变化较小，在 392.9～$769.1kg/hm^2$ 之间。除 1994—1998 年外，其他时间的施肥量整体保持平稳。就施肥结构而言，除 1994—1998 年外，其他时间有机肥的占比较低，通常在 20.0%左右。

近 31 年的监测结果表明，土壤肥力各指标都未发生显著的变化，整体上处于稳定的状态，但红壤肥力整体较低。南方土壤普遍缺磷，有效磷整体呈增加的趋势也可能是玉米产量提升的一个重要因素。总之，大量的肥料投入后并不能使土壤肥力得到提升。另外，在 2014—2018 年间土壤肥力各指标普遍都有上升的趋势，这种增加趋势虽然未达到显著，也可以预见未来南方红壤区在这种趋势下土壤肥力整体上会逐渐提高。

（二）红壤耕地质量存在的问题

经过 31 年的长期监测，红壤依然存在较多的问题尚待解决：

（1）红壤有机质、全氮、速效钾含量等未得到显著提高，pH 显著降低，表明红壤肥力仍处于较低水平，且存在红壤酸化的趋势。尽管红壤区玉米产量显著提升，2019 年较 1988—1993 年提升了 38.3%，但通过红壤地力贡献率可知，红壤整体肥力仍未发生较大的变化，地力贡献率仍然较低，仅有 0.31，红壤提升肥力的潜力巨大，有待于进一步开发利用。

（2）总施肥量虽然保持稳定，但肥效却逐年降低，有机肥所占比重整体偏低。

（三）红壤合理利用及培肥措施

（1）提高红壤区的规模化经营水平。红壤区的劳动力相对短缺，田块小且分散，作物的种植效益不高，造成红壤区农田只种不养的问题越来越严重。需要利用国家与社会资本，进行规模化生产与管理，加大农田的投入与管理，加强红壤退化因子的改良（如酸化防治、土壤黏瘦板结等），提高红壤区农田的肥力水平。

（2）加快新型肥料和合理施肥技术的推广使用，尤其是有机肥和缓控释化肥的合理利用。红壤基础肥力较低，如果单纯增加传统化肥的用量，由于其养分易流失，使得肥料利用率并不高，应适当增加缓控释化肥在红壤区的推广使用。有机肥作为一种肥效长且提升土壤肥力效果明显的肥料，目前已被广泛认可，但红壤区多低山丘陵，发展便捷的有机肥运输与施用机械，是推动红壤区有机肥大面积推广使用的关键。

（3）加强轮作制耕地培肥。绿肥＋粮食作物的种植制度对于红壤肥力的提升效果也较明显，红壤区光热资源较为充足，可利用作物生长周期，轮作或间作些豆科作物。“蚕豆—玉米/甘薯”、“蚕豆—大豆/甘薯”都被证明是提升红壤肥力较好的耕作方式，应加以推广利用。

（4）改变传统的耕作模式，防治水土流失。南方红壤区由于多分布于丘陵山区，采用保护性耕作措施，增加地表覆盖，或采用“农—林—灌”相结合的复合农业模式，可一定程度上缓解水土流失造成的红壤肥力下降。对于坡度较大的地带，过度开发会导致严重的土壤侵蚀，造成水土流失，进一步降低土壤肥力，有必要修建防治水土流失的基础设施，如修建梯田，对坡度过大的部分地区需退耕还林还草。

参 考 文 献

[1] 文石林，董春华，高菊生．磷肥和石灰对红壤墨西哥玉米产量和土壤肥力的影响［J］．湖南农业科学，2010，37（16）：35-36.

[2] 程森，吴家森，王平，等．绿肥、鸡粪和钙肥使用对新垦红壤土壤肥力和烟草生长的影响［J］．中国烟草学报，2008，14（5）：39-44.

[3] 黄山，潘晓华，黄欠如，等．长期不同施肥对南方丘陵红壤旱地生产力和土壤结构的影响［J］．江西农业大学学报，2012，34（2）：403-408.

[4] 王伯仁，李冬初，周世伟，红壤质量演变与培肥技术［M］．北京：中国农业科学技术出版社，2014.

[5] 秦明周．红壤丘陵区农业土地利用对土壤肥力的影响及评价［J］．山地学报，1999，17（1）：71-75.

[6] 何电源．中国南方土壤肥力与栽培植物施肥［M］．北京：科学出版社，1994.

[7] Barthès B，Roose E. Aggregate stability as an indicator of soil susceptibility to runoff and erosion; validation at several levels［J］. Catena，2002，47（2）：133-149.

[8] 戴茨华，王劲松．石灰岩地区山原红壤连续施磷对玉米产量及土壤肥力的影响［J］．云南农业科技，2002，（2）：31-33.

[9] 周卫军，王凯荣．有机与无机肥配合对红壤稻田系统生产力及其土壤肥力的影响［J］．中国农业科学，2002，35（9）：1109-1113.

[10] 张兵，夏桂龙，王维，等．不同肥力红壤旱地玉米产量和土壤基础地力的变化特征［J］．湖南农业科学，2017，（6）：21-24.

[11] 夏文建，王萍，刘秀梅，等．长期施肥对红壤旱地有机碳、氮和磷的影响［J］．江西农业学报，2017，29（12）：27-31.

[12] 武琳，黄尚书，叶川，等．土地利用方式对江西红壤旱地碳库管理指数的影响［J］．土壤，2017，49（6）：1275-1279.

[13] 孙波，张桃林，赵其国．南方红壤丘陵区土壤养分贫瘠化的综合评价［J］．土壤，1995，（3）：119-128.

[14] 黄智刚，李保国，胡克林．丘陵红壤蔗区土壤有机质的时空变异特征［J］．农业工程学报，2006，22（11）：58-63.

[15] 唐群锋，曹启民，杨全运．海南植胶区砖红壤土类有机质变化趋势［J］．西南农业学报，2014，27（2）：715-718.

[16] 席冬梅，邓卫东，高宏光．云南省主要地质背景区土壤理化性质及矿物质元素丰度分析［J］．土壤，2008，(1)：114-120.
[17] 李聪平．云南红壤不同施肥制度有机质演变特征与持续利用（D）．杨凌：西北农林科技大学，2017
[18] 于寒青，孙楠，吕家珑．红壤地区三种母质土壤熟化过程中有机质的变化特征［J］．植物营养与肥料学报，2010，16 (1)：92-98.
[19] 王伯仁，徐明岗，文石林，等．长期施肥红壤氮的累积与平衡［J］．植物营养与肥料学报，2002，8 (增刊)．
[20] 袁东海，陈欣．不同农作方式红壤坡耕地土壤氮素流失特征［J］．应用生态学报，2002，13 (7)：863-866.
[21] 崔键，周静，马友华，等．我国红壤旱地氮素平衡特征［J］．土壤，2008，40 (3)：372-376.
[22] 鲁如坤，时正元．退化红壤肥力障碍特征及重建措施Ⅲ．典型地区红壤磷素积累及其环境意义［J］．土壤，2001，33 (5)：227-231.
[23] 黄庆海，万自成，朱丽英，等．不同利用方式红壤磷素积累与形态分异的研究［J］．江西农业学报，2006，18 (1)：6-10.
[24] 岳龙凯，蔡泽江，徐明岗．长期施肥红壤钾素在有机无机复合体中的分布［J］．植物营养与肥料学报，2015，21 (6)：1551-1562.
[25] 岳龙凯，蔡泽江，徐明岗．长期施肥红壤钾有效性研究［J］．植物营养与肥料学报，2015，21 (6)：1543-1550.
[26] 姬钢．不同土地利用方式下红壤酸化特征及趋势（D）．北京：中国农业科学院，2015.
[27] 周晓阳，徐明岗，周世伟，等．长期施肥下我国南方典型农田土壤的酸化特征［J］．植物营养与肥料学报，2015，21 (6)：1615-1621.
[28] 徐明岗，文石林，周世伟，等．南方地区红壤酸化及综合防治技术［J］．科技创新与品牌，2016，(7)：74-77.
[29] 赵凯丽．不同母质红壤的酸化特征及趋势（D）．北京：中国农业科学院，2016.
[30] 郭治兴，王静，柴敏，等．近 30 年来广东省土壤 pH 值的时空变化［J］．应用生态学报，2011，22 (2)：425-430.

第四节　黑　　土

黑土是我国最重要的土壤类型之一，发育于冲积—洪积物、砂质风积物等成土母质，是有黑色腐殖质表土层的土壤[1]。科学意义上黑土的概念范畴相对狭小，具有明确的分类定义，按照土壤系统分类，黑土属于均腐土土纲，湿润均腐土亚纲，简育湿润均腐土土类[2]。按美国土壤分类系统及联合国粮农组织分类系统，黑土是具有松软表层的土类，也称软土（《中国土壤分类》）。黑土颗粒较细、性状好、肥力高，是适宜农耕的优质土地。黑土耕地面积约 701.5 万 hm^2，主要分布于东北平原，行政区域涉及辽宁、吉林、黑龙江以及内蒙古东部的部分地区，是我国玉米和大豆的主产区之一，黑土区作物产量的提高对我国粮食安全和可持续发展产生重要影响[3]。

黑土区属于温带大陆性季风气候，特点是四季分明，冬季寒冷漫长，夏季温热短促。平均降水量为 500～600mm，大部分集中在 4～9 月的作物生长季，占全年降雨量的 90.0%左右，尤其是 7～9 月最多，占全年降水量 60.0%以上。作物生育期间水分较多，有利于作物的正常生长，促进有机质的形成与积累。黑土区平均气温 1～8℃，由北向南递增，≥10℃的积温范围在 1 700～3 200℃。

自 20 世纪 50 年代东北黑土区大规模开垦以来，林草自然生态系统逐渐演变为人工农田生态系统。长期的高强度利用，加之土壤侵蚀，黑土自然肥力逐年下降。自 80 年代以来，由于化肥和有机肥施用量的增加，土壤养分和肥力呈现逐渐增加的趋势。黑土养分演变及肥力现状关系到我国粮食生产的可持续发展。长期不平衡和过量施肥严重影响了土壤养分的平衡，制约着黑土耕地的可持续发展。黑土是供钾能力较强的土壤，氮磷供应能力不如钾素供应能力强，黑土土壤中氮素、磷素的变化影响土壤肥力的保持与提高，从而影响土壤质量的优劣，也影响作物产量的高低[4]。

现有 17 个国家级黑土长期监测点（表 4-3），各监测点按照不同黑土类型进行布局，主要位于黑龙江省和吉林省，囊括平地中层黄土质黑土、厚层黄土质黑土、平地中层黏底黑土、平地岗地薄层黏质黑土、坡地薄层黄土质黑土、漫坡岗地薄层黏底黑土、漫川厚层黏底黑土和沟谷厚层草甸黑土等主要黑土土种类型。吉林省 2 个监测点均建于 1987 年，其他大部分监测点建于 2005 年之前。截止 2019 年秋收，各监测点监测年限均在 14 年以上，主要监测点最长监测年限已有 31 年，为黑土区土壤养分和生产力状况以及耕地质量建设提供了宝贵的资料。黑土监测区主要作物类型为玉米，其次为大豆、小麦和马铃薯等，属于一年一熟制，主要以玉米—玉米、玉米—大豆轮作方式为主，每个监测点按照当地农民习惯进行施肥、耕作管理，并记录不同时期的施肥量、肥料种类、作物种类等。监测区为雨养农业，耕作采用机械操作。

以常规农田管理措施为基础，整理分析 31 年来国家级黑土耕地质量长期监测点的土壤养分以及相关产量状况数据，探明黑土土壤养分演变特征和生产力状况，并进一步运用主成分分析方法分析土壤肥力变化过程中的主要贡献因子和养分指标间的平衡关系，从而更加切实地全面地掌握黑土肥力状况，以期为黑土土壤培肥改良和可持续发展提供科学依据。

表 4-3　国家级长期监测点概况

监测地点	监测年限	年降水量（mm）	有效积温（℃）	质地	地力水平	作物类别
吉林榆树市	1988—2018	586	2 841	壤土	高	玉米
吉林榆树市	1988—2018	586	2 841	砂壤土	高	玉米
吉林公主岭	1988—2018	600	3 044	壤土	高	玉米
黑龙江呼兰	1998—2018	540	2 700	壤土	高	玉米
黑龙江双城	1998—2018	400	2 700	壤土	中	玉米
黑龙江明水	1998—2018	477	2 500	壤土	中	玉米，小麦
黑龙江呼兰	2004—2018	540	2 700	壤土	中	玉米
黑龙江双城	2004—2018	400	2 750	壤土	中	玉米
黑龙江明水	2004—2018	476	2 500	壤土	中	玉米
黑龙江集贤	2004—2018	530	2 500	壤土	高	玉米

（续）

监测地点	监测年限	年降水量（mm）	有效积温（℃）	质地	地力水平	作物类别
黑龙江龙江	2004—2018	485	2 650	壤土	高	玉米
黑龙江富锦	2004—2018	512	2 724	壤土	高	玉米
黑龙江勃利	2004—2018	400	2 450	壤土	高	玉米
黑龙江讷河	2004—2018	450	2 350	砂壤土	中	玉米，大豆
黑龙江依兰	2004—2018	562	2 536	砂壤土	中	玉米，大豆
黑龙江克山	2004—2018	515	2 400	壤土	中	玉米，马铃薯
黑龙江海伦	2004—2018	532	2 300	壤土	高	玉米

一、黑土耕地质量主要性状

（一）土壤有机质现状与变化趋势

2019 年，黑土监测点土壤有机质平均值 38.8g/kg。土壤有机质含量频率分布如图 4-56，黑土有机质含量主要在（30.0～40.0］g/kg 和＞40.0g/kg 区间，含量频数比例分别为 33.9%和 44.0%；在（10.0～20.0］g/kg 和≤10.0g/kg 区间，含量频数比例较低，分别为 4.1%和 0%。

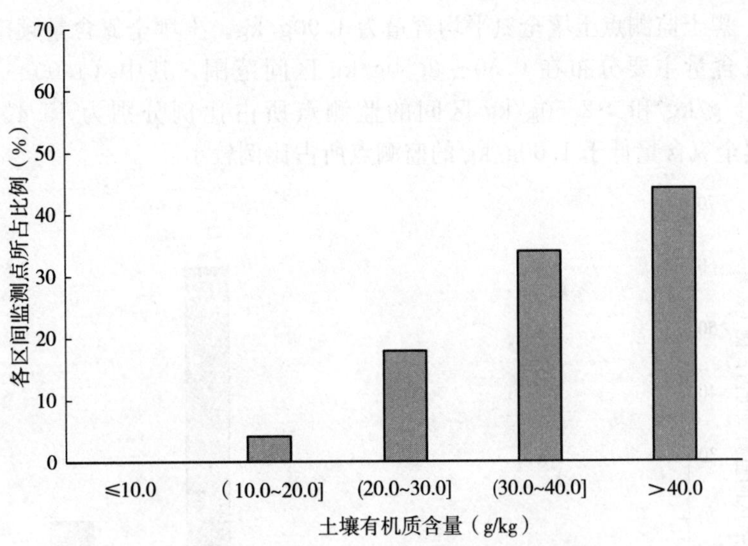

图 4-56　黑土有机质含量区间所占比例

长期定位监测数据显示，我国黑土区土壤有机质含量随不同监测时期呈逐渐增加的趋势（$R^2=0.8545$，$P<0.01$），变化范围在 20.2～44.8g/kg 之间，平均值为 31.3g/kg（图 4-57）。相比监测初期（24.6g/kg），1994—1998 年（28.1g/kg）土壤有机质增加明显，平均增幅为 14.2%。1999—2013 年间土壤有机质稳中有升，年平均增幅为 0.7%，2014—2018 年间土壤有机质平均 33.2g/kg，2019 年土壤有机质平均值 38.8g/kg。

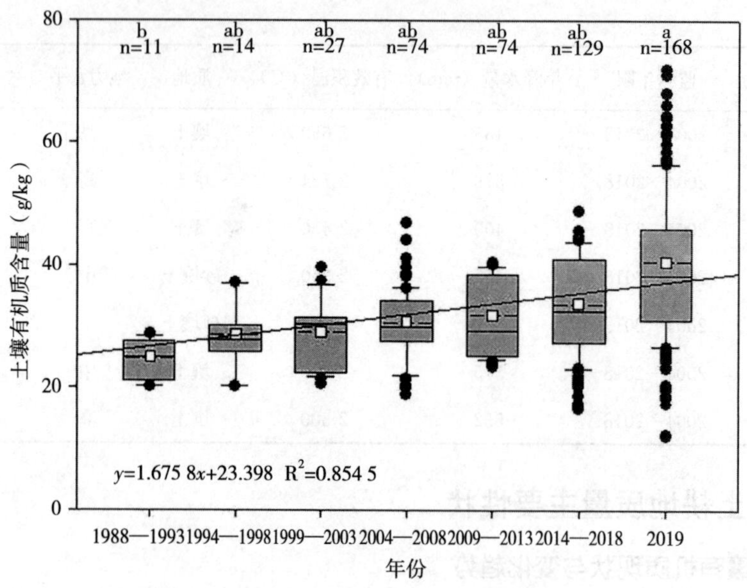

图 4-57 长期常规施肥下黑土有机质变化趋势

注：实心圆圈“·”为异常值；箱式图的横线从下至上依次为除异常值外的最小值、下四分位数、中位数、上四分位数和最大值，虚线为各项的平均值；箱式图上的不同小写字母表示不同时间段的平均值在 0.05 水平差异显著，n 表示样本数；R^2 表示方程的绝对系数。

（二）土壤全氮现状与变化趋势

2019 年，黑土监测点土壤全氮平均含量为 1.90g/kg。土壤全氮含量频率分布如图 4-58。黑土全氮含量主要分布在 0.50～2.50g/kg 区间范围，其中（1.00～1.50］g/kg、（1.50～2.50］g/kg 和＞2.50g/kg 区间的监测点所占比例分别为 15.4%、60.7%和 19.6%。土壤全氮含量低于 1.00g/kg 的监测点所占比例较小。

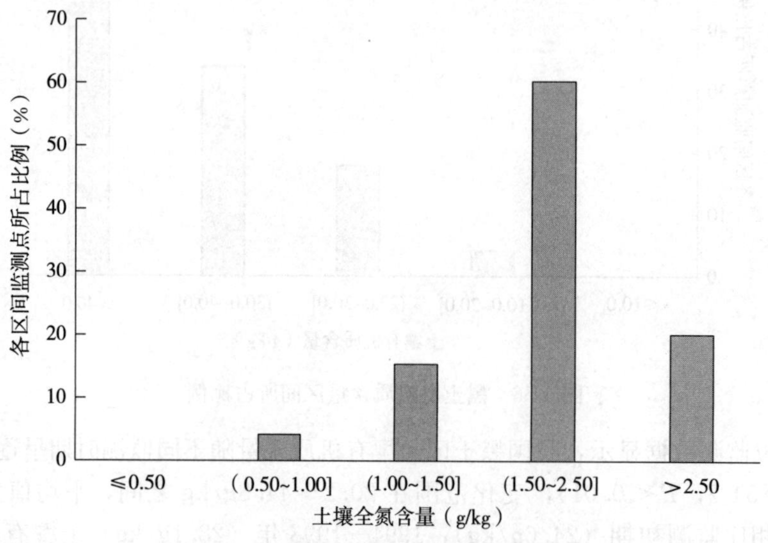

图 4-58 黑土全氮含量区间所占比例

由图 4-59 可知，黑土区土壤全氮含量总体呈上升趋势（R^2＝0.716 7，P＜0.05），表现出与有机质相似的变化特点。17 个监测点土壤全氮含量范围在 1.00～3.70g/kg 之间，平均值 1.80g/kg。1988—2003 年土壤全氮含量基本保持稳定，平均含量为 1.40g/kg，2004—2013 年土壤全氮有明显的增加趋势，年均提高 3.8%，而在监测末期（2014—2018 年）较 2009—2013 年则有所下降，但仍显著高于 1988—2003 年（$P<0.05$），黑土全氮经过 31 年的演变，由监测初期的 1.50g/kg 增加到监测末期的 1.90g/kg，增加了 28.6%。

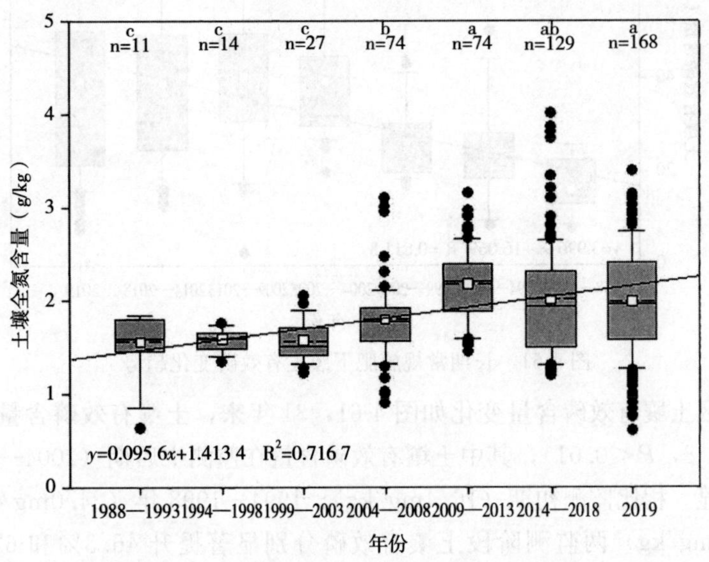

图 4-59　长期常规施肥下黑土全氮变化趋势

（三）土壤有效磷现状与变化趋势

2019 年，黑土监测点土壤有效磷平均含量为 39.3mg/kg。土壤有效磷含量频率分布如图 4-60。黑土有效磷含量>40.0mg/kg 区间的监测点占比为 41.4%，(10.0～40.0] mg/kg、≤10.0mg/kg 区间的监测点所占比例为 57.4%、1.2%。

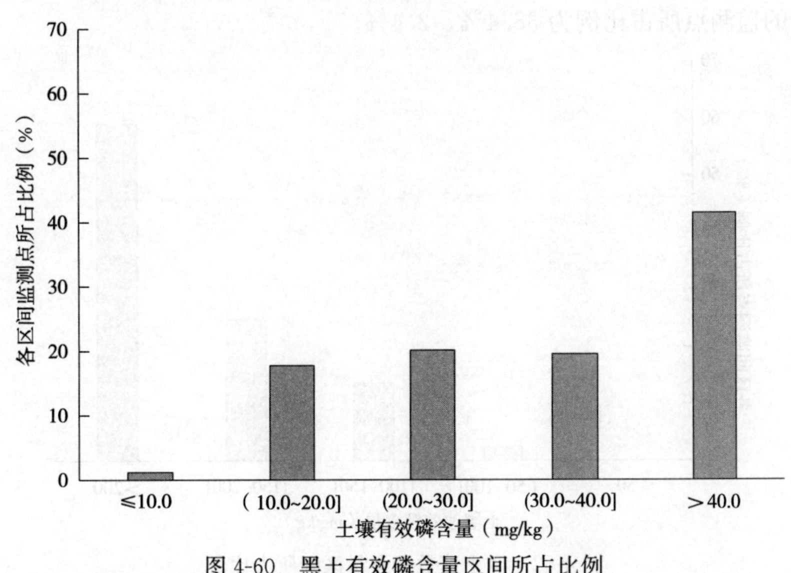

图 4-60　黑土有效磷含量区间所占比例

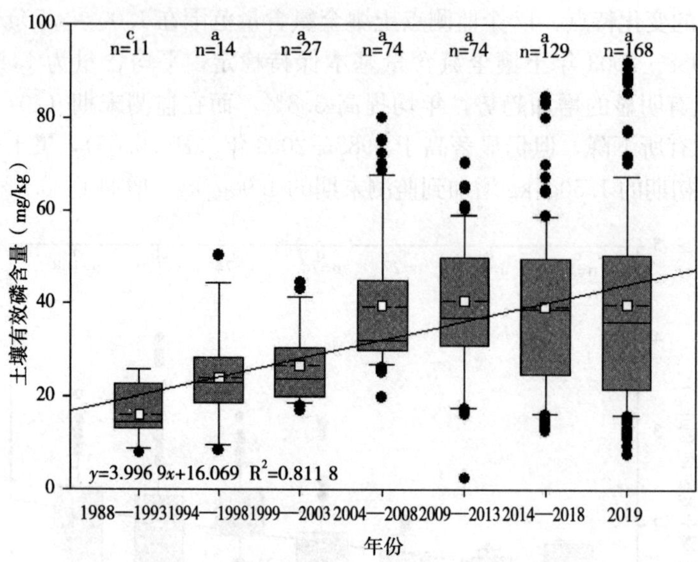

图 4-61　长期常规施肥下黑土有效磷变化趋势

黑土监测区土壤有效磷含量变化如图 4-61，31 年来，土壤有效磷含量整体呈上升趋势（R^2＝0.811 8，P＜0.01），其中土壤有效磷含量在监测中后期（2004—2018 年）的提升幅度较为明显。相比监测初期（16.4mg/kg），1994—1998 年（24.0mg/kg）和 1999—2003 年（26.7mg/kg）两监测阶段土壤有效磷分别显著提升 46.3％和 62.5％。2004—2013 年间土壤有效磷基本保持稳定，2014—2018 年间土壤有效磷较前一监测阶段略有下降，比监测初期提升 136.4％。

（四）土壤速效钾现状与变化趋势

2019 年，黑土监测点土壤速效钾平均含量为 225mg/kg。土壤速效钾含量频率分布如图 4-62。黑土速效钾含量＞200mg/kg 区间范围的占 59.2％，（100～200］mg/kg、≤100 mg/kg 区间的监测点所占比例为 38.4％、2.4％。

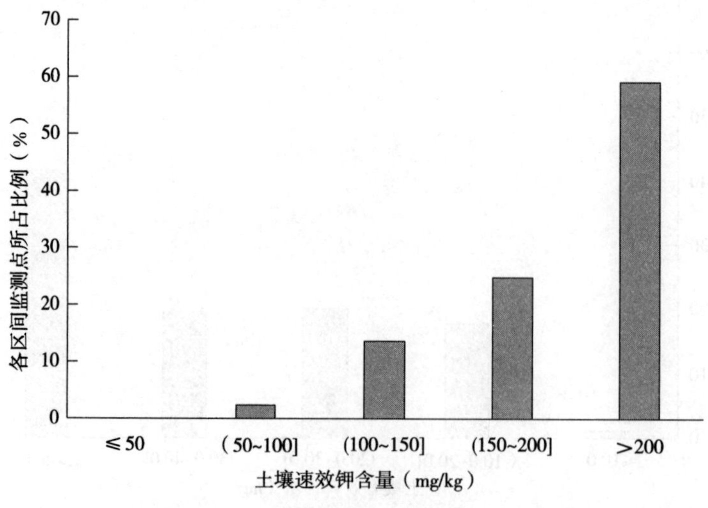

图 4-62　黑土速效钾含量区间所占比例

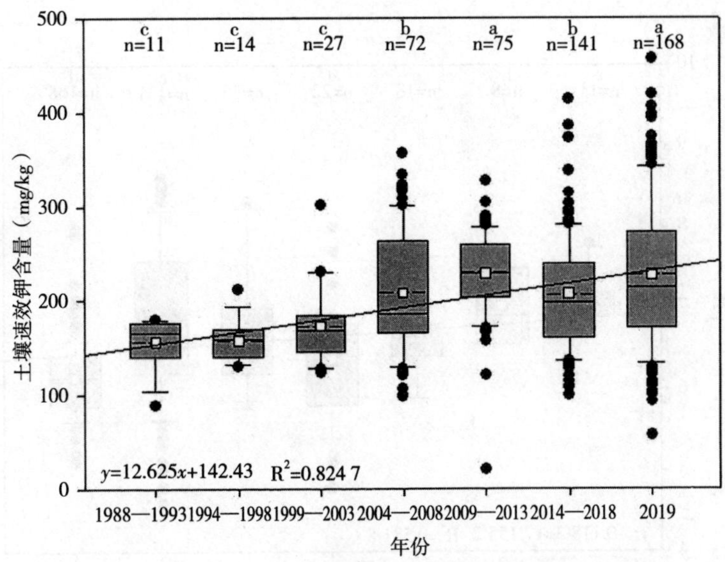

图 4-63　长期常规施肥下速效钾变化趋势

由图 4-63 可以看出，1988—2019 年间，黑土区土壤速效钾含量呈上升趋势（R^2＝0.824 7，P＜0.05），且不同监测时期的不同监测点土壤速效钾含量差异较大，含量范围为 89～413mg/kg。1988—2003 年间土壤速效钾含量稳中有升。2004—2013 年速效钾含量增加迅速，2004—2008 年（207mg/kg）和 2009—2013 年（226mg/kg）较监测初期（156mg/kg）分别提升 32.2%和 44.7%。2014—2018 年（206mg/kg）土壤速效钾含量较 2009—2013 年下降明显，而 2019 年土壤速效钾含量回升至 225mg/kg。

（五）土壤 pH 现状与变化趋势

2019 年，黑土监测点土壤 pH 平均 6.1。土壤 pH 频率分布如图 4-64。监测点土壤 pH 主要在 5.5～7.5 区间范围，占比为 89.3%。土壤 pH 在（6.0～7.5］区间的监测点所占比例为 55.6%，在（5.5～6.0］区间的监测点占比为 33.7%，在（5.0～5.5］，（7.5～8.0］区间占比为 10.7%，土壤 pH≤5.0 的监测点占比为 0%。

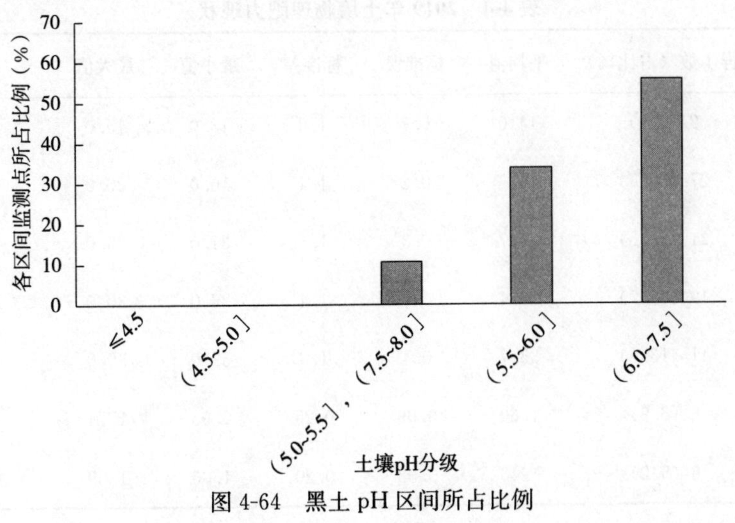

图 4-64　黑土 pH 区间所占比例

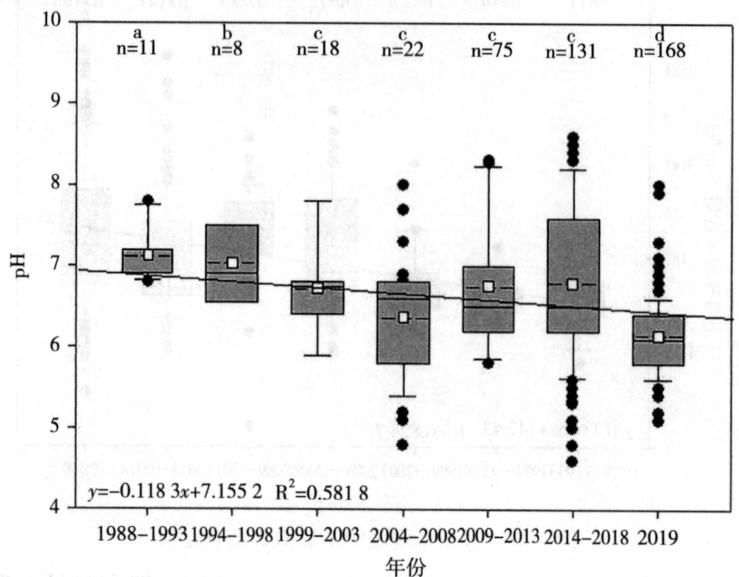

图 4-65 长期常规施肥下黑土 pH 变化趋势

监测区土壤 pH 总体呈降低的趋势（图 4-65）。1994—2008 年间土壤 pH 持续下降，2009—2013 年和 2014—2018 年间土壤 pH 较为平稳，土壤 pH 平均值分别为 6.7 和 6.8。2019 年土壤 pH 较之前显著下降，平均值为 6.1。

（六）耕层厚度和土壤容重现状

2019 年黑土监测点耕层厚度平均为 23.8cm，比全国平均耕层厚度高 1.9cm 左右。从表 4-4 中可以看出，耕层厚度在 13.0～36.0cm 之间，各监测点土壤耕层厚度存在明显差异。2019 年黑土监测区土壤容重平均为 1.28g/cm³，接近于全国土壤容重平均值，各监测点土壤容重主要是 1 级（高）和 3 级（中）分类级别。

表 4-4 2019 年土壤物理肥力现状

	样本数（占比%）	平均值	标准误	标准差	最小值	最大值	分类级别
耕层厚度（cm）	2（2.5）	14.0	0.7	1.0	13.0	15.0	5 级（低）
	27（33.7）	19.3	0.2	1.1	16.0	20.0	4 级（较低）
	21（26.3）	23.7	0.3	1.4	21.0	25.0	3 级（中）
	19（23.7）	28.4	0.3	1.4	26.0	30.0	2 级（较高）
	11（13.8）	33.7	0.4	1.3	32.0	36.0	1 级（高）
容重（g/cm³）	8（6.9）	1.60	0.09	0.25	0.95	1.74	5 级（低）
	6（5.2）	1.45	0.08	0.20	1.00	1.59	4 级（较低）

（续）

样本数（占比%）	平均值	标准误	标准差	最小值	最大值	分类级别
28（24.1）	1.32	0.03	0.18	1.01	1.50	3级（中）
15（12.9）	1.34	0.01	0.02	1.31	1.40	2级（较高）
59（50.9）	1.21	0.01	0.06	1.10	1.30	1级（高）

注：耕层厚度分级：≤15.0，5级（低）；15.0～20.0，4级（较低）；20.0～25.0，3级（中）；25.0～30.0，2级（较高）；>30.0，1级（高）。

土壤容重分级：>1.5和<1.0，5级（低）；1.4～1.5，4级（较低）；1.3～1.4，3级（中）；1.2～1.3，2级（较高）；1.0～1.2，1级（高）。

二、施肥量现状与变化趋势

黑土全年施肥量的变化趋势如图4-66。从施肥量分析，总化肥施用量呈上升趋势（$P<0.05$）。1988—1993年总化肥施用量平均为295.4kg/hm^2，1994—1998年总施肥量与前一监测阶段基本持平，1999—2003年间化肥施用量明显上升（398.6kg/hm^2），较1994—1998年提高34.9%，2004—2013年总化肥施用量略有上升，2014—2018年无显著升降，施肥量平均为520.0kg/hm^2。2019年化肥施用量较往年下降明显。

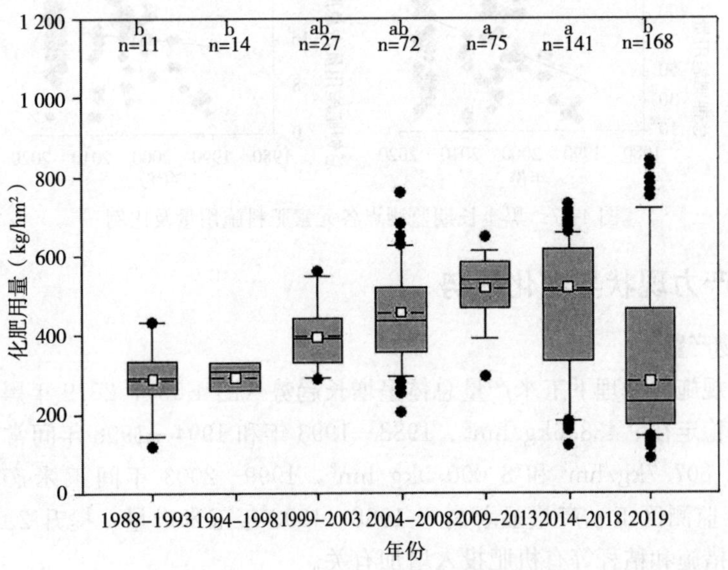

图4-66　黑土长期监测点总化肥施用量

从肥料中养分元素的占比来看，总氮肥养分施用量占比基本稳定，总磷肥养分施用量占比呈下降趋势，总钾肥养分施用量占比呈上升趋势（图4-67）。总氮肥养分施用量占总养分施用量的59.7%；总磷肥养分施用量占总养分施用量的26.2%；总钾肥养分施用量比例逐年上升，由监测初期的8.9%提高到2014—2018年间的15.2%。

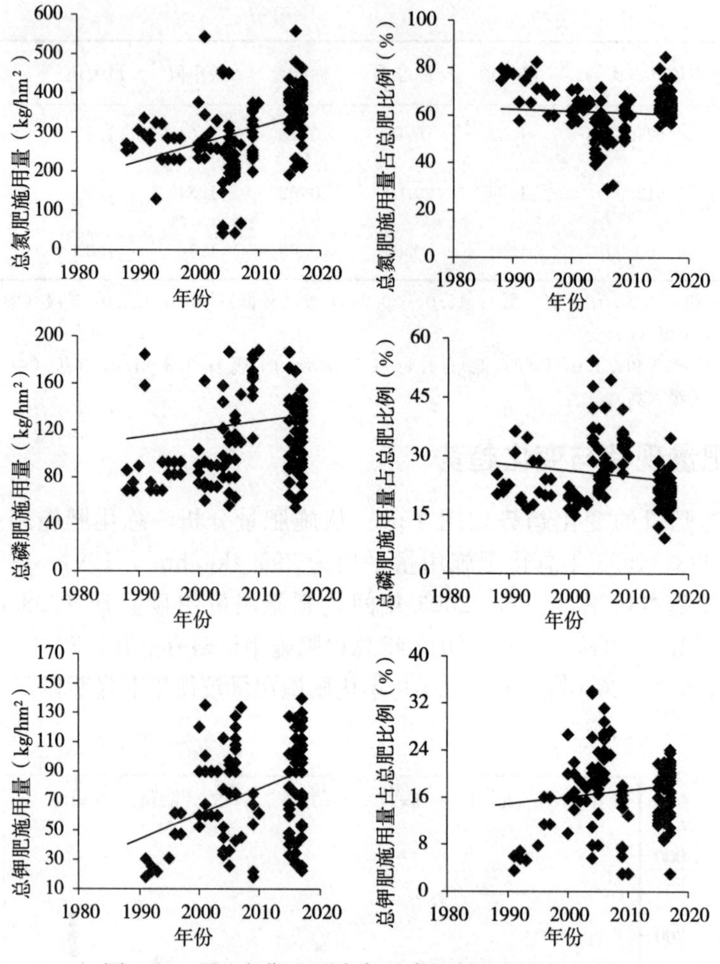

图 4-67　黑土长期监测点各元素肥料施用量及比例

三、生产力现状与变化趋势

（一）作物产量

黑土区常规施肥处理下玉米产量总体呈增长趋势（图 4-68），2019 年黑土监测点玉米产量平均水平稳定在 9 438.6kg/hm²。1988—1993 年和 1994—1998 年间常规施肥区玉米年均产量为 7 807.7kg/hm² 和 8 090.0kg/hm²，1999—2003 年间玉米产量提升明显。2014—2018 年监测区玉米产量显著高于 1988—1998 年玉米产量，提升 2 088.1kg/hm²，这可能与耕作措施和秸秆等有机肥投入增加有关。

（二）作物产量与基础地力关系

基础地力贡献率是指不施肥的作物产量与施肥作物产量之比，能够反映土壤的养分供应能力和自身生产力。常规施肥下小麦和玉米产量（y）与无肥区各作物产量（x，基础肥力）显著正相关（图 4-69），土壤基础地力越高，作物产量越高。黑土对玉米和大豆产量的地力贡献率分别为 0.62 和 0.57，土壤基础地力对玉米产量的贡献率高于小麦，而外源肥料投入下小麦增产效应优于玉米。

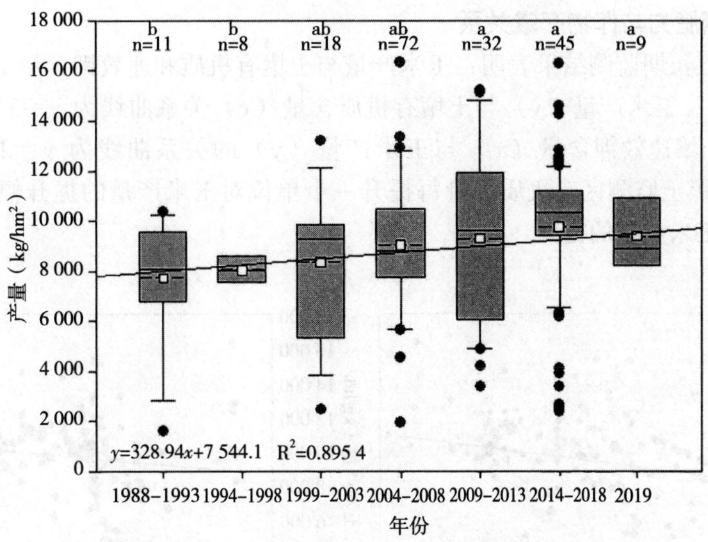

图 4-68 常规施肥下玉米产量变化趋势

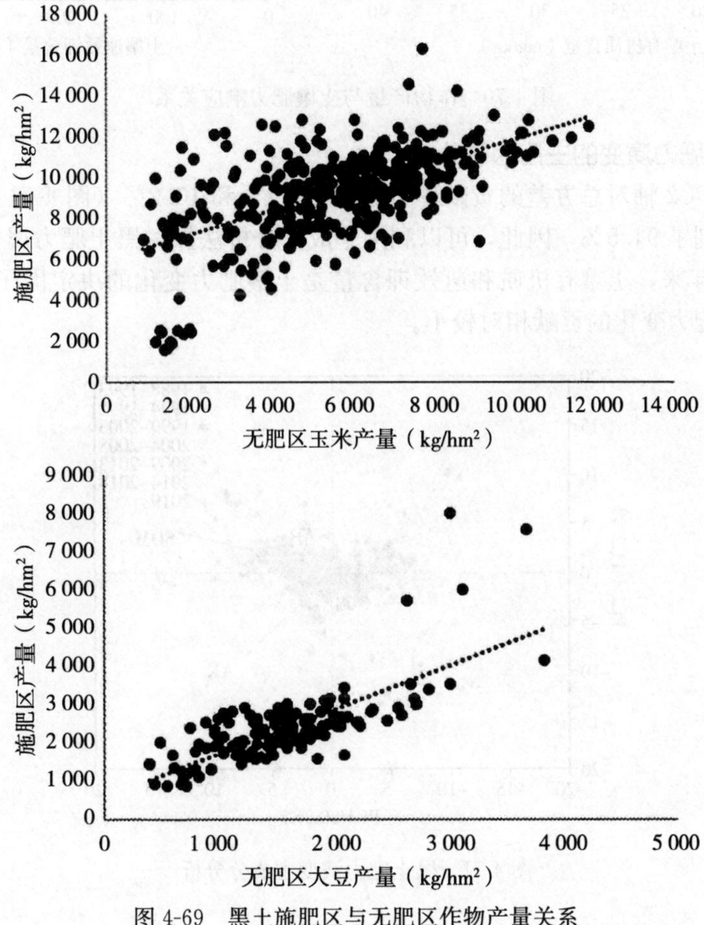

图 4-69 黑土施肥区与无肥区作物产量关系

（三）土壤肥力与作物产量关系

黑土监测点长期监测结果表明：玉米产量与土壤有机质和速效钾含量呈极显著正相关关系（图 4-70）。玉米产量（y）与土壤有机质含量（x）关系曲线为 $y=125.4x+5\ 866$，$R^2=0.06^{**}$。土壤速效钾含量（x）与玉米产量（y）的关系曲线为 $y=12.4x+7\ 192$，$R^2=0.059^{**}$。黑土监测区有机质含量每提升一个单位对玉米产量的提升幅度远大于土壤速效钾含量对玉米产量的提升。

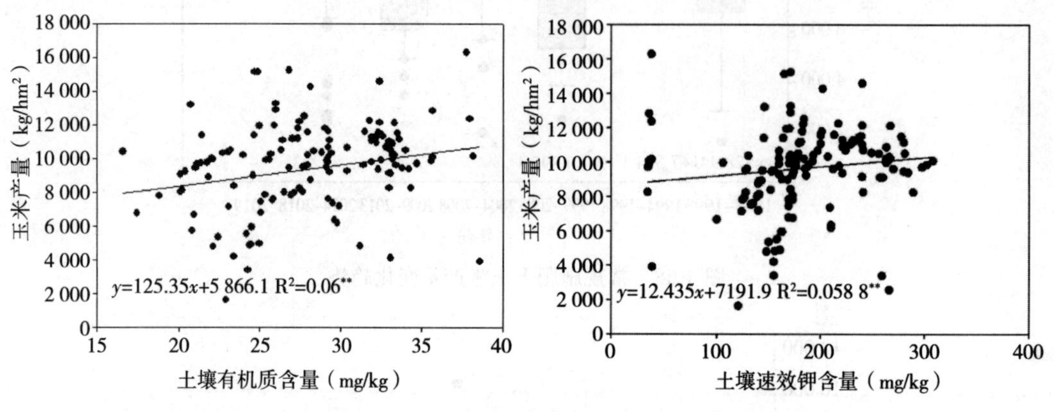

图 4-70　作物产量与土壤肥力响应关系

（四）土壤肥力演变的主控因子分析

PC1 轴和 PC2 轴对总方差的贡献率分别为 84.3% 和 10.2%（图 4-71），两者对总方差的贡献率达到了 94.5%，因此，可以利用主成分分析法探讨黑土肥力属性的变异情况。结果表明，31 年来，土壤有机质和速效钾含量是土壤肥力变化的决定因子，土壤全氮和有效磷对黑土肥力变化的贡献相对较小。

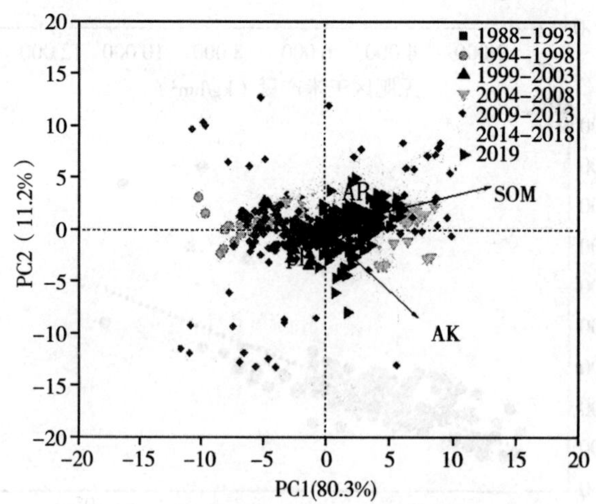

图 4-71　黑土肥力演变主成分分析

四、黑土耕地质量主要问题及建议措施

（一）黑土耕地质量总体演变趋势

1. 肥力演变 综合31年来长期耕地质量监测点土壤养分的变化趋势来看，在农民习惯的施肥管理措施下，土壤有机质、全氮、有效磷和速效钾含量均呈现出逐渐上升的趋势，土壤综合肥力较监测初期（1988—1993年）得到明显改善，这与康日峰等[5]研究结果一致。监测数据显示，1994—2003年间土壤有效磷含量较监测初期显著提升，土壤有机质、全氮和速效钾含量有增加趋势，但增加幅度较小。2004—2013年间土壤有机质、全氮、有效磷和速效钾均有所提升，有效磷和速效钾的提升幅度最大（141.3%和38.4%），这可能与东北黑土区农民的施肥管理措施密切相关。黑土开垦后至监测初期，作物生长所需的养分主要靠土壤基础养分，土壤养分归还量少，土壤养分亏缺严重，尤其长期不平衡施肥，使得土壤有机质和土壤有效磷含量远低于开垦前的土壤背景值。从监测初期至2003年间，随施肥量逐渐增加，土壤有机质和有效磷得到明显的提升，而由于生产条件制约和认识不足，从农田施肥开始农民偏施氮肥现象普遍存在，且土壤本身钾元素含量高，使得此阶段土壤全氮和速效钾并未随施肥量的增加而显著提升，而土壤pH却有所下降[6,7]。2004—2013年间，随着生产条件的改进和施肥措施的改善，黑土区施肥量逐年提升，养分投入逐渐均衡，土壤有机质、全氮、有效磷和速效钾含量均有明显提升。在监测末期（2014—2018年），人们对肥料和土壤养分的认识逐渐提升，肥料投入与环境保护成本关系得到重视，农民施肥趋于合理，化肥施用量得到控制，有机肥投入量逐年递增，秸秆还田范围逐渐扩大，从而使得此阶段较前一监测阶段（2009—2013年）有机质含量有明显提升，而土壤全氮、有效磷和速效钾含量略有下降，但较其他阶段仍有明显的增加趋势。另外，值得重视的是，不同监测阶段，尤其监测时期的后半阶段（2004—2018年），随着监测点位的逐渐增加，有效磷（12.6～67.1mg/kg）和速效钾（89～413mg/kg）含量空间变异较大，表明不同黑土区土壤对养分的需求不同，在进行施肥时应因地制宜，进行测土配方施肥，以达到良好的土壤改良效果。

土壤有机质是判断土壤肥力水平高低的重要指标，31年来，黑土区土壤有机质维持在16.6～48.9g/kg，呈现出逐渐提升的趋势，但仍与开垦前相差较大。大量长期定位试验表明，土壤有机质含量的动态变化取决于有机物料的输入和土壤有机质矿化之间的平衡[8,9]。单施化肥对黑土有机质提升效果并不明显，有机肥与无机肥配施能够显著提高土壤有机质。秸秆还田对黑土有机质的提升有明显提升作用，但应注意合理调整土壤碳氮比[10]。单一的施肥措施对有机质的提升效果有限，耕作与施肥相结合对黑土有机质的提升效果还需进一步研究。

2. 土壤pH等物理性状变化现状 长期耕地质量监测数据显示，31年来黑土区土壤pH总体呈先降低后平稳的趋势，1988—2008年间土壤pH下降明显，由监测初期的7.0降为6.3，降低0.7个单位，后期土壤pH相对稳定。2009—2018年较前一监测阶段（2004—2008年）略有提升。自20世纪80年代起，化肥施用量逐年增加，化肥的大量使用导致我国农田土壤养分不平衡，土壤酸化问题严峻[11]。长期连续的化肥投入会导致土壤pH和土壤酸缓冲能力下降。1988—2008年间黑土区土壤pH逐渐降低的原因可能是黑

土区化肥施用量大，农民不重视有机肥投入且偏施氮肥导致土壤养分不平衡，使得活性酸增加，土壤 pH 下降。有机肥或秸秆还田处理有改善和抑制土壤酸化的效果[12]，2009—2018 年间有机肥投入和秸秆还田推广范围的增加，土壤 pH 表现出缓慢上升的趋势。针对黑土区土壤酸化问题，应注重平衡施肥和测土配方施肥，避免氮肥的过量投入，积极进行秸秆还田。现阶段，黑土区耕层厚度远低于开垦初期，且土壤容重有逐渐增加的趋势，黑土物理性状的改善需要引起重视。

3. 生产力变化 黑土监测点 31 年来的监测结果表明，常规施肥措施下玉米产量总体呈增加趋势，这与黑土区土壤综合肥力的提升密切相关。2014—2018 年间常规施肥区玉米年均产量（9895.8kg/hm^2）较 1988—1993 年玉米产量（7807.7kg/hm^2）显著提高 26.7%。监测结果表明，黑土土壤肥力的决定因子为土壤有机质和速效钾，这与查燕[13]关于有机质是东北黑土区农田基础地力的主要因素之一的结果一致，表明黑土区应重视有机肥和钾肥的投入。

（二）黑土合理利用及培肥措施

（1）增加土壤物理特性的监测指标，构建黑土肥力和生产力预测模型。依据长期监测点年限连续、信息丰富和数据准确可靠等特点，建立模型预测土壤肥力演变及生产力的变化趋势，为农业可持续发展提供决策依据。

（2）合理施肥，增加有机物料投入量，维持和提升黑土 pH。化学肥料的施用量是影响土壤 pH 变化的重要因素。在氮磷化肥施用量相同的条件下，施肥与秸秆还田相配合后的土壤 pH 显著高于单施化肥处理，因此，长期秸秆还田与化肥、有机肥配施能有效地减缓土壤 pH 的下降。

（3）采取合理耕作措施。推广保护性耕作和秸秆还田配套技术，保护土壤结构，减缓有机质和土壤养分的耗损，增加土壤微生物多样性并促进其功能释放，尤其是增加固碳自养微生物，有助于提高土壤有机碳和其他养分含量。

参 考 文 献

[1] 吴启堂．环境土壤学［M］．北京：中国农业出版社，2015.

[2] 龚子同．中国土壤分类［M］．北京：科学出版社，2003.

[3] 韩晓增，邹文秀．我国东北黑土地保护与肥力提升的成效与建议［J］．中国科学院院刊，专题：土壤与可持续发展，2018，33（2）：206-211.

[4] 曹志洪，周建民．中国土壤质量［S］．北京：科学出版社，2008.

[5] 康日峰，任意，吴会军，等．26 年来东北黑土区土壤养分演变特征［J］．中国农业科学，2016，49（11）：2113-2125.

[6] 张喜林，周宝库，孙磊，等．长期施用化肥和有机肥料对黑土酸度的影响［J］．土壤通报，2008，39（5）：1221-1223.

[7] 朱兆良，金继运．保障我国粮食安全的肥料问题［J］．植物营养与肥料学报，2013，19（2）：259-273.

[8] 韩秉进，张旭东，隋跃宇，等．东北黑土农田养分时空演变分析［J］．土壤通报，2007，38（2）：238-241.

[9] 何建红，孔樟良．土壤资源与农业利用［M］．北京：中国农业科学技术出版社，2014.

[10] 徐明岗，梁国庆，张夫道，等．中国土壤肥力演变［M］．北京：中国农业科学技术出版

社，2006.
[11] 高洪军，彭畅，等．长期不同施肥对东北黑土区玉米产量稳定性的影响［J］．中国农业科学，2015，48（23）：4790-4799.
[12] 乔云发，苗淑杰，韩晓增，等．不同土地利用方式对黑土农田酸化的影响［J］．农业系统科学与综合研究，2007（04）：468-470，476.
[13] 查燕，武雪萍，张会民，等．长期有机无机配施黑土土壤有机碳对农田基础地力提升的影响［J］．中国农业科学，2015，48（23）：4649-4659.

第五章　全国主要农作物产量、肥料投入分析与评价

第一节　全国主要农作物产量现状

1. 主要农作物产量现状分析　全国主要农作物无肥区产量及常规区产量如图 5-1 所示。结果表明，不同作物类型无肥区产量和施肥区产量均存在较大差异。无肥区薯类作物、瓜果类作物及蔬菜类作物空白产量处于较高水平，分别为 22.2t/hm^2、16.6t/hm^2、13.9t/hm^2，其次为粮食作物（玉米、水稻和小麦分别为 5.3t/hm^2、4.3t/hm^2、3.3t/hm^2）和其他经济作物（3.1t/hm^2），杂粮作物无肥区产量处于较低水平，为 2.5t/hm^2。常规区（在施肥条件下，包括化肥、有机肥氮、磷、钾）薯类作物、蔬菜类及瓜果类作物施肥产量仍处于较高水平，分别为 49.0t/hm^2、38.2t/hm^2、30.9t/hm^2，粮食作物（玉米、水稻和小麦分别为 9.1t/hm^2、7.7t/hm^2、6.5t/hm^2）和其他经济作物（7.0t/hm^2）次之。常规区杂粮作物产量处于较低的水平，为 3.7t/hm^2。由此可知，肥料的施用使各种作物的产量均大幅增加，增幅达到为 49.1%～174.0%。

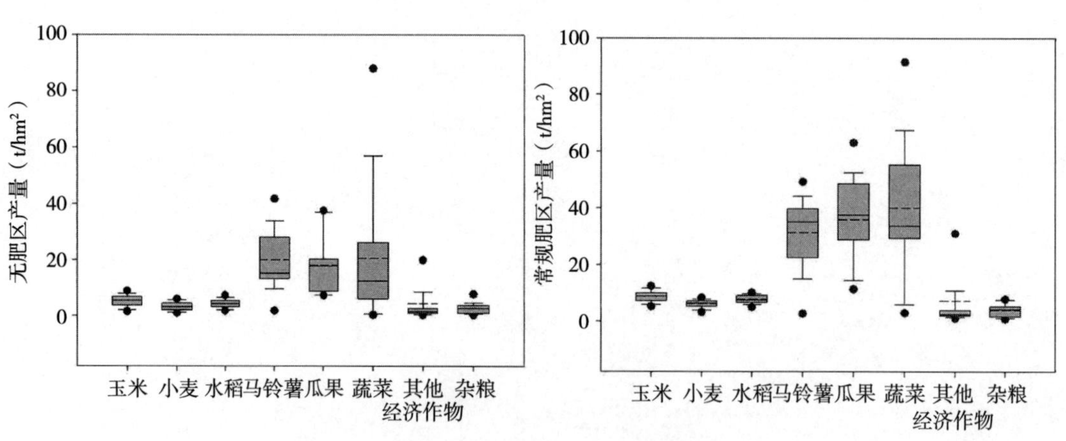

图 5-1　全国主要农作物空白产量及施肥产量

2. 主要农作物产量的空间分布　基于全国农业生产布局，将全国划分为九个一级农业区，分别为：Ⅰ东北区、Ⅱ内蒙古及长城沿线区、Ⅲ甘新区、Ⅳ黄土高原区、Ⅴ黄淮海区、Ⅵ青藏区、Ⅶ西南区、Ⅷ长江中下游区、Ⅸ华南区。

玉米、小麦、水稻是我国主要的粮食作物，在我国广泛种植。玉米在东北区、甘新区、黄淮海区、黄土高原区、内蒙古及长城沿线区、华南区、西南区、长江中下游区 8 个

区域均布设长期监测点，青藏区则无玉米监测点。玉米空白产量及施肥产量在各个区域间存在较大差异。内蒙古及长城沿线区、东北区及华南区无肥区产量较高，分别为6.5t/hm^2、5.9t/hm^2、5.6t/hm^2。其次为黄土高原区、黄淮海区、甘新区，分别为5.3t/hm^2、5.1t/hm^2、5.0t/hm^2；西南区及长江中下游区较低，分别为3.8t/hm^2、2.8t/hm^2。玉米常规区产量空间分布由高到低排列为：华南区（10.5t/hm^2）、甘新区（10.4t/hm^2）、内蒙古及长城沿线区（10.1t/hm^2）、东北区（9.2t/hm^2）、黄淮海区（8.5t/hm^2）、黄土高原区（8.4t/hm^2）、西南区（7.2t/hm^2）、长江中下游区（6.8t/hm^2）（图5-2）。在各个区域，肥料施用使玉米产量增加55.0%～245.0%。

小麦在东北区、甘新区、黄淮海区、黄土高原区、内蒙古及长城沿线区、青藏区、西南区、长江中下游区8个区域均布设有长期定位监测点，华南区则无小麦监测点。黄淮海区、黄土高原区、西南区无肥区产量较高，分别为4.1t/hm^2、3.2t/hm^2、2.8t/hm^2，其次为甘新区、青藏区和东北区，分别为2.7t/hm^2、2.5t/hm^2、2.3t/hm^2，长江中下游区、内蒙古及长城沿线区较低，分别为2.2t/hm^2、1.6t/hm^2。常规区产量空间分布与无肥区产量相似，其产量由高到低排列为：黄淮海区（7.4t/hm^2）、甘新区（6.5t/hm^2）、长江中下游区（6.1t/hm^2）、黄土高原区（5.7t/hm^2）、青藏区（5.3t/hm^2）、西南区（4.8t/hm^2）、东北区（3.2t/hm^2）、内蒙古及长城沿线区（2.4t/hm^2）（图5-3）。肥料施用显著提高小麦产量25.0%～215.0%。

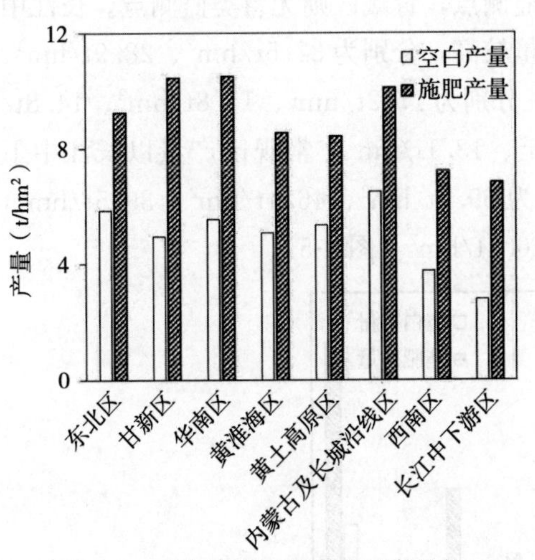

图5-2　玉米施肥区及常规区产量的空间分布

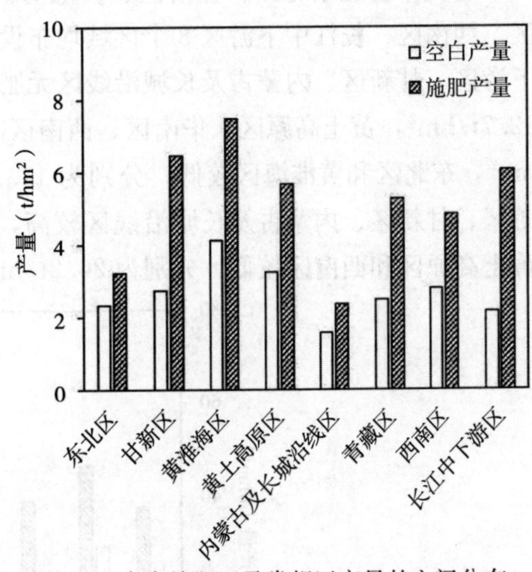

图5-3　小麦施肥区及常规区产量的空间分布

水稻在东北区、甘新区、华南区、黄淮海区、内蒙古及长城沿线区、西南区、长江中下游区7个区域均布设长期定位监测点，黄土高原区及青藏区则无水稻监测点。内蒙古及长城沿线区、西南区、东北区无肥区产量较高，分别为5.8t/hm^2、5.1t/hm^2、4.8t/hm^2。黄淮海区、长江中下游区、华南区无肥区产量较低，分别为4.2t/hm^2、4.1t/hm^2、3.8t/hm^2。常规区产量由高到低排列为黄淮海区（9.7t/hm^2）、内蒙古及长城沿线区（9.0t/hm^2）、甘新区（8.5t/hm^2）、东北区（8.2t/hm^2）、西南区（7.9t/hm^2）、长江中下游区（7.8t/hm²）、华南区（6.5t/hm²）（图5-4）。肥料施用显著提高水稻产量53.0%～213.0%。

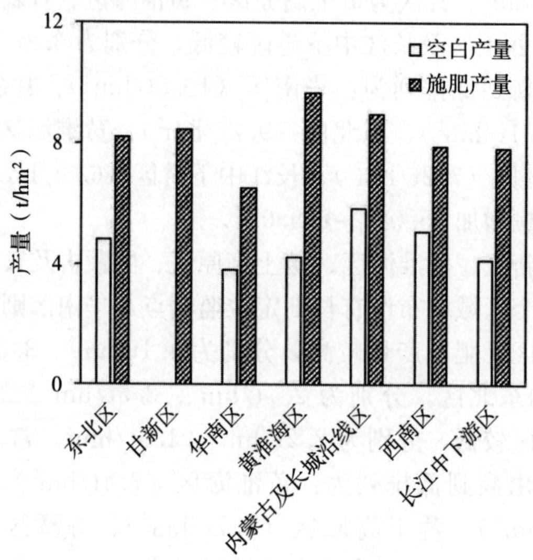

图5-4　水稻空白产量、施肥产量化肥的空间分布

薯类作物在东北区、甘新区、黄淮海区、黄土高原区、内蒙古及长城沿线区、青藏区、西南区、长江中下游区8个区域均布设长期监测点，青藏区则无薯类监测点。长江中下游区、甘新区、内蒙古及长城沿线区无肥区产量较高，分别为32.5t/hm²、28.9t/hm²、22.7t/hm²，黄土高原区、华南区、西南区次之，分别为17.2t/hm²、15.8t/hm²、14.8t/hm²，东北区和黄淮海区较低，分别为14.1t/hm²、13.1t/hm²。常规区产量以长江中下游区、甘新区、内蒙古及长城沿线区较高，分别为69.7t/hm²、46.4t/hm²、39.5t/hm²，黄土高原区和西南区较低，分别为26.2t/hm²、20.4t/hm²（图5-5）。

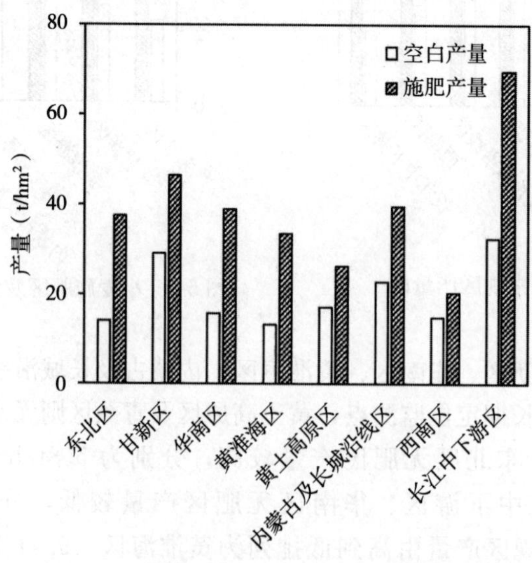

图5-5　薯类空白产量、施肥产量的空间分布

瓜果类作物在甘新区、华南区、黄淮海区、黄土高原区、西南区、长江中下游区 6 个区域均布设长期定位监测点，甘新区、内蒙古及长城沿线区及青藏区则无瓜果类监测点。其无肥区产量及施肥产量相较于其他作物处于较高的水平，在区域间存在较大差异。无肥区产量以黄淮海区最高，达到 25.8t/hm²，西南区、甘新区次之，分别为 15.0t/hm²、14.3t/hm²，黄土高原区及华南区较低。常规区产量则以西南区较高，达到 39.6t/hm²，华南区较低，为 8.7t/hm²（图 5-6）。

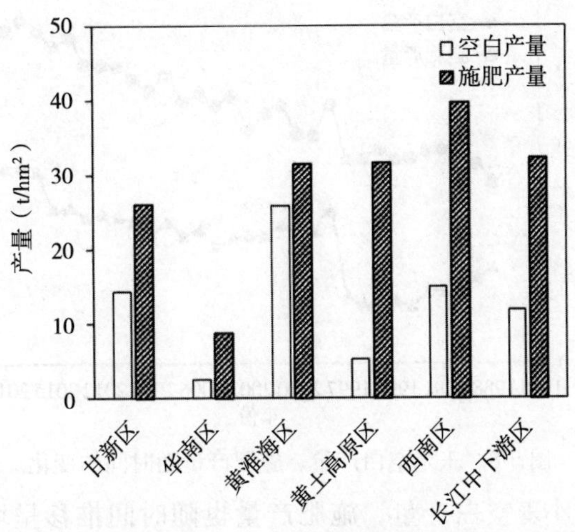

图 5-6 瓜果类作物空白产量、施肥产量的空间分布

蔬菜作物在东北区、甘新区、华南区、黄淮海区、内蒙古及长城沿线区、西南区、长江中下游区 7 个区域均布设长期定位监测点，甘新区及青藏区则无蔬菜类监测点。蔬菜无肥区产量以内蒙古及长城沿线区和西南区较高，分别为 37.0t/hm²、28.3t/hm²，黄淮海区和甘新区较低，为 7.6t/hm²、6.0t/hm²。蔬菜常规区产量以西南区、黄淮海区较高，达到 57.9t/hm²、55.9t/hm²，黄土高原区和甘新区较低，分别为 22.5t/hm²、7.7t/hm²（图 5-7）。

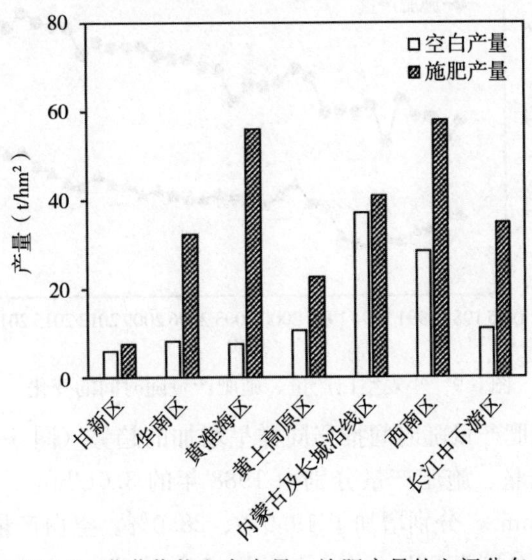

图 5-7 蔬菜作物空白产量、施肥产量的空间分布

3. 主要粮食作物产量的变化趋势 过去 31 年（1988—2019 年），玉米空白产量、施肥产量随时间推移均呈现增加的趋势（图 5-8）。空白产量由 1988 年的 2.5t/hm^2 增加到 2019 年的 5.3t/hm^2，增幅为 112.0%。其增长速度为 91kg/（hm^2 · a)。这也说明，土壤基础地力随着时间推移呈现增加的趋势。玉米施肥产量也相应的由 1988 年的 4.9t/hm^2 增加到 2018 年的 9.1 t/hm^2，增加了 84.0%。施肥产量增长速度高于空白产量的增加速度，为 138kg/（hm^2 · a)。

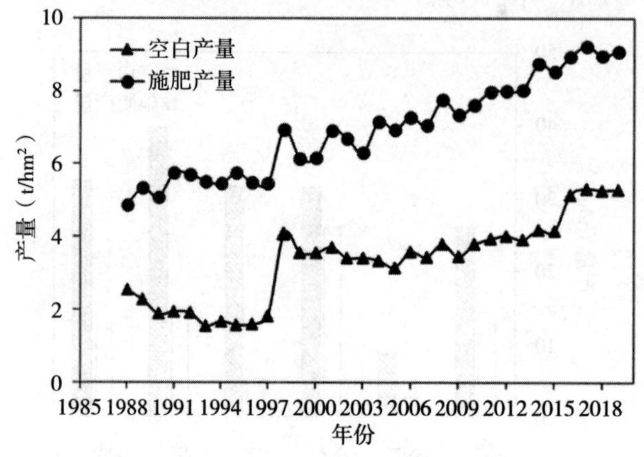

图 5-8 玉米空白产量、施肥产量随时间的变化

与玉米生产相似，小麦空白产量、施肥产量也随时间推移呈增加的趋势（图 5-9）。小麦空白产量由 1988 年的 1.8t/hm^2 增加到 2019 年的 3.3t/hm^2，增加了 79.0%。施肥产量也相应的增加，由 1988 年的 4.0t/hm^2 增加到 2019 年的 6.5t/hm^2，增加了 59.0%。小麦空白产量、施肥产量的增长速度分别为 48kg/（hm^2 · a)、74kg/（hm^2 · a)，低于玉米空白产量及施肥产量增长速度。

图 5-9 小麦空白产量、施肥产量随时间的变化

水稻空白产量及施肥产量随时间推移同样呈增加的趋势（图 5-10），然而增产幅度则相对较小。水稻空白产量、施肥产量分别由 1988 年的 3.6t/hm^2、6.0t/hm^2 增加到 2018 年的 4.3t/hm^2、7.7t/hm^2，分别增加了 19.0%、28.0%。空白产量、施肥产量的增长速度均低于玉米、小麦，分别为 22kg/（hm^2 · a)、56kg/（hm^2 · a)。

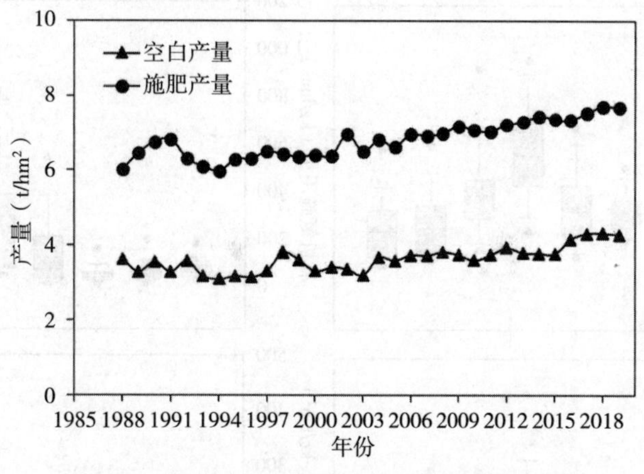

图 5-10　水稻空白产量、施肥产量随时间的变化

第二节　主要农作物肥料投入分析

1. 主要农作物化肥及有机肥投入现状　不同作物的化肥、有机肥氮、磷、钾施用量存在较大差异（图 5-11）。结果表明，瓜果类、蔬菜类作物化肥氮、有机氮平均施用量均处于较高的水平。瓜果类作物化肥氮、有机氮施用量分别为 355.0kg/hm^2、253.0kg/hm^2。蔬菜类作物化肥氮、有机氮施用量分别为 239.0kg/hm^2、230.0kg/hm^2。其次为粮食作物的氮肥施用量。小麦化肥氮、有机氮施用量分别为 219.0kg/hm^2、74.0kg/hm^2，玉米化肥氮、有机氮施用量分别为 216.0kg/hm^2、104.0kg/hm^2，薯类化肥氮、有机氮施用量分别为 193.0kg/hm^2、121.0kg/hm^2。水稻化肥氮、有机氮施用量分别为 175.0kg/hm^2、51.0kg/hm^2。其他其他经济作物、杂粮作物化肥氮、有机氮施用量相对较低。杂粮作物化肥氮、有机氮施用量分别为 126.0kg/hm^2、70.0kg/hm^2。

在不同作物类型间，化肥及有机肥磷（P_2O_5）、钾（K_2O）用量的差异与氮肥呈现相似的规律（图 5-11）。瓜果类作物化肥、有机磷施用量分别为 235.0kg/hm^2、126.0kg/hm^2。蔬菜类作物化肥磷、有机磷施用量分别为 135.0kg/hm^2、141.0kg/hm^2。薯类作物化肥磷、有机磷施用量分别为 144.0kg/hm^2、58.0kg/hm^2。小麦化肥磷、有机磷施用量分别为 109.0kg/hm^2、41.0kg/hm^2。玉米化肥磷、有机磷施用量分别为 95.0kg/hm^2、100.0kg/hm^2。水稻化肥磷、有机磷施用量分别为 76.0kg/hm^2、19.0kg/hm^2。杂粮作物化肥磷、有机磷施用量分别为 75.0kg/hm^2、42.0kg/hm^2。

瓜果类作物化肥、有机钾施用量分别为 283.0kg/hm^2、180.0kg/hm^2。蔬菜类作物化肥钾、有机钾施用量分别为 189.0kg/hm^2、189.0kg/hm^2。薯类作物化肥钾、有机钾施用量分别为 177.0kg/hm^2、80.0kg/hm^2。水稻化肥钾、有机钾施用量分别为 93.0kg/hm^2、65.0kg/hm^2。玉米化肥钾、有机钾施用量分别为 81.0kg/hm^2、98.0kg/hm^2。小麦化肥钾、有机钾施用量分别为 70.0kg/hm^2、106.0kg/hm^2。杂粮作物化肥钾、有机钾施用量分别为 93.0kg/hm^2、29.0kg/hm^2。瓜果、蔬菜类作物施用有机肥比例较高，棉花、马铃薯、玉米、小麦、其他经济作物施用比例次之，水稻、杂粮作物施用比例较低。

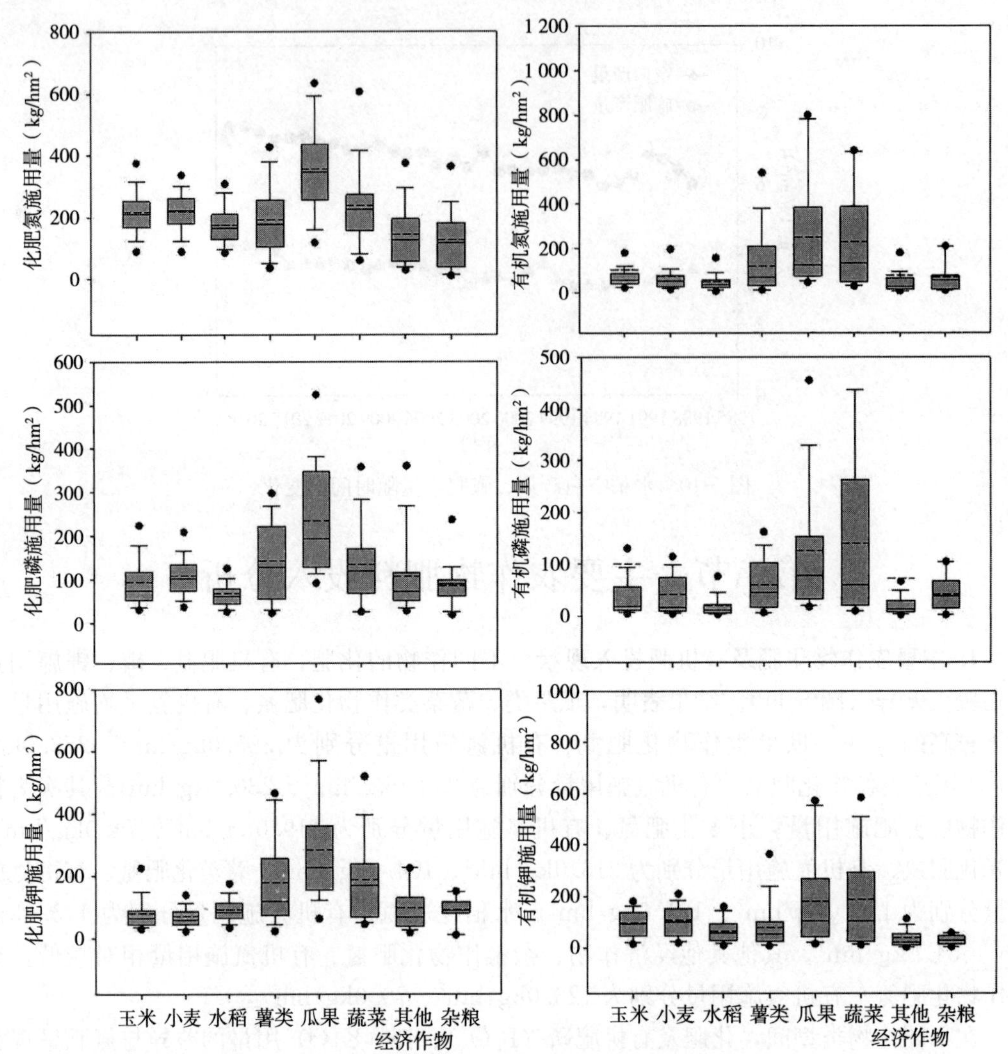

图 5-11　全国主要农作物化肥及有机肥施用量

注：图中磷为 P_2O_5，钾为 K_2O，下同。

2. 主要农作物化肥用量的空间分布　各个作物化肥用量在各区域间存在较大差异。玉米在甘新区、华南区及黄土高原区化肥氮施用量较高，分别为 331.0kg/hm²、249.0kg/hm²、233.0kg/hm²；长江中下游区、西南区、黄淮海区次之，分别为 232.0kg/hm²、211.0kg/hm²、208.0kg/hm²；东北区和内蒙古及长城沿线区较低，分别为 205.0kg/hm²、193.0kg/hm²。化肥磷施用量由高到低排列为：甘新区（159.0kg/hm²）、华南区（127.0kg/hm²）、内蒙古及长城沿线区（111.0kg/hm²）、东北区（110.0kg/hm²）、黄土高原区（106.0kg/hm²）、西南区（76.0kg/hm²）、长江中下游区（69.0kg/hm²）、黄淮海区（65.0kg/hm²）；化肥钾施用量由高到低排列为：华南区（124.0kg/hm²）、东北区（102.0kg/hm²）、长江中下游区（78.0kg/hm²）、西南区（75.0kg/hm²）、甘新区（70.0kg/hm²）、内蒙古及长城沿线区（68.0kg/hm²）、黄土高原区（66.0kg/hm²）、黄淮海区（65.0kg/hm²）（图 5-12）。

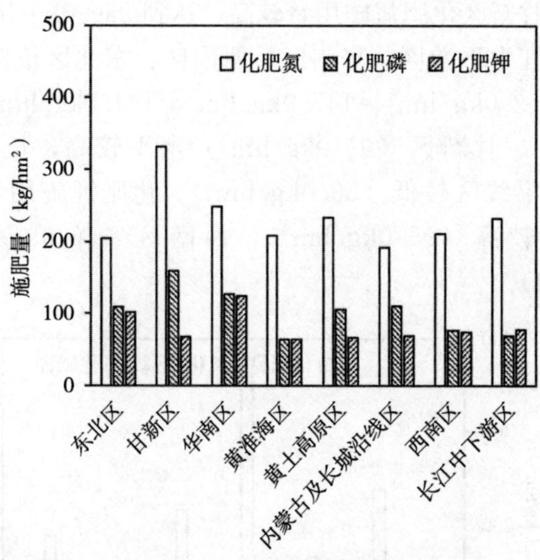

图 5-12　玉米化肥氮、磷、钾用量的空间分布

小麦在甘新区、长江中下游区、华南区化肥氮施入量较高，分别为 270.0kg/hm^2、236.0kg/hm^2、232.0kg/hm^2；黄淮海区、西南区次之，分别为 191.0kg/hm^2、147.0kg/hm^2，东北区、内蒙古及长城沿线区及黄土高原区较低，分别为 105.0kg/hm^2、94.0kg/hm^2、23.0kg/hm^2。化肥磷施用量由高到低排列为：甘新区（140.0kg/hm^2）、东北区（135.0kg/hm^2）、黄土高原区（129.0kg/hm^2）、黄淮海区（126.0kg/hm^2）、青藏区（109.0kg/hm^2）、长江中下游区（77.0kg/hm^2）、西南区（61.0kg/hm^2）、内蒙古及长城沿线区（53.0kg/hm^2）；化肥钾施用量由高到低排列为：东北区（92.0kg/hm^2）、黄淮海区（78.0kg/hm^2）、长江中下游区（74.0kg/hm^2）、黄土高原区（56.0kg/hm^2）、西南区（44.0kg/hm^2）、甘新区（26.0kg/hm^2）（图 5-13）。

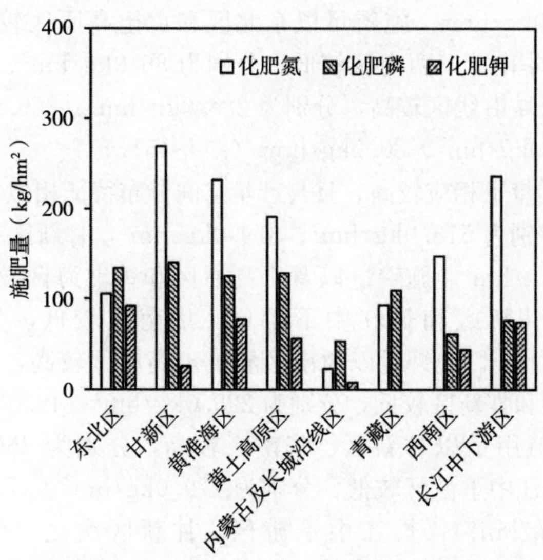

图 5-13　小麦化肥氮、磷、钾用量的空间分布

水稻在黄淮海区、甘新区化肥氮施用量较高，达到 359.0kg/hm²、238.0kg/hm²；内蒙古及长城沿线区、长江中下游区、华南区、西南区、东北区依次降低分别为 215.0kg/hm²、187.0kg/hm²、163.0kg/hm²、147.0kg/hm²、144.0kg/hm²。化肥磷施用量以黄淮海区（129.0kg/hm²）、甘新区（91.0kg/hm²）水平较高，长江中下游区（65.0kg/hm²）和内蒙古及长城沿线区较低（56.0kg/hm²）。化肥钾施用量以华南区（120.0kg/hm²）、长江中下游区较高（95.0kg/hm²），西南区（56.0kg/hm²）及甘新区较低（22.0kg/hm²）（图 5-14）。

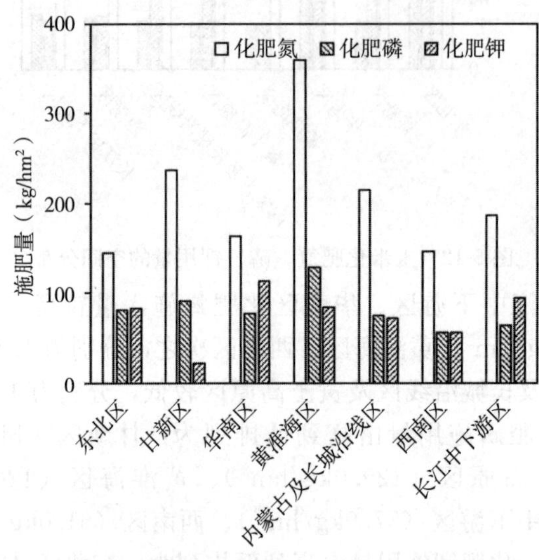

图 5-14　水稻化肥氮、磷、钾用量的空间分布

薯类作物以华南区化肥氮施入量较高，高达 350.0kg/hm²；其次为黄淮海区和东北区，分别为 275.0kg/hm²、240.0kg/hm²。长江中下游区、西南区化肥氮用量较低，分别为 155.0kg/hm²、91.0kg/hm²。施磷量以东北区和黄土高原区较高，分别为 240.0kg/hm²、189.0kg/hm²；华南区、西南区较低，分别为 86.0kg/hm²、80.0kg/hm²。施钾量以华南区、内蒙古及长城沿线区较高，分别为 288.0kg/hm²、259.0kg/hm²，西南区和甘新区较低，分别为 98.0kg/hm²、80.0kg/hm²（图 5-15）。

瓜果作物化肥施用量也相应较高，且与产量空间分布特征相似。氮肥施用量以西南区及黄土高原区较高，分别为 518.0kg/hm²、379.0kg/hm²，甘新区和华南区较低，分别为 227.0kg/hm²、225.0kg/hm²。施磷量以黄土高原区和黄淮海区较高，分别为 348.0kg/hm²、259.0kg/hm²，甘新区和长江中下游区、华南区较低，分别为 198.0kg/hm²、201kg/hm²、196.0kg/hm²。施钾量以西南区和黄土高原区较高，分别为 483.0kg/hm²、348.0kg/hm²，华南区和甘新区较低，分别为 225.0kg/hm²、49.0kg/hm²（图 5-16）。

蔬菜类作物化肥氮用量以甘新区、华南区较高，分别为 365.0kg/hm²、279.0kg/hm²，黄土高原区、长江中下游区较低，分别为 179.0kg/hm²、170.0kg/hm²。磷用量以华南区较高（194.0kg/hm²），长江中下游区、甘新区次之，分别为 147.0kg/hm²、145.0kg/hm²，黄土高原区域较低（77.0kg/hm²）。钾用量以华南区较高（322.0kg/hm²），甘新区则较低（59.0kg/hm²）（图 5-17）。

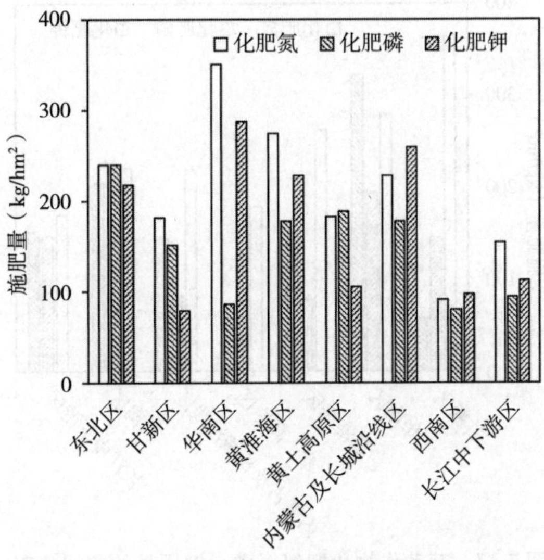

图 5-15　薯类化肥氮、磷、钾用量的空间分布

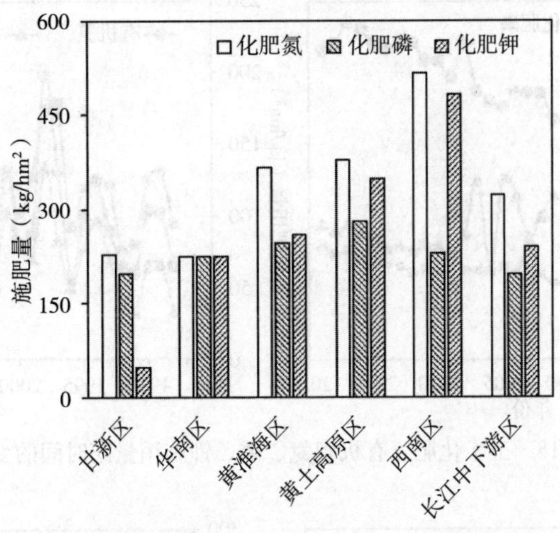

图 5-16　瓜果类作物化肥氮、磷、钾用量的空间分布

3. 主要粮食作物肥料用量的时间变异　玉米化肥氮、钾施用量随时间的变化均呈现增加的趋势（图 5-18），分别从 1988 年的 158.0kg/hm^2、43.0kg/hm^2 增加到 2019 年的 216.0kg/hm^2、81.0kg/hm^2，分别增加了 37.0%、90.0%。化肥磷施用量则随时间的变化则呈现降低的趋势，由 1988 年的 111.0kg/hm^2 降低到 2019 年的 95.0kg/hm^2，降幅为 14.0%。有机氮、磷、钾的用量均呈现先增高后降低趋势，在 1993—1997 年处于较高的水平。

小麦化肥施用量的增加主要体现在氮肥上（图 5-19）。化肥氮施用量分别从 1989 年的 152.0kg/hm^2 增加到 2019 年的 219.0kg/hm^2，增加了 44.0%。化肥磷、钾施用量则没有明显的变化，分别在 81.0～157.0kg/hm^2、23.0～137.0kg/hm^2 范围内波动。有机氮、磷、钾施用量均随着时间的推移呈现降低的趋势，分别从 101.0kg/hm^2、58.0kg/hm^2、165.0kg/hm^2 降低至 66.0kg/hm^2、38.0kg/hm^2、106.0kg/hm^2，分别降低了 46.0%、50.0%、54.0%。

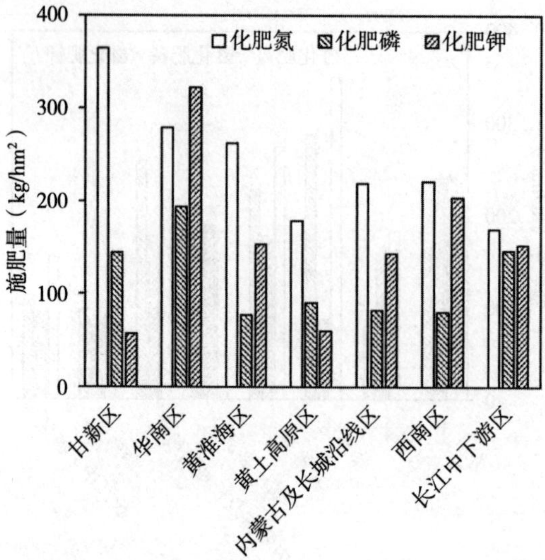

图 5-17 蔬菜作物化肥氮、磷、钾用量的空间分布

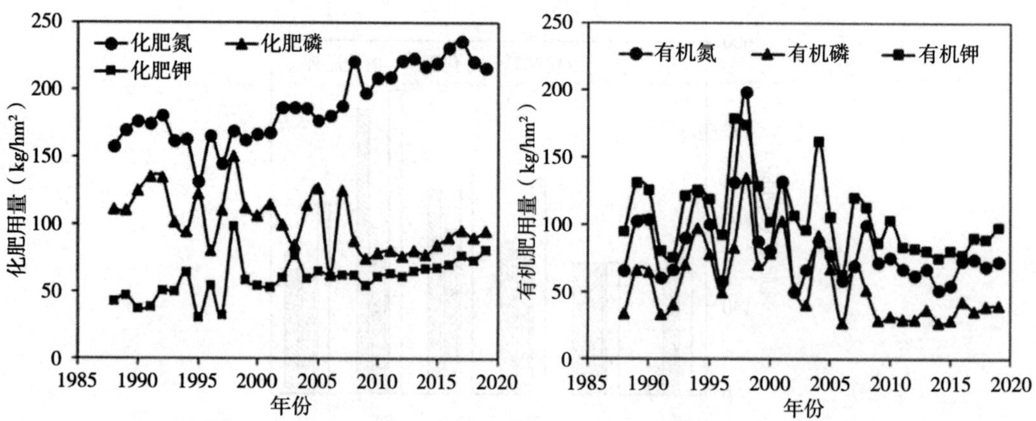

图 5-18 玉米化肥、有机肥氮、磷、钾施用量随时间的变化

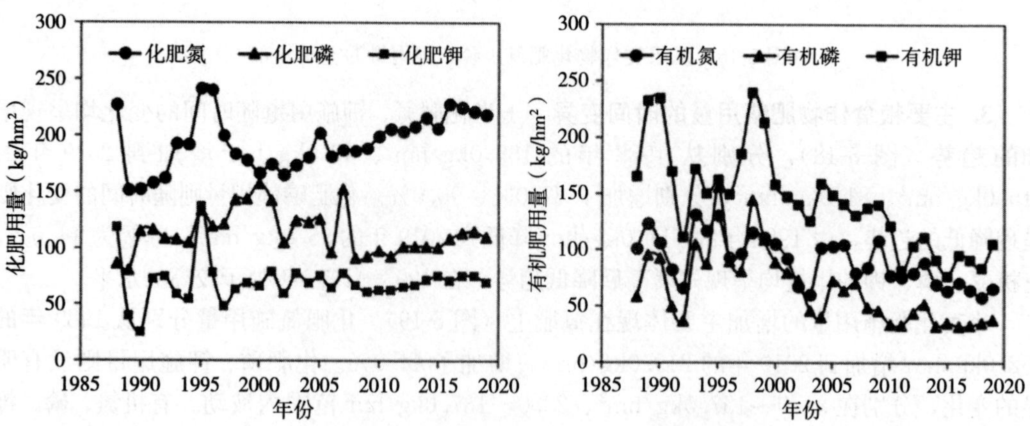

图 5-19 小麦化肥、有机肥氮、磷、钾施用量随时间的变化

水稻化肥氮用量分别从1988年的147.0kg/hm²增加到2019年的175.0kg/hm²，增幅为20.0%。化肥磷、钾施用量则没有明显的变化趋势，分别在49.0～126.0kg/hm²、62.0～96.0kg/hm²范围上下波动。有机氮、磷、钾施用量在年际间存在较大波动，无明显变化规律（图5-20）。

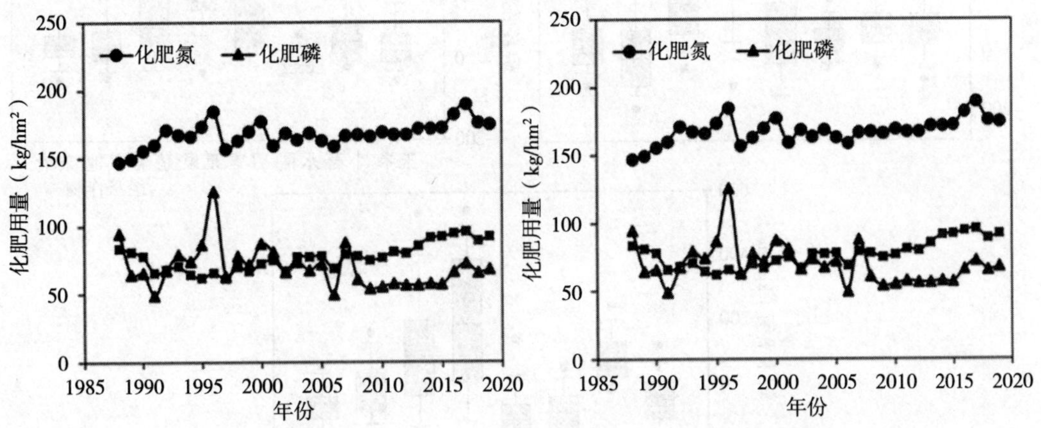

图5-20　水稻化肥、有机肥氮、磷、钾施用量随时间的变化

第三节　全国主要农作物养分平衡及肥料效率

1. 全国主要农作物养分平衡　将主要作物养分平衡定义为养分输入减去养分输出，即化肥、有机肥氮、磷、钾施用量减去作物氮、磷、钾吸收量。氮素的养分平衡较高，平均达到为71.0kg/hm²，其中瓜果、蔬菜较高，分别为388.0kg/hm²、225.0kg/hm²，粮食作物、薯类次之，分别为75.0kg/hm²、59.0kg/hm²，杂粮和其他经济作物较低，分别为33.9kg/hm²、6.0kg/hm²。磷平衡也相应较高，平均为44.0kg/hm²，各种作物由大到小为瓜果（247.0kg/hm²）、蔬菜（135.0kg/hm²）、薯类（71.0kg/hm²）、小麦（65.0kg/hm²）、玉米（61.0kg/hm²）、其他经济作物（43.0kg/hm²）、杂粮作物（41.0kg/hm²）、水稻（−8.0kg/hm²）。作物钾平衡平均为−37.0kg/hm²，其中，瓜果、蔬菜、马铃薯、小麦为正平衡，其他经济作物、玉米、杂粮作物和水稻为负平衡（图5-21）。

近30年（1988—2019年），玉米氮平衡随时间推移没有明显的变化趋势，在32.0～109.0kg/hm²范围内上下波动。玉米磷、钾随时间的变化则呈现降低的趋势（图5-22）。

小麦氮、磷、钾盈余量随时间推移呈现不同程度降低的趋势，分别从1988年的207.0kg/hm²、84.0kg/hm²、142.0kg/hm²降低到2019年的95.0kg/hm²、65.0kg/hm²、79.0kg/hm²（图5-23）。

与玉米、小麦相比，水稻养分平衡处于较低的水平。水稻氮、钾盈余量随时间推移呈现不同程度增加趋势，分别从1988年的−8.0kg/hm²、−119.0kg/hm²增加到2019年的48.0kg/hm²、−84.0kg/hm²（图5-24）。水稻磷盈余则比较稳定，在−40.0～27.0

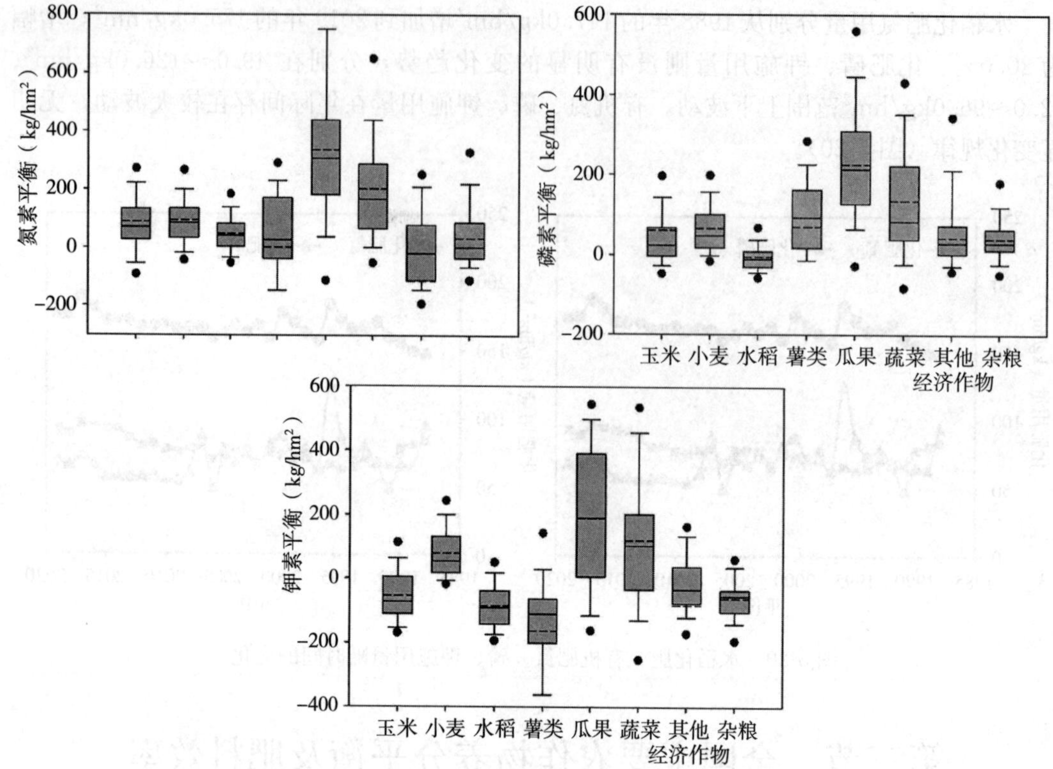

图 5-21　各种作物氮磷钾平衡

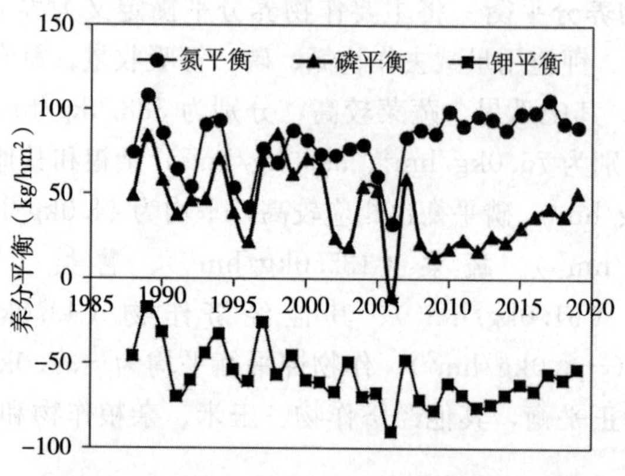

图 5-22　玉米氮、磷、钾养分平衡随时间变化

kg/hm^{2}范围内上下波动。

2. 主要农作物肥料效率分析　肥料偏生产力表示单位化肥的投入所能生产的作物产量，已被国内外广泛使用。从图 5-25 可以看出，不同作物类型间肥料偏生产力差异较大。薯类作物、蔬菜类作物、瓜果类作物氮肥偏生产力较高，分别为 259.0kg/kg、190.0kg/kg、103.0kg/kg。杂粮作物、水稻、玉米次之，分别为 52.0kg/kg、49.0kg/kg、47.0kg/kg。小麦的氮肥偏生产力较低，为 33.0kg/kg。作物磷肥及钾肥的偏生产力均大于氮肥偏生产力，且与氮肥偏生产力呈现相似的规律。薯类作物、蔬菜、瓜果类作物磷肥

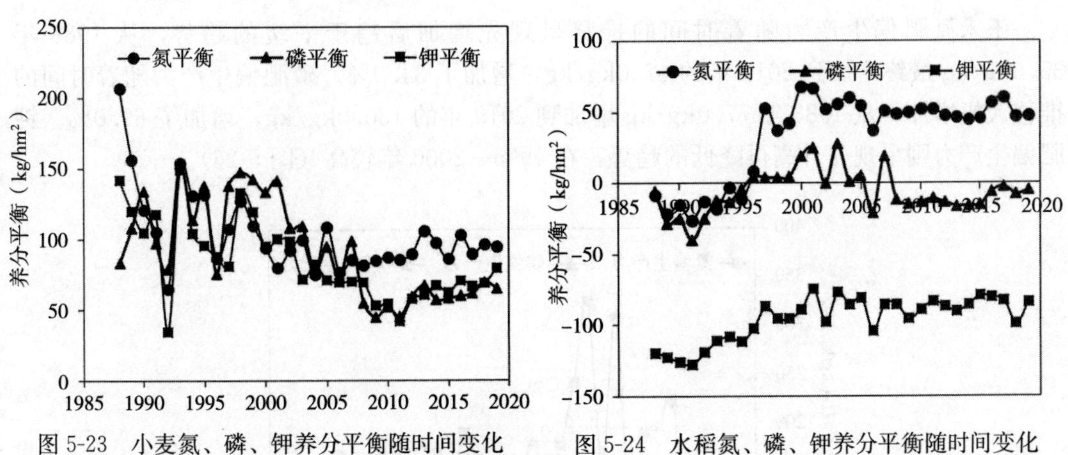

图 5-23　小麦氮、磷、钾养分平衡随时间变化　　图 5-24　水稻氮、磷、钾养分平衡随时间变化

偏生产力处于较高的水平，分别为 275.0kg/kg、268.0kg/kg、169.0kg/kg。水稻、玉米次之，分别为 139.0kg/kg、124.0kg/kg。小麦、杂粮作物磷肥偏生产力分别为 75.0kg/kg、45.0kg/kg。薯类、蔬菜、瓜果类作物钾肥偏生产力处于较高的水平，分别为 267.0kg/kg、214.0kg/kg、160.0kg/kg。其次为玉米、小麦、水稻，其钾肥偏生产力分别为 147.0kg/kg、123.0kg/kg、105.0kg/kg。杂粮作物的钾肥偏生产力较低，仅为 37.0kg/kg。总之，蔬菜、瓜果类作物及马铃薯肥料偏生产力较高，其次为粮食作物和杂粮作物，棉花的肥料偏生产力较低（图 5-25）。

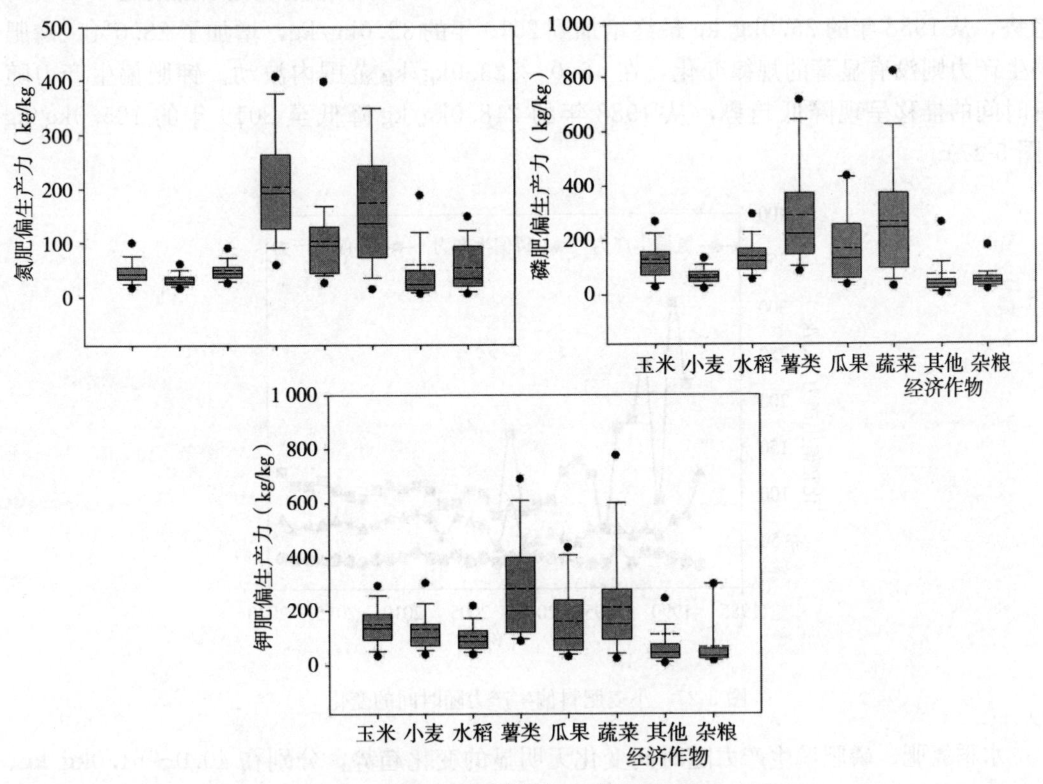

图 5-25　全国主要农作物氮、磷、钾肥偏生产力

玉米氮肥偏生产力随着时间的推移呈现先增加后趋于平缓的趋势，从 1988 年 35.0kg/kg 最终增加到 2019 年的 47.0kg/kg，增加了 34.0％。磷肥偏生产力随着时间的推移大幅增加，从 1988 年 77.0kg/kg 增加到 2019 年的 130.0kg/kg，增加了 69.0％。钾肥偏生产力则呈现先升高再降低的趋势，在 1995—2000 年较高（图 5-26）。

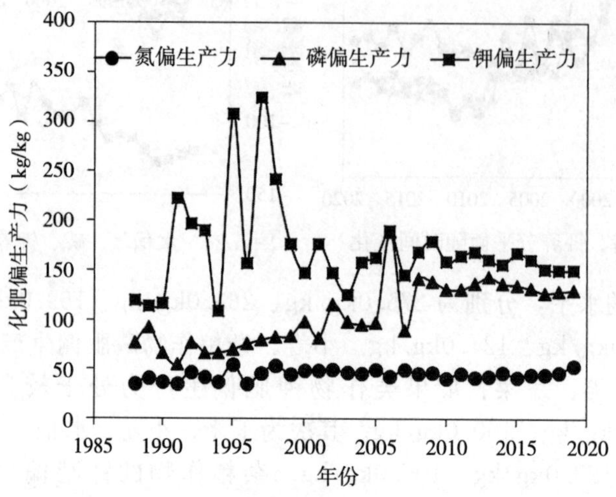

图 5-26　玉米肥料偏生产力随时间的变化

小麦氮肥偏生产力变化趋势与玉米相似，随着时间的推移呈现先增加后趋于平缓的趋势，从 1988 年的 25.0kg/kg 最终增加到 2019 年的 32.0kg/kg，增加了 28.0％。磷肥偏生产力则没有显著的规律变化，在 46.0～123.0kg/kg 范围内波动。钾肥偏生产力随着时间的推移呈现降低趋势，从 1988 年的 218.0kg/kg 降低至 2019 年的 125.0kg/kg（图 5-27）。

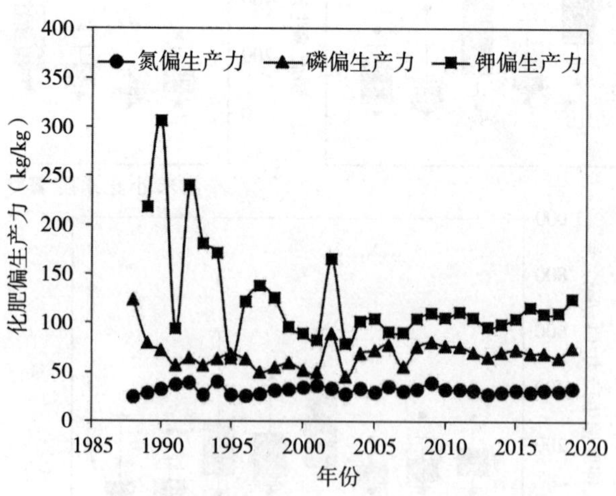

图 5-27　小麦肥料偏生产力随时间的变化

水稻氮肥、磷肥偏生产力随时间变化无明显的变化趋势，分别在 40.0～61.0kg/kg、107.0～186.0kg/kg 之间上下波动。水稻钾肥偏生产力随时间推移则呈现降低的趋势，从

1988 年的 198.0kg/kg 降低至 2019 年的 106.0kg/kg（图 5-28）。

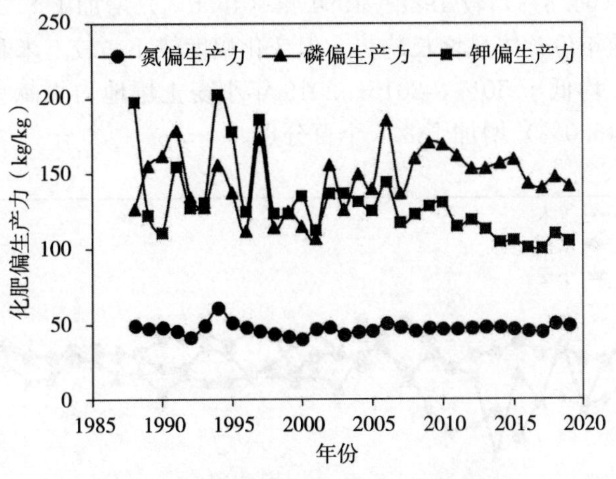

图 5-28　水稻肥料偏生产力随时间的变化

第四节　农田基础地力贡献率分析

土壤肥力与作物产量密切相关，而无肥区产量是衡量土壤基础地力的重要指标，根据基础地力水平可确定适宜的施肥水平，在生产上也有基于土壤基础地力（基础产量）的“以地定产”作物施肥推荐技术模式。农田无肥区产量与作物可实现产量间通常都有明显的相关关系，因此在很多研究中被作为评价农田土壤肥力状况的重要指标。农田基础地力贡献率（%）定义为无肥区产量与常规区产量的比值。基于长期定位监测数据，三大粮食作物农田平均土壤基础贡献率为 52.6%，其中玉米、水稻、小麦分别为 53.3%、54.8%、49.6%（图 5-29）。

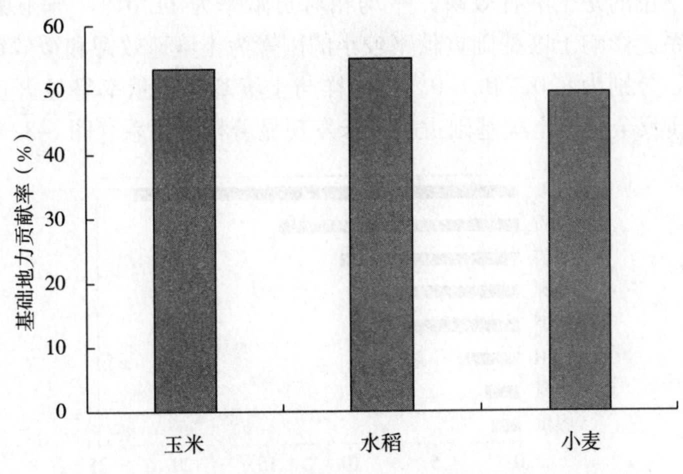

图 5-29　三大粮食作物农田土壤基础贡献率（%）

三大粮食作物土壤基础地力贡献率随年际间变化呈上升的趋势（图 5-30）。长期监测数据表明，玉米作物地力贡献率整体呈上升趋势，2015—2019 年地力贡献率（53.3%）

较 1988—1994 年（42.1%）增加了 11.2 个百分点。水稻作物整体呈增加趋势，2015—2019 年地力贡献率（54.8%）较 1988—1994 年（46.6%）增加了 8.2 个百分点。小麦作物土壤地力贡献率随年份整体呈增长趋势，但变化幅度较小，较玉米和水稻，小麦土壤地力贡献率整体偏低，均低于 50%，2015—2019 年小麦土壤地力贡献率最高，为 49.6%，较 1988—1994 年（46.0%）增加了 3.6 个百分点。

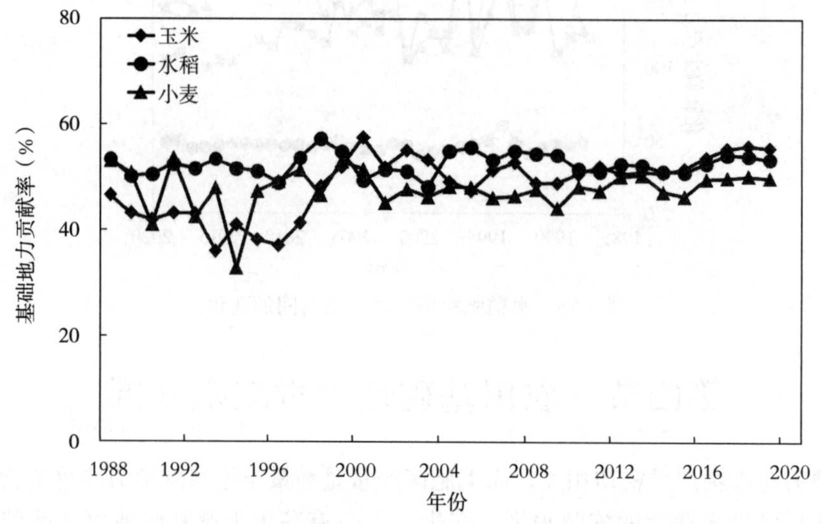

图 5-30　三大粮食作物农田土壤基础贡献率年际差异

挑选影响土壤基础地力贡献率的主要影响因素（图 5-31），包括土层厚度、土壤容重、土壤有机质、全氮、有效磷、速效钾、缓效钾等，在众多的影响因素当中，土层厚度是影响农田土壤基础地力贡献率最大的因素，其相对贡献率为 23.0%，与土壤基础地力贡献率呈极显著的正相关关系。排在第二位的是土壤有机质，其平均相对贡献率为 14.0%。排在第三位的是土壤有效磷，平均相对贡献率为 11.0%，与土壤基础贡献率呈显著的正相关关系。影响土壤基础贡献率较小的因素为土壤速效钾和缓效钾，二者的相对贡献率水平相当，分别为 8.0%和 7.0%，同样与土壤基础贡献率呈显著正相关关系。土壤容重、土壤 pH 及全氮与土壤基础贡献率未发现显著相关关系（图 5-32）。

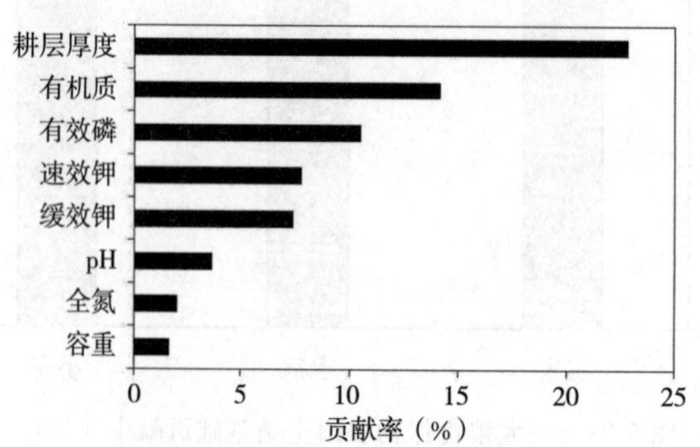

图 5-31　影响土壤基础贡献率的主要贡献因子及其贡献

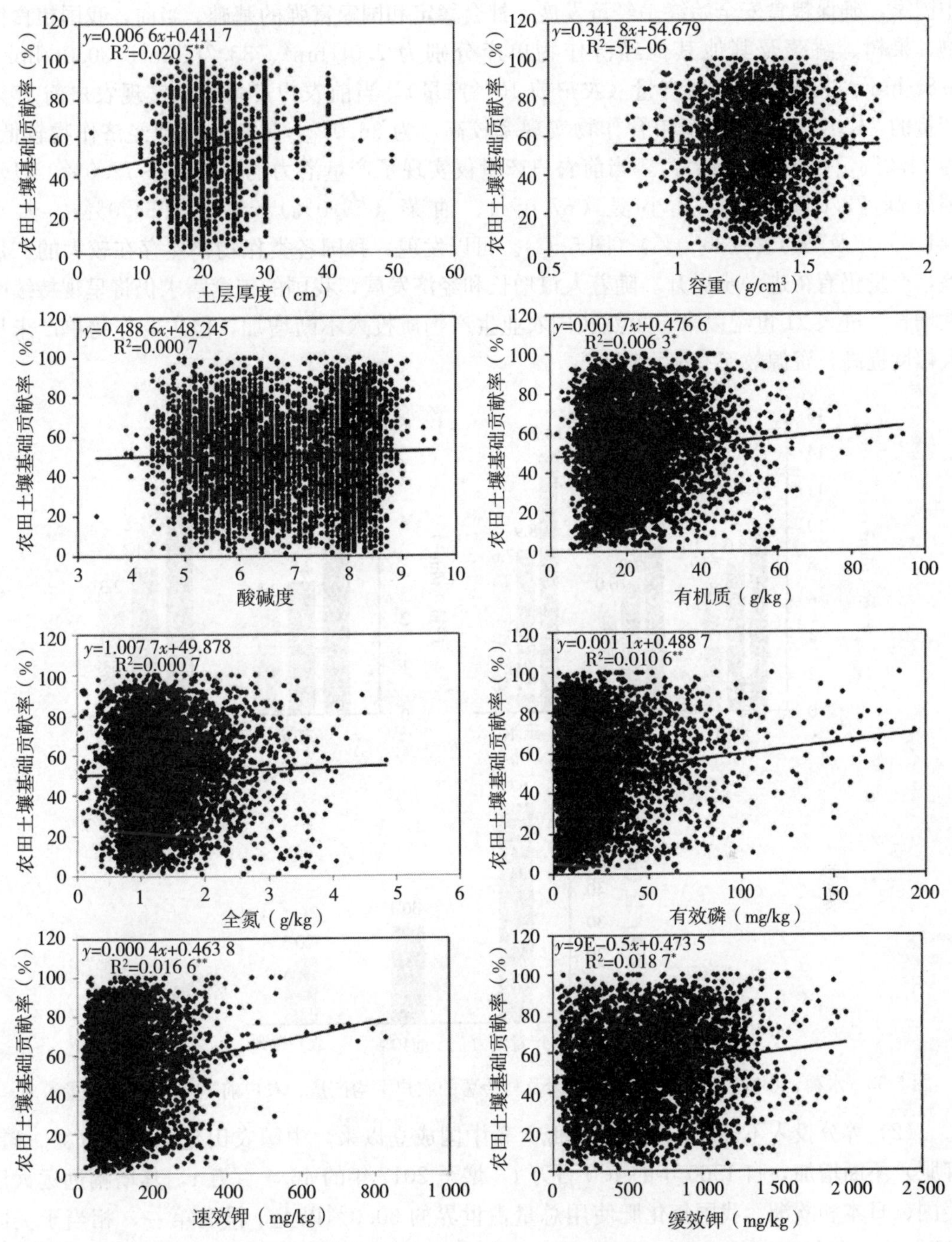

图 5-32　土壤基础贡献率的主要因子与土壤贡献率的相关关系

第五节　作物生产中存在的问题及施肥建议

1. 存在的问题

（1）作物产量差大，单产提升难度大。我国是一个拥有 14 亿人口的农业大国和发展中国家，确保粮食安全始终是经济发展、社会稳定和国家富强的基础。当前，我国粮食作物、果树、蔬菜及其他其他经济作物单产分别为 7.0t/hm²、33.7t/hm²、50.0t/hm²、6.8t/hm²。相比于可实现产量（农户前 10%产量），当前农户产量可以实现农户前 10%产量的 74.0%～86.0%，粮食作物实现率较高，为 86.0%，果树和其他经济作物较低，为 74.0%。相比于产量潜力，当前农户产量仅实现了产量潜力的 30.0%～72.0%，以水稻最高 72.0%，其次为小麦（67.0%）、油菜（55.0%）、玉米（54.0%）、大豆（41.0%）及马铃薯（30.0%）（图 5-33）。可以发现，我国各类作物仍然存在较大的产量差，产量仍有待进一步提升。随着人口增长和经济发展，我国的粮食需求仍将呈现持续刚性增长。进入 21 世纪以来，虽然我国农业生产物质投入不断增加，但主要作物单产未见大幅度提高，资源效率有所下降。

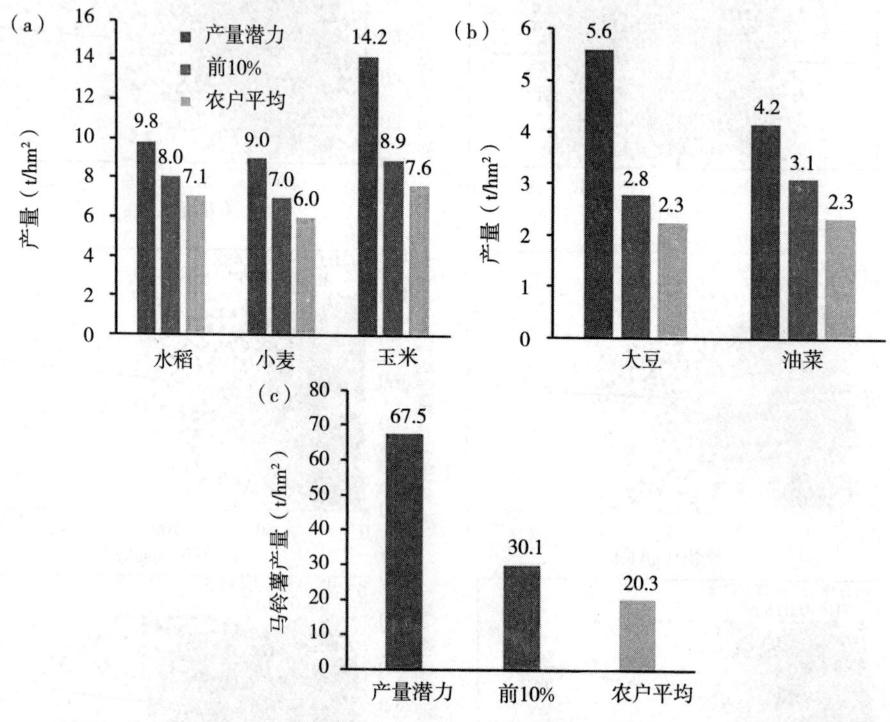

图 5-33 水稻、小麦、玉米、大豆、油菜及马铃薯的农户平均产量、农户前 10%产量及产量潜力

（2）养分投入不合理，生产效率低。新中国成立以来，中国农田化肥用量（氮、磷、钾肥）不断增加，自 1960 年的 1.0 百万 t，增至 2017 年的 46.4 百万 t，其增幅远远大于美国、日本和欧洲。我国年化肥使用总量占世界的 30.0%以上，排名第一，相当于美国（第二位）和印度（第三位）的总和。2015 年，中国单位面积化肥用量达到 401.0kg/hm²，约为日本单位面积化肥用量的 2 倍，为美国、欧洲的 3 倍有余（图 5-34）。我国是典型的“增肥低增产”类型，从 1980 年到 2014 年我国粮食总产量增长了 90.0%，但是化肥消费量增长了 180.0%。

粮食作物、果树、蔬菜及其他经济作物县域尺度氮肥投入量（包括化肥、有机肥、沉降、固定）分别为 268.0kg N/hm²、562.0kg N/hm²、502.0kg N/hm²、253.0kg N/

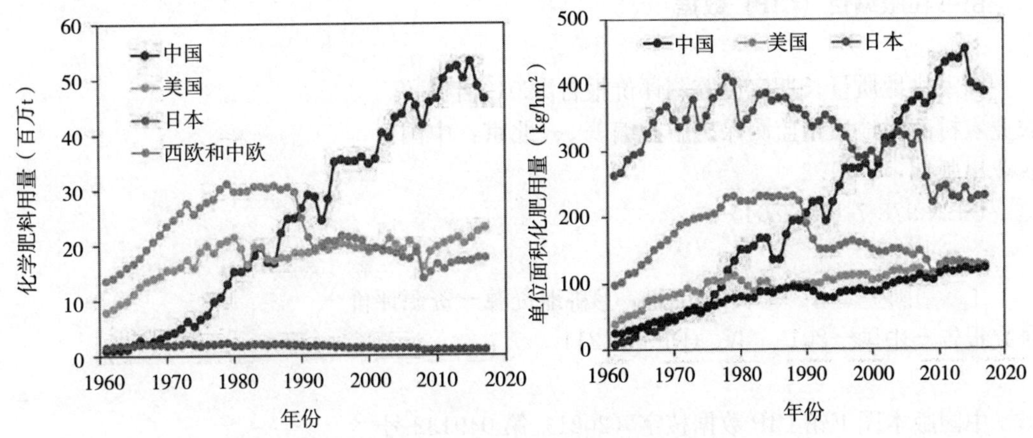

图 5-34　1960—2010 年中国种植业化肥消费的历史变化

（数据来源：IFA，2018）

hm²，其中，果树和蔬菜的氮肥用量远高于粮食作物和其他作物。中国氮素处于严重过剩的状态，四类作物的氮素盈余分别为 160.0kg N/hm²、426.0kg N/hm²、275.0kg N/hm²、132.0kg N/hm²。氮盈余存在明显的空间变异特征，对某些作物在某些热点地区（如华北小麦、玉米），氮盈余明显高于其他地区。当前中国粮食作物氮肥效率（偏生产力）为 28.8～45.4kg/kg，仅为发达国家的 58.0%～69.0%（图 5-35），这也意味着我们付出了更高的资源环境代价获得粮食安全。

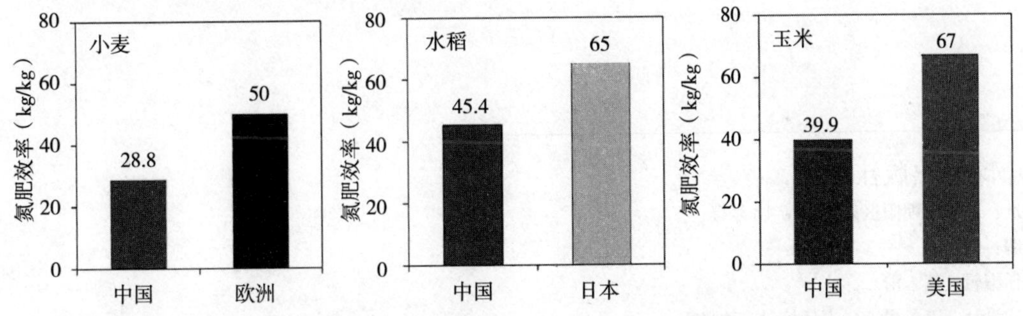

图 5-35　中国粮食作物氮肥效率与发达国家对比

2. 有关建议　根据各个区域资源和生态环境现状，进一步加强区域和作物科学施肥研究，全面推进化肥施用定额制度，以测土配方施肥成果为依托，依据作物目标产量、土壤供肥能力及田间肥效试验，合理确定区域的作物化肥投入的最高限量标准。按照化肥定额制要求，作物化肥使用量不超过区域最高限量标准，控制作物生产化肥投入，推进作物生产化肥投入的限量施用。构建作物绿色施肥技术模式，大力推广新型肥料［缓（控）释肥等新型肥料］；推广科学施肥方法，集成应用深施、种肥同播、侧深施肥等高效施肥技术，提高肥料利用率。基于区域畜禽粪污承载量，进一步减少化肥养分投入，持续推进有机肥替代化肥，并加强畜禽粪污等有机养分投入农田数量和安全性的评估，探索种养一体化等系统解决方案，创新和推广标准化、产品化、集成化、机械化、智能化等施肥技术模式。

图书在版编目（CIP）数据

国家耕地质量长期定位监测评价报告.2019年度/农业农村部耕地质量监测保护中心编著.—北京：中国农业出版社，2021.3
ISBN 978-7-109-28045-8

Ⅰ.①国… Ⅱ.①农… Ⅲ.①耕地资源—资源评价—研究报告—中国—2019 Ⅳ.①F323.211

中国版本图书馆CIP数据核字（2021）第049132号

中国农业出版社出版
地址：北京市朝阳区麦子店街18号楼
邮编：100125
责任编辑：贺志清
版式设计：王 晨 责任校对：沙凯霖
印刷：中农印务有限公司
版次：2021年3月第1版
印次：2021年3月北京第1次印刷
发行：新华书店北京发行所
开本：787mm×1092mm 1/16
印张：17.5
字数：405千字
定价：100.00元